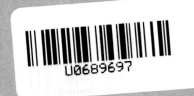

馬王堆漢墓簡帛文字全編

中

湖南省博物館
復旦大學出土文獻與古文字研究中心

劉釗 主編
鄭健飛 李霜潔 程少軒 協編

中華書局

卷五

竹

方 240.13
養 114.17
氣 6.244
氣 6.251
遺一 283.6
相 8.47
相 56.13

筍

遺一 12.5
遺一 140.1
遺一 141.9
遺一 155.1
遺三 90.1
遺三 109.1
遺三 397.8

笋

遺三 55.8
遺三 66.4

箬

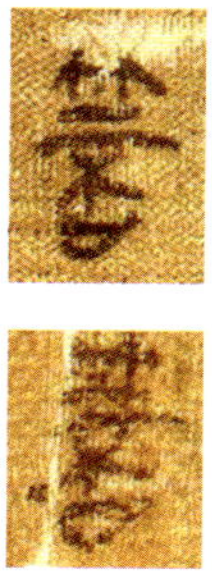

養 54.7
養 174.2

節

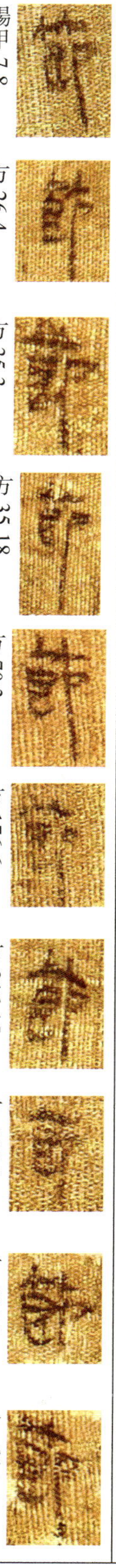

陽甲 7.8
方 26.4
方 35.3
方 35.18
方 70.3
方 176.6
方 216.15
方 229.2
方 424.5
方·殘 3.7

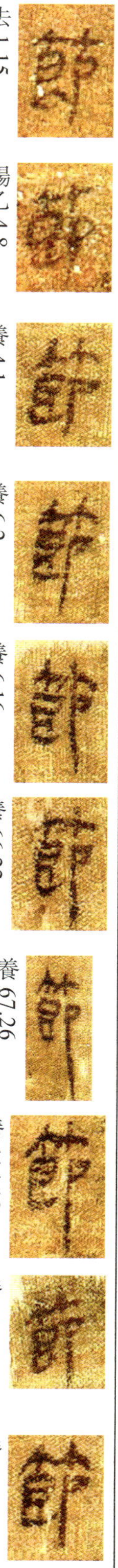

去 1.15
陽乙 4.8
養 4.1
養 6.2
養 6.16
養 66.22
養 67.26
養 114.19
養 119.2
養 163.8

籍

養181.2
養205.5
養218.10
房39.1
胎3.27
戰49.23
戰75.36
九18.22
問62.21
問70.15

合9.15
合15.3
談1.15
談33.13
遣一227.6
遣三271.10
周25.5
周25.30
周25.47
周57.17

周80.29
繆26.23
昭3.53
昭10.65
經17.12
經20.2
經20.10
經21.24
經59.45
經59.53

經68.6
經68.31
十11.7
十11.48
十35.19
十35.33
十35.44
十35.59
十36.4
十36.14

十36.31
十37.10
十37.25
十37.40
十37.48
十38.16
十39.26
十48.30
十57.64
十58.23

十61.8
十61.53
十62.17
十62.23
十63.26
稱25.1
相3.35
相5.47
相10.51
相12.20

相12.28
相13.35
相17.22
相20.42
相26.7
相61.20
相61.39
相61.45
相61.52

木57.18
周68.14
繫14.47
繫14.62
稱14.33
稱14.40

籥

方 275.13
養 21.12
養 21.15
養 23.5
養 117.6
老甲 102.9
老甲 145.18
老乙 48.13

簡（簡）

五 20.8
五 24.15
五 34.16
五 35.11
五 36.7
明 12.13

等

方 24.2
方 61.21
方 67.10
方 212.31
方 250.12
方 272.15
方 352.8
方 382.19
養 45.18
養 105.2

養 108.8
養 121.6
養 131.17
養 152.8
房·殘 4.6
戰 103.25
五 94.6
五 94.15
氣 10.324
經 18.29

十 21.40
稱 9.6
稱 9.15

符

方 447.10
方 447.19
養 127.7
戰 233.32
戰 275.3
九 5.10
九 18.21
九 19.2
九 20.21
經 73.57

經 74.64
十 59.33

苻

養 127.4

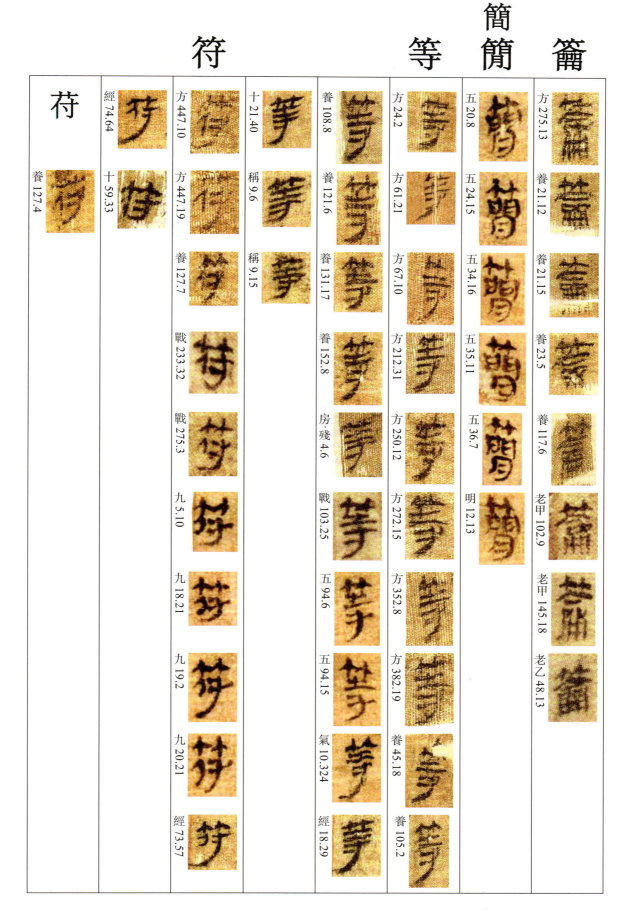

簭

筮

方目 1.22
方 61.2
方 468.2
周 23.5
周 75.71
周 79.15
周 79.24
周 79.36
繫 34.30

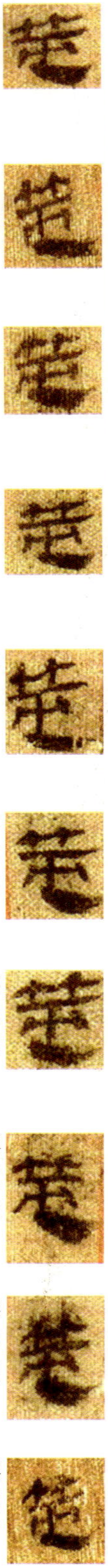
衷 8.47
要 8.2
要 13.22
要 16.54
要 17.69
要 18.58
要 21.30
繆 25.64
繆 28.57
繆 29.3

繆 30.18
周·殘下 82.3
老乙 66.25

笲

笲

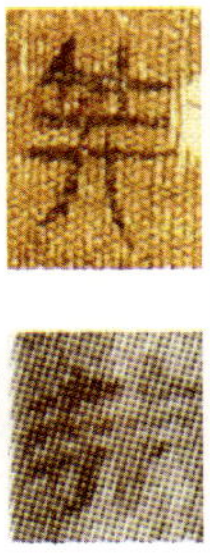
方 452.18
談 48.4

筦

周·殘下 35.4

笥

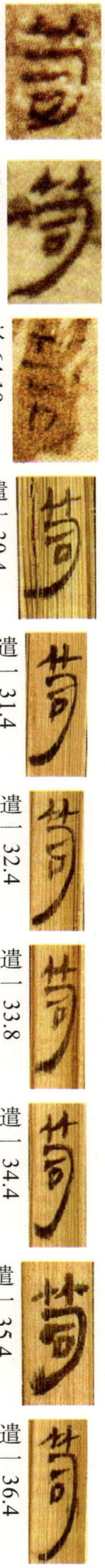
戰 18.6
戰 173.19
木 64.19
遣一 30.4
遣一 31.4
遣一 32.4
遣一 33.8
遣一 34.4
遣一 35.4
遣一 36.4

遣一 37.6
遣一 38.4
遣一 39.5
遣一 43.4
遣一 44.4
遣一 45.4
遣一 46.13
遣一 53.4
遣一 54.4
遣一 55.12

遣一 61.5
遣一 62.4
遣一 63.8
遣一 65.8
遣一 66.4
遣一 67.8
遣一 68.19
遣一 69.4
遣一 70.4
遣一 71.4

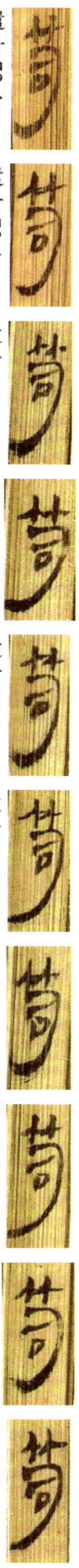
遣一72.4 遣一73.4 遣一74.4 遣一75.4 遣一76.5 遣一77.6 遣一78.4 遣一79.4 遣一80.7 遣一81.3

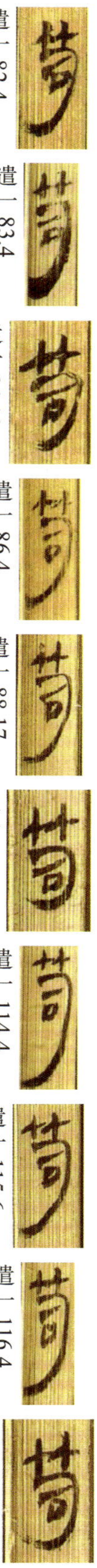
遣一82.4 遣一83.4 遣一84.10 遣一86.4 遣一88.17 遣一113.4 遣一114.4 遣一115.6 遣一116.4 遣一117.5

遣一118.4 遣一119.7 遣一120.4 遣一121.3 遣一122.4 遣一124.14 遣一125.4 遣一126.4 遣一127.8 遣一133.3

遣一134.3 遣一135.3 遣一136.4 遣一137.12 遣一158.3 遣一159.3 遣一160.8 遣一161.8 遣一284.3 遣一285.4

遣一292.8 遣一293.7 遣一295.7 遣一296.10 牌一1.2 牌一2.2 牌一3.2 牌一4.4 牌一5.5 牌一7.3

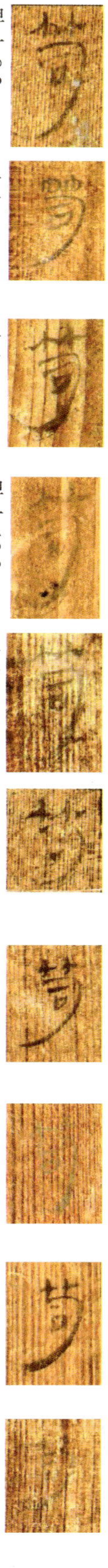
牌一8.3 牌一9.3 牌一10.3 牌一12.3 牌一13.3 牌一18.3 牌一21.3 牌一23.3 牌一24.4 牌一25.4

牌一26.3 牌一28.2 牌一32.6 牌一33.6 牌一34.5 牌一35.3 牌一36.3 牌一37.3 牌一38.2 牌一40.3

牌一43.2 牌一46.5 牌一47.3 牌一48.6 遣三116.4 遣三117.4 遣三118.4 遣三119.4 遣三120.4 遣三121.4

遣三122.5
遣三123.4
遣三124.4
遣三125.4
遣三126.4
遣三127.4
遣三128.4
遣三129.4
遣三130.4
遣三131.8
遣三132.6
遣三133.6
遣三134.6
遣三135.3
遣三136.4
遣三137.4
遣三138.4
遣三139.4
遣三140.4
遣三141.4
遣三142.4
遣三143.6
遣三144.4
遣三145.4
遣三146.4
遣三147.4
遣三148.3
遣三149.3
遣三150.4
遣三151.4
遣三152.4
遣三153.4
遣三154.4
遣三155.4
遣三156.4
遣三157.4
遣三158.4
遣三159.3
遣三160.3
遣三161.3
遣三162.3
遣三163.3
遣三164.4
遣三165.5
遣三167.5
遣三168.4
遣三169.4
遣三170.4
遣三171.3
遣三172.4
遣三216.5
遣三306.3
遣三307.3
遣三309.3
遣三310.3
遣三311.3
遣三368.8
遣三369.8
遣三370.7
遣三396.8
遣三407.84
牌三1.3
牌三2.3
牌三3.4
牌三4.3
牌三5.4
牌三6.3
牌三7.4
牌三8.2
牌三9.3
牌三10.3
牌三11.3
牌三13.3
牌三14.4
牌三15.3
牌三16.3
牌三17.2
牌三18.3
牌三19.3
牌三20.3

牌三21.3 牌三22.3 牌三24.2 牌三25.2 牌三26.3 牌三27.3 牌三28.3 牌三29.3 牌三32.3 牌三34.3

牌三35.3 牌三36.3 牌三37.4 牌三39.2 牌三40.2 牌三41.3 牌三42.3 牌三44.3 牌三45.3 牌三46.3

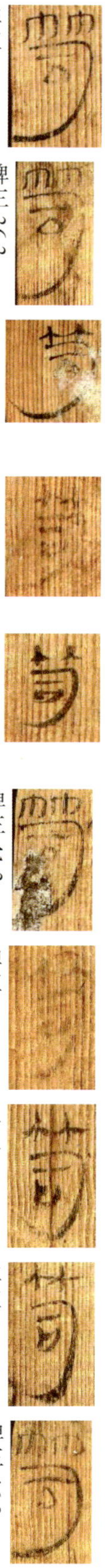

牌三47.2 牌三48.3 牌三49.3 牌三50.4 牌三51.2 牌三52.3

⿱艹司

牌一11.3 牌一15.3 牌一16.3 牌一17.4 牌一19.3 牌一20.3 牌一22.3 牌一29.3 牌一30.3

牌一31.3 牌一39.3 牌一41.2 牌一45.3

箸

方138.3 春59.15 五165.32 喪6.1 喪6.14 繫24.42 繫38.26 十18.6

⿱亼者

戰232.27

「箸」字竹頭或省作一半，與卷十「奢」字寫法略同。

簍

方216.6

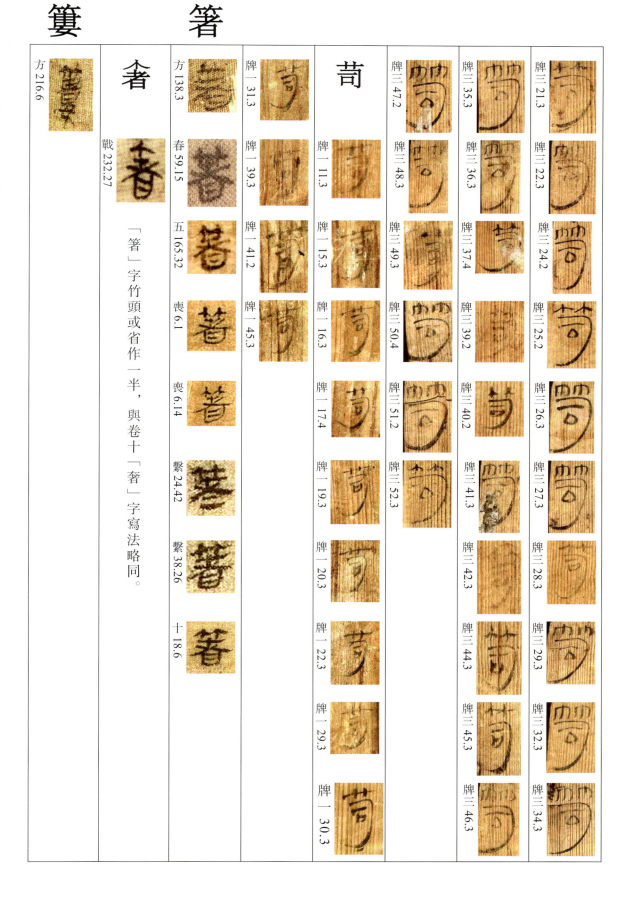

箣

方 211.11 
方 240.17 
相 69.2 

竿

養 77.21 

箇

周 20.2 
周 20.23 
周 20.46 
周 20.59 

籠

戰 54.8 
周 12.50 

籋

⿱竹壐

老乙 9.48 
老乙 10.3 

笠

苙

氣 9.245 

策

筴

方 166.3 
養 83.16 
養 93.24 
問 12.17 
問 98.6 
合 24.16 
經 69.52 

⿱竹⿰禾斤

老甲 145.12 

笞

笄

九 7.22

九 25.5

九 49.15

老乙 67.58

相 31.27

相 31.37

箴

二 13.61

二 14.10

二 14.37

相 21.19

相 71.58

相 72.3

箴

二 15.22

箾

氣 6.136

氣 6.147

首例字形似已析書爲「竹削」二字。

箾

陰乙大游 2.60

刑乙 42.14

「箾」字訛體，卷四筋部重見。

竽

戰 232.30

遣一 277.1

遣一 278.1

遣三 33.2

遣三 34.2

遣三 245.1

簧

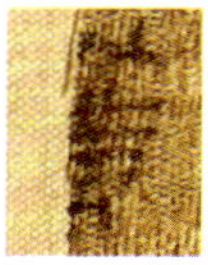
方 246.6

相 2.19

相 46.52

⿱竹是

遣一 297.6 

筒

房 10.2 

房 14.20 

管

繆 62.30 

繆 63.30 

笛

周 18.52 

筑

方 90.6 

箤

遣三 36.1 

篳

刑甲 57.17 

筭

方 484.15 

遣三 302.2 

周 82.21 

周 82.37 

周 82.71 

笑

芺

戰271.3

周7.59

周31.8

周31.28

周59.39

周73.69

昭7.30

稱10.3

老乙4.58

「笑」字本从艸从犬作，今从夭之「笑」字乃晚出之形。

⿱竹爰*

「爰」字訛體，卷四𠬪部重見。

笙*

方288.14

此字部分筆畫斷裂移位。

筐

《說文》「匡」字或體，詳見卷十二匚部。

⿱竹百*

繆25.45

繆26.60

⿱竹免*

戰3.14

篳*

春66.14

德3.16

⿱竹俞*

十 29.32

簪

《說文》「兂」字俗體，詳見卷八兂部。

⿱竹羌*

明 16.21

筅

陰甲堪表 7L.3

⿱竹慮*

方 408.4

⿱竹賤*

方 487.4

方 487.12

从竹賤聲，疑即「箋」字異體。

⿱竹囊*

老乙 27.5

漢隸竹頭、艸頭多相混，「⿱竹囊」應即「⿱艹囊」字變體。

箕

陰甲祭一 A15L.6

陰甲神上 25.13

陰甲堪法 4.2

陰甲堪法 5.26

陰甲堪法 11.12

陰甲堪表 9L.6

方 454.21

方 481.10

出 5.7

出 17.8

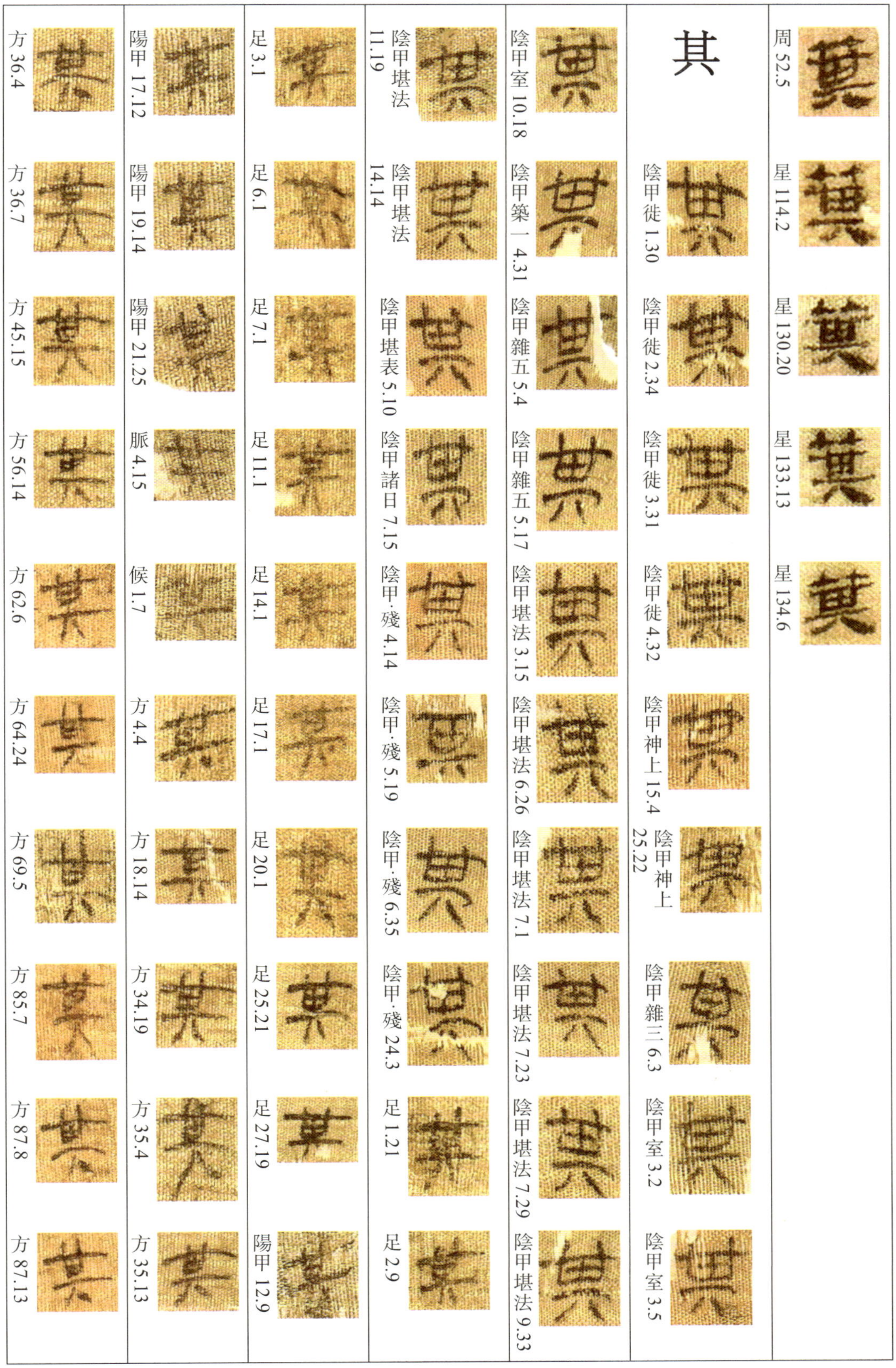
周 52.5
星 114.2
星 130.20
星 133.13
星 134.6
其
陰甲徙 1.30
陰甲徙 2.34
陰甲徙 3.31
陰甲徙 4.32
陰甲神上 15.4
陰甲神上 25.22
陰甲雜三 6.3
陰甲室 3.2
陰甲室 3.5
陰甲室 10.18
陰甲築一 4.31
陰甲雜五 5.4
陰甲雜五 5.17
陰甲堪法 3.15
陰甲堪法 6.26
陰甲堪法 7.1
陰甲堪法 7.23
陰甲堪法 7.29
陰甲堪法 9.33
陰甲堪法 11.19
陰甲堪法 14.14
陰甲堪表 5.10
陰甲諸日 7.15
陰甲·殘 4.14
陰甲·殘 5.19
陰甲·殘 6.35
陰甲·殘 24.3
足 1.21
足 2.9
足 3.1
足 6.1
足 7.1
足 11.1
足 14.1
足 17.1
足 20.1
足 25.21
足 27.19
陽甲 12.9
陽甲 17.12
陽甲 19.14
陽甲 21.25
脈 4.15
候 1.7
方 4.4
方 18.14
方 34.19
方 35.4
方 35.13
方 36.4
方 36.7
方 45.15
方 56.14
方 62.6
方 64.24
方 69.5
方 85.7
方 87.8
方 87.13

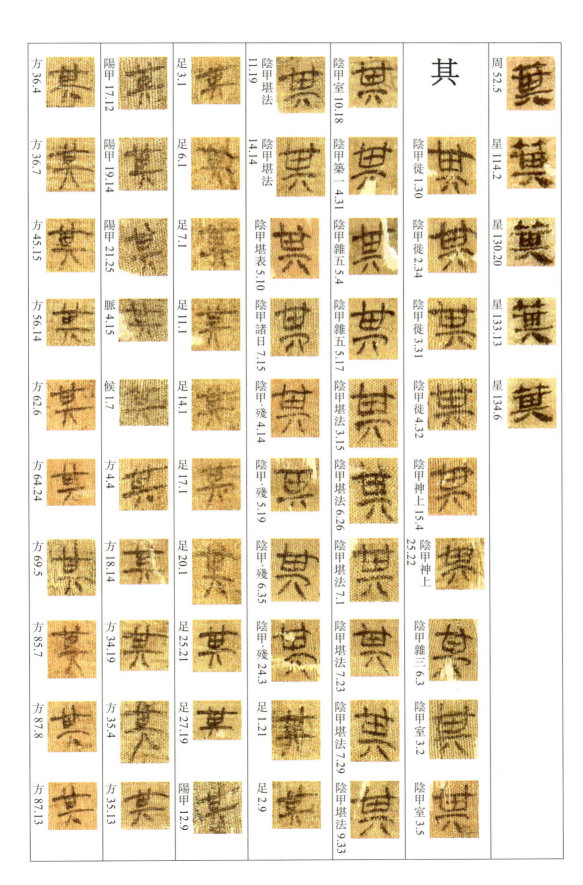

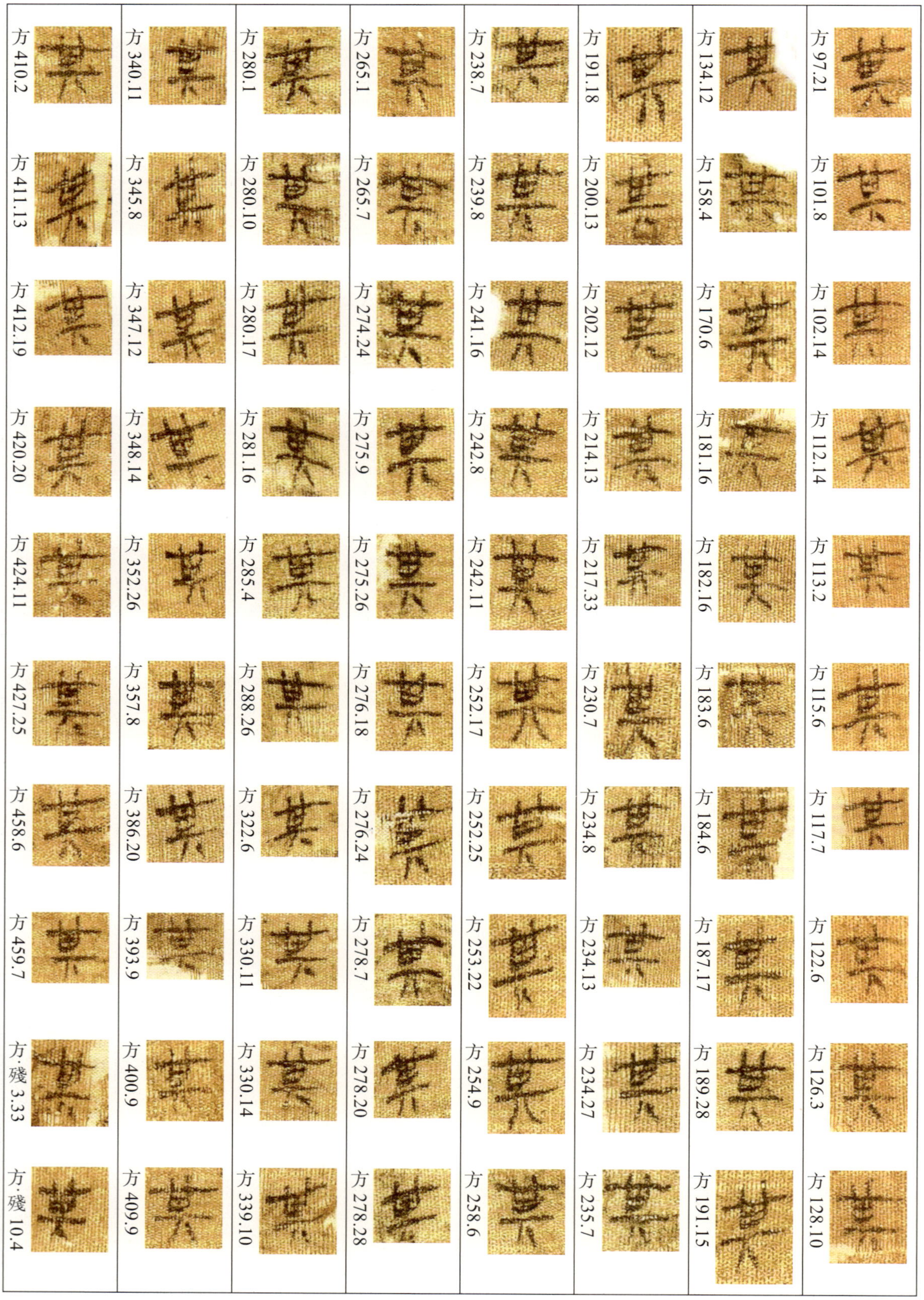
方97.21
方101.8
方102.14
方112.14
方113.2
方115.6
方117.7
方122.6
方126.3
方128.10
方134.12
方158.4
方170.6
方181.16
方182.16
方183.6
方184.6
方187.17
方189.28
方191.15
方191.18
方200.13
方202.12
方214.13
方217.33
方230.7
方234.8
方234.13
方234.27
方235.7
方238.7
方239.8
方241.16
方242.8
方242.11
方252.17
方252.25
方253.22
方254.9
方258.6
方265.1
方265.7
方274.24
方275.9
方275.26
方276.18
方276.24
方278.7
方278.20
方278.28
方280.1
方280.10
方280.17
方281.16
方285.4
方288.26
方322.6
方330.11
方330.14
方339.10
方340.11
方345.8
方347.12
方348.14
方352.26
方357.8
方386.20
方393.9
方400.9
方409.9
方410.2
方411.13
方412.19
方420.20
方424.11
方427.25
方458.6
方459.7
方·殘3.33
方·殘10.4

陽乙 2.17	養 53.14	養 88.19	養 172.5	房 39.2	胎 33.12	戰 24.16	戰 291.3
陽乙 9.38	養 55.6	養 91.9	養 176.24	房 41.16	胎 33.19	戰 27.29	戰 292.6
陽乙 13.10	養 55.11	養 104.3	養 177.13	房 44.19	胎 34.3	戰 35.30	戰 297.22
陽乙 17.24	養 57.10	養 142.9	養 221.9	房 52.17	春 62.25	戰 39.19	老甲 38.22
陽乙 18.38	養 59.23	養 150.10	養·殘 35.2	射 13.5	春 64.2	戰 40.10	老甲 94.7
養 6.14	養 61.48	養 154.10	養·殘 35.8	射 21.7	戰 3.27	戰 66.25	老甲 94.16
養 15.19	養 67.6	養 156.10	養·殘 36.2	射 21.10	戰 20.15	戰 127.9	老甲 100.13
養 31.7	養 74.20	養 164.16	養·殘 63.1	胎 1.36	戰 23.23	戰 207.32	老甲 104.5
養 37.12	養 76.7	養 166.11	養·殘 67.3	胎 21.12	戰 24.3	戰 276.8	老甲 104.20
養 48.21	養 78.21	養 170.14	房 38.3	胎 30.3	戰 24.6	戰 276.11	老甲 104.27

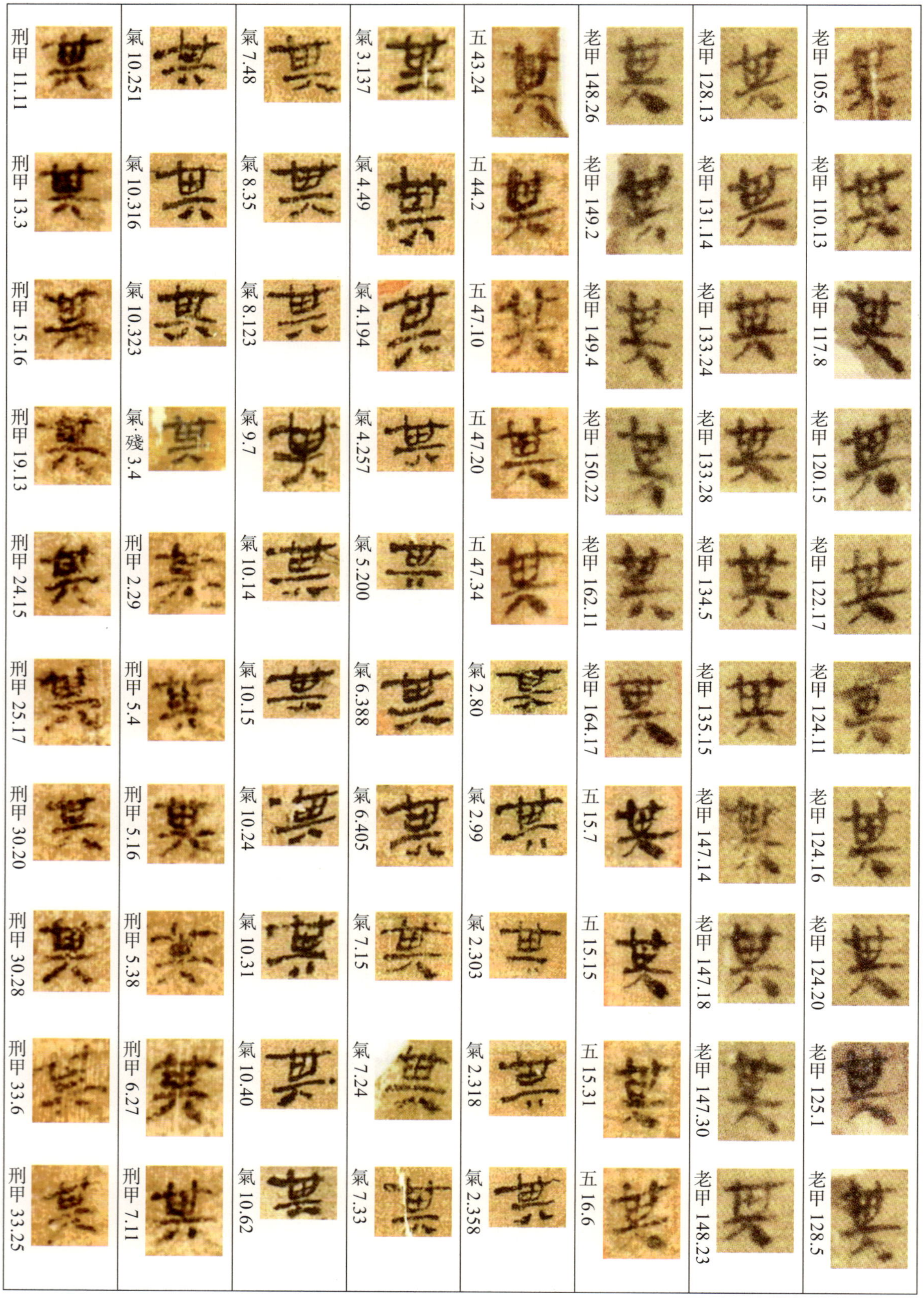

老甲 105.6
老甲 110.13
老甲 117.8
老甲 120.15
老甲 122.17
老甲 124.11
老甲 124.16
老甲 124.20
老甲 125.1
老甲 128.5

老甲 128.13
老甲 131.14
老甲 133.24
老甲 133.28
老甲 134.5
老甲 135.15
老甲 147.14
老甲 147.18
老甲 147.30
老甲 148.23

老甲 148.26
老甲 149.2
老甲 149.4
老甲 150.22
老甲 162.11
老甲 164.17
五 15.7
五 15.15
五 15.31
五 16.6

五 43.24
五 44.2
五 47.10
五 47.20
五 47.34
氣 2.80
氣 2.99
氣 2.303
氣 2.318
氣 2.358

氣 3.137
氣 4.49
氣 4.194
氣 4.257
氣 5.200
氣 6.388
氣 6.405
氣 7.15
氣 7.24
氣 7.33

氣 7.48
氣 8.35
氣 8.123
氣 9.7
氣 10.14
氣 10.15
氣 10.24
氣 10.31
氣 10.40
氣 10.62

氣 10.251
氣 10.316
氣 10.323
氣·殘 3.4
刑甲 2.29
刑甲 5.4
刑甲 5.16
刑甲 5.38
刑甲 6.27
刑甲 7.11

刑甲 11.11
刑甲 13.3
刑甲 15.16
刑甲 19.13
刑甲 24.15
刑甲 25.17
刑甲 30.20
刑甲 30.28
刑甲 33.6
刑甲 33.25

刑甲 35.20
刑甲 35.23
刑甲 36.24
刑甲 38.9
刑甲 39.13
刑甲 39.26
刑甲 55.7
刑甲 57.5
刑甲 100.15
刑甲 101.1
刑甲 102.7
刑甲 107.6
刑甲 110.18
刑甲 110.25
刑甲 111.28
刑甲 114.4
刑甲 115.3
刑丙傳 2.8
刑丙傳 5.3
刑丙傳 5.19
刑丙傳 6.24
刑丙傳 8.2
刑丙傳 8.14
刑丙傳 9.3
刑丙傳 10.11
刑丙傳 16.16
刑丙天 12.16
陰乙刑德 13.6
陰乙大游 3.33
陰乙上朔 16.7
陰乙上朔 17.1
陰乙上朔 22.13
陰乙上朔 23.6
陰乙上朔 29.12
陰乙上朔 29.15
陰乙上朔 32.2
陰乙上朔 32.22
陰乙上朔 32.30
陰乙上朔 32.34
陰乙上朔 32.42
陰乙上朔 33.3
陰乙上朔 33.8
陰乙上朔 35.17
陰乙女發 3.53
出 20.7
出 27.16
木 13.11
木 14.18
木 17.2
木 17.21
木 20.23
木 21.3
木 34.16
木 65.12
木 67.3
木 68.3
木 68.16
木 70.3
問 16.3
問 16.14
問 16.19
問 16.27
問 27.5
問 44.19
問 46.12
問 70.22
問 71.13
問 83.6
問 91.5
問 98.20

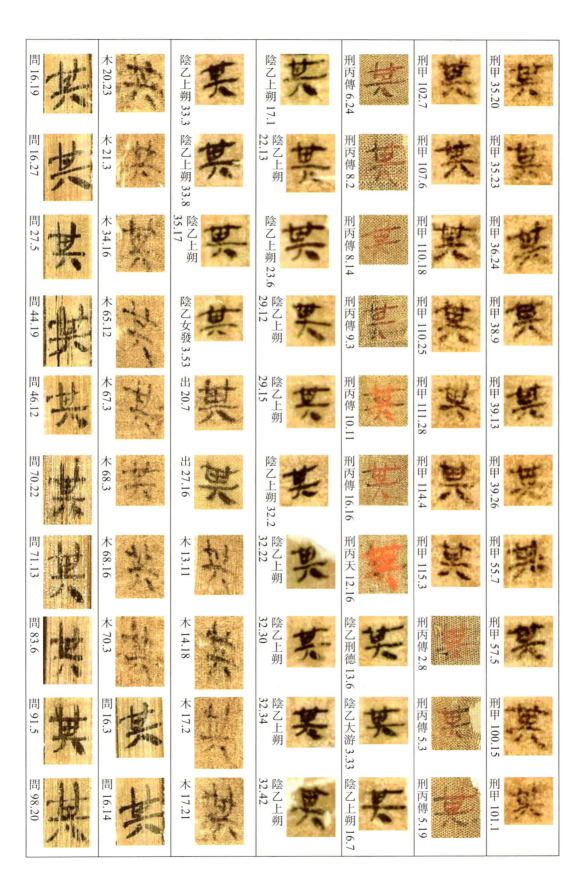

問 99.11
合 8.4
合 8.16
合 8.25
禁 6.5
禁 11.2
談 2.7
談 2.21
談 2.32
談 3.3

談 9.14
談 16.2
談 39.28
談 40.4
遣一 41.2
遣一 130.5
遣一 139.5
遣一 195.8
遣一 195.14
遣一 201.7

遣一 208.3
遣一 209.3
遣一 210.3
遣一 211.7
遣一 214.9
遣一 221.7
遣一 240.3
遣一 289.4
遣一 291.6
遣三 5.6

遣三 7.5
遣三 21.13
遣三 27.5
遣三 28.5
遣三 39.12
遣三 48.8
遣三 184.10
遣三 216.10
遣三 216.27
遣三 216.40

遣三 216.55
遣三 216.67
遣三 271.7
遣三 281.3
遣三 282.3
遣三 300.2
遣三 301.4
遣三 325.4
遣三 365.7
遣三 383.4

喪 3.2
太 2.13
府 22.5
周 87.14
道 2.67
星 1.4
星 1.8
星 1.12
星 2.9
星 2.15

星 2.26
星 3.5
星 3.17
星 3.37
星 4.10
星 4.23
星 4.29
星 6.29
星 8.1
星 8.25

星 8.29
星 9.18
星 9.23
星 10.18
星 11.31
星 12.6
星 12.10
星 13.6
星 15.6
星 16.1

星18.2 星19.5 星19.11 星21.24 星21.25 星21.49 星23.8 星23.12 星23.37 星24.1
星24.23 星24.27 星25.7 星25.32 星25.36 星28.3 星29.4 星29.8 星29.12 星29.31
星30.12 星30.41 星31.9 星32.4 星32.8 星32.39 星32.50 星33.3 星33.13 星33.32
星33.42 星33.52 星34.5 星34.38 星36.1 星36.18 星36.32 星36.42 星36.51 星37.21
星37.27 星37.29 星37.32 星39.4 星39.8 星39.12 星41.7 星41.14 星42.15 星43.52
星44.18 星44.32 星44.54 星44.59 星45.11 星45.18 星45.22 星47.7 星47.19 星47.30
星47.41 星48.10 星49.3 星49.48 星50.41 星52.40 星54.2 星54.12 星54.24 星54.40
星56.16 星56.42 星57.12 星57.24 星57.28 星57.43 星58.14 星58.20 星59.20 星63.13

丌

星63.23 星63.40 星66.18 星66.25 星67.4 星67.8 星67.15 星67.21 星67.27 星67.49

星68.6 星68.12 星68.17 星68.23 星68.37 星68.44 星69.19 星69.48 星72.5 星74.40

星74.43 星75.13

《說文》籀文。

亓

春3.11 春7.20 春8.17 春22.16 春25.12 春33.10 春33.16 春38.4 春40.5

春49.7 春50.1 春54.26 春57.1 春67.25 春67.29 春70.14 春75.29 春84.9 春85.5

春89.15 春90.20 春95.8 戰53.6 戰53.11 戰55.25 戰58.3 戰64.14 戰73.29 戰89.30

戰92.25 戰103.38 戰104.37 戰115.38 戰116.33 戰123.39 戰128.30 戰134.26 戰141.10 戰166.19

戰168.3 戰168.9 戰185.5 戰188.4 戰194.29 戰194.35 戰196.24 戰197.11 戰197.16 戰197.21

戰 199.28	戰 213.11	戰 214.28	戰 230.17	戰 237.11	戰 255.16	戰 261.1	戰 261.4	戰 270.19	戰 318.13
戰 320.8	戰 321.12	戰 321.17	戰 321.22	戰 325.11	老甲 4.19	老甲 17.19	老甲 17.27	老甲 20.20	老甲 25.25
老甲 26.19	老甲 26.25	老甲 27.5	老甲 29.31	老甲 30.22	老甲 30.25	老甲 31.7	老甲 31.11	老甲 38.25	老甲 47.10
老甲 47.15	老甲 47.22	老甲 48.31	老甲 50.23	老甲 58.18	老甲 62.9	老甲 62.31	老甲 63.3	老甲 65.10	老甲 65.13
老甲 69.19	老甲 69.25	老甲 76.10	老甲 76.15	老甲 82.3	老甲 82.12	老甲 82.29	老甲 83.11	老甲 84.3	五 17.6
五 22.3	五 23.5	五 24.29	五 25.4	五 27.12	五 27.27	五 37.29	五 43.20	五 46.24	五 50.17
五 53.5	五 54.20	五 54.32	五 56.2	五 56.9	五 56.15	五 56.19	五 57.8	五 59.16	五 59.20
五 60.4	五 60.18	五 67.10	五 68.19	五 69.25	五 77.1	五 80.13	五 83.7	五 84.9	五 85.10

五 85.28
五 91.11
五 91.16
五 94.5
五 95.6
五 95.10
五 96.3
五 97.10
五 101.18
五 103.30

五 104.23
五 105.5
五 105.21
五 106.28
五 111.10
五 117.15
五 137.21
五 138.14
五 139.14
五 139.19

五 140.2
五 140.28
五 143.12
五 157.2
五 162.7
五 164.12
五 164.25
五 165.7
五 166.14
五 171.16

五 171.29
五 172.3
五 176.12
五 176.21
五 177.12
九 1.34
九 19.15
九 21.17
九 22.25
九 23.17

九 23.26
九 24.31
九 34.14
九 35.23
九 37.19
九 38.9
九 38.17
九 42.17
九 43.21
九 45.4

九 47.17
明 6.2
明 7.24
明 8.25
明 12.21
明 14.14
明 14.21
明 19.12
明 20.2
明 24.19

明 27.25
明 28.1
明 31.15
明 31.20
明 32.11
明 35.20
明 37.12
明 37.22
明 38.11
明 38.18

明 42.27
德 1.24
德 1.29
德 4.21
德 4.25
德 5.10
德 12.9
德 13.5
氣 2.21
氣 5.101

問33.19
問33.27
問44.15
問44.21
問52.22
問57.10
問62.12
問64.1
問64.16
問71.7
問78.9
問81.13
問81.19
問95.23
周2.23
周2.64
周4.74
周5.43
周9.71
周10.3
周10.7
周10.11
周10.15
周10.23
周10.34
周10.40
周10.56
周10.62
周13.60
周13.66
周18.50
周20.81
周26.16
周26.19
周26.28
周26.73
周26.80
周28.17
周29.24
周29.67
周32.16
周32.19
周35.37
周35.40
周35.44
周35.47
周37.59
周37.65
周39.9
周39.43
周41.16
周41.30
周41.47
周41.54
周41.63
周41.70
周42.12
周42.15
周42.18
周42.21
周43.32
周43.50
周45.14
周46.6
周46.43
周51.15
周51.57
周53.14
周54.4
周59.34
周61.13
周61.19
周61.28
周61.31
周61.53
周61.61
周62.62
周62.66
周68.30
周68.61

周72.10 周73.15 周73.26 周73.39 周73.64 周77.10 周77.18 周77.25 周77.80 周80.12

周80.56 周83.2 周84.20 周84.57 周85.63 周86.59 周88.28 周90.27 周90.43 周90.56

周90.69 二三4.31 二三5.41 二三6.31 二三6.61 二三7.24 二三8.8 二三8.15 二三8.59 二三9.5

二三9.21 二三10.11 二三10.14 二三10.42 二三10.46 二三11.34 二三14.12 二三15.16 二三17.23 二三17.61

二三19.10 二三20.4 二三23.20 二三24.54 二三25.25 二三25.29 二三26.16 二三27.29 二三27.41 二三28.21

二三31.12 二三31.22 二三33.26 二三33.35 二三34.4 二三34.56 二三35.54 二三36.23 二三36.29 二三36.48

繫3.9 繫4.34 繫4.38 繫4.43 繫4.47 繫5.9 繫6.10 繫9.66 繫9.71 繫10.11

繫10.15 繫10.51 繫11.14 繫11.40 繫11.58 繫12.2 繫12.44 繫12.52 繫13.1 繫13.14

繫 13.32	繫 26.72	繫 30.19	繫 41.18	衷 35.23	衷 42.27	衷 44.24	要 7.6
繫 14.33	繫 27.22	繫 30.28	繫 47.27	衷 37.39	衷 42.43	衷 44.29	要 7.9
繫 14.41	繫 27.38	繫 30.37	衷 19.39	衷 38.36	衷 42.51	衷 44.50	要 9.13
繫 15.22	繫 27.50	繫 30.47	衷 19.45	衷 39.69	衷 43.8	衷 46.33	要 9.43
繫 15.52	繫 28.67	繫 34.24	衷 24.4	衷 41.18	衷 43.12	衷 48.19	要 10.22
繫 15.72	繫 28.72	繫 34.44	衷 30.24	衷 41.51	衷 43.22	衷 48.23	要 10.38
繫 18.41	繫 29.13	繫 40.28	衷 30.57	衷 41.62	衷 44.8	衷 48.66	要 11.46
繫 19.16	繫 29.18	繫 40.32	衷 31.6	衷 42.13	衷 44.13	衷 49.43	要 11.52
繫 22.37	繫 29.26	繫 40.38	衷 31.52	衷 42.16	衷 44.18	衷 50.16	要 14.2
繫 23.12	繫 29.71	繫 41.4	衷 31.69	衷 42.20	衷 44.21	衷 50.54	要 14.7

要14.29
要15.5
要15.9
要16.5
要16.9
要16.30
要16.53
要17.2
要17.13
要17.19
要17.51
要17.62
要18.23
要18.66
要20.40
要20.48
要23.5
繆1.19
繆2.8
繆2.46
繆2.54
繆2.63
繆3.28
繆4.40
繆8.28
繆14.37
繆16.5
繆16.12
繆17.49
繆18.3
繆18.13
繆18.30
繆18.37
繆18.59
繆19.52
繆20.29
繆21.7
繆21.14
繆21.66
繆23.52
繆23.63
繆24.26
繆25.6
繆26.33
繆28.61
繆28.65
繆28.68
繆28.72
繆30.44
繆32.14
繆32.54
繆33.17
繆33.30
繆33.64
繆33.70
繆34.46
繆34.65
繆35.23
繆36.24
繆36.67
繆37.37
繆38.12
繆38.58
繆39.64
繆40.4
繆40.28
繆42.5
繆42.13
繆43.45
繆45.8
繆45.11
繆45.19
繆45.28
繆46.4
繆46.46
繆46.54
繆46.63
繆49.26
繆49.36
繆50.9

繆54.2
繆54.14
繆54.17
繆54.44
繆54.53
繆55.25
繆55.66
繆59.5
繆59.53
繆61.58

繆62.46
繆63.15
繆63.18
繆63.22
繆63.38
繆64.26
繆64.31
繆66.4
繆66.62
繆68.21

繆68.25
繆68.28
繆68.32
繆68.50
繆68.62
繆69.1
繆69.48
繆69.57
繆70.16
繆72.21

昭1.37
昭1.60
昭1.72
昭2.15
昭2.25
昭2.36
昭2.46
昭2.52
昭3.12
昭3.49

昭4.4
昭5.61
昭5.66
昭5.71
昭5.75
昭8.39
昭8.45
昭8.61
昭10.21
昭11.52

周·殘下64.5
周·殘下92.3
經1.52
經5.29
經5.53
經6.1
經7.37
經9.23
經9.52
經10.3

經11.10
經11.14
經11.18
經11.22
經11.26
經12.15
經12.19
經12.23
經12.27
經12.31

經14.38
經14.43
經15.14
經23.24
經23.27
經23.35
經23.43
經23.47
經23.55
經27.29

經 27.34
經 27.49
經 27.61
經 28.10
經 29.51
經 29.59
經 30.6
經 35.22
經 38.48
經 38.52
經 41.23
經 43.48
經 43.54
經 44.1
經 44.6
經 44.12
經 45.2
經 45.66
經 47.3
經 47.39
經 49.44
經 51.23
經 55.40
經 55.45
經 55.51
經 56.44
經 56.54
經 59.19
經 59.28
經 59.60
經 59.64
經 60.46
經 60.54
經 68.63
經 71.57
經 72.11
經 72.14
經 72.19
經 72.24
經 72.29
經 73.7
經 74.31
經 77.13
經 77.22
十 9.31
十 10.40
十 11.41
十 13.27
十 15.59
十 15.65
十 16.60
十 17.47
十 17.51
十 18.15
十 18.24
十 20.43
十 20.47
十 25.1
十 25.4
十 25.7
十 25.55
十 26.1
十 26.22
十 26.31
十 26.50
十 27.15
十 27.19
十 27.49
十 27.62
十 28.13
十 29.12
十 29.27
十 29.31
十 31.54
十 31.58
十 31.62
十 32.38
十 34.23
十 35.1
十 39.17

十40.60
十41.36
十41.40
十41.56
十42.11
十42.28
十45.18
十45.29
十46.25
十57.23
十58.8
十58.26
十60.55
十62.32
十62.45
十63.11
十63.35
十64.64
稱1.8
稱1.14
稱1.23
稱1.29
稱1.33
稱1.35
稱2.67
稱2.72
稱3.1
稱3.60
稱3.69
稱4.7
稱4.13
稱4.23
稱4.40
稱7.16
稱7.56
稱8.31
稱8.34
稱8.43
稱8.47
稱9.5
稱9.9
稱9.13
稱9.18
稱13.31
稱15.32
稱16.1
稱16.21
稱17.3
稱17.10
稱17.16
稱17.65
稱18.59
稱18.65
稱19.27
稱19.58
稱19.63
稱20.10
稱20.14
稱21.4
稱22.7
道1.73
道2.42
道2.50
道2.54
道2.58
道2.63
道5.55
道6.3
道6.13
道7.12
老乙2.41
老乙2.44
老乙2.49
老乙3.17
老乙4.14
老乙9.46
老乙10.1
老乙12.17
老乙14.3
老乙14.7

老乙 14.12　老乙 14.16　老乙 14.23　老乙 14.26　老乙 14.33　老乙 14.36　老乙 15.62　老乙 16.4　老乙 16.11　老乙 16.26

老乙 18.5　老乙 18.8　老乙 18.11　老乙 18.14　老乙 18.17　老乙 18.21　老乙 20.30　老乙 20.34　老乙 20.38　老乙 20.63

老乙 21.50　老乙 22.14　老乙 22.19　老乙 22.24　老乙 22.31　老乙 23.7　老乙 23.64　老乙 27.38　老乙 28.46　老乙 29.38

老乙 29.61　老乙 29.65　老乙 30.4　老乙 31.19　老乙 31.25　老乙 31.28　老乙 32.55　老乙 33.38　老乙 33.43　老乙 33.48

老乙 36.41　老乙 36.62　老乙 36.67　老乙 37.51　老乙 39.10　老乙 39.17　老乙 39.33　老乙 39.49　老乙 40.4　老乙 41.57

老乙 42.6　老乙 46.49　老乙 46.52　老乙 46.55　老乙 46.58　老乙 47.30　老乙 47.33　老乙 47.36　老乙 47.49　老乙 48.10

老乙 49.15　老乙 49.21　老乙 49.27　老乙 49.34　老乙 50.25　老乙 51.66　老乙 52.10　老乙 52.22　老乙 55.25　老乙 55.29

老乙 55.63　老乙 56.54　老乙 57.12　老乙 57.17　老乙 58.7　老乙 59.6　老乙 60.51　老乙 60.69　老乙 61.65　老乙 62.54

老乙62.71
老乙66.9
老乙67.7
老乙68.51
老乙68.55
老乙68.67
老乙68.70
老乙69.16
老乙69.43
老乙69.46
老乙75.13
老乙75.28
老乙76.14
老乙76.50
刑乙8.18
刑乙31.21
刑乙47.13
刑乙51.7
刑乙52.3
刑乙54.24
刑乙59.6
刑乙59.12
刑乙62.31
刑乙63.3
刑乙63.10
刑乙63.67
刑乙64.9
刑乙64.20
刑乙64.33
刑乙64.48
刑乙64.57
刑乙64.64
刑乙65.15
刑乙68.5
刑乙68.15
刑乙69.13
刑乙69.17
刑乙69.22
刑乙70.44
刑乙73.10
刑乙75.31
刑乙76.55
刑乙77.29
刑乙81.13
刑乙83.8
刑乙83.12
刑乙84.17
刑乙84.21
刑乙86.19
刑乙96.7
刑乙97.1
刑乙97.7
相1.8
相1.28
相1.45
相3.6
相4.53
相4.58
相5.20
相5.40
相6.5
相7.4
相7.19
相7.64
相7.67
相8.4
相8.16
相8.43
相8.53
相14.17
相14.21
相16.3
相16.11
相17.5
相17.74
相18.3
相21.12
相21.30
相25.28
相25.34

左 巺 畀 典

相 33.12
相 39.9
相 39.64
相 40.3
相 40.28
相 40.64
相 41.73
相 44.24
相 45.10
相 45.27

相 48.13
相 50.43
相 50.62
相 51.3
相 51.6
相 51.25
相 53.28
相 54.43
相 55.14
相 55.55

相 58.57
相 60.10
相 64.19
相 64.23
相 64.33
相 66.7
相 66.20
相 66.69
相 68.12
相 69.31

相 69.34

典

衷 47.59
衷 48.27

畀

足 20.14
談 9.10
衷 36.42

巺

巽

明 12.8
明 17.4
衷 43.49
衷 43.59
衷 49.36
經 16.42

《說文》篆文。

左

陰甲天地 1.30
陰甲天地 1.35
陰甲天地 2.40
陰甲天地 3.40
陰甲上朔 5.29
方 53.11
方 168.3
方 203.8
方 248.3
方 461.14

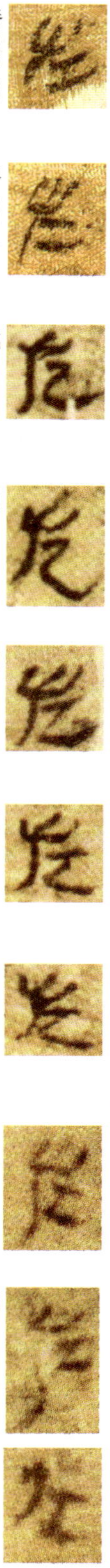
養203.28
養222.9
戰187.23
戰188.6
戰191.8
戰194.7
戰196.2
戰321.13
戰325.18
老甲155.17

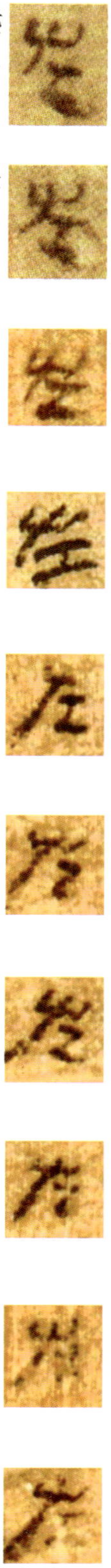
老甲157.15
老甲157.28
明21.23
氣6.391
刑甲7.29
刑甲7.31
刑甲7.42
刑甲55.2
刑甲55.8
刑甲84.18

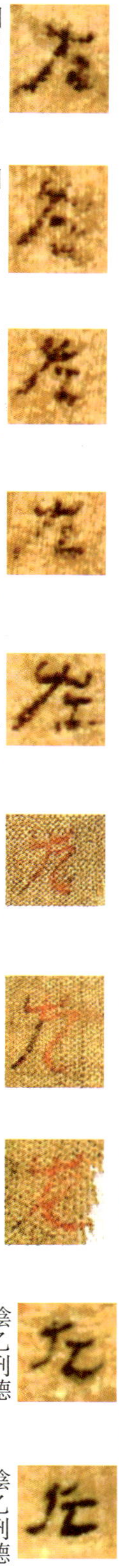
刑甲106.23
刑甲118.9
刑甲121.3
刑甲123.3
刑甲大游1.19
刑丙刑4.3
刑丙天3.30
刑丙天10.10
陰乙刑德20.15
陰乙刑德22.10

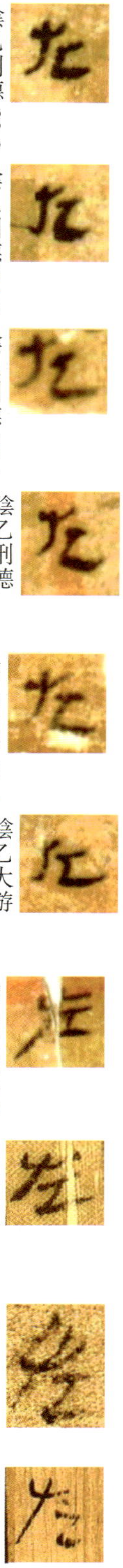
陰乙刑德23.8
陰乙刑德24.8
陰乙刑德25.4
陰乙刑德26.11
陰乙刑德33.4
陰乙大游3.171
陰乙天地3.7
出25.14
木23.4
禁3.2

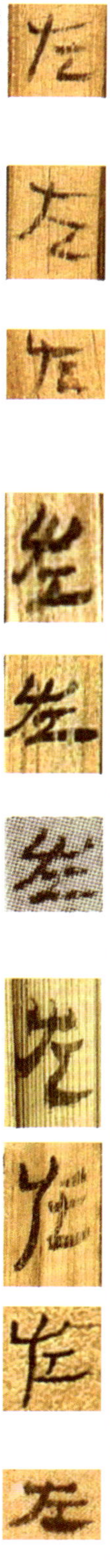
禁9.4
禁9.10
禁11.3
談1.6
談1.24
談35.12
遣一201.13
遣三398.4
太1.37
周50.41

周51.16
周51.40
繆57.51
繆58.20
繆58.23
繆62.33
繆64.12
繆65.9
繆70.21
昭1.17

昭2.61
昭3.11
經62.14
十1.28
十14.36
十14.62
老乙43.12
老乙72.8
老乙73.14
老乙75.30

差 𢀩

星 6.9
星 9.19
星 14.10
星 20.35
星 42.23
星 42.43
星 46.27
星 46.30
星 48.30
星 63.33

刑乙 19.3
刑乙 23.19
刑乙 23.28
刑乙 24.11
刑乙 25.3
刑乙 25.22
刑乙 28.6
刑乙 28.15
刑乙 65.57
刑乙 65.59

刑乙 66.4
刑乙 95.2
刑乙 96.2
刑乙 96.8

岩

陰甲天地 2.32

九 41.14

工

戰 317.29
明 39.17
明 41.5
刑甲 36.13
刑甲 36.23
刑丙刑 9.10
周 92.51
繫 22.12
經 7.16
十 29.25

相 6.53
相 7.48
相 7.52
相 14.55
相 17.12
相 17.16
相 34.34
相 54.1
相 54.14

式

脈 4.8
老甲 19.6
老甲 61.10
老甲 61.15
老甲 149.12
氣 4.48
繆 31.24
繆 59.52
繆 61.10
老乙 29.6

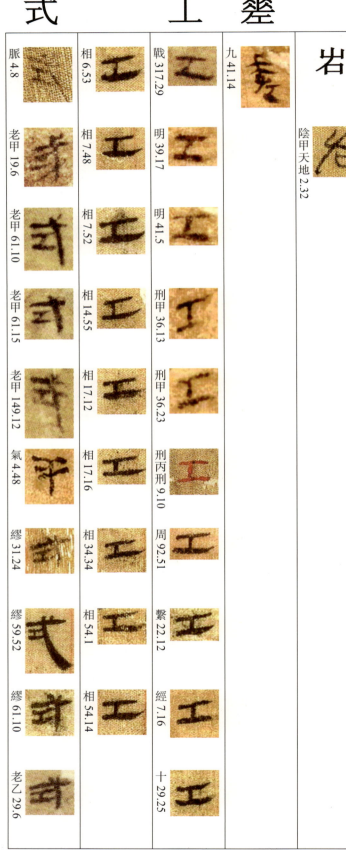

老乙29.11

巧

問48.4
周4.72
周13.18
周20.26
周21.48
經5.7
十12.44
老乙60.5

巨

陽乙16.20
陽乙17.18
戰228.24
戰242.10
九27.32
相2.39
相13.29
相23.51

巫

方453.17
明15.15
陰乙上朔17.22
陰乙上朔18.13
陰乙上朔18.17
陰乙上朔25.26
陰乙上朔32.26
木19.10
木19.16
木20.3

問53.21
問59.3
問59.15
周82.27
要7.18
要8.6
要17.54
要17.67
要18.30
要18.63

甘

方1.3
方17.21
方23.27
方44.5
方117.20
方187.24
方339.14
養7.7
養目2.6
戰47.14

戰76.9
戰76.17
戰76.22
戰118.3
戰119.12
戰124.17
老甲159.19
問5.14
問29.5
問88.17

合25.7
談53.5
遣一11.2
遣一13.4
遣一14.5
遣一15.2
遣一16.2
遣一18.4
竹一2.2
遣三54.4

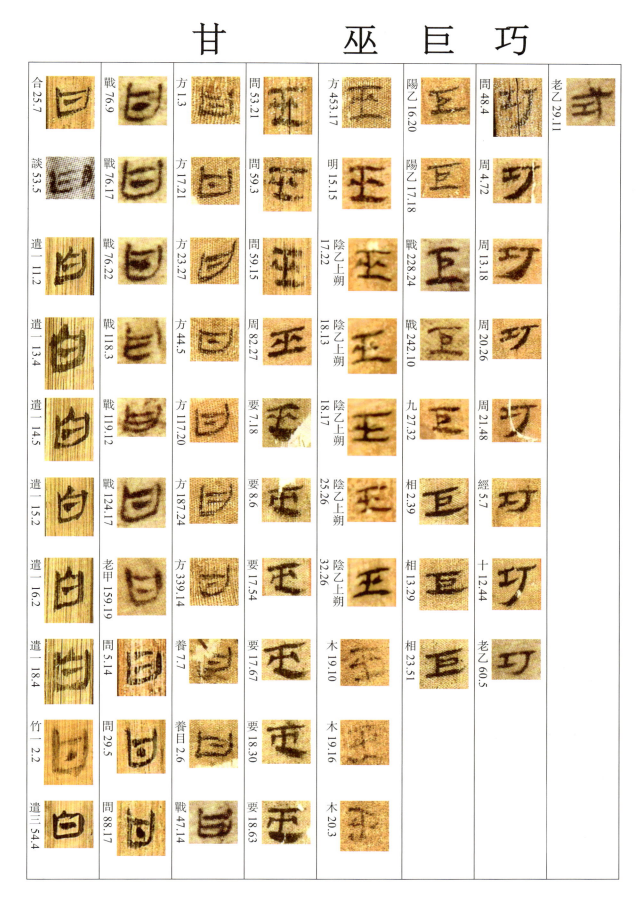

猒

遣三 55.9
遣三 56.6
遣三 57.2
遣三 58.2
遣三 59.7
遣三 60.6
遣三 61.2
周 49.28
二 13.2
二 30.23

十 29.30
老乙 31.18

陽乙 1.13
老甲 63.28
老甲 76.14
老甲 76.21
二 5.32
繆 37.11
繆 46.16
老乙 15.32
老乙 30.29
老乙 36.66

老乙 36.73
老乙 37.3

甚

陰甲上朔 2.32
陰甲上朔 3.15
陰甲上朔 3.29
陰甲上朔 4.12
陰甲上朔 4.26
陽甲 6.6
陽甲 26.5
方 35.6
方 122.26
方 174.9

方 309.14
陽乙 3.30
陽乙 15.31
陽乙 17.5
養 145.4
養 206.23
房 32.5
戰 1.10
戰 4.26
戰 8.6

戰 9.36
戰 10.11
戰 11.10
戰 12.25
戰 38.32
戰 44.16
戰 45.17
戰 56.35
戰 89.33
戰 92.23

戰 96.18
戰 96.26
戰 105.19
戰 118.10
戰 118.29
戰 150.23
戰 155.24
戰 155.28
戰 169.31
戰 184.19

戰193.16
戰194.6
戰237.14
戰320.11
老甲73.25
老甲133.26
老甲152.11
五155.14
五155.20
五157.3

五171.30
五172.4
明10.4
氣6.305
陰乙上朔18.2
陰乙上朔18.20
陰乙上朔21.4
陰乙上朔21.18
問44.23
合25.8

談2.9
談53.6
要7.3
繆1.26
繆17.12
十30.22
十63.66
老乙15.11
老乙15.14
老乙15.18

老乙15.21
老乙15.24
老乙62.61
老乙70.47
星25.6
星25.13
星48.40
相57.14
相57.30
相60.50

脂*

「脂」字異體，卷四肉部重見。

曰

陰甲天一2.3
陰甲室8.43
方13.7
方52.16
方66.15
方97.24
方98.4
方103.10
方103.16
方104.21

方106.20
方108.9
方109.12
方111.20
方208.9
方212.13
方217.7
方217.15
方219.21
方220.31

方221.19
方221.26
方223.18
方239.10
方264.24
方264.30
方270.5
方318.5
方379.6
方390.8

方391.3	方437.4	方453.3	養26.1	養33.1	養34.1	養42.1	養44.1	養98.2	養146.14
養193.1	養202.11	養202.18	養202.22	養202.26	養202.30	養203.2	養203.6	養203.10	養203.17
養203.27	養203.31	養204.4	養204.8	養204.13	養204.16	養204.19	養204.25	養204.29	養205.3
養219.15	養221.1	養223.17	養·殘132.2	房·殘21.2	射3.16	射7.2	射9.2	射10.3	射11.3
射12.23	射21.3	射22.3	射23.3	射24.3	胎1.6	胎15.3	胎17.3	胎21.18	胎22.3
胎22.25	春7.24	春15.3	春21.7	春21.11	春29.3	春33.31	春37.1	春42.32	春47.25
春54.12	春62.24	春63.7	春66.18	春67.5	春77.7	春78.22	春79.8	春80.3	春85.20
春87.10	春87.18	春87.27	春93.9	戰9.23	戰16.12	戰17.9	戰18.5	戰23.12	戰28.10

戰39.33 戰41.13 戰42.15 戰43.5 戰47.30 戰49.1 戰49.33 戰50.8 戰51.28 戰51.38
戰54.18 戰54.25 戰55.38 戰56.7 戰61.26 戰67.11 戰70.14 戰71.35 戰77.12 戰80.27
戰87.32 戰97.15 戰97.23 戰99.30 戰100.7 戰101.30 戰102.27 戰102.33 戰105.21 戰105.42
戰110.41 戰114.27 戰115.16 戰126.40 戰132.35 戰133.5 戰139.17 戰147.13 戰147.27 戰156.20
戰170.21 戰186.33 戰187.25 戰188.28 戰189.32 戰190.4 戰190.9 戰190.33 戰191.12 戰192.11
戰192.35 戰193.7 戰193.12 戰193.17 戰193.32 戰194.11 戰195.16 戰195.36 戰196.6 戰196.30
戰196.33 戰197.4 戰197.9 戰199.37 戰200.26 戰203.27 戰206.7 戰209.32 戰214.23 戰216.11
戰217.30 戰219.26 戰227.16 戰237.5 戰238.5 戰240.3 戰240.10 戰240.23 戰240.30 戰248.10

戰 252.22 戰 252.29 戰 253.2 戰 253.15 戰 253.24 戰 256.7 戰 257.23 戰 258.19 戰 265.2 戰 266.9

戰 271.15 戰 275.27 戰 276.19 戰 283.21 戰 284.7 戰 284.14 戰 285.13 戰 285.20 戰 289.6 戰 289.24

戰 309.7 戰 315.9 戰 317.33 戰 319.14 戰 319.36 老甲 31.3 老甲 37.7 老甲 37.17 老甲 37.25 老甲 37.31

老甲 60.6 老甲 68.20 老甲 71.30 老甲 84.26 老甲 90.10 老甲 116.4 老甲 116.14 老甲 116.23 老甲 135.18 老甲 141.21

老甲 141.23 老甲 141.26 老甲 165.22 五 10.7 五 36.28 五 40.20 五 41.12 五 43.4 五 52.16 五 74.20

五 114.7 五 126.18 五 128.6 五 150.1 五 152.13 五 153.18 五 153.22 五 153.30 五 154.30 九 3.25

九 8.6 九 8.9 九 8.30 九 9.29 九 10.4 九 10.36 九 11.20 九 12.21 九 16.1 九 16.12

九 17.24 九 24.11 九 25.17 九 25.28 九 26.4 九 26.31 九 27.16 九 32.10 九 34.20 九 41.13

九 41.30	明 20.27	德 4.2	氣 5.169	出 26.24	木 24.3	木 40.5	問 24.24
九 46.1	明 22.5	德 4.7	氣 6.150	出 26.28	木 27.6	木 41.6	問 42.6
九 48.12	明 23.11	氣 2.305	刑丙地 14.5	出 26.32	木 28.6	木 42.6	問 42.13
九 48.28	明 23.21	氣 2.321	陰乙上朔 25.12	出 26.36	木 29.5	木 43.6	問 42.18
九 50.19	明 31.13	氣 2.404	陰乙上朔 32.25	出 26.42	木 30.5	問 1.8	問 42.24
九 51.7	明 33.10	氣 2.410	出 26.5	出 26.48	木 31.6	問 1.30	問 43.6
明 1.19	明 33.18	氣 3.4	出 26.8	木 12.3	木 32.6	問 8.8	問 44.5
明 2.12	明 39.14	氣 3.31	出 26.12	木 12.15	木 33.5	問 15.8	問 45.15
明 15.6	明 44.20	氣 3.60	出 26.16	木 12.20	木 37.6	問 19.20	問 45.21
明 17.16	明 47.1	氣 5.67	出 26.20	木 22.4	木 39.6	問 23.7	問 48.9

問 60.9	問 80.19	合 5.19	合 16.3	合 19.5	談 20.21	談 22.32	談 31.13
問 61.9	問 82.13	合 6.1	合 16.7	合 19.9	談 20.25	談 23.6	談 31.28
問 62.23	問 85.1	合 6.9	合 16.11	合 19.13	談 20.29	談 23.18	談 31.34
問 63.6	問 85.13	合 6.17	合 16.15	合 19.17	談 20.33	談 24.8	談 31.38
問 63.15	問 89.8	合 7.3	合 17.5	合 19.21	談 21.5	談 24.26	談 33.3
問 63.27	問 90.3	合 15.5	合 17.9	談 1.8	談 21.14	談 25.3	談 33.7
問 64.10	問 93.5	合 15.9	合 17.25	談 1.26	談 21.17	談 27.2	談 33.11
問 67.25	問 94.11	合 15.13	合 18.4	談 20.5	談 21.20	談 27.15	談 33.15
問 77.7	問 95.16	合 15.21	合 18.8	談 20.9	談 21.23	談 31.3	談 33.19
問 77.18	問 101.19	合 15.25	合 18.12	談 20.13	談 22.18	談 31.7	談 33.27

談 33.31	談 33.35	談 38.5	談 38.9	談 38.13	談 38.17	談 38.21	談 38.25	談 38.29	談 39.5
談 39.9	談 39.13	談 39.17	談 39.20	太 1.4	周 11.37	周 18.17	二 1.6	二 1.20	二 2.35
二 4.6	二 4.24	二 4.42	二 5.5	二 5.50	二 5.57	二 5.65	二 6.19	二 6.26	二 6.37
二 7.55	二 8.1	二 9.11	二 9.78	二 10.4	二 10.51	二 10.68	二 11.7	二 11.59	二 11.64
二 12.9	二 12.47	二 13.22	二 13.48	二 13.58	二 14.23	二 14.34	二 15.26	二 15.65	二 15.73
二 16.47	二 16.67	二 17.10	二 17.30	二 17.41	二 17.50	二 18.19	二 18.27	二 19.19	二 22.27
二 24.24	二 25.22	二 25.44	二 25.63	二 25.67	二 27.50	二 27.56	二 29.28	二 29.42	二 30.27
二 30.44	二 30.52	二 31.19	二 31.24	二 31.41	二 32.39	二 32.51	二 32.70	二 33.53	二 34.12

二 35.21	二 35.34	二 36.8	二 36.38	二 36.55	繫 10.49	繫 12.65	繫 14.16	繫 14.54	繫 15.35
繫 17.8	繫 17.14	繫 26.7	繫 26.57	繫 27.2	繫 32.16	繫 32.23	繫 32.36	繫 32.46	繫 38.58
繫 38.67	繫 40.36	繫 42.25	繫 42.46	繫 43.38	繫 43.55	衷 1.3	衷 3.14	衷 8.42	衷 10.31
衷 14.6	衷 19.11	衷 19.25	衷 21.4	衷 21.12	衷 21.20	衷 22.14	衷 25.32	衷 25.51	衷 28.24
衷 29.13	衷 29.57	衷 31.1	衷 31.42	衷 32.3	衷 33.8	衷 33.23	衷 33.49	衷 33.58	衷 34.22
衷 34.62	衷 35.5	衷 35.53	衷 35.57	衷 35.63	衷 37.17	衷 37.48	衷 37.55	衷 38.20	衷 38.31
衷 38.64	衷 39.3	衷 39.18	衷 39.49	衷 39.58	衷 40.27	衷 41.26	衷 41.32	衷 41.65	衷 42.1
衷 42.56	衷 45.65	衷 47.19	衷 50.25	衷 50.45	衷 51.1	要 8.21	要 9.42	要 10.5	要 10.15

要10.33	要11.1	要12.33	要12.66	要13.8	要13.53	要14.56	要15.22	要16.48	要16.57
要17.9	要19.20	要20.25	繆1.8	繆1.16	繆2.1	繆2.11	繆3.32	繆4.7	繆4.28
繆4.53	繆5.9	繆5.31	繆5.40	繆7.24	繆7.44	繆8.11	繆14.16	繆15.13	繆15.29
繆16.3	繆18.28	繆18.51	繆18.57	繆19.50	繆21.12	繆21.32	繆21.64	繆22.5	繆23.8
繆24.27	繆24.39	繆24.71	繆25.51	繆26.41	繆27.23	繆27.49	繆27.60	繆28.17	繆29.23
繆29.63	繆30.5	繆30.46	繆31.17	繆32.13	繆33.13	繆33.42	繆35.1	繆35.17	繆37.70
繆38.6	繆38.29	繆39.3	繆39.17	繆39.34	繆40.52	繆41.51	繆42.21	繆43.30	繆43.55
繆43.62	繆44.16	繆48.23	繆50.41	繆53.2	繆53.21	繆53.47	繆54.41	繆54.51	繆55.23

繆 55.64	繆 56.7	繆 56.12	繆 57.19	繆 57.27	繆 57.40	繆 58.1	繆 58.9	繆 58.47	繆 59.7

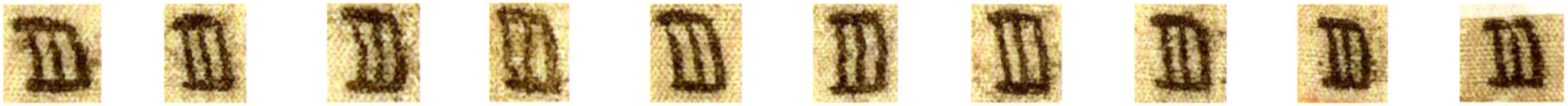

繆 59.57	繆 60.18	繆 61.16	繆 62.1	繆 63.40	繆 64.16	繆 65.4	繆 65.13	繆 65.28	繆 65.40

繆 65.56	繆 65.60	繆 66.17	繆 67.35	繆 68.20	繆 69.18	繆 70.2	繆 70.18	繆 70.62	繆 72.5

昭 1.4	昭 1.14	昭 1.44	昭 1.50	昭 2.59	昭 3.24	昭 4.51	昭 5.18	昭 7.13	昭 7.61

昭 7.70	昭 8.24	昭 10.7	昭 10.39	昭 10.69	昭 11.65	昭 12.5	昭 12.49	周·殘下 24.1	周·殘下 112.2

經 1.65	經 2.2	經 2.12	經 2.15	經 2.25	經 2.27	經 2.42	經 2.45	經 2.50	經 2.53

經 5.32	經 24.50	經 24.61	經 25.20	經 26.12	經 26.40	經 27.1	經 38.18	經 39.16	經 42.47

經 42.51	經 42.57	經 43.4	經 43.13	經 53.52	經 53.55	經 53.58	經 53.61	經 53.64	經 54.1

經54.56
經54.60
經54.65
經55.7
經61.39
經61.53
經61.58
經61.63
經62.4
經62.13
經62.22
經62.38
經62.44
經62.49
經63.56
經64.18
經64.23
經64.28
經68.19
經71.23
十13.36
十13.48
十14.11
十14.26
十15.7
十15.16
十15.43
十15.55
十16.16
十16.22
十17.24
十18.10
十18.36
十18.63
十20.55
十21.27
十22.56
十24.21
十24.55
十27.9
十27.56
十28.30
十29.42
十30.5
十30.32
十43.21
十43.56
十44.4
十45.11
十45.25
十60.25
十60.62
稱17.23
稱24.35
老乙5.4
老乙14.43
老乙17.44
老乙17.53
老乙19.62
老乙27.44
老乙33.1
老乙33.5
老乙33.8
老乙34.54
老乙40.24
老乙42.38
老乙54.55
老乙54.64
老乙55.10
老乙56.44
老乙58.9
老乙63.44
老乙66.14
老乙66.21
老乙66.24
老乙66.27
老乙66.30
老乙76.47
星35.16
星37.7

曷

星 41.42　星 65.14　刑乙 1.19　刑乙 39.6　刑乙 41.6　刑乙 43.6　刑乙 45.6　刑乙 47.6　相 28.18　相 28.60

相 31.10　相 34.30　相 36.26　相 36.58　相 38.61　相 40.72　相 42.23　相 50.17　相 50.22　相 61.70

相 62.2

□*

衷 37.46

周 29.17

帛書中讀作「汔」，應分析爲从曷气聲，故暫附於此。

曹 □

養 118.23　戰 204.29　問 15.6　問 22.19

□*

「僉」字異體，本卷亼部重見。

乃

陰甲室 4.27　陰甲堪法 3.19　陰甲堪法 8.18　陰甲·殘 374.6　方 69.14　方 129.17　方 202.6　方 348.31　方 351.29　方 426.23

方·殘1.14
方·殘48.6
養61.46
養79.25
養206.27
養·殘77.7
胎2.20
胎30.8
春28.16
戰50.23

戰50.36
戰51.5
戰75.16
戰95.31
戰147.15
戰162.13
戰187.9
戰190.18
戰200.20
戰233.7

戰234.17
戰253.11
戰257.25
戰264.3
戰283.12
老甲2.20
老甲72.26
老甲123.25
老甲123.28
老甲123.31

老甲123.33
五55.21
五55.29
五81.3
九1.25
九1.32
九4.12
九4.22
九7.12
九15.2

九27.21
明34.24
氣1.249
氣6.101
刑甲28.18
刑甲39.15
刑甲39.21
刑甲111.1
刑甲130.8
刑丙·殘2.2

陰乙上朔17.8
木49.11
問4.9
問4.13
問5.5
問5.21
問6.6
問13.3
問16.25
問29.23

問33.8
問50.24
問53.19
問73.6
問99.20
合3.12
合7.18
合9.5
合10.4
合32.11

談36.34
談37.7
談44.12
周27.46
周55.25
周59.29
周59.31
周59.53
周63.14
周66.76

要16.12
昭10.62
經67.16
經67.40
經69.26
經72.2
經75.20
經76.30
經76.33
十1.61
十1.64
十7.17
十11.28
十14.2
十15.22
十17.19
十20.31
十25.58
十30.11
十31.21
十35.20
十35.62
十39.20
十44.63
十44.67
十46.61
十47.26
十56.5
十56.9
十58.10
十61.56
稱9.21
稱15.56
稱24.38
道4.46
老乙1.59
老乙15.64
老乙16.13
老乙16.20
老乙16.28
老乙29.25
老乙35.14
老乙58.35
老乙69.34
星9.5
星9.9
星10.33
星11.6
星11.14
星19.13
星51.48
刑乙42.8
刑乙75.37
刑乙79.63
刑乙86.21
刑乙86.27
相2.44
相3.27
相3.50
相3.53
相5.22
相7.70
相21.14
相24.15
相25.41
相48.47
相52.64
相59.43
相61.4
相61.14
相66.29

迺

二三 36.51

寧

春 53.23
春 59.22
春 62.15
春 93.8
戰 167.23
戰 183.19
老甲 5.19
問 73.8
周 23.12
周 88.20

經 25.26
經 52.23
十 37.64
十 56.24
老乙 2.70
老乙 3.31

可

陰甲徙 6.7
陰甲徙 6.15
陰甲徙 6.24
陰甲徙 6.31
陰甲徙 6.38
陰甲徙 6.43
陰甲上朔 2.8
陰甲上朔 2.26
陰甲上朔 3.11
陰甲上朔 3.25

陰甲上朔 4.8
陰甲上朔 4.22
陰甲神上 11.26
陰甲神上 11.30
陰甲雜三 1.28
陰甲雜三 3.13
陰甲雜三 4.13
陰甲室 5.18
陰甲室 9.8
陰甲室 9.12

陰甲築一 3.3
陰甲築一 4.3
陰甲築一 5.3
陰甲刑日 6.4
陰甲刑日 8.4
陰甲諸日 2.1
陰甲祭三 2.27
陰甲祭三 6.23
陰甲宜忌 2.8
陰甲宜忌 5.14

陰甲·殘 2.3
陰甲·殘 3.6
陰甲·殘 4.34
陰甲·殘 25.2
陰甲·殘 42.6
陰甲·殘 283.3
陰甲·殘 310.2
陰甲·殘 318.3
足 23.11
陽甲 6.2

陽甲 14.27
陽甲 26.2
脈 12.3
方 100.13
方 126.9
方 127.4
方 128.1
方 130.22
方 179.21
方 237.7

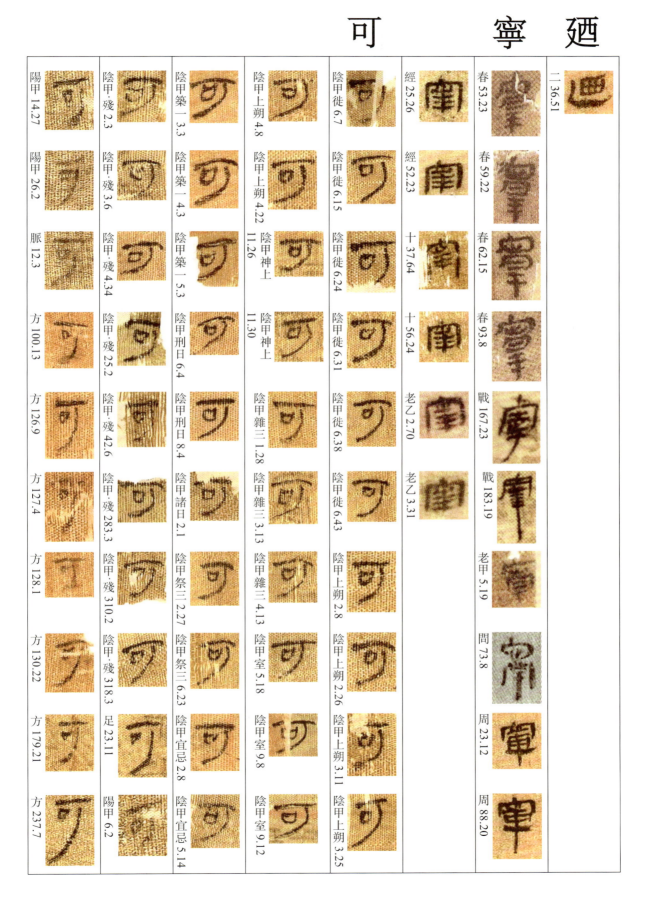

方 265.3
方 273.4
方 276.7
方 302.3
方 307.8
方 343.9
方 405.6
方 457.14
方 487.8
去 3.1

去 3.25
去 5.3
陽乙 2.7
陽乙 3.26
陽乙 15.28
陽乙 16.16
養 20.10
養 50.14
養 124.3
養 201.20

房 39.12
胎 24.28
春 51.12
春 54.14
春 79.3
春 82.10
戰 3.18
戰 13.25
戰 22.22
戰 23.8

戰 26.18
戰 26.25
戰 29.13
戰 29.21
戰 40.13
戰 43.22
戰 43.29
戰 44.8
戰 44.15
戰 44.21

戰 47.17
戰 49.28
戰 49.34
戰 51.34
戰 52.1
戰 53.14
戰 66.31
戰 71.25
戰 73.31
戰 78.11

戰 85.35
戰 115.3
戰 135.13
戰 135.19
戰 138.12
戰 139.28
戰 143.28
戰 159.27
戰 208.12
戰 217.11

戰 238.25
戰 249.3
戰 252.27
戰 256.11
戰 266.11
戰 271.23
戰 295.8
戰 298.28
戰 304.29
老甲 18.19

老甲 19.16
老甲 39.9
老甲 39.15
老甲 39.21
老甲 39.32
老甲 40.5
老甲 46.10
老甲 51.27
老甲 91.13
老甲 93.3

老甲 93.12
老甲 115.14
老甲 117.16
老甲 145.21
老甲 146.5
老甲 151.5
老甲 157.1
老甲 163.21
老甲 164.3
老甲 166.15

老甲 168.8
五 61.11
五 66.19
五 86.3
五 95.20
五 136.29
五 145.19
五 146.25
九 10.25
九 26.23

九 30.6
明 16.28
明 33.26
明 34.17
德 9.9
氣 3.104
氣 3.112
刑甲 31.24
刑甲 31.28
刑甲 42.5

刑甲 100.10
刑甲 101.9
陰乙玄戈 7.20
陰乙五禁 11.27
陰乙五禁 11.36
陰乙五禁 14.1
陰乙五禁 14.9
陰乙五禁 15.4
陰乙上朔 22.9
陰乙上朔 27.8

陰乙上朔 30.11
陰乙上朔 30.22
陰乙上朔 33.37
陰乙上朔 34.34
陰乙刑日 3.12
陰乙刑日 4.13
陰乙女發 4.7
陰乙·殘 2.4
陰乙·殘 24.1
出 5.18

出 8.49
出 9.13
出 13.37
出 14.28
出 19.39
出 19.49
出 20.31
出 21.24
出 22.5
出 22.10

出 22.15
出 22.20
出 22.26
出 23.14
出 23.27
出 23.52
出 24.9
出 24.18
出 24.24
出 24.30

出 25.37 出 25.42 木 4.9 問 11.9 問 13.22 問 17.3 問 17.15 問 22.7 問 26.26 問 41.4

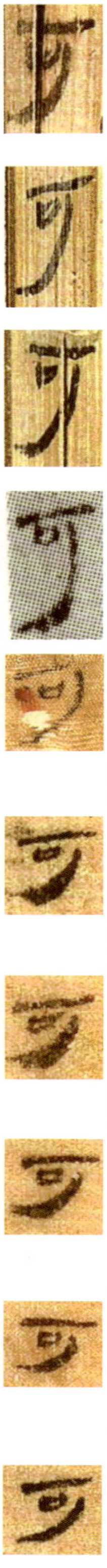
問 41.8 問 95.11 問 96.9 談 11.13 物 4.17 周 8.52 周 13.9 周 13.19 周 20.38 周 25.7

周 29.60 周 35.7 周 35.11 周 44.56 周 51.61 周 87.16 二 4.60 二 5.19 二 5.46 二 7.49

二 14.7 二 20.27 二 21.6 二 28.26 二 34.52 二 35.14 繫 2.53 繫 12.18 繫 14.60 繫 26.74

繫 27.63 繫 27.73 繫 41.22 繫 44.12 繫 44.44 繫 46.17 衷 19.34 衷 27.39 衷 31.20 衷 31.27

衷 31.33 衷 31.38 衷 39.21 衷 40.2 衷 40.4 衷 40.43 衷 47.57 衷 50.8 要 9.38 要 15.19

要 19.30 要 21.11 要 21.54 要 22.3 要 22.24 要 23.53 要 23.60 繆 3.2 繆 4.1 繆 14.7

繆 20.6 繆 27.16 繆 27.67 繆 45.49 繆 50.5 繆 55.11 繆 58.3 繆 65.8 繆 66.47 繆 67.7

繆69.12
繆70.4
昭1.45
昭4.63
周·殘下91.1
經9.11
經15.8
經16.7
經17.6
經17.36

經18.56
經20.73
經21.7
經38.25
經38.30
經52.6
經70.46
經70.58
經71.9
十17.25

十17.40
十19.4
十19.10
十27.10
十33.21
十39.34
十39.41
十39.49
十42.60
十43.14

十47.27
十56.1
十56.3
十56.6
十56.10
稱7.6
稱7.14
稱7.62
稱7.71
稱11.25

稱11.32
稱11.48
稱14.7
稱21.5
道3.6
道3.12
道4.11
道5.61
道7.4
老乙18.29

老乙18.56
老乙24.24
老乙24.29
老乙44.2
老乙46.35
老乙50.32
老乙54.31
老乙54.43
老乙55.15
老乙55.37

老乙56.32
老乙60.62
老乙65.69
老乙67.68
老乙68.11
老乙70.14
老乙72.54
老乙75.29
老乙75.54
老乙75.66

老乙77.1
老乙77.46
老乙77.54
星10.9
星12.14
星14.7
星23.20
星29.38
星60.23
星65.17

奇

刑乙17.7
刑乙82.12
刑乙82.16
相4.29
相4.35
相14.43
相14.49
相19.36
相24.65
相25.11

相64.46
相64.51
相72.69
相73.3

奇

春91.21
戰209.37
陰乙大游3.108
陰乙大游3.117
陰乙大游3.122
陰乙大游3.128
陰乙大游3.131
陰乙傳勝圖1.9
陰乙傳勝圖1.26

竒

刑甲91.9
刑甲99.8
刑甲99.18
刑甲99.24
刑甲106.2
問7.1
繫38.39
衷5.30
經7.55

經7.59
十46.67
十55.49
稱1.67
稱1.71
刑乙7.6
刑乙16.4
刑乙18.5
刑乙18.10
刑乙18.14

刑乙18.18
刑乙18.24
刑乙18.27
刑乙31.24
刑乙54.12

乎

春46.12
戰24.33
戰25.5
戰49.31
戰50.6
戰54.23
戰128.14
戰128.24
戰150.10
戰151.30

戰152.10
戰190.3
戰193.6
戰196.29
戰197.3
戰201.19
戰274.17
戰317.28
戰321.21
戰324.19

老甲 53.35	老甲 87.19	老甲 108.6	老甲 147.22	五 99.14	九 15.11	九 24.35	九 32.20	九 33.3	九 34.22
明 20.7	明 35.15	刑丙天 6.19	刑丙天 7.16	二 2.1	二 6.64	二 7.4	二 30.35	繫 3.8	繫 5.37
繫 5.44	繫 5.51	繫 5.59	繫 5.65	繫 7.8	繫 7.13	繫 7.33	繫 9.42	繫 9.49	繫 9.57
繫 10.53	繫 11.13	繫 13.13	繫 13.17	繫 13.31	繫 13.35	繫 13.45	繫 13.48	繫 24.30	繫 24.37
繫 24.52	繫 24.69	繫 25.15	繫 26.40	繫 26.77	繫 27.49	繫 28.5	繫 29.40	繫 29.49	繫 29.56
繫 29.63	繫 29.70	繫 30.10	繫 30.57	繫 31.66	繫 31.71	繫 32.2	繫 32.9	衷 8.28	衷 36.41
衷 44.46	要 9.8	要 10.41	要 13.50	要 15.20	要 16.55	要 17.28	要 17.34	要 18.20	要 18.68
繆 14.27	繆 20.58	繆 24.36	繆 26.39	繆 31.14	繆 33.34	繆 38.18	繆 39.32	繆 42.19	繆 47.30

繆 47.71
繆 48.15
繆 52.30
繆 57.61
繆 57.66
繆 60.23
繆 70.66
昭 1.12
昭 1.48
昭 7.68

昭 8.28
昭 12.14
昭 13.17
昭 13.34
十 16.13
十 45.17
十 45.22
十 64.45
十 64.48
老乙 51.7

老乙 51.16
老乙 51.25
老乙 51.33
老乙 65.16
老乙 68.59
相 1.64
相 2.1
相 2.11
相 5.49
相 6.44

相 16.69
相 17.4
相 22.21
相 46.44
相 54.5

號

老甲 37.8
九 40.5
氣 2.158
氣 6.154
周 7.56
周 57.8
周 58.26
周 62.56
周 90.59
繫 14.10

繆 32.4
經 4.13
經 4.20
經 15.38
經 16.35
經 17.15
經 17.41
經 20.34
經 22.35
經 46.50

道 2.55

于

陽乙 1.18
陽乙 3.4
陽乙 4.31
陽乙 14.20
陽乙 16.24
春 34.8
春 91.25
春 92.10
春 92.15
春 93.5

戰 142.39
戰 160.27
戰 228.36
五 7.6
五 16.2
五 16.10
五 16.14
五 55.35
五 56.25
五 56.29

五 163.15
氣 9.121
刑甲 111.18
刑甲 113.21
刑丙天 11.46
陰乙刑德 7.9
木 35.8
遣一 115.3
牌一 34.3
遣三 24.2

遣三 25.3
遣三 134.3
地 13.2
地 24.1
周 2.69
周 4.47
周 7.4
周 7.20
周 7.29
周 9.12

周 18.22
周 21.78
周 22.17
周 22.28
周 22.37
周 22.46
周 22.55
周 22.64
周 27.57
周 31.42

周 32.15
周 32.18
周 33.10
周 33.54
周 33.64
周 34.18
周 39.61
周 40.9
周 46.25
周 46.45

周 47.11
周 49.5
周 51.12
周 51.20
周 51.39
周 51.53
周 51.78
周 52.20
周 52.24
周 55.56

周 57.4
周 57.27
周 57.50
周 59.38
周 62.19
周 62.23
周 62.35
周 62.54
周 62.57
周 62.61

周 62.76
周 63.11
周 63.26
周 63.29
周 66.67
周 70.35
周 75.32
周 77.52
周 77.74
周 86.13

平 吁

吁

周86.27　周86.69　周87.12　周89.4　周90.6　周92.42　二1.30　二6.29　二7.8　二32.44

二32.73　繫40.27　衷28.3　衷42.49　衷43.14　要9.48　繆8.27　繆70.20　繆70.28　繆72.2

經28.57　經53.15　十49.21　十49.25　刑乙1.23　刑乙4.29　刑乙57.5　相16.19

「吁」字《說文》口部重出，字形詳見卷二口部。

平

方405.14　養34.2　養48.8　養157.6　戰104.23　戰123.18　戰125.19　戰125.31　戰126.12　戰233.26

老甲165.7　九1.22　出28.22　出33.4　出33.55　出35.10　問92.15　問97.19　合20.7　合22.18

談38.14　談42.15　遣一205.3　遣一206.3　遣一207.3　遣一211.4　遣三264.3　遣三265.3　遣三266.3　遣三403.4

地1.2　地9.2　地53.2　箭52.2　周21.66　周46.32　衷7.48　經6.20　經28.50　經42.52

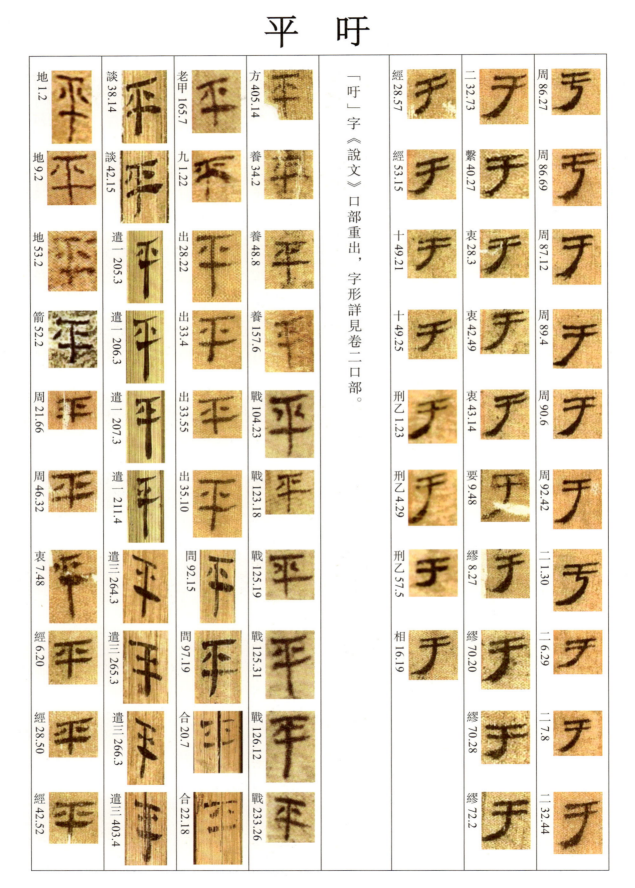

喜　嘗

經52.20　十18.54　十19.5　十21.20　十21.31　老乙76.34　星55.19　星56.39　相19.2　相67.65

相71.29　相71.52　相72.63　相74.54

方36.12　方65.3　方372.22　方440.1　方451.7　養193.12　養·殘63.12　戰37.17　戰37.23　戰101.29

戰143.3　戰232.16　五26.14　五26.25　五102.3　五103.1　要10.48　要10.54　繆6.38

陰甲堪法9.18　陰甲堪法9.37　陰甲諸日1.14　陰甲祭三4.10　陰甲祭三4.17　陰甲祭三5.16　陰甲·殘2.27　陽甲10.12　陽乙5.12　春62.23

戰91.11　戰224.12　氣3.16　氣5.47　氣5.53　刑甲7.34　刑甲7.41　出30.26　出30.36　出31.26

出32.26　問46.1　問53.2　談55.22　周2.80　周8.66　周13.71　周56.35　經30.57　經32.1

刑乙65.62　刑乙66.3　刑乙66.10

壴

壴

氣 9.198

要 21.15

尌

陰甲室 3.11

彭

春 94.7

春 95.6

春 97.18

問 48.7

問 48.17

周 70.44

星 36.30

嘉

周 3.57

周 66.68

周 69.76

繆 25.42

繆 41.61

鼓

《説文》：「鼓，郭也，春分之音。萬物郭皮甲而出，故謂之鼓。」「鼓」與「鼓」乃一字分化，字形詳見卷三支部。

豈

戰 33.6

戰 94.27

戰 128.34

戰 145.26

豆

足 2.3

方 68.17

䜴*

「頸」字異體，卷九頁部重見。

豐

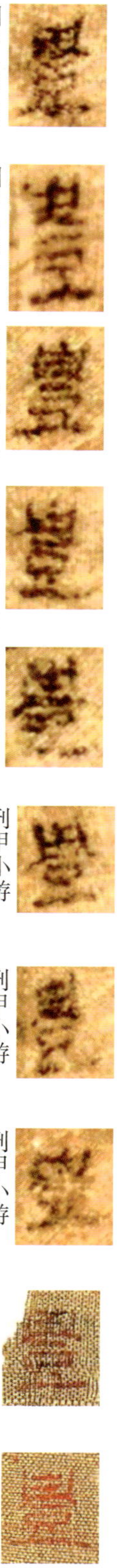

刑甲 109.19
刑甲 133.1
刑甲小游 1.6
刑甲小游 1.29
刑甲小游 1.96
刑甲小游 1.132
刑甲小游 1.155
刑甲小游 1.196
刑丙小游 1.6
刑丙小游 1.40

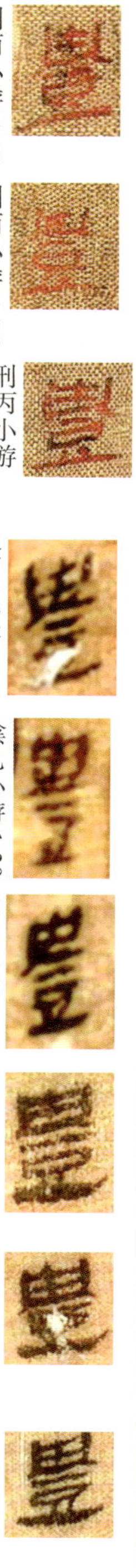

刑丙小游 1.57
刑丙小游 1.79
刑丙小游 1.140
陰乙小游 1.29
陰乙小游 1.39
陰乙小游 1.61
周 41.2
周 41.29
周 41.46
周 41.62

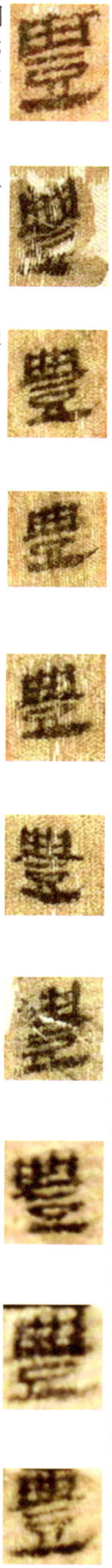

周 42.11
二 35.35
繆 16.4
繆 16.21
繆 18.29
繆 43.2
十 23.31
刑乙 30.18
刑乙小游 1.44
刑乙小游 1.69

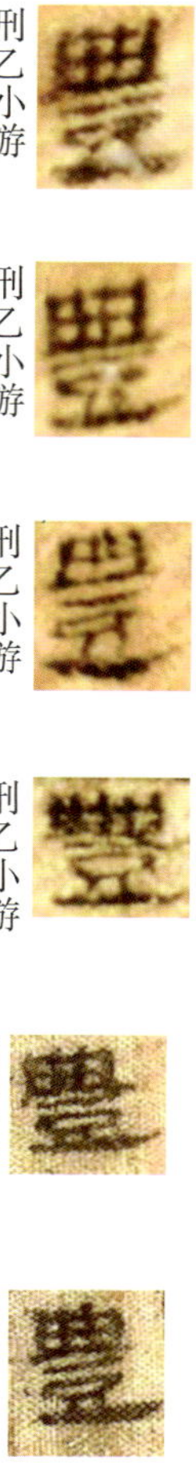

刑乙小游 1.102
刑乙小游 1.161
刑乙小游 1.187
刑乙小游 1.247
相 18.13
相 69.58

虞

方 52.19
春·殘 1.1
戰 171.23
繫 3.48
衷 14.12

虘

養 220.14
戰 161.23
五 170.24
問 35.9
問 48.16
問 89.24
談 7.26
談 9.29
二 1.41
二 9.30

十 44.12

虐

陽乙4.5

虘*

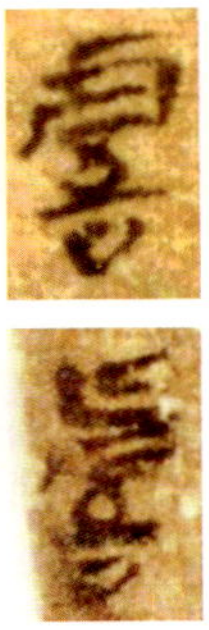

九2.29
九30.4

从「虍」、「吾」雙聲。

虎*

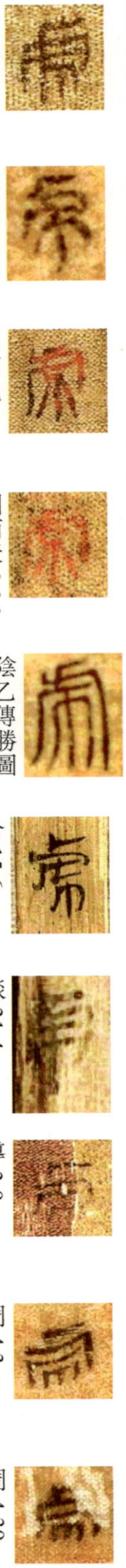

方380.7
明22.25
刑丙地14.9
刑丙天3.36
陰乙傳勝圖1.56
合15.6
談31.4
導3.9
周4.3
周4.39

虒

周4.54
十48.50
稱13.35
稱19.21
老乙12.31
相31.11

方131.4
方196.6
遣一46.18
遣一55.17
遣一60.6
遣一68.23
遣一88.15
遣一89.6
遣一124.19
遣一214.4

遣一215.5
遣三198.5
遣三260.4
太7.2

皿

繆20.1
繆44.56
刑乙81.16

盂

方95.11

圩

遣一 201.4
遣一 204.6
遣三 261.4
遣三 262.4

从土于聲，「盂」字異體。與後世字書中訓爲「圩田」、「圩岸」之「圩」字同形。

盛

方 41.25
方 52.8
方 92.22
方 240.12
方 328.22
方 361.12
養 4.25
養 47.15
養 52.3
養 72.16

養 138.3
房 41.30
戰 14.19
戰 188.15
刑丙天 2.16
問 11.2
問 13.2
遣一 128.6
遣一 129.6
遣一 130.9

遣一 131.5
遣一 132.5
遣一 152.6
遣一 165.9
遣一 168.7
遣一 169.8
遣一 170.8
遣一 172.7
遣一 173.7
遣一 174.7

遣一 176.7
遣一 177.7
遣一 181.11
遣一 195.10
遣一 201.9
遣一 203.3
遣一 203.7
遣一 204.13
遣一 208.15
遣一 212.7

遣一 214.11
遣一 214.19
遣一 221.10
遣一 221.15
遣一 225.5
遣一 226.5
遣一 227.5
遣一 229.6
遣一 284.6
遣三 184.7

遣三 271.5
遣三 271.9
遣三 272.5
遣三 274.3
二一 35.49
繫 8.58
衷 29.24
繆 39.12
繆 43.6
周·殘上 43.1

經 41.49
相 58.38
相 58.46

齍

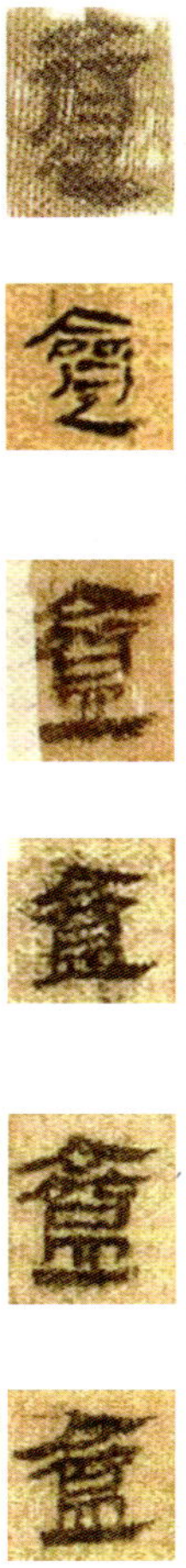

春·殘4.2
喪5.11
周31.41
繫35.32
經11.23
經12.24

盇

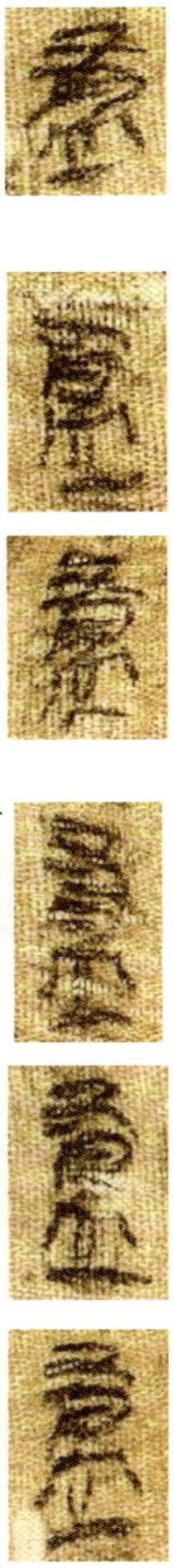

方279.22
方280.15
方281.1
方281.10
方281.17
方281.24

盧

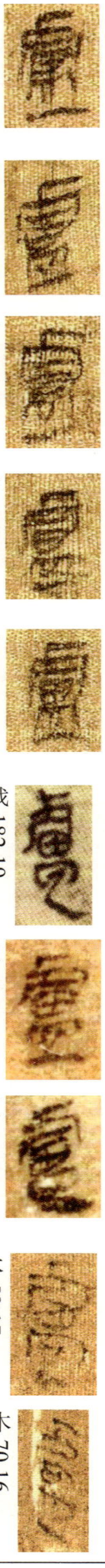

方68.12
方264.31
方360.9
方372.7
方376.9
戰182.19
五49.3
五143.7
木59.17
木70.16

遣一220.2
遣三374.2
相3.12
相7.18
相14.37
相21.64
相48.19
相55.26
相56.2
相64.40

盍

陰乙刑德32.7
陰乙大游2.25
陰乙大游3.193
陰乙大游3.199

葢

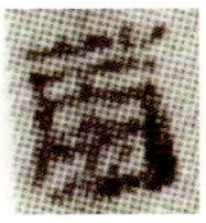

談12.32

盆

足8.5
陽甲34.11
合2.13

醯

方127.19
方176.9
方202.3
方215.5
方229.6
方249.12
方260.11
方348.12
方356.7
方388.13

養52.7　養128.14　房13.26　房14.16　房35.2　射22.10

⿰氵⿱㐬皿

方326.11

⿰臣⿱㐬皿

方287.9　養127.26　養·殘61.9

「醯」字異體，「鹽」或訛作與之同形，卷十二鹽部重見。

益

陰甲衍6.24　陰甲室1.21　脈3.18　方24.23　方174.14　方272.35　方297.2　養14.15　養36.7　養107.1

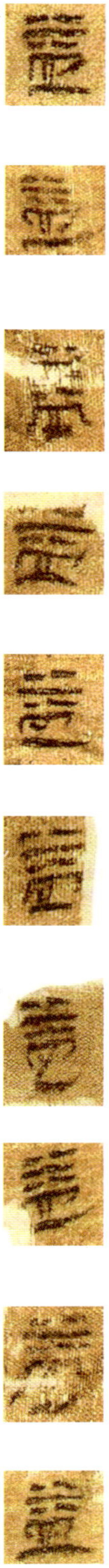

養110.17　養126.2　養137.3　養144.1　養145.9　養147.3　養151.10　養152.28　養172.17　養201.23

養223.3　養目2.5　養·殘3.8　養·殘21.2　養·殘54.1　養·殘82.4　養·殘98.5　養·殘165.6　房43.2　房47.2

春48.8　戰11.25　戰13.11　戰20.18　戰50.42　戰51.11　戰190.27　戰211.28　戰269.22　老甲37.23

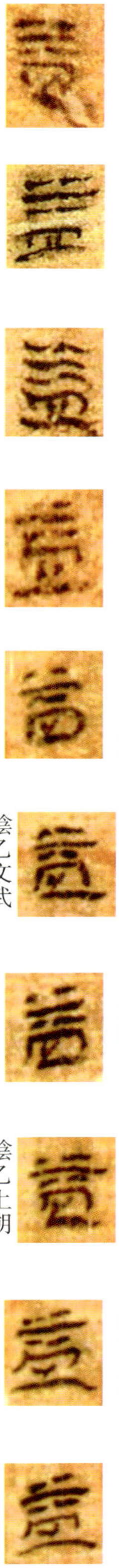

明4.25　氣2.84　氣6.87　刑甲138.12　陰乙刑德34.6　陰乙文武14.13　陰乙上朔32.4　陰乙上朔35.19　陰乙天一13.6　陰乙天一30.7

盈

陰乙天一 32.8
問 29.3
談 14.14
談 15.33
談 18.33
談 20.3
談 22.4
談 25.9
談 27.25
談 28.2
談 28.6
周 13.43
周 13.76
周 14.9
周 92.2
周 92.27
周 92.48
周 93.24
繫 34.2
繫 43.18
衷 4.11
衷 46.22
衷 46.67
要 9.5
要 19.6
要 20.35
要 20.53
要 21.6
要 24.12
繆 42.27
繆 42.50
稱 2.10
道 3.62
道 3.70
老乙 10.14
老乙 17.46
星 53.39
星 53.41
星 143.44
刑乙 77.41
相 5.26
相 31.40
相 52.35
候 2.20
方 26.8
方 186.7
方 191.21
方 240.16
方 402.10
戰 48.31
戰 224.9
戰 260.22
老甲 6.32
老甲 17.24
老甲 96.8
老甲 106.30
老甲 107.13
老甲 136.13
明 32.7
德 3.18
氣 6.44
氣 6.50
刑甲 5.30
問 17.6
問 25.15
問 34.19
問 39.12
問 40.20
合 27.18
談 10.22
周 21.63
周 23.29
二 27.30

盡

繫16.65
衷2.49
衷2.51
衷7.45
衷23.12
繆39.13
繆42.25
繆42.34
繆42.53
繆43.7

繆43.38
周·殘下133.1
經59.59
經71.48
十9.34
十24.24
十25.3
道1.29
道1.66
道4.61

老乙3.7
老乙45.28
老乙47.20
老乙50.21
老乙63.67
相16.27
相18.14
相18.68
相22.7
相36.61

相36.65
相55.32
相67.29
相69.59
相69.65
相71.35
相71.39
相71.53
相76.23

陰甲諸日4.20
陽甲7.9
方49.17
方55.15
方62.10
方93.10
方172.7
方187.12
方188.4
方230.9

方232.5
方232.21
方386.23
方388.24
方439.19
方449.1
方450.1
方488.6
養76.6
養77.10

養82.14
養91.8
養93.15
養123.5
養129.9
養167.17
養188.6
房11.18
房14.15
房52.19

胎30.5
春49.24
春94.13
戰13.15
戰92.34
戰93.40
戰94.34
戰104.39
戰112.20
戰117.19

戰 120.30
戰 121.34
戰 127.30
戰 135.36
戰 146.14
戰 160.39
戰 161.10
戰 165.4
戰 166.16
戰 175.20

戰 206.19
戰 207.6
戰 228.16
戰 229.7
戰 241.15
五 131.30
五 132.4
明 26.4
明 26.19
明 27.23

氣 1.253
氣 2.285
氣 6.113
氣 8.10
刑甲 1.10
刑甲 6.37
刑甲 9.1
刑甲 49.7
刑甲 101.3
問 25.13

問 34.14
問 49.18
談 50.1
繫 26.60
繫 26.64
繫 27.9
繫 27.14
繫 27.21
繫 27.28
衷 20.44

衷 40.5
要 21.60
要 22.10
要 22.34
要 22.54
要 23.23
繆 24.6
繆 45.15
繆 46.22
繆 64.30

繆 66.61
經 9.39
經 10.57
經 11.44
經 21.49
經 52.58
經 53.35
經 57.29
刑乙 62.12
刑乙 62.14

刑乙 62.16
刑乙 62.18
刑乙 62.25
刑乙 63.25
刑乙 64.47
刑乙 65.27
刑乙 66.45
相 3.36
相 3.69
相 14.13

相 26.22
相 51.48
相 63.27

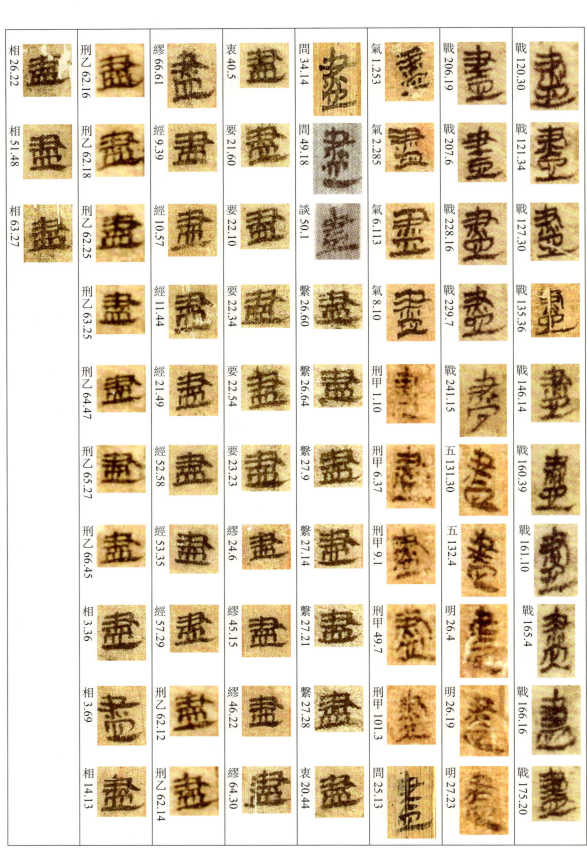

盅 盌 卹* 盗* 乿* 去

盅

⿰氵盅

老甲 17.26

《說文》：「盅，器虛也。《老子》曰：道盅而用之。」帛書中「⿰氵盅」字用爲「沖虛」之「沖」，當即「盅」字異體。

盌

周 85.3

卹*

「卹/邮」字異體，本卷血部重見。

盗*

方 201.14

从皿次聲，帛書中用作「盜」，與「盜」字的簡體「盗」同形。

乿*

「亂」字異體，卷十四乙部重見。

去

陰甲天一 6.23

陰甲徙 5.16

陰甲祭一 A08L.7

陰甲祭一 A09L.1

陰甲祭一 A09L.5

陰甲祭一 A09L.10

陰甲祭一 A09L.12

陰甲祭一 A10L.3

陰甲祭一 A11L.6

陰甲祭一 A13L.2

陰甲祭一 A16L.31

陰甲神上 14.22

陰甲神上 16.9

陰甲神上 17.5

陰甲神上 18.24

陰甲神下 42.21

陰甲室 4.25

陰甲祭三 2.2

陰甲·殘 226.4

方目 4.5

方 41.19

方 69.4

方 92.20

方 98.8

方 98.15

方 102.24

方 107.7

方 122.5

方 172.9

方 187.3

方 206.10	方 458.1	養 54.4	養 177.12	戰 10.39	老甲 128.15	刑丙傳 4.15	木 21.21
方 206.30	方 459.2	養 55.5	養目 2.8	戰 33.26	老甲 134.8	刑丙傳 7.7	問 29.18
方 207.15	方 460.2	養 61.36	養·殘 140.3	戰 44.11	老甲 152.10	刑丙傳 8.11	問 33.5
方 330.2	方 465.6	養 61.51	房 6.15	戰 123.30	老甲 152.12	刑丙傳 10.8	問 37.16
方 357.7	方 487.6	養 77.11	房 10.15	戰 160.6	老甲 152.14	刑丙傳 11.3	問 44.3
方 370.23	方 488.3	養 78.20	房 11.30	戰 162.19	老甲 167.5	刑丙傳 16.13	問 53.13
方 387.21	方·殘 2.9	養 110.12	房 13.6	戰 163.11	德 11.7	刑丙天 5.43	問 71.12
方 389.9	方·殘 2.40	養 122.5	房 17.4	戰 222.8	氣 9.73	陰乙天一 18.10	問 96.21
方 404.11	去 1.2	養 170.11	春 24.16	老甲 97.21	氣·殘 5.3	出 24.10	合 31.13
方 439.4	陽乙 14.32	養 176.23	戰 6.30	老甲 113.2	刑甲 29.1	木 15.14	談 14.15

血

談18.34	十64.40	老乙70.48	星50.46	陰甲祭一A06L.9	方197.2	陽乙13.2	氣7.18
談27.26	十65.17	老乙70.50	星54.1	陽甲30.12	方258.15	養132.14	刑甲30.23
談48.33	老乙2.52	老乙77.23	刑乙64.28	候3.23	方261.19	養208.7	刑甲30.32
周90.71	老乙37.23	星24.11	刑乙80.21	方11.3	方266.8	養220.17	刑甲30.38
衷43.7	老乙46.14	星24.44	相9.18	方12.8	方267.22	射21.8	刑甲34.8
要15.63	老乙53.21	星48.38	相9.42	方13.4	方277.1	胎7.2	刑甲39.23
經7.45	老乙60.45	星48.45	相15.46	方53.7	方303.2	氣2.412	木57.2
經8.3	老乙60.53	星49.5	相57.56	方54.14	方350.6	氣4.33	問68.9
經44.15	老乙62.74	星50.8	相58.9	方130.16	方351.20	氣4.252	問68.28
十16.46	老乙70.46	星50.36	相65.62	方130.20	方355.6	氣6.31	合27.4

衄

談16.28 談36.24 周22.47 周28.33 周38.15 周45.15 周55.10 周59.41 周71.65 周90.70

周91.58 二6.32 二7.25 衷23.47 衷42.52 繆44.4 繆47.45 十16.25 星35.31 星47.22

星47.45 刑乙81.31

洕

足4.8 足11.24

盥 膿

[月盥]

脈4.12 脈5.19 脈7.1

《説文》：「盥，腫血也。从血、農省聲。膿，俗盥，从肉、農聲。」

卹

[血阝]

繆44.58 繆46.38

主

陰甲神上4.10 陰甲神上5.15 陰甲雜三3.3 陰甲雜三4.2 陰甲堪表8.4 陰甲祭三4.36 陰甲祭三5.11 陰甲祭三5.30 陰甲·殘60.6 陰甲·殘95.7

陽甲12.7 陽甲17.10 陽甲19.12 陽甲21.23 陽甲26.15 陽甲37.15 脈9.4 候2.13 方66.22 陽乙2.15

陽乙 3.43
陽乙 8.37
陽乙 9.36
陽乙 15.42
陽乙 17.22
陽乙 18.36
春 16.18
戰 53.19
戰 53.42
戰 151.14

戰 172.17
戰 196.19
戰 197.25
戰 200.28
戰 232.14
戰 317.3
戰 323.4
老甲 72.4
老甲 90.20
老甲 152.20

老甲 163.15
老甲 164.2
九 2.23
九 2.25
九 3.31
九 4.3
九 4.8
九 5.16
九 6.10
九 6.16

九 6.25
九 7.4
九 11.21
九 13.12
九 13.22
九 14.20
九 15.18
九 16.3
九 20.5
九 23.12

九 23.21
九 24.2
九 27.17
九 28.1
九 28.5
九 28.11
九 29.15
九 29.24
九 31.19
九 31.29

九 32.2
九 33.11
九 33.15
九 33.21
九 34.4
九 34.9
九 34.26
九 35.12
九 35.26
九 36.25

九 37.11
九 40.23
九 41.5
九 42.4
九 42.11
九 42.22
九 43.11
九 43.15
九 43.22
九 44.16

九 45.1
九 45.14
九 46.9
九 47.4
九 48.16
九 48.19
九 49.9
九 50.21
九 51.10
九 52.20

明9.4 明23.1 明28.6 九圖1.4 九圖1.7 九圖2.3 氣1.81 氣2.215 氣2.262 氣2.366

氣3.157 氣3.174 氣4.27 氣4.77 氣4.91 氣4.214 氣4.224 氣4.258 氣5.51 氣5.73

氣6.2 氣6.7 氣6.247 氣9.146 刑甲2.22 刑甲3.33 刑甲5.5 刑甲8.16 刑甲8.27 刑甲8.39

刑甲10.1 刑甲10.9 刑甲12.16 刑甲15.3 刑甲15.25 刑甲27.8 刑甲27.26 刑甲33.12 刑甲38.21 刑丙地4.16

陰乙上朔31.33 陰乙上朔35.10 木14.19 木25.5 遣三1.15 遣三1.30 周41.18 周41.72 周44.19 周75.31

衷27.6 衷37.22 衷37.29 繆16.14 繆18.1 繆18.39 昭3.13 經8.60 經22.60 經23.10

經23.29 經23.56 經24.10 經24.28 經24.59 經25.39 經26.5 經26.35 經26.59 經27.44

經27.52 經28.3 經28.14 經28.33 經29.40 經29.52 經30.7 經45.3 經46.43 經55.9

經55.41
經61.61
經63.52
經63.54
經67.43
十10.11
十51.33
十53.16
十61.17
稱2.73

稱22.23
稱24.10
老乙34.59
老乙42.48
老乙70.56
老乙75.48
老乙75.65
星14.25
星32.17
星37.45

星49.23
星52.11
星53.2
星53.25
星53.40
星58.3
星61.10
星62.1
星62.26
刑乙62.60

刑乙63.42
刑乙64.10
刑乙64.21
刑乙65.30
刑乙67.23
刑乙67.32
刑乙68.45
刑乙68.53
刑乙70.32
刑乙70.53

刑乙79.9
刑乙79.27
相40.50

音

方2.4
方6.11
方8.24
方24.15
方42.22
方57.11
方60.13
方77.15
方97.5
方98.3

方185.5
方215.4
方216.18
方285.16
方393.11
方451.12
養168.6
養·殘49.2

丹

方130.11
方328.12
方464.17
養61.10
戰2.12
戰36.2
明19.20
刑丙地14.11
刑丙天3.38

青

陰甲雜一 8.3
方 51.23
方 92.3
方 115.5
方 116.15
方 261.32
方 264.19
養 202.31
胎 21.24
明 19.23
德 8.7
氣 2.66
氣 9.32
氣 10.222
刑甲 45.15
刑甲小游 1.89
陰乙傳勝圖 1.53
合 16.12
談 32.4
遺一 251.20
遺一 261.1
遺一 284.2
遺一 289.6
遺一 290.9
遺三 13.8
遺三 243.3
遺三 330.1
遺三 340.1
遺三 360.1
遺三 362.1
遺三 366.19
太 9.1
星 19.12
星 26.10
星 52.23
星 55.4
星 55.39
刑乙 79.39
刑乙小游 1.62
刑乙小游 1.181
相 18.56
相 70.65

靜

戰 121.29
老甲 42.13
老甲 105.20
老甲 106.23
刑甲 112.31
刑甲 113.6
刑甲 115.18
問 3.20
問 97.15
談 24.22
星 45.39
星 50.42

靜

二 16.65
繫 1.19
繫 9.67
繫 10.12
衷 22.46
衷 22.52
衷 23.24
衷 23.55
衷 24.32
衷 33.6
衷 34.12
衷 36.28
衷 42.64
繆 17.2
經 4.42
經 4.44
經 17.56
經 36.7
經 37.13
經 37.23
經 50.16
經 52.17
經 53.26
經 55.23
經 60.3
經 60.12
經 70.55
經 71.14
經 74.58
經 76.27
十 4.19
十 4.21
十 4.51
十 5.16
十 14.16
十 20.2
十 20.9
十 25.23
十 25.29
十 33.14
十 33.16
十 33.33
十 33.41
十 61.6
十 64.23
十 64.33
稱 24.51
道 1.31
道 5.51
老乙 20.6
老乙 23.3
老乙 23.8
老乙 58.10
老乙 66.68
老乙 78.36
刑乙 56.7
刑乙 56.15
刑乙 60.6
相 7.23
相 40.65

井
丼

陰甲祭一 A16L.6
陰甲祭一 B02L.7
陰甲祭一 B04L.13
陰甲祭一 B10L.6
陰甲神下 40.24
陰甲室 8.16
陰甲室 8.26
陰甲雜五 5.33
陰甲堪法 11.4
陰甲諸日 4.8

㓝

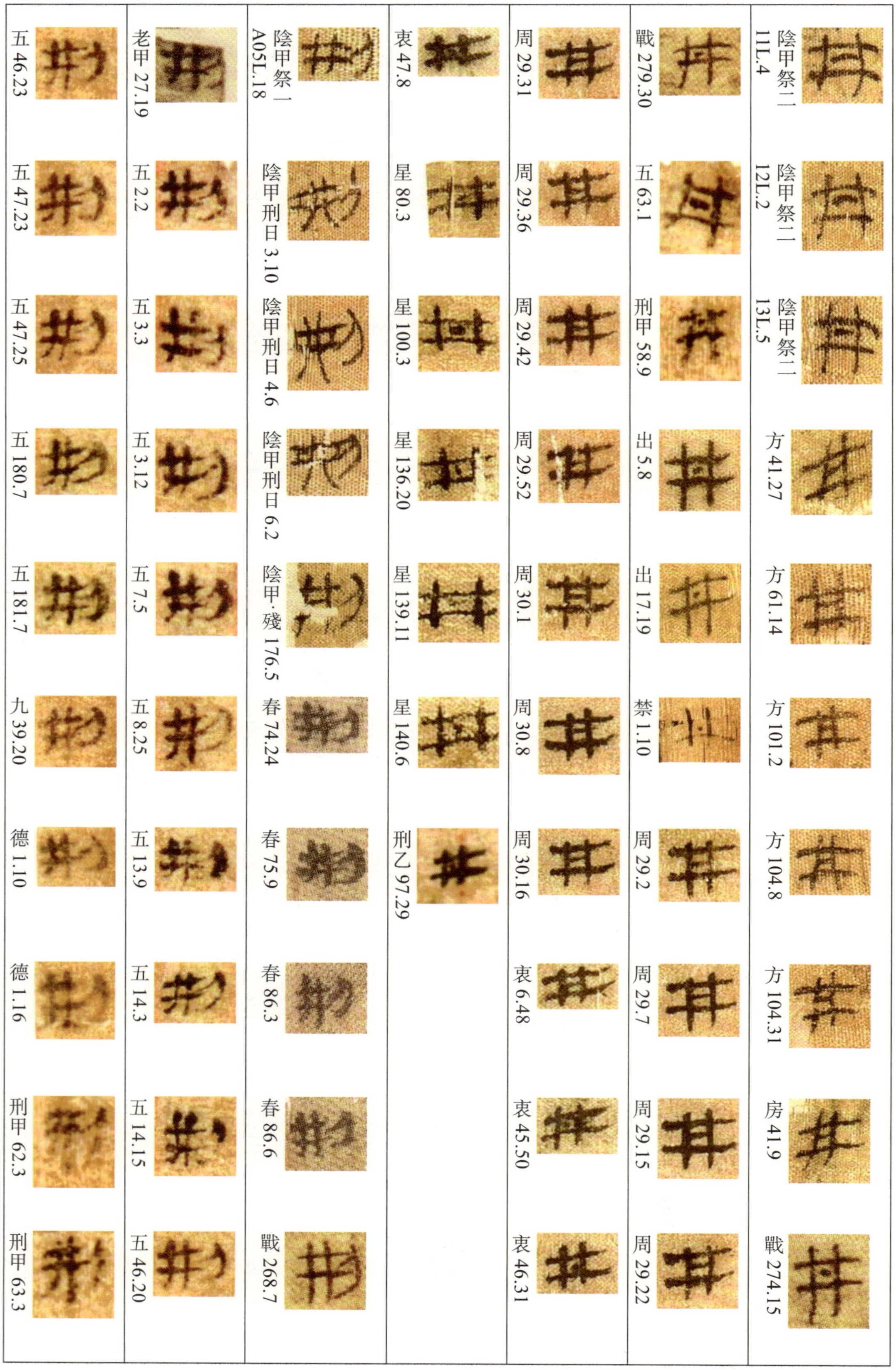
陰甲祭二11L.4
陰甲祭二12L.2
陰甲祭二13L.5
方41.27
方61.14
方101.2
方104.8
方104.31
房41.9
戰274.15
戰279.30
五63.1
刑甲58.9
出5.8
出17.19
禁1.10
周29.2
周29.7
周29.15
周29.22
周29.31
周29.36
周29.42
周29.52
周30.1
周30.8
周30.16
衷6.48
衷45.50
衷46.31
衷47.8
星80.3
星100.3
星136.20
星139.11
星140.6
刑乙97.29
陰甲祭一A05L.18
陰甲刑日3.10
陰甲刑日4.6
陰甲刑日6.2
陰甲·殘176.5
春74.24
春75.9
春86.3
春86.6
戰268.7
老甲27.19
五2.2
五3.3
五3.12
五7.5
五8.25
五13.9
五14.3
五14.15
五46.20
五46.23
五47.23
五47.25
五180.7
五181.7
九39.20
德1.10
德1.16
刑甲62.3
刑甲63.3

刑甲 64.3	刑甲 84.21	刑甲 127.4	刑甲小游 1.193	陰乙刑德 15.11	陰乙刑德 23.11	陰乙大游 3.100
刑甲 65.3	刑甲 86.7	刑甲 128.4	刑丙傳勝圖 1.18	陰乙刑德 16.4	陰乙刑德 24.13	陰乙大游 3.136
刑甲 66.3	刑甲 86.13	刑甲 129.2	陰乙刑德 4.7	陰乙刑德 17.2	陰乙刑德 25.5	陰乙大游 3.185
刑甲 67.3	刑甲 106.25	刑甲 130.4	陰乙刑德 5.1	陰乙刑德 18.3	陰乙刑德 25.9	陰乙小游 1.25
刑甲 70.3	刑甲 108.29	刑甲 134.6	陰乙刑德 5.10	陰乙刑德 19.4	陰乙刑德 26.12	陰乙三合 4.17
刑甲 73.3	刑甲 109.13	刑甲 137.1	陰乙刑德 6.16	陰乙刑德 19.18	陰乙刑德 27.11	陰乙文武 20.18
刑甲 75.3	刑甲 118.12	刑甲 140.1	陰乙刑德 8.1	陰乙刑德 21.16	陰乙刑德 28.6	陰乙上朔 34.4
刑甲 78.3	刑甲 119.4	刑甲小游 1.26	陰乙刑德 10.1	陰乙刑德 22.2	陰乙刑德 29.1	陰乙刑日 2.7
刑甲 80.3	刑甲 121.4	刑甲小游 1.93	陰乙刑德 13.10	陰乙刑德 22.13	陰乙刑德 33.6	陰乙刑日 3.10
刑甲 82.2	刑甲 123.4	刑甲小游 1.152	陰乙刑德 14.10	陰乙刑德 23.3	陰乙大游 3.57	陰乙傳勝圖 1.61

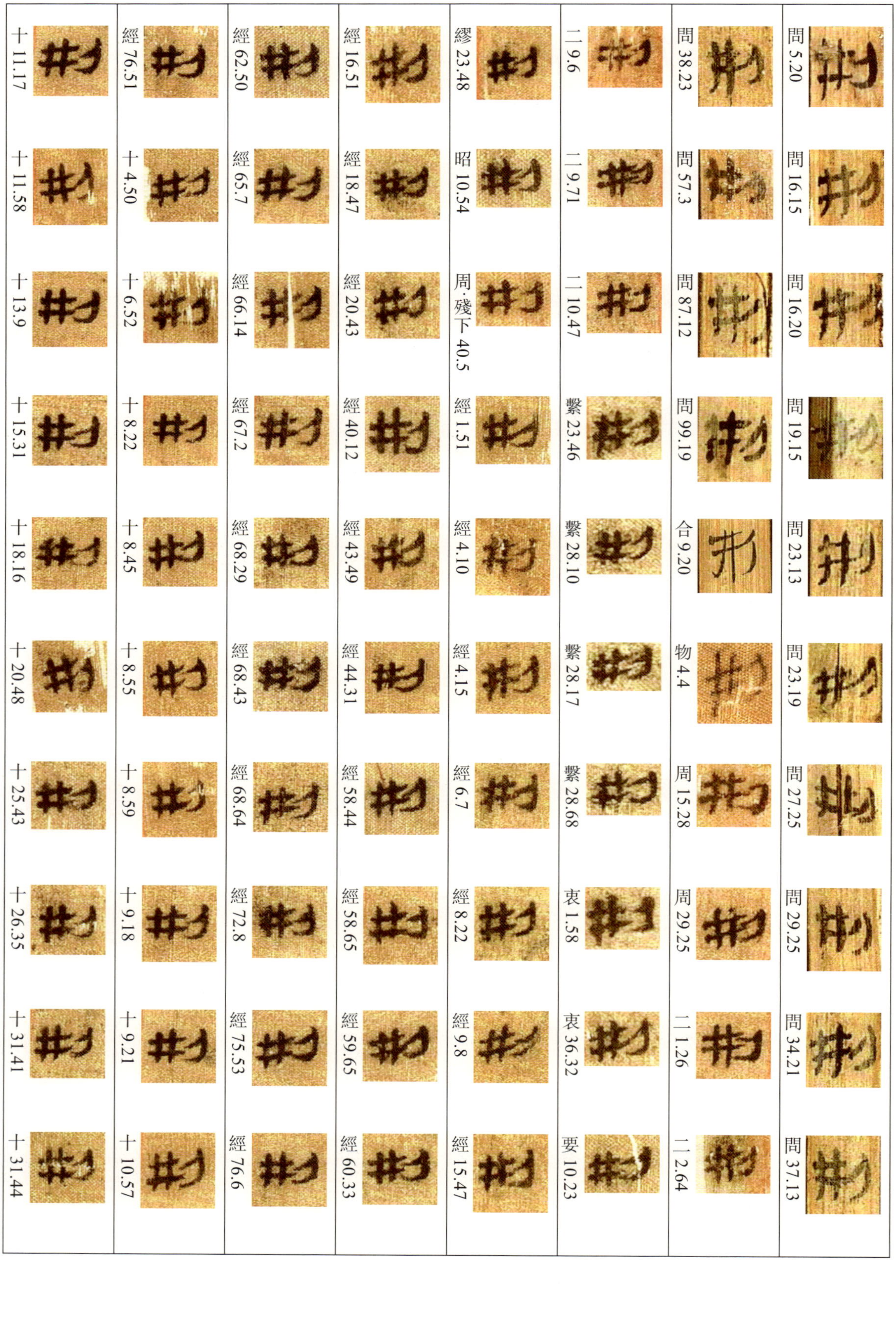

問 5.20
問 16.15
問 16.20
問 19.15
問 23.13
問 23.19
問 27.25
問 29.25
問 34.21
問 37.13

問 38.23
問 57.3
問 87.12
問 99.19
合 9.20
物 4.4
周 15.28
周 29.25
二 1.26
二 2.64

二 9.6
二 9.71
二 10.47
繫 23.46
繫 28.10
繫 28.17
繫 28.68
衷 1.58
衷 36.32
要 10.23

繆 23.48
昭 10.54
周·殘下 40.5
經 1.51
經 4.10
經 4.15
經 6.7
經 8.22
經 9.8
經 15.47

經 16.51
經 18.47
經 20.43
經 40.12
經 43.49
經 44.31
經 58.44
經 58.65
經 59.65
經 60.33

經 62.50
經 65.7
經 66.14
經 67.2
經 68.29
經 68.43
經 68.64
經 72.8
經 75.53
經 76.6

經 76.51
十 4.50
十 6.52
十 8.22
十 8.45
十 8.55
十 8.59
十 9.18
十 9.21
十 10.57

十 11.17
十 11.58
十 13.9
十 15.31
十 18.16
十 20.48
十 25.43
十 26.35
十 31.41
十 31.44

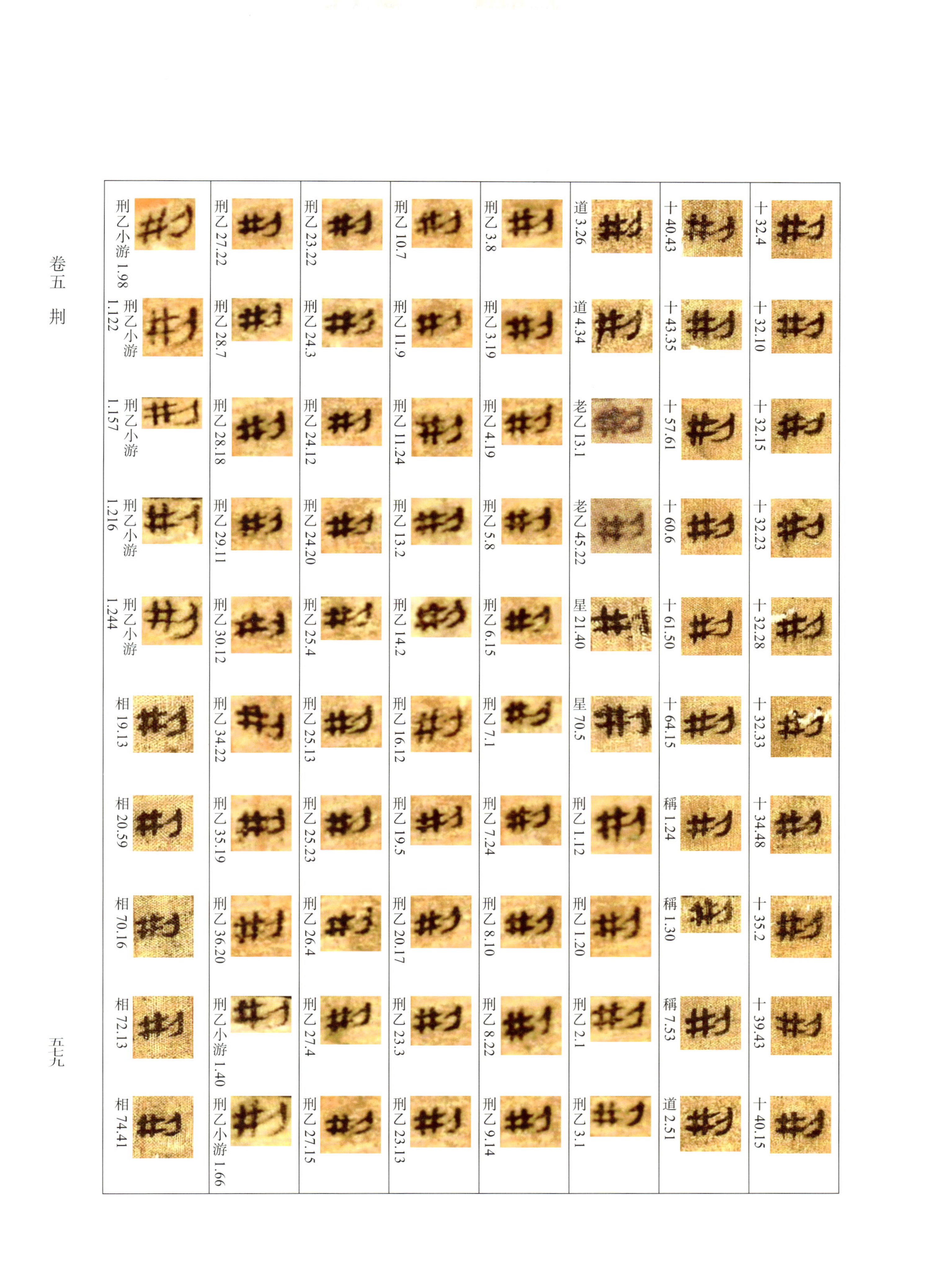

十32.4	十40.43	道3.26	刑乙3.8	刑乙10.7	刑乙23.22	刑乙27.22	刑乙小游1.98
十32.10	十43.35	道4.34	刑乙3.19	刑乙11.9	刑乙24.3	刑乙28.7	刑乙小游1.122
十32.15	十57.61	老乙13.1	刑乙4.19	刑乙11.24	刑乙24.12	刑乙28.18	刑乙小游1.157
十32.23	十60.6	老乙45.22	刑乙5.8	刑乙13.2	刑乙24.20	刑乙29.11	刑乙小游1.216
十32.28	十61.50	星21.40	刑乙6.15	刑乙14.2	刑乙25.4	刑乙30.12	刑乙小游1.244
十32.33	十64.15	星70.5	刑乙7.1	刑乙16.12	刑乙25.13	刑乙34.22	相19.13
十34.48	稱1.24	刑乙1.12	刑乙7.24	刑乙19.5	刑乙25.23	刑乙35.19	相20.59
十35.2	稱1.30	刑乙1.20	刑乙8.10	刑乙20.17	刑乙26.4	刑乙36.20	相70.16
十39.43	稱7.53	刑乙2.1	刑乙8.22	刑乙23.3	刑乙27.4	刑乙小游1.40	相72.13
十40.15	道2.51	刑乙3.1	刑乙9.14	刑乙23.13	刑乙27.15	刑乙小游1.66	相74.41

剏　即

《說文》：「㓝，罰辠也。」典籍中多作「刑」。「㓝」、「刑」本爲一字。

剏

陰甲刑日 5.2　戰 157.17　談 36.15

刑丙傳 19.11　刑丙刑 4.2　刑丙刑 7.2　刑丙刑 11.4　刑丙天 2.17　刑丙傳勝圖 1.12　刑丙小游 1.2　刑丙小游 1.75　刑丙小游 1.136　陰乙傳勝圖 1.40

即

方 3.8　方 18.5　方 19.11　方 21.17　方 31.3　方 42.7　方 43.17　方 44.9　方 44.21　方 69.7

方 90.9　方 93.1　方 97.23　方 98.11　方 102.12　方 102.21　方 112.10　方 112.20　方 113.14　方 120.5

方 123.24　方 124.6　方 138.4　方 147.10　方 147.14　方 191.11　方 213.14　方 218.5　方 220.30　方 230.30

方 238.9　方 239.17　方 241.14　方 255.3　方 258.22　方 281.8　方 281.19　方 283.27　方 301.10　方 307.12

方 317.15　方 318.20　方 328.23　方 343.3　方 343.12　方 343.18　方 344.7　方 344.27　方 345.6　方 345.32

方346.3
方372.14
方390.7
方391.16
方398.12
方401.11
方404.5
方404.13
方407.5
方413.9

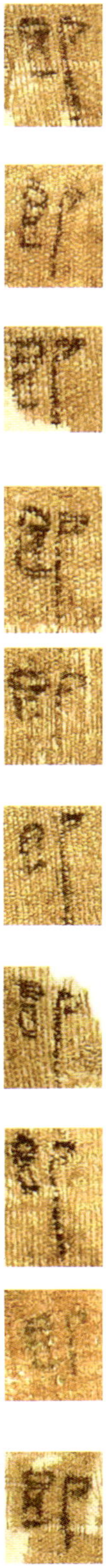

方444.17
方445.10
方447.21
方448.18
方449.3
方·殘1.25
方·殘2.35
方·殘2.47
去8.6
養5.18

養12.4
養58.7
養60.9
養60.14
養61.42
養62.16
養64.16
養66.30
養73.5
養75.4

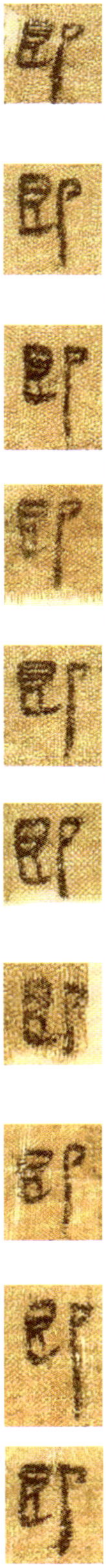

養76.9
養78.18
養79.18
養88.14
養91.4
養105.4
養109.8
養128.11
養128.20
養129.17

養130.15
養133.8
養164.18
養167.9
養190.20
養193.29
養196.26
養·殘7.6
養·殘63.3
房6.3

房10.7
房25.6
房41.4
房52.22
房53.3
射6.5
射12.2
胎31.5
胎34.20
春88.5

老甲38.1
氣3.136
太1.36
周15.16
周27.51
周69.38
周76.21
繆63.54
十52.14
相20.3

相50.21
相68.24

既

老甲166.16 五10.17 五10.21 五12.2 五115.13 五121.16 五122.4 九1.6 老甲·殘1.1 周21.65

周26.2 周37.72 周49.33 周73.23 周84.62 周84.64 周88.50 二2.40 繫7.37 繫41.13

衷42.34 繆2.42 繆3.66 繆37.52 繆66.1 繆66.60 昭13.9 十12.28 十14.13 十14.15

十14.56 十21.47 十23.37 十43.26 十47.58 稱8.29 稱8.41 稱15.43 稱15.47 老乙14.1

老乙14.9 老乙32.5 老乙74.22 老乙77.2 刑乙65.34 星29.23 相1.33 相1.49 相16.7 相16.45

相67.33

⿰皀妥

問71.25

爵

方317.4 胎21.9 五88.30 五93.27 遣一79.2 遣一94.1 竹一5.1 遣三123.2 牌三4.2 二4.4

二 4.22
二 29.21
二 29.48
二 29.57
繫 12.59
衷 42.37
老乙 13.27

爵

陰甲上朔 2.18
陰甲室 5.24

⿰艮寸

老甲 28.10

⿰⿷𠃊乂寸

問 12.1
繆 23.59
繆 30.58
繆 32.21
繆 32.29
繆 33.24
繆 39.47
繆 44.71

食

陰甲徙 5.45
陰甲雜四 4.7
陰甲築一 3.16
足 17.22
足 22.8
陽甲 21.8
陽甲 22.14
方 4.11
方 27.14
方 27.16

方 27.22
方 33.4
方 33.6
方 40.4
方 57.17
方 85.2
方 96.5
方 113.20
方 124.5
方 124.7

方 124.11
方 139.6
方 139.11
方 190.15
方 194.19
方 199.11
方 214.10
方 228.8
方 249.4
方 250.6

方 250.21
方 251.4
方 251.24
方 271.22
方 294.10
方 407.4
方 412.3
方 420.24
方 444.13
方 445.12

去 1.5
去 1.10
去 1.48
去 1.51
去 1.54
去 3.27
去 5.4
去 6.13
去 9.2
陽乙 10.36

陽乙 12.29
陽乙 13.31
養 16.17
養 31.13
養 39.18
養 57.9
養 61.16
養 73.6
養 109.30
養 114.7

養 124.1
養 131.2
養 150.26
養 175.13
養 177.21
養 201.26
養 223.1
養 223.5
養·殘 104.2
養·殘 150.3

房 8.19
房 17.2
房 35.13
房 43.30
射 7.12
射 19.21
胎 3.3
胎 5.6
胎 5.10
胎 6.23

胎 8.11
胎 9.6
胎 20.13
胎 20.30
戰 94.13
戰 94.21
戰 135.33
戰 171.37
戰 189.33
戰 190.17

戰 190.29
戰 297.1
老甲 82.14
老甲 132.11
老甲 135.20
五 87.18
五 91.15
五 151.7
五 156.1
明 26.22

明 28.12
明 28.17
明 28.25
明 29.2
明 29.6
明 40.2
氣 1.168
氣 1.170
氣 1.172
氣 1.175

氣 1.177
氣 1.199
氣 2.174
氣 8.63
氣 9.100
氣 10.154
刑甲 7.10
刑甲 13.34
刑甲 13.38
刑甲 14.13

刑甲14.24　刑甲24.24　刑甲102.13　陰乙上朔28.3　陰乙上朔35.8　出29.22　出30.23　出33.10　出33.13　出33.34

出34.18　出34.32　出34.35　木2.8　木5.14　木24.21　木66.2　木67.19　問2.22　問2.31

問3.17　問6.22　問7.11　問9.23　問10.5　問10.12　問10.20　問14.5　問32.9　問44.7

問46.9　問51.11　問79.9　問79.24　問84.21　問86.13　問86.18　問87.5　問87.18　問88.8

問91.11　問94.16　問96.1　談2.4　談10.13　談16.20　談22.22　遣一128.3　遣一129.3　遣一130.2

遣一131.2　遣一132.4　遣一188.3　遣一192.4　遣一193.4　遣一194.7　遣一203.12　遣一203.14　遣一212.3　遣一212.9

遣三256.4　遣三267.1　遣三301.3　宅1.16　周5.54　周11.8　周12.47　周12.60　周22.57　周29.34

周29.55　周30.12　周51.25　周86.30　二9.69　二10.41　二30.21　繆68.59　繆69.66　經18.44

飴

經 30.56　經 31.44　十 7.47　十 7.59　十 8.16　十 21.2　十 22.9　老乙 15.33　老乙 31.20　老乙 62.17

老乙 63.46　星 41.12　星 47.46　刑乙 69.49　刑乙 69.58　刑乙 69.66　刑乙 70.11　刑乙 76.64

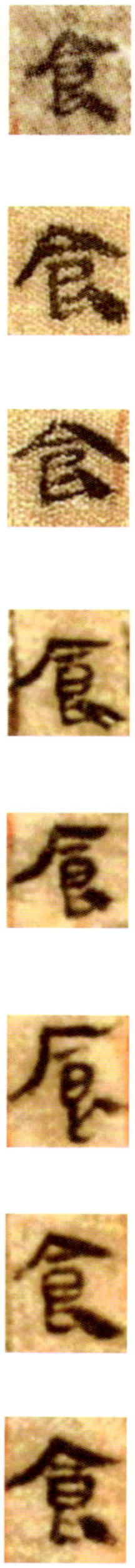

十 62.39

餳

糃

遣一 97.2

「餳」字異體，「昜」旁訛作「易」形。

餅

方 5.9

餈

⿰米齊

遣一 123.2　遣一 124.13　遣三 159.1　遣三 209.2

⿱齊米

牌三 51.1

養

方目 3.10　方 259.13　方 278.2　養 49.22　養 50.2　養 50.12　戰 24.27　戰 60.13　戰 173.26　明 25.17

養

明40.13
問51.16
合4.19
合26.17
談53.8
二2.24
二9.62
經19.19
經46.27
經54.38
經56.21
經68.14
經72.13
十7.35
十8.61
十10.51
十20.12
十34.11

飯

方434.5
養99.6
養105.13
養112.21
養126.1
養131.21
養133.5
養165.14
養177.19
房·殘11.1
房·殘13.2

飤

陰甲衍4.24

餔

方105.8
方344.21
養168.2

飽

養114.6

餘

脈2.14
方285.5
方295.10
方338.7
養91.1
房12.21
胎32.5
春28.12
春29.6
春29.21

饑　饐

春 34.3
春 86.24
戰 127.10
戰 130.9
戰 172.9
戰 178.20
戰 183.34
戰 239.13
戰 273.17
戰 278.19

戰 286.2
戰 286.26
戰 310.16
老甲 86.13
老甲 87.6
老甲 91.9
五 149.4
五 164.28
刑甲 101.2
陰乙文武 20.20

陰乙上朔 29.16
陰乙上朔 33.9
遣三 402.2
周 8.32
周 34.2
周 34.12
周 34.29
周 34.38
周 34.59
繆 59.1

繆 64.32
繆 66.5
繆 66.63
經 2.61
經 18.53
經 56.42
稱 13.6
老乙 16.7
刑乙 62.24
相 4.54

相 6.6

陽甲 31.7

二三 23.11
星 32.49

飢

陽甲 29.18 
陽乙 12.14 
老甲 82.9 
老甲 82.21 
五 71.17 
刑甲 33.17 
十 50.34 
老乙 39.14 
老乙 39.25 
刑乙 83.4 

相 18.23 

⿰飠凡

二 9.65 
二 9.83 

「飢」字訛體。

餓

二 9.66 

⿰飠支*

射 8.12 

⿰飠勺*

繆 6.15 

用作地名「長勺」之「勺」。

餌

《說文》「鬻」字或體，詳見卷三鬻部。

⿰飠艮*

明 19.27 

⿰飠爾*

方78.7

⿱攸食*

「滫」字異體，卷十一水部重見。

饍*

「膳」字異體，卷四肉部重見。

合

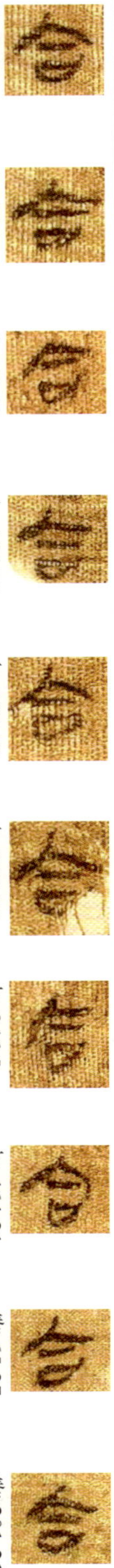

方24.4 方46.4 方68.11 方186.21 方192.12 方250.15 方346.5 方464.21 養65.27 養201.21

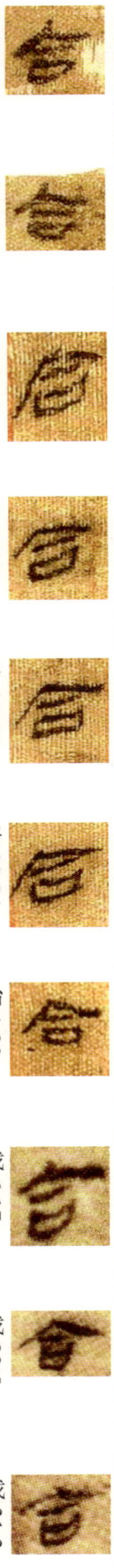

養216.16 養219.3 房3.20 房18.20 房20.25 房22.24 胎1.20 戰6.17 戰22.5 戰31.3

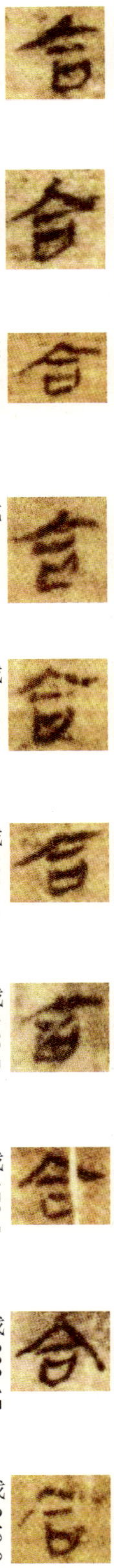

戰88.33 戰90.21 戰105.40 戰111.32 戰119.3 戰123.10 戰168.7 戰179.5 戰232.17 戰240.9

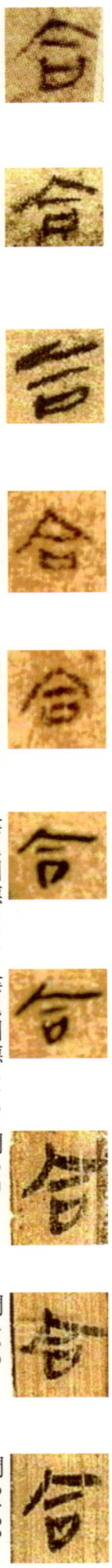

戰272.4 氣1.186 氣1.190 刑甲140.6 刑甲140.11 陰乙刑德11.3 陰乙刑德11.9 問9.7 問16.8 問24.23

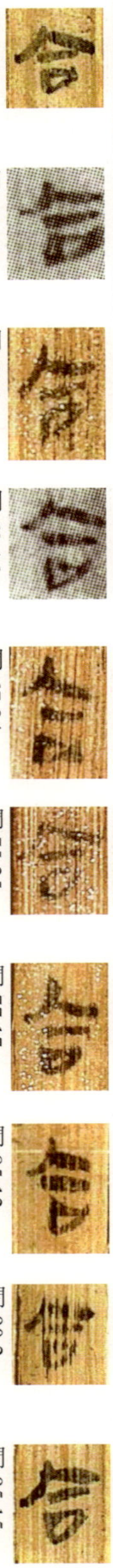

問33.23 問48.19 問61.8 問63.16 問67.24 問75.25 問77.17 問85.12 問90.2 問95.15

僉

問 98.14
合 1.4
談 9.6
談 30.1
遣一 46.15
遣一 55.14
遣一 68.21
遣一 84.12
遣一 124.16
遣一 132.8

遣一 132.11
遣一 161.9
遣一 164.1
遣一 196.7
遣一 197.14
遣一 203.5
遣一 212.6
遣一 213.6
遣一 218.7
遣一 229.5

遣一 230.6
遣一 231.5
遣一 232.7
遣一 284.1
遣一 284.5
遣一 285.6
遣三 212.1
遣三 216.9
遣三 216.13
遣三 216.19

遣三 258.7
遣三 269.12
遣三 274.5
遣三 275.6
遣三 330.4
遣三 337.3
遣三 368.13
箭 56.1
周 44.54
繫 10.37

衷 40.67
昭 13.43
經 40.17
經 51.43
經 67.12
經 75.60
十 19.33
十 26.8
十 43.32
十 56.52

稱 6.23
稱 22.29
老乙 74.6
星 63.8
星 121.5
刑乙 7.11
刑乙 7.17
刑乙 29.9
相 2.21
相 71.50

相 76.65

繆 20.19
十 61.14

會

陰甲宜忌 2.2 陰甲宜忌 4.3

⿰飠今*

方 17.18

帛書中讀爲「黃芩」之「芩」，應分析爲从「僉」省从「今」得聲，故暫附於此。

⿵亼叔

氣 10.11

今

方 91.9 方 104.22 方 106.21 方 108.10 方 109.13 方 111.21 方 219.22 方 219.28 方 221.20 方 390.17

養 207.21 春 45.14 春 73.4 春 75.18 春 82.26 春 94.6 戰 5.12 戰 11.33 戰 16.4 戰 23.10

戰 38.12 戰 45.6 戰 47.24 戰 49.2 戰 56.21 戰 57.28 戰 74.17 戰 75.23 戰 77.34 戰 95.36

戰 102.26 戰 106.36 戰 109.8 戰 111.10 戰 118.13 戰 123.3 戰 136.25 戰 137.14 戰 140.20 戰 142.40

戰 143.24 戰 150.11 戰 151.4 戰 152.17 戰 160.28 戰 164.1 戰 169.15 戰 185.15 戰 185.23 戰 196.7

戰198.11
戰198.33
戰204.33
戰212.6
戰213.30
戰215.15
戰220.32
戰221.27
戰224.18
戰228.14
戰231.30
戰234.34
戰237.29
戰248.22
戰251.2
戰253.16
戰254.9
戰256.14
戰258.28
戰259.24
戰280.2
戰290.26
戰299.12
戰301.10
戰302.3
戰310.7
老甲69.17
老甲118.8
老甲118.13
老甲134.2
九9.12
明6.30
明8.14
明14.20
明28.4
氣5.64
刑甲大游2.87
木41.13
木68.13
木70.13
問67.9
遣三131.7
遣三313.4
遣三356.4
太1.6
箭74.7
箭77.6
箭78.6
箭80.7
箭81.6
箭82.6
箭83.6
二8.24
二8.68
二8.75
要15.2
繆5.6
繆6.32
繆8.21
繆14.28
繆15.60
繆21.58
繆25.48
繆27.31
繆27.34
繆33.47
繆34.59
繆39.7
繆39.14
繆52.21
繆57.46
繆58.16
繆60.6
繆61.23
十4.60
十5.57
十18.45
十21.11
十60.14
稱22.2

舍

老乙 56.4
老乙 56.9
老乙 62.68

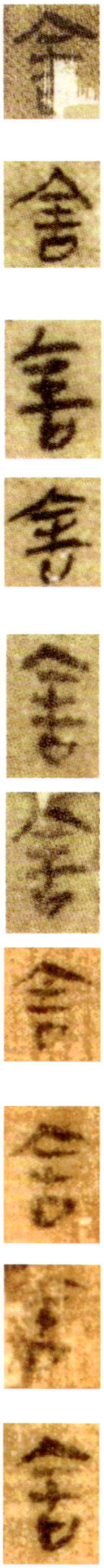

春 3.6
戰 48.15
戰 65.35
戰 87.18
老甲 69.18
老甲 69.24
五 54.27
五 58.28
五 60.13
五 124.17

刑甲 17.8
刑丙傳 2.7
刑丙傳 4.8
刑丙傳 5.12
刑丙傳 8.5
刑丙傳 8.22
刑丙傳 10.19
刑丙傳 16.1
陰乙刑德 6.3
談 8.24

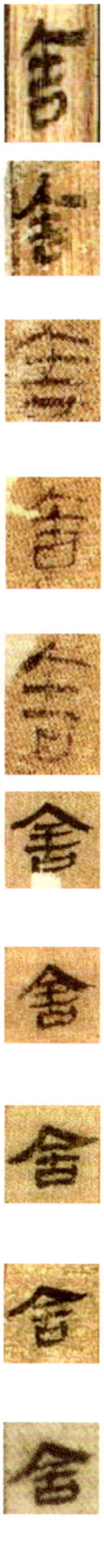

談 8.31
談 25.1
府 10.24
府 10.26
府 18.25
周 18.6
周 27.65
經 8.12
道 2.59
老乙 33.42

老乙 33.47
星 8.19
星 24.8
星 62.19
刑乙 4.4
刑乙 71.50

會

陰甲築一 2.13
陰甲堪法 9.51
陰甲堪法 13.12
陰甲堪法 14.3
陰甲刑日 3.6
陰甲刑日 4.2
陰甲·殘 2.29
陰甲·殘 2.31
陰甲·殘 3.25
陰甲·殘 276.6

方 281.2
養 139.1
春 28.8
春 29.13
春 33.25
春 62.2
戰 213.9
九 5.9
九 19.12
九 20.27

刑甲 99.25
木 31.10
木 34.8
問 66.27
繫 11.59
繫 29.14
衷 2.14
繆 21.39
繆 41.64
十 6.54

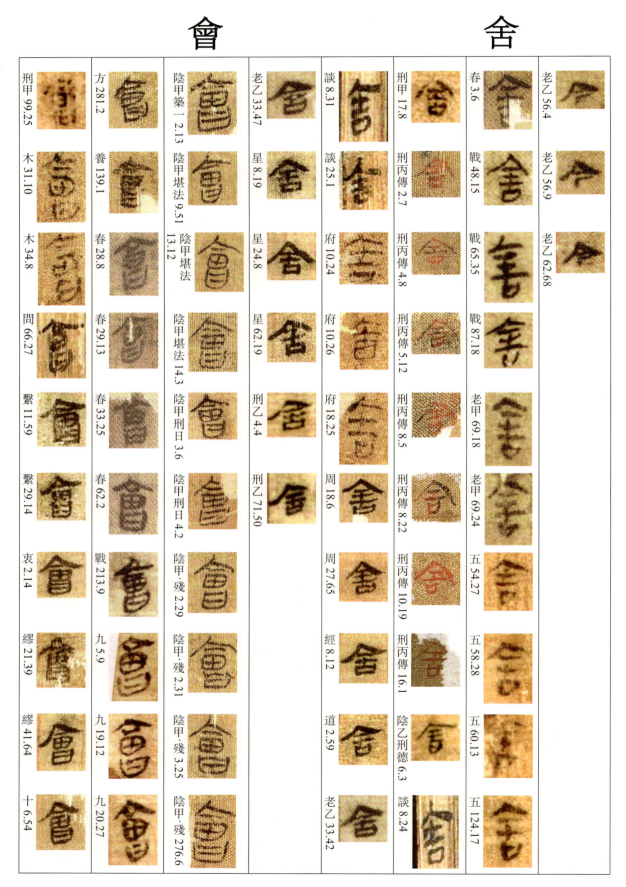

倉

十7.51
老乙17.22
星20.37
星21.44
相28.54
相33.13
相35.9
相50.1
相58.31
相65.8

相65.14
相74.49

老甲32.17
繆68.26
繆68.54
經5.15
老乙15.23

入

陰甲雜四5.18
陰甲雜四6.5
陰甲雜六2.2
陰甲諸日3.7
陰甲諸日3.15
陰甲宜忌6.4
陰甲·殘6.27
陰甲·殘149.7
陰甲·殘201.10
陰甲·殘280.4

足13.14
足13.18
足13.26
足19.26
陽甲16.20
陽甲18.23
方24.11
方26.12
方30.7
方30.31

方37.5
方97.6
方100.7
方104.29
方124.9
方139.7
方171.12
方232.15
方253.20
方261.3

方275.14
方276.8
方276.27
方285.15
方343.22
方344.17
方345.14
方363.25
方425.29
方427.18

方444.10
方449.19
方451.15
方480.2
方483.2
方·殘3.32
方·殘49.1
陽乙8.19
陽乙9.13
陽乙9.20

陽乙18.14
養2.14
養19.17
養21.11
養35.9
養38.1
養46.4
養52.10
養53.13
養123.2

養177.4
養·殘153.2
房5.10
房8.10
房13.25
房16.29
房18.29
房21.3
房24.29
房42.10

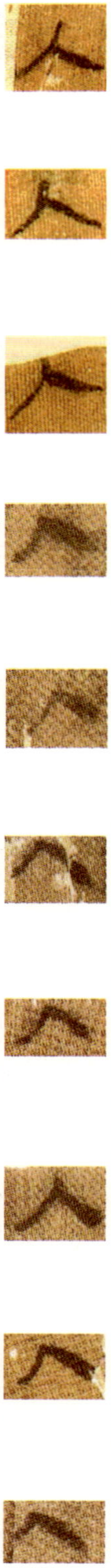
射16.23
胎16.9
胎34.7
春21.8
春21.12
春53.28
春55.21
春59.1
春82.15
春88.26

春89.3
戰5.18
戰73.1
戰73.12
戰101.20
戰105.1
戰109.32
戰136.12
戰136.30
戰140.25

戰167.31
戰170.3
戰188.20
戰275.8
老甲50.16
氣1.250
氣1.281
氣2.6
氣2.253
氣3.179

氣4.124
氣4.143
氣4.147
氣7.76
氣7.85
氣8.5
氣8.45
氣9.4
氣9.58
氣9.130

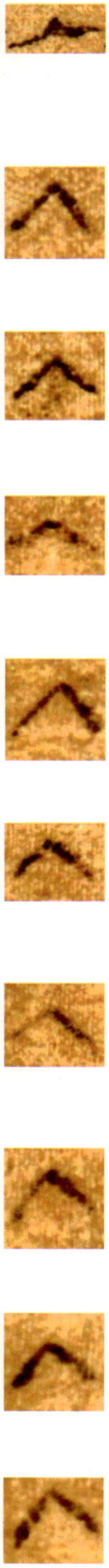
氣10.9
刑甲15.11
刑甲15.22
刑甲22.34
刑甲24.1
刑甲27.29
刑甲31.25
刑甲36.19
刑甲38.5
刑甲42.6

刑甲43.13
刑甲43.31
刑甲44.6
刑甲44.15
刑甲126.5
刑甲126.8
刑甲127.6
刑甲128.7
陰乙刑德5.12
陰乙刑德12.3

陰乙刑德 12.14	陰乙刑德 12.17	陰乙刑德 15.14	陰乙刑德 18.5	陰乙刑德 25.13	陰乙刑德 28.9	陰乙大游 3.56	陰乙大游 3.109	陰乙三合 3.6	陰乙三合 5.13
陰乙玄戈 8.29	陰乙文武 12.41	陰乙文武 13.35	陰乙五禁 11.31	陰乙五禁 14.19	陰乙上朔 23.16	陰乙·殘 14.4	出 5.21	出 14.32	出 23.16
出 32.41	出 33.52	出 35.7	木 14.9	木 15.11	木 17.25	問 16.26	問 33.28	問 38.14	問 52.2
合 3.2	合 11.25	合 32.9	談 10.20	談 23.28	物 1.26	周 15.43	周 62.22	周 62.60	二 11.20
二 14.20	繫 23.60	繫 40.26	繫 47.10	衷 31.21	衷 47.66	繆 8.26	繆 70.19	繆 71.20	經 37.1
經 49.22	老乙 12.32	星 5.14	星 25.4	星 34.21	星 34.39	星 35.45	星 36.5	星 36.39	星 40.19
星 41.47	星 41.50	星 43.44	星 44.2	星 44.27	星 44.39	星 44.46	星 45.12	星 45.34	星 49.30

內

星49.36
星58.10
星67.36
星67.40
星67.46
星68.3
星72.18
星124.18
星126.21
星128.21
星132.19
星134.22
星136.22
星140.23
星143.2
星144.8
刑乙3.21
刑乙7.27
刑乙8.9
刑乙8.12
刑乙10.10
刑乙11.26
刑乙18.6
刑乙26.9
刑乙26.12
刑乙27.6
刑乙27.18
刑乙70.39
刑乙70.50
刑乙76.41
刑乙76.45
刑乙79.30
刑乙82.13
刑乙84.26
刑乙89.11
相3.66
相34.26
足2.14
足10.21
足11.16
足13.7
足14.7
足14.15
足16.14
足16.20
足16.22
足17.9
足17.13
足19.14
足19.24
足25.13
足27.11
陽甲24.19
陽甲28.6
陽甲33.11
陽甲36.24
方28.9
方108.7
方108.15
方108.19
方205.5
方230.31
方253.1
方329.8
方427.12
陽乙1.28
陽乙10.18
陽乙15.2
陽乙16.29
陽乙16.40
陽乙18.12
養6.5
養65.5
養·殘70.5
房4.2
房8.2
房9.2

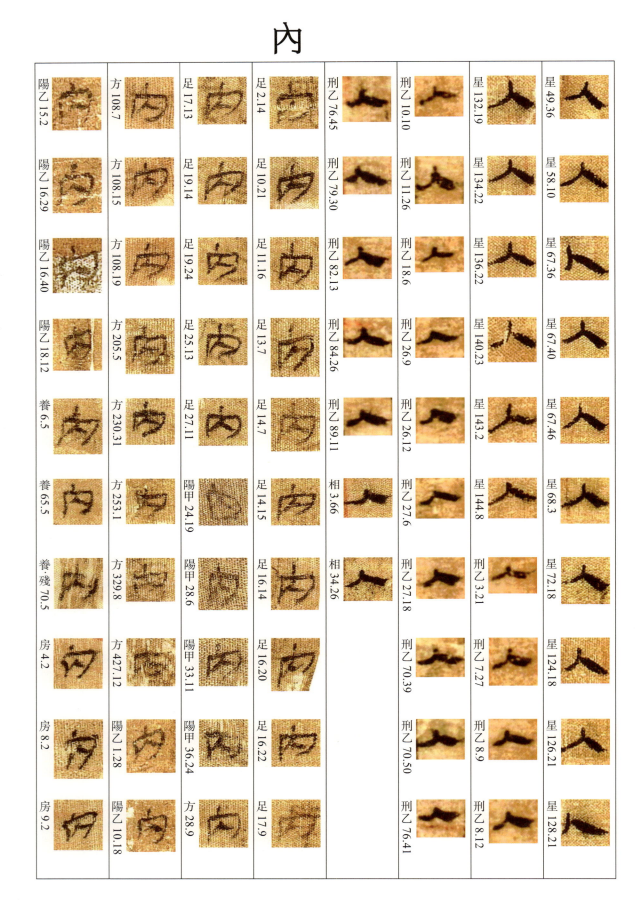

房11.2
房12.2
房43.3
房53.11
胎6.10
胎17.11
戰108.11
戰151.15
戰154.16
戰157.28
戰162.3
戰165.13
戰260.14
戰264.8
五2.4
五2.16
五3.5
五3.14
五7.8
五58.14
九51.20
明12.10
明17.6
氣3.79
氣4.35
氣4.230
氣6.227
氣10.33
刑甲15.18
木36.5
木58.10
問52.10
問92.12
問98.1
問100.11
合8.1
合8.9
合24.4
談24.13
談31.26
談54.8
周82.12
二9.42
二34.65
二36.25
繫22.19
繫31.67
衷40.21
衷41.61
衷42.12
衷47.70
衷48.1
繆25.12
繆25.21
繆26.52
昭13.45
經26.45
經38.49
經38.58
經39.12
經41.16
經42.43
經47.13
經47.26
經48.3
經50.21
經55.54
經62.59
經63.4
經63.39
經64.4
經70.19
經70.53
經74.23
經76.42
經76.54
十13.62
十15.29
稱9.25
稱15.31

仝

稱15.50　道1.70　星18.31　刑乙70.46

全

方236.14　養65.23　胎21.35　春83.19　戰20.4　戰146.25　戰177.24　老乙63.61　老乙64.52

老乙64.58

《說文》篆文。

缶

養47.17　周21.51　周23.30

坛

遣三110.4　遣三111.4　遣三112.5　遣三113.4　遣三114.4　遣三115.4　遣三216.65　周69.35

罌

養62.3

𦈢

胎29.5　春47.17　戰161.2　問62.24　談22.23　周51.14　繫24.40　繫25.36

《說文》:「𦈢，小口罌也。从缶、𠂹聲。」秦漢文字多以「𦈢」爲「垂」。

甀

房41.26

缾

垪

周 29.26

罋

方 61.16　方 77.10　方 92.26　方 262.22　胎 21.10　胎 21.21

缺

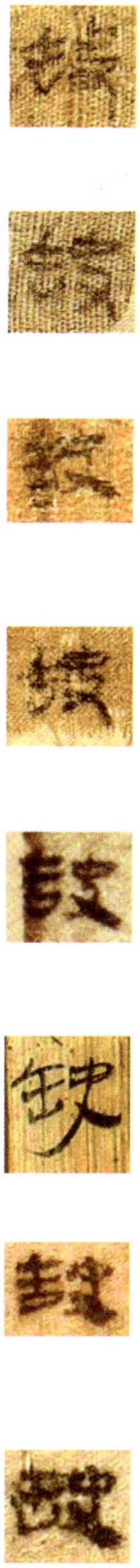

足 8.4　陽甲 34.10　陽乙 17.2　養 60.11　老甲 17.18　合 2.12　周 57.56　周 58.16

鈑*

「盤/槃」字異體，卷六木部重見。

鍽*

「甂」字異體，卷十二瓦部重見。

矢

方 10.7　方 61.10　方 112.8　方 113.6　方 206.16　方 227.14　方 326.8　方 327.9　方 347.10　方 359.5

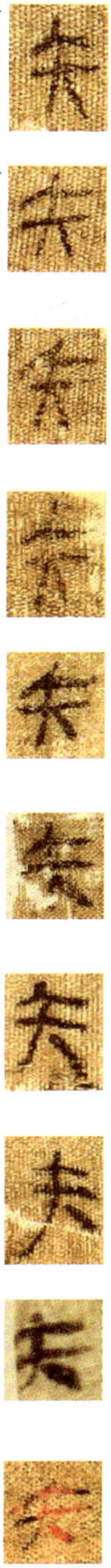

方 390.16　方 390.27　方 392.15　方 409.5　養 37.29　養·殘 104.5　房·殘 16.3　射 24.8　老甲 26.15　刑丙天 11.42

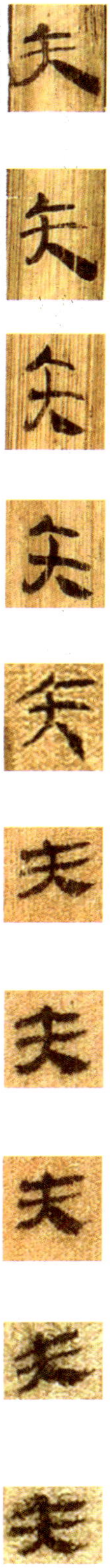

遺三 18.7　遺三 47.7　遺三 236.2　遺三 238.2　太 7.5　周 71.62　周 73.52　周 79.41　繫 36.32　繫 36.34

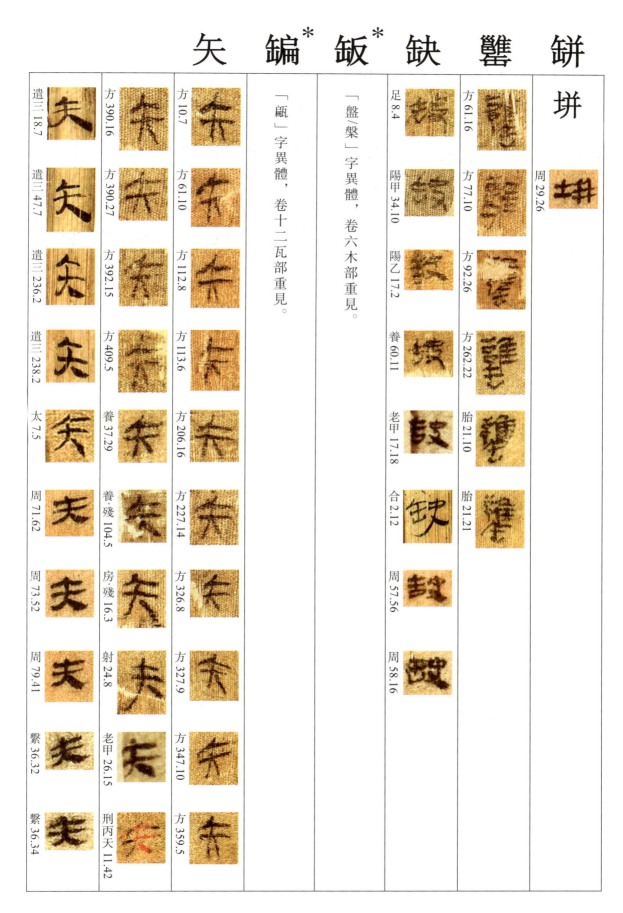

鉃

繫41.38
昭7.7
相28.62
相42.4
相42.61
相42.68
相43.17
相43.30
相43.38

射

方227.21
方239.1
射6.4
射11.19
射12.10
明22.23
周29.44
周36.19
周40.7
周73.49
二30.46
二32.42
二32.71
繫41.42
繆38.65
十27.42

《說文》篆文。

矯

氣10.54

矰

陰甲室6.27
陰甲·殘70.8
春30.5
繫42.8

⿰矢會

春29.29

「矰」字訛體，「曾」旁訛作「會」形。

侯 矦

方66.3
陽乙7.34
春62.4
春65.10
春92.9
春92.17
春92.30
春97.15
戰56.3
戰82.11
戰132.34
戰134.23
戰149.15
戰196.22
戰196.38
戰197.28
戰201.29
戰203.19
戰215.14
戰221.4

- 戰221.16
- 戰275.22
- 戰278.7
- 戰304.22
- 戰307.17
- 老甲168.18
- 九2.15
- 明10.16
- 明14.1
- 明39.20

- 明41.8
- 氣2.298
- 氣3.20
- 氣4.45
- 氣5.19
- 刑甲7.8
- 刑丙天5.48
- 木22.9
- 談52.4
- 導4.4

- 周20.78
- 周27.14
- 周27.24
- 周34.5
- 二11.66
- 繫45.23
- 繆58.44
- 繆59.62
- 繆60.17
- 繆61.26

- 經62.7
- 十27.39
- 稱6.17
- 稱6.32
- 稱8.55
- 稱16.60
- 老乙3.8
- 老乙3.47
- 老乙4.5
- 老乙77.62

- 星39.37
- 星43.46
- 星44.15
- 星44.29
- 星44.41
- 刑乙31.1
- 相28.61

短

- 戰199.23
- 氣6.395
- 氣10.238
- 問62.2
- 問98.16
- 遣三12.2
- 遣三15.2
- 繆5.54
- 經42.60
- 稱14.46

- 老乙45.19
- 星22.1
- 星30.43
- 刑乙83.9
- 相2.42
- 相5.17
- 相13.5
- 相16.8
- 相16.47
- 相17.46

- 相18.29
- 相23.20
- 相26.54
- 相27.12
- 相27.51
- 相29.11
- 相32.45
- 相32.57
- 相41.24
- 相52.14

知

相 62.58 相 62.67 相 67.35 相 69.6 相 70.7

春 32.13 春 34.2 春 57.5 戰 8.14 戰 12.39 戰 23.22 戰 28.26 戰 41.2 戰 57.6 戰 58.12

戰 73.36 戰 106.17 戰 106.30 戰 154.29 戰 222.14 戰 234.5 戰 270.29 戰 271.18 老甲 17.7 老甲 20.9

老甲 20.17 老甲 36.28 老甲 37.19 老甲 60.30 老甲 60.39 老甲 61.4 老甲 61.13 老甲 74.7 老甲 75.13 老甲 75.15

老甲 75.21 老甲 95.4 老甲 95.12 老甲 99.8 老甲 118.18 老甲 123.10 老甲 123.15 老甲 123.21 老甲 124.8 老甲 125.27

老甲 126.23 老甲 134.17 老甲 147.21 老甲 147.29 老甲 148.22 五 8.6 五 9.15 五 9.23 五 13.13 五 14.6

五 21.11 五 27.11 五 27.26 五 28.5 五 28.11 五 28.15 五 28.21 五 29.15 五 29.21 五 29.24

五 30.3 五 30.5 五 30.7 五 32.15 五 32.17 五 33.12 五 39.2 五 49.24 五 50.16 五 74.2

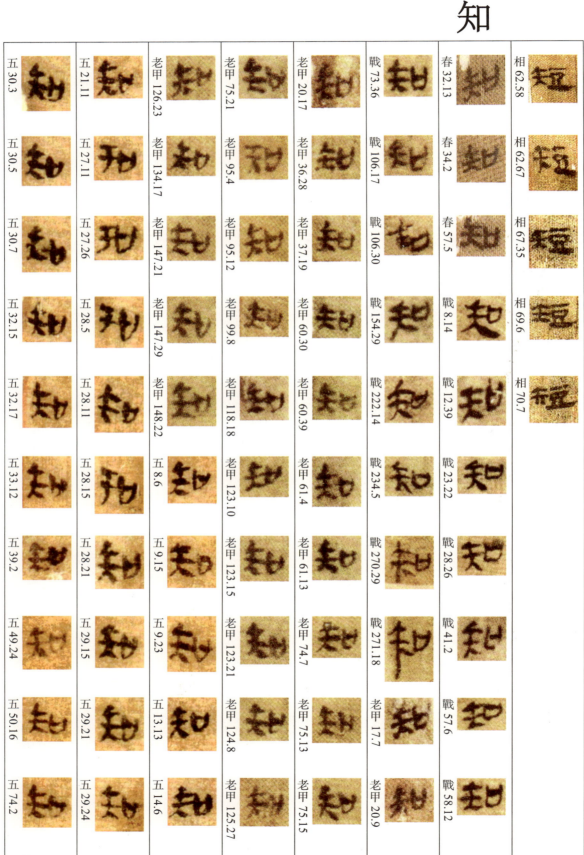

五74.15
五74.28
五75.8
五75.16
五75.21
五75.25
五76.4
五92.24
五103.29
五104.22
五105.4
五105.11
五105.20
五105.30
五106.1
五106.8
五106.18
五106.20
五107.13
五109.3
五111.2
五111.9
五111.20
五111.30
五112.4
五113.23
五114.5
五114.19
五114.21
五114.27
五120.4
五120.6
五120.11
五120.17
五120.22
五120.28
五122.27
五128.7
五144.18
五145.14
五146.20
五159.4
五159.16
五159.20
五163.30
五164.11
五164.24
五165.6
五166.13
五167.4
五167.18
五169.15
五170.7
五170.10
五174.4
五174.23
九17.2
九36.14
明35.19
德3.25
德4.3
德4.15
德4.18
德5.3
德5.9
德5.13
德5.18
德5.23
周49.46
二28.43
二28.45
二31.46
繫2.10
繫2.27
繫2.33
繫6.41
繫6.65
繫7.6
繫7.25
繫7.60

繫 8.21	繫 8.26	繫 8.33	繫 9.19	繫 10.66	繫 12.30	繫 19.1	繫 22.5	繫 22.31	繫 22.33
繫 22.48	繫 44.45	繫 44.53	繫 45.14	繫 45.36	繫 45.40	衷 5.20	衷 6.17	衷 14.2	衷 28.41
衷 28.50	衷 29.35	衷 33.24	衷 39.40	衷 40.46	衷 46.55	衷 48.5	衷 49.2	衷 49.6	衷 49.10
衷 49.15	要 8.14	要 10.50	要 13.17	要 15.46	要 15.51	要 16.31	要 21.32	繆 4.62	繆 20.65
繆 24.7	繆 28.5	繆 28.31	繆 28.64	繆 28.71	繆 29.27	繆 35.67	繆 35.70	繆 38.33	繆 41.22
繆 45.27	繆 47.70	繆 56.26	昭 8.71	昭 10.2	周·殘下 5.5	周·殘下 30.15	周·殘下 30.24	周·殘下 65.1	周·殘下 102.9
周·殘下 154.4	經 1.42	經 2.4	經 2.31	經 2.47	經 3.15	經 3.21	經 4.50	經 4.52	經 5.52
經 5.64	經 6.9	經 20.3	經 30.37	經 30.44	經 31.32	經 33.31	經 34.10	經 35.21	經 42.5

經53.22
經53.36
經54.5
經54.12
經57.30
經60.63
經71.29
經71.56
經71.62
經74.10

經75.17
經75.21
經77.5
十15.12
十15.21
十15.37
十39.21
十42.58
十45.60
十46.8

十47.29
十49.35
十53.67
十54.21
十57.7
十64.7
稱3.33
稱5.45
道2.41
道5.6

道5.12
道5.25
道6.65
老乙9.36
老乙10.2
老乙14.6
老乙14.11
老乙14.68
老乙17.18
老乙17.67

老乙18.3
老乙19.18
老乙28.47
老乙28.60
老乙28.68
老乙29.9
老乙31.54
老乙31.61
老乙35.43
老乙35.71

老乙36.6
老乙36.23
老乙36.25
老乙36.29
老乙37.9
老乙37.50
老乙42.26
老乙46.64
老乙51.24
老乙51.41

老乙56.13
老乙58.20
老乙58.25
老乙59.29
老乙63.8
老乙66.8
老乙68.58
老乙68.66
老乙69.42
老乙74.27

老乙74.48
老乙74.51
老乙74.54
老乙74.68
刑乙59.16
刑乙69.61
刑乙70.14
刑乙79.6
刑乙93.3
相3.32

矣

相 3.38
相 7.50
相 9.41
相 61.32

陽甲 32.15
候 4.10
方 56.26
方 276.28
方 346.2
方 346.8
方 389.12
方 406.11
方 460.3
陽乙 14.15

養 14.12
養 61.52
養 83.20
養 108.22
養 167.8
春 7.28
春 24.30
春 25.15
春 37.5
春 46.4

春 54.29
春 57.4
春 58.3
春 65.14
春 73.14
春 78.13
春 86.21
春 90.18
春 90.26
春·殘 11.2

戰 4.8
戰 7.10
戰 8.4
戰 11.32
戰 17.25
戰 28.17
戰 37.13
戰 38.11
戰 40.34
戰 48.33

戰 49.35
戰 50.10
戰 50.18
戰 60.29
戰 63.13
戰 64.25
戰 67.6
戰 74.16
戰 78.3
戰 79.7

戰 79.20
戰 87.23
戰 87.39
戰 88.15
戰 93.41
戰 95.30
戰 96.5
戰 117.29
戰 124.4
戰 125.9

戰 126.35
戰 127.35
戰 131.34
戰 132.6
戰 136.17
戰 144.35
戰 153.22
戰 156.28
戰 156.35
戰 158.20

戰 169.14
戰 170.9
戰 172.18
戰 175.32
戰 177.6
戰 178.26
戰 180.6
戰 183.2
戰 183.35
戰 184.8
戰 189.5
戰 193.35
戰 195.4
戰 204.27
戰 207.37
戰 223.9
戰 233.5
戰 235.9
戰 248.4
戰 254.16
戰 258.27
戰 262.11
戰 263.13
戰 265.11
戰 273.28
戰 278.31
戰 283.6
戰 283.28
戰 285.10
戰 290.5
戰 290.10
戰 292.8
戰 292.22
戰 295.14
戰 298.7
戰 298.19
戰 305.4
戰 325.25
老甲 16.6
老甲 61.23
老甲 61.25
老甲 68.12
老甲 69.32
老甲 73.22
老甲 75.3
老甲 75.17
老甲 75.24
老甲 80.27
老甲 82.5
老甲 115.19
老甲 153.12
老甲 157.8
五 46.16
五 56.21
五 58.11
五 92.16
五 99.20
五 100.19
五 111.17
五 115.16
五 119.21
五 121.19
五 122.7
五 127.6
五 128.18
五 128.22
五 136.21
五 136.24
五 138.6
五 139.17
五 151.22
五 155.26
五 159.18
五 162.19
五 167.17
五 172.21
九 11.2
九 24.14
九 41.10
九 47.6

明 1.10	明 8.12	明 9.22	明 11.15	德 5.20	氣 10.325	刑甲 16.38	刑甲 30.14	刑甲 47.23	問 47.1
問 67.8	禁 7.12	禁 10.5	二 1.23	二 4.50	二 4.67	二 5.8	二 5.14	二 5.22	二 5.27
二 7.53	二 8.46	二 11.10	二 14.4	二 21.17	二 23.24	二 25.3	二 27.47	二 29.46	二 33.50
二 34.60	二 35.18	二 35.58	繫 1.9	繫 1.17	繫 1.46	繫 8.63	繫 9.37	繫 12.40	繫 14.61
繫 17.44	繫 27.60	繫 28.7	繫 30.21	繫 30.49	繫 44.46	衷 4.22	衷 28.43	衷 28.52	衷 34.52
衷 39.16	衷 47.26	衷 50.10	衷 50.23	要 7.14	要 12.31	要 13.30	要 14.50	要 14.66	要 17.7
要 17.16	要 24.20	繆 4.25	繆 14.10	繆 15.11	繆 17.27	繆 17.51	繆 17.61	繆 23.5	繆 24.25
繆 26.29	繆 27.58	繆 40.2	繆 50.1	繆 50.38	繆 55.17	繆 56.59	繆 56.69	繆 69.41	繆 70.69

繆72.43
繆72.57
昭9.6
周·殘下60.1
周·殘下60.9
周·殘下85.1
經4.14
經4.30
經5.42
經17.40

經19.42
經22.7
經22.22
經22.34
經29.37
經44.66
經48.19
經54.52
經55.21
經55.36

經55.57
經56.31
經57.35
經74.13
十3.30
十16.7
十16.54
十17.26
十17.41
十27.11

十47.63
十51.53
十52.18
老乙9.30
老乙20.67
老乙27.53
老乙29.19
老乙32.16
老乙32.54
老乙33.54

老乙35.30
老乙36.13
老乙36.27
老乙36.32
老乙38.45
老乙47.12
老乙49.65
老乙54.48
老乙71.13
老乙73.3

刑乙71.40
刑乙91.20
相1.11
相24.67
相26.28
相44.27

高

陰甲雜四2.4
陰甲室1.9
陰甲室2.22
陰甲室2.32
陰甲室7.4
陰甲·殘70.9
方464.9
胎29.20
戰73.6
戰83.1

戰217.23
戰233.25
戰248.28
老甲57.14
老甲86.3
老甲96.4
明19.5
明23.22
明24.20
老甲·殘5.5

亭

氣 7.53
刑甲 27.38
刑甲 28.5
刑甲 36.25
刑甲 45.17
刑甲 47.8
問 20.10
問 57.26
談 35.4
遣一 217.11

遣三 269.6
遣三 280.10
府 4.4
府 5.18
府 5.26
府 6.23
府 10.6
府 18.20
府 23.16
府 23.28

周 20.79
周 40.10
二 1.38
二 6.14
二 32.56
繫 1.11
衷 2.32
衷 10.4
衷 18.1
衷 26.45

繆 40.57
十 23.62
十 24.28
十 29.60
十 48.3
十 58.33
十 58.40
稱 7.29
稱 11.39
稱 13.22

道 3.3
老乙 3.53
老乙 3.65
老乙 27.10
老乙 40.63
老乙 45.24
星 56.37
星 57.8
星 57.31
星 119.9

刑乙 79.42
刑乙 79.50
刑乙 90.5
相 4.69
相 8.22
相 17.51
相 19.23
相 22.1
相 27.46
相 30.14

相 30.57
相 31.61
相 32.21
相 47.18
相 48.46
相 60.45
相 68.57
相 69.43
相 72.32

方 351.3
老甲 28.26

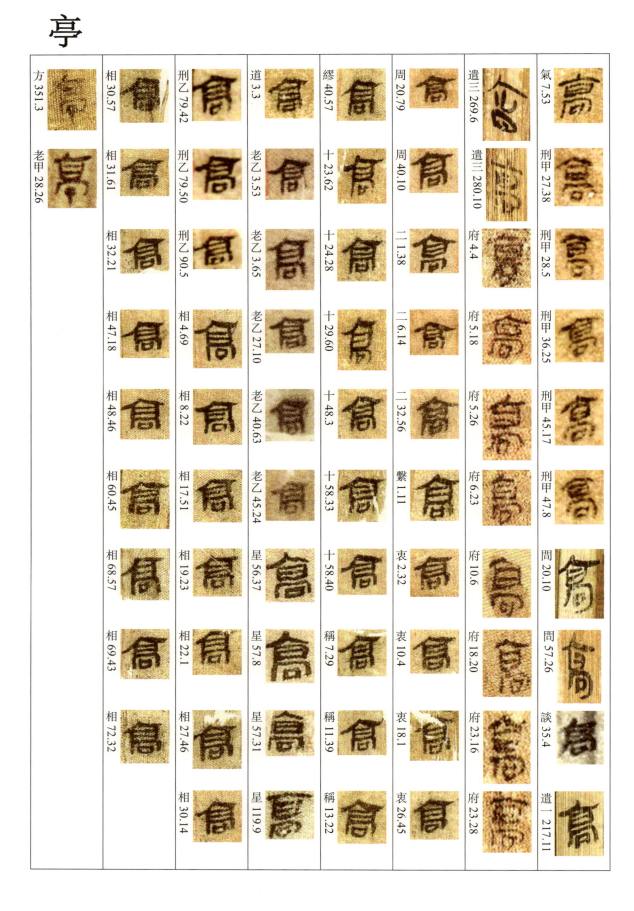

稾*

从高宗省聲，「祟」字異體，卷九山部重見。

市

方 53.23　胎 29.9　戰 227.25　戰 286.22　老甲 51.23　氣 5.107　刑甲 112.6　刑甲 112.15　出 32.23　經 16.31

老乙 24.26　老乙 32.64　刑乙 55.8　刑乙 55.17

央

陰甲徙 1.12　陰甲徙 2.16　陰甲徙 4.18　陽甲 28.15　養 222.15　胎 7.31　戰 250.1　老甲 31.16　氣 9.103　刑甲 93.19

刑甲 102.10　刑甲 126.14　刑甲 132.7　木 3.18　問 36.3　問 52.19　問 68.19　繆 4.11　經 9.53　經 10.35

經 12.3　經 12.49　經 39.2　經 39.27　經 59.43　經 77.42　經 77.50　十 31.63　十 41.17　十 41.41

十 41.49　稱 7.57　稱 13.7　老乙 14.59　星 14.21　星 21.48　星 24.37　星 24.50　星 25.5　星 25.12

星 31.6　星 45.53　星 55.10　星 75.12　刑乙 16.10　刑乙 26.18　刑乙 40.2　刑乙 44.7　刑乙 46.4　相 74.52

𩫏

繫 37.30

就

方 386.14

戰 118.7

戰 153.8

戰 235.29

二 15.48

衷 2.38

衷 47.36

星 50.47

亯

二 35.55

繆 5.11

繆 7.6

繆 25.53

繆 26.32

繆 28.19

繆 30.7

繆 39.19

繆 39.29

繆 41.59

繆 42.14

繆 43.32

亨

方 94.2

方 214.8

方 254.5

周 2.27

周 2.40

周 3.3

周 4.8

周 7.6

周 8.5

周 11.69

周 21.8

周 22.6

周 25.3

周 26.4

周 27.4

周 35.4

周 41.3

周 43.3

周 44.4

周 53.3

周 55.4

周 56.3

周 59.11

周 61.3

周 68.10

周 69.5

周 70.5

周 73.4

周 84.4

周 90.3

二 25.69

二 30.54

二 35.23

二 36.41

老乙 22.6

《說文》篆文。

厚

享

方184.2　方265.4　胎20.6　問97.3　周1.4

厚

方93.4　方121.1　方255.19　方317.17　養149.20　戰198.1　戰262.24　戰264.19　老甲83.15

五84.27　明4.17　明17.25　德12.7　周28.8　周76.17　繫7.32　繫15.46　繫37.5　繆17.13

繆20.18　繆34.33　繆39.52　經58.49　老乙39.53　刑乙58.8　相17.73　相23.36　相27.57　相32.62

相33.41　相36.3　相41.66　相62.70　相69.30

畐

養·殘70.3

良

陰甲雜四15.2　脈6.14　方126.23　方356.4　方357.4　養218.7　房42.23　老甲14.15　明5.7　明28.26

明46.10　明47.24　陰乙上朔29.8　陰乙上朔32.43　問11.3　周11.30　周37.69　衷36.10　昭14.10　稱13.1

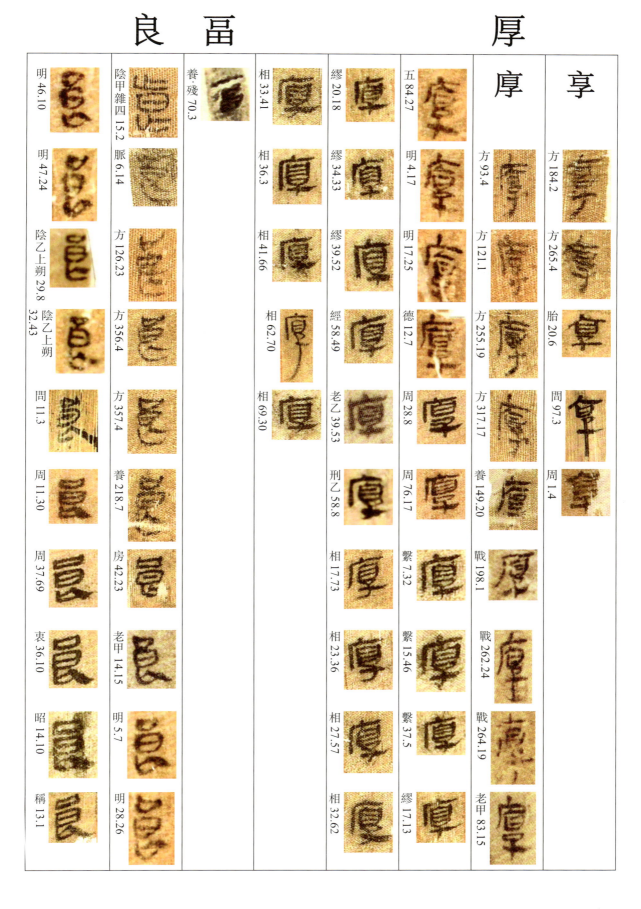

相5.66 相6.32 相6.39 相6.52 相7.8 相7.51 相9.13 相11.2 相11.6 相12.15

相12.22 相15.19 相17.15 相17.30 相24.49 相24.55 相31.13 相34.33 相38.66 相39.5

相39.20 相39.35 相39.50 相40.12 相40.35 相40.46 相40.60 相41.56 相53.14 相53.58

相53.65 相54.13 相55.11 相57.44 相61.47 相65.28 相65.35

亩

廩

繆68.55 繆69.43 十16.39

《說文》或體。

亶

明26.13 禁1.6 周4.22

嗇

老乙21.24 老乙21.27 星8.7

牆

𤸁

氣6.317 陰乙五禁15.10

「牆」字變體。

⿰爿⿱艹⿱嗇土

- 陰甲室3.10
- 陰甲室10.7
- 陰甲雜六5.15

从土牆聲，「牆」字異體。首例字形上部所从「嗇」旁有所省。

來

- 陰甲雜三3.8
- 養192.11
- 房35.6
- 射3.3
- 春29.7
- 春62.26
- 春63.26
- 春64.3
- 戰11.9
- 戰77.26
- 戰78.15
- 戰79.10
- 戰79.29
- 戰82.24
- 戰95.32
- 戰185.25
- 戰187.6
- 戰238.22
- 戰261.29
- 戰315.12
- 老甲79.13
- 九6.29
- 氣1.99
- 氣1.273
- 氣6.419
- 刑甲14.21
- 刑甲23.30
- 刑丙地5.19
- 刑丙地17.13
- 問18.5
- 談7.17
- 談9.19
- 遣一208.4
- 遣一209.4
- 遣一210.4
- 遣一211.8
- 遣三281.4
- 遣三282.4
- 遣三407.94
- 太7.8
- 周2.15
- 周21.33
- 周22.72
- 周23.14
- 周24.21
- 周24.35
- 周24.43
- 周24.48
- 周29.14
- 周31.5
- 周31.24
- 周31.71
- 周39.10
- 周42.2
- 周53.9
- 周53.18
- 周56.23
- 周61.44
- 周62.41
- 周62.72
- 周69.49
- 繫9.20
- 繫19.2
- 繫22.32
- 繫23.35
- 繫45.41
- 衷22.5
- 衷36.44
- 衷43.42
- 繆57.65

麥

繆 64.62
繆 72.9
昭 6.72
經 35.25
十 26.32
十 59.3
稱 1.10
稱 1.16
稱 1.22
稱 13.62

稱 13.65
老乙 31.45
老乙 37.70
星 12.7
星 12.11
星 43.18
星 43.26
刑乙 70.8
刑乙 76.31

方 314.3
養 28.10
養 164.9
養圖 1.5
胎 6.25
胎 8.1
談 48.24
遣一 131.1
遣一 203.13
竹一 13.1

遣三 169.1
遣三 178.1

「麥」字或受「麦」影响類化而在旁邊添加兩點。

麶

養 152.12

䵅

《說文》「熬」字或體，詳見卷十火部。

麷*

問 13.17

致

方 113.22
養 204.30
戰 36.5
老甲 15.6
氣 6.307
問 4.20
問 30.5
問 92.2
問 99.6
合 8.3

談12.17
談20.10
談22.33
談33.4
周22.39
周39.34
要23.45
繆20.20
十23.42
星6.32

憂

陰甲天一6.34
陰甲雜三2.10
陰甲室4.24
春12.17
春13.6
五5.1
五6.5
五9.28
五11.24
五13.1

氣5.82
氣6.413
氣9.190
刑甲4.24
刑甲9.10
刑甲24.4
刑甲24.8
陰乙文武14.15
陰乙天一19.9
陰乙天一36.1

木36.9
木61.5
木70.9
周2.45
周41.8
周49.34
二31.36
二35.40
繫3.47
繫5.54

繫7.29
繫8.57
衷44.53
要21.14
繆6.39
經25.57
經27.41
十23.50
十30.34
十36.23

稱3.35
稱16.14
稱16.37
老乙60.39
星8.28
星55.8
星59.34
星66.12
刑乙63.69
刑乙68.20

刑乙76.44
刑乙76.48

𢝊

戰33.17
戰36.13
戰59.14
戰78.7
戰272.12

「憂」字訛體。

愛 [illegible]

[illegible]

老甲 37.11

「憂」字省體。

戰 122.40　戰 159.34　戰 191.26　戰 193.2　戰 193.25　戰 194.14　戰 199.29　問 45.23　談 55.27　繫 32.42

繫 46.31　繆 47.15　昭 5.60　經 16.22　經 17.52　經 22.46　十 2.31　十 2.53　十 2.60　十 12.51

十 61.32　稱 12.41　老乙 37.16　老乙 51.17　老乙 68.54

[illegible]

五 23.1　五 23.3　五 23.7　五 65.15　五 65.21　五 65.24　五 65.27　五 66.12　五 75.27

五 75.30　五 84.21　五 85.5　五 85.8　五 85.12　五 85.17　五 85.24　德 1.30

[illegible]

老甲 115.21　老甲 147.17

夏

陰甲雜三 2.3　陰甲雜六 4.2　陰甲堪法 4.9　陰甲刑日圖 1.9　陰甲·殘 358.5　方 177.27　方 267.19　方 339.2　方 388.7　去 6.1

（夏）

戰4.11　戰10.32　戰125.10　戰149.12　戰183.9　戰225.18　戰260.23　五49.1　九41.15　刑甲17.19

刑甲17.26　刑甲48.1　刑甲50.6　刑甲小游1.58　刑甲小游1.121　刑丙天10.17　陰乙大游3.3　陰乙大游3.14　陰乙大游3.19　陰乙大游3.31

出21.5　問32.18　問96.19　二12.33　要19.48　繆62.23　十8.49　星28.2　星32.25　星64.30

星73.6　刑乙71.61　刑乙72.4　刑乙92.2　刑乙93.7　刑乙小游1.33　刑乙小游1.149　刑乙小游1.209

叜

氣7.109

舞

戰158.27　繫27.32

舝

[illegible]

周13.14　周70.10

舜 䑞

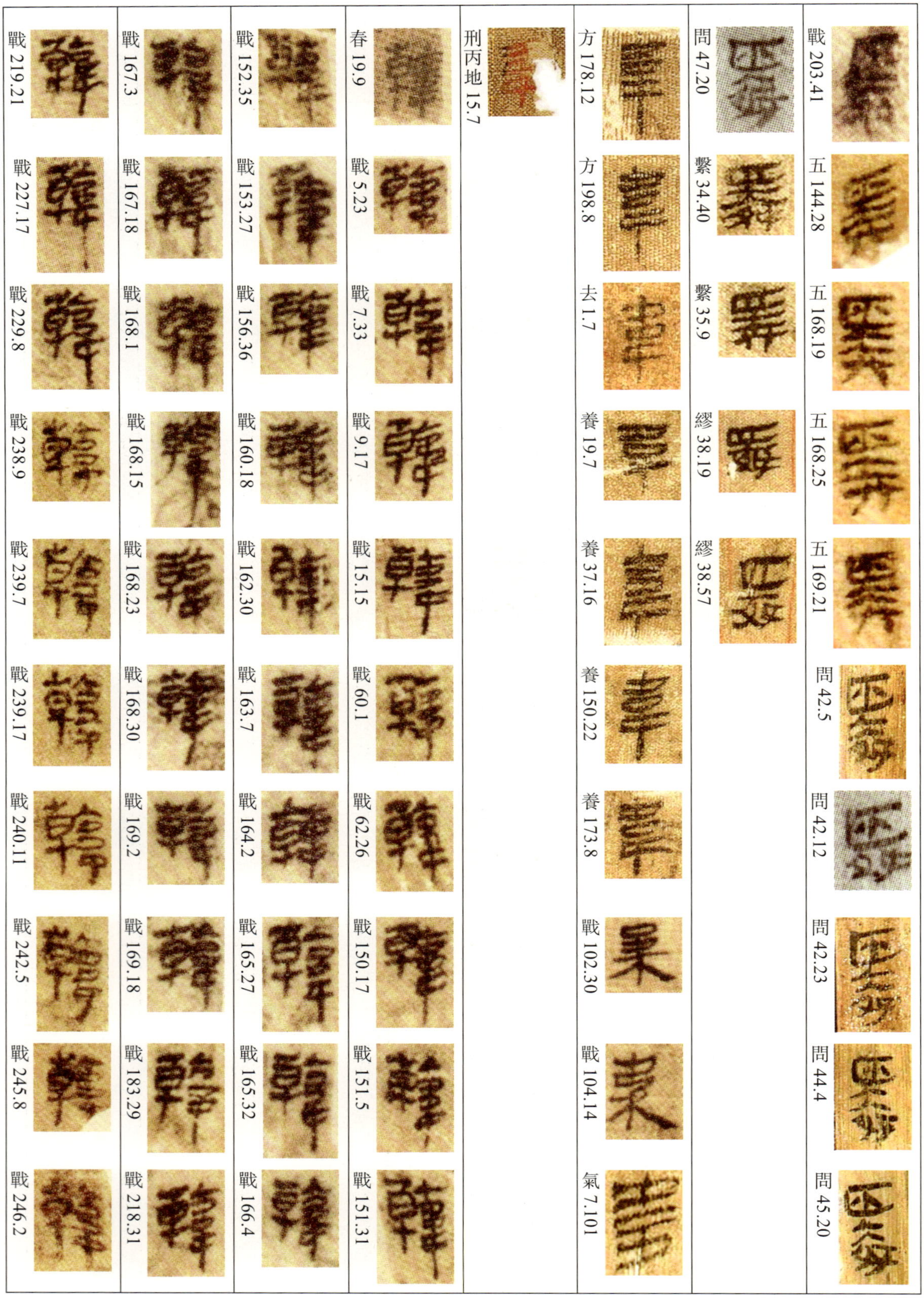

戰203.41、五144.28、五168.19、五168.25、五169.21、問42.5、問42.12、問42.23、問44.4、問45.20、問47.20、繫34.40、繫35.9、繆38.19、繆38.57

韋

方178.12、方198.8、去1.7、養19.7、養37.16、養150.22、養173.8、戰102.30、戰104.14、氣7.101、刑丙地15.7

韓 韓

春19.9、戰5.23、戰7.33、戰9.17、戰15.15、戰60.1、戰62.26、戰150.17、戰151.5、戰151.31、戰152.35、戰153.27、戰156.36、戰160.18、戰162.30、戰163.7、戰164.2、戰165.27、戰165.32、戰166.4、戰167.3、戰167.18、戰168.1、戰168.15、戰168.23、戰168.30、戰169.2、戰169.18、戰183.29、戰218.31、戰219.21、戰227.17、戰229.8、戰238.9、戰239.7、戰239.17、戰240.11、戰242.5、戰245.8、戰246.2

（韓，續）

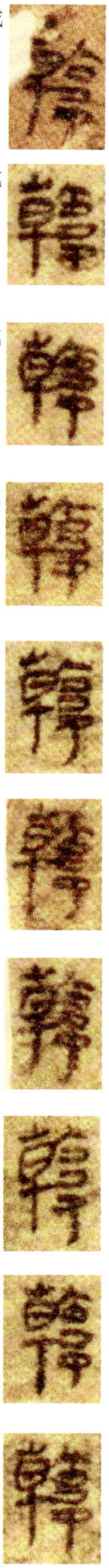

戰246.23　戰255.23　戰255.28　戰256.5　戰257.21　戰259.2　戰259.9　戰260.18　戰261.13　戰261.19

戰262.26　戰264.13　戰264.24　戰267.18　戰268.13　戰269.9　戰269.25　戰270.7　戰270.12　戰271.12

氣1.20　刑甲57.13　刑甲57.18　星73.45　星74.1　刑乙97.9　刑乙97.14

弟

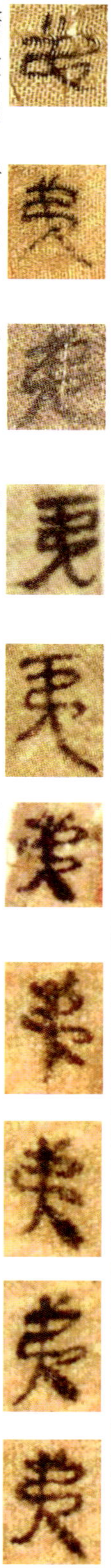

陰甲室3.29　射12.26　春7.21　戰149.27　戰267.21　五22.18　五81.19　五81.24　五82.3　五82.10

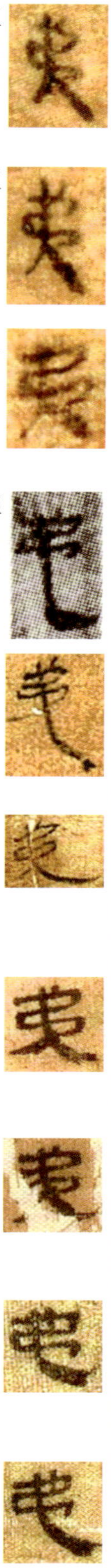

五82.27　五83.25　五172.26　談55.25　喪4.9　太5.2　周37.15　周50.60　要13.6　要19.18

繆31.33　經65.15　稱13.42　稱13.69　稱14.3　稱23.39

夆

⿱夂廾

老乙16.21

久

足4.19　足9.1　足12.15　足26.5　足30.12　足32.1　足34.6　陽甲32.9　脈3.7　脈3.21

方21.2 方45.14 方102.17 方132.7 方168.2 方222.9 方235.6 方251.15 方252.22 方340.4

方342.4 方427.28 陽乙13.28 陽乙14.9 房42.16 春70.16 戰13.21 戰14.13 戰28.16 戰158.19

戰170.8 戰189.4 戰195.25 戰228.9 戰231.34 戰258.26 戰281.21 老甲68.11 老甲103.29 老甲104.2

老甲162.14 木2.3 木7.4 問17.11 問26.7 問30.25 問35.3 問100.7 合3.14 合23.8

合25.18 談51.30 談53.19 談55.14 談55.18 繫2.46 繫2.54 繫34.64 衷22.51 衷31.64

衷46.12 繆17.37 繆17.44 經45.52 稱3.46 老乙20.66 老乙32.53 老乙48.63 老乙48.72 老乙65.11

老乙75.16 星7.26 星24.31 星30.10 相6.10 相20.28 相26.2 相31.65 相32.15 相34.17

相41.59 相45.21 相49.14 相54.30 相55.10 相55.53 相56.69 相58.49 相58.63 相59.3

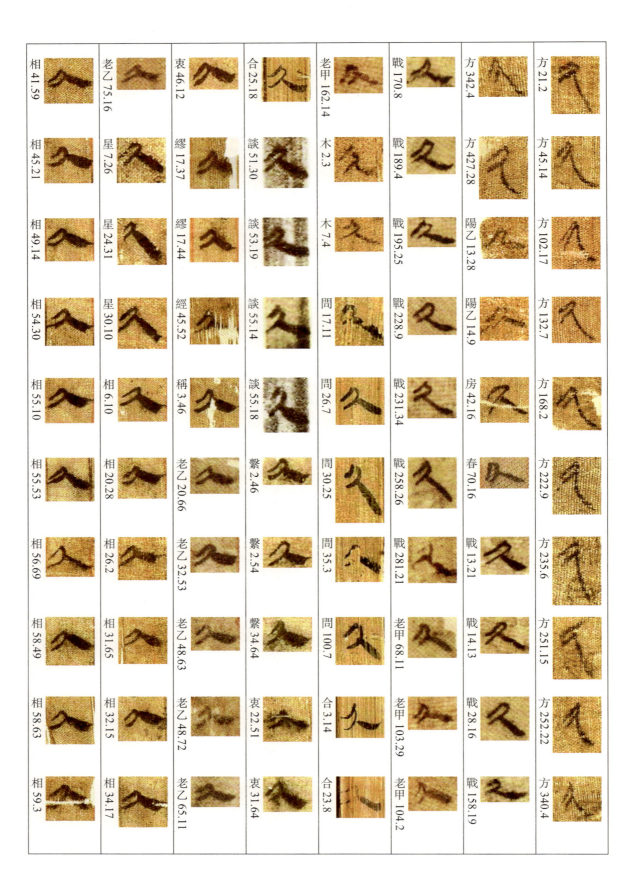

乘　磔　桀

相 60.30
相 60.63
相 61.42
相 63.18
相 67.16
相 67.32
相 68.1
相 68.43
相 69.68
相 71.7

相 71.42
相 72.24
相 74.57
相 75.53

戰 204.16
九 41.16
氣 2.351
經 22.13

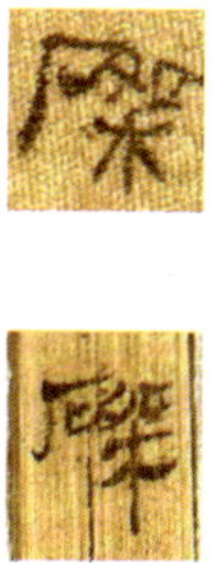
方 53.20
合 15.23

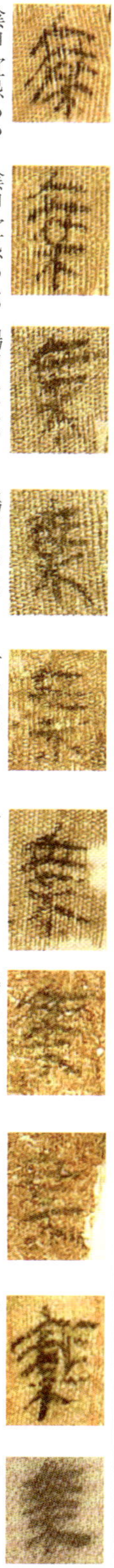
陰甲宜忌 2.3
陰甲宜忌 2.13
陽甲 14.16
陽甲 18.18
方 413.3
方 454.24
陽乙 9.16
陽乙 14.27
胎 5.22
春 42.9

春 47.15
戰 72.40
戰 200.15
戰 202.11
戰 209.36
戰 210.10
戰 210.29
戰 211.19
戰 241.3
戰 242.19

老甲 64.27
老甲 144.5
五 76.3
刑丙地 15.11
刑丙天 3.18
遺一 40.2
遺一 252.3
遺一 253.2
遺三 40.4
遺三 41.4

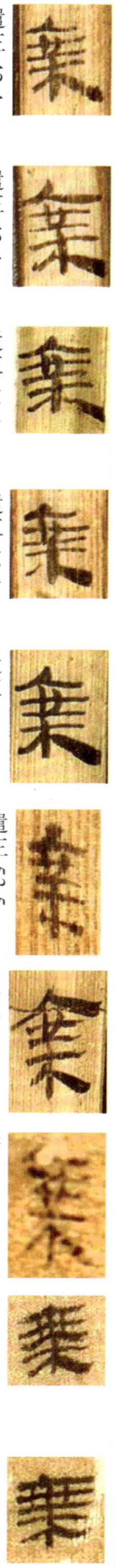
遺三 42.4
遺三 43.4
遺三 44.4
遺三 46.4
遺三 51.4
遺三 53.5
遺三 186.2
箭 99.4
周 27.32
周 28.3

 周 28.28	 相 5.63
 周 39.33	
 二 12.34	
 繫 17.25	
 繫 17.35	
 繫 17.64	
 繆 65.20	
 昭 2.10	
 老乙 31.1	
 老乙 67.22	

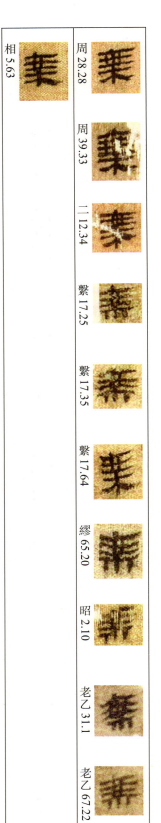

卷六

木

陰甲上朔6L.1　陰甲神上11.28　陰甲室9.18　陰甲室10.14　陽甲11.1　方73.11　方201.8　方231.18　方339.11　方343.15

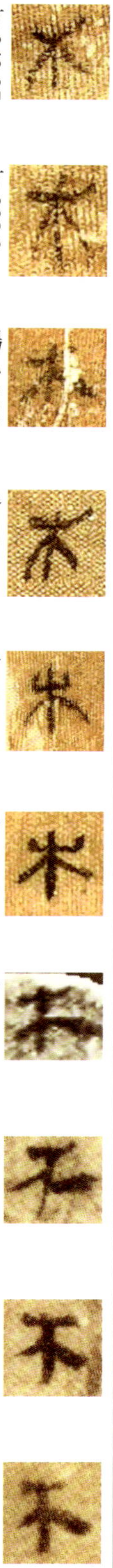

方343.27　方398.3　陽乙5.28　養54.3　射13.20　胎5.3　胎9.25　戰161.6　老甲84.14　老甲85.16

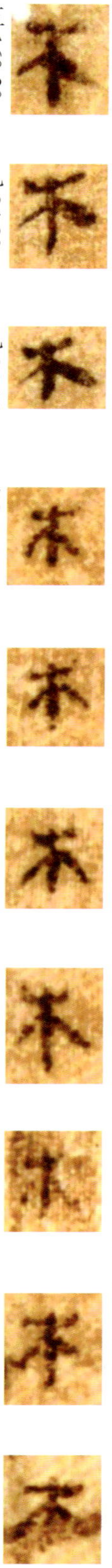

五160.20　九24.23　九24.30　刑甲45.18　刑甲46.2　刑甲47.9　刑甲48.8　刑甲60.15　刑甲85.12　刑甲86.15

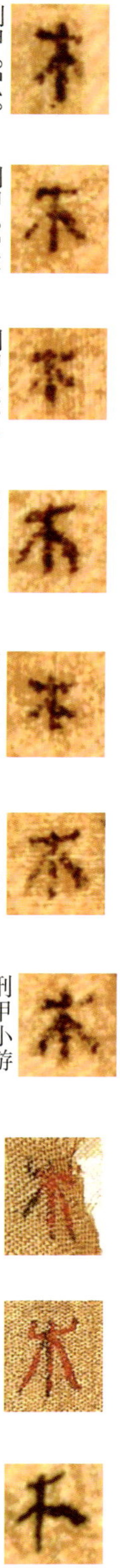

刑甲87.10　刑甲95.11　刑甲103.4　刑甲108.3　刑甲140.7　刑甲小游1.48　刑甲小游1.114　刑丙傳5.16　刑丙地3.16　陰乙刑德8.10

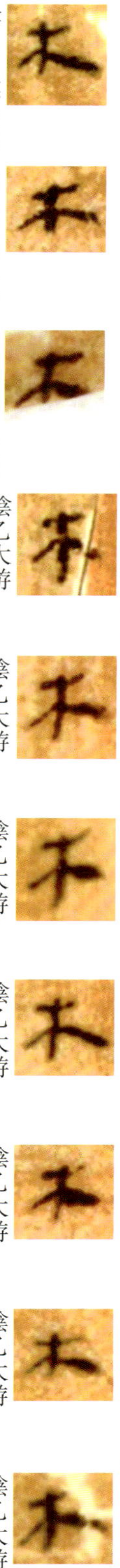

陰乙刑德9.14　陰乙大游1.8　陰乙大游1.77　陰乙大游1.100　陰乙大游1.123　陰乙大游1.130　陰乙大游1.175　陰乙大游1.193　陰乙大游1.214　陰乙大游1.236

柚　橘

陰乙大游1.248
陰乙大游1.301
陰乙三合3.3
陰乙三合4.3
陰乙上朔30.5
陰乙上朔31.9
陰乙上朔31.17
陰乙上朔31.29
木11.2
問1.16

遣一165.3
遣一204.9
遣一216.3
遣一217.1
遣一218.1
遣一219.6
遣一292.1
遣一293.1
遣三246.3
遣三262.3

遣三283.3
遣三369.1
遣三370.1
導4.3
周62.21
周86.56
二6.12
繫33.54
繫33.58
繫35.24

繫35.28
繫36.4
繫36.26
繫36.30
要22.9
繆59.48
繆60.21
繆60.31
經5.12
十59.63

稱16.45
老乙40.43
星1.3
星63.46
星64.7
刑乙5.17
刑乙6.2
刑乙6.13
刑乙19.11
刑乙41.4

刑乙90.17
刑乙92.9
刑乙小游1.87
相6.61
相57.4
相61.30
相68.56

遣三161.1
牌三24.1

橘

遣一135.1
遣一137.8
遣三148.1
牌三25.1

梨

遺一134.1 

遺一137.6 

牌一41.1 

遺三163.1 

牌三44.2 

梅

楳

遺三92.1 

《說文》或體。

栂

遺一136.2 

遺一137.11 

遺一138.1 

遺一139.2 

遺一139.8 

遺一141.4 

遺一141.7 

牌一42.2 

遺三111.2 

周39.44 

周61.14 

杏

方21.6 

柰

春90.25 

戰284.3 

戰285.18 

戰289.14 

老甲80.1 

明33.8 

問42.21 

問45.18 

問67.19 

昭8.8 

昭11.66 

昭12.50 

「柰」、「奈」、「祟」本爲一字分化，「柰」字卷一示部重見。

李

方34.11 

方199.8 

方357.19 

春93.28 

春95.12 

戰11.37 

戰272.10 

九15.30 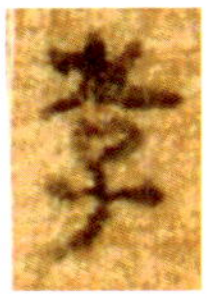

九28.23 

九50.16 

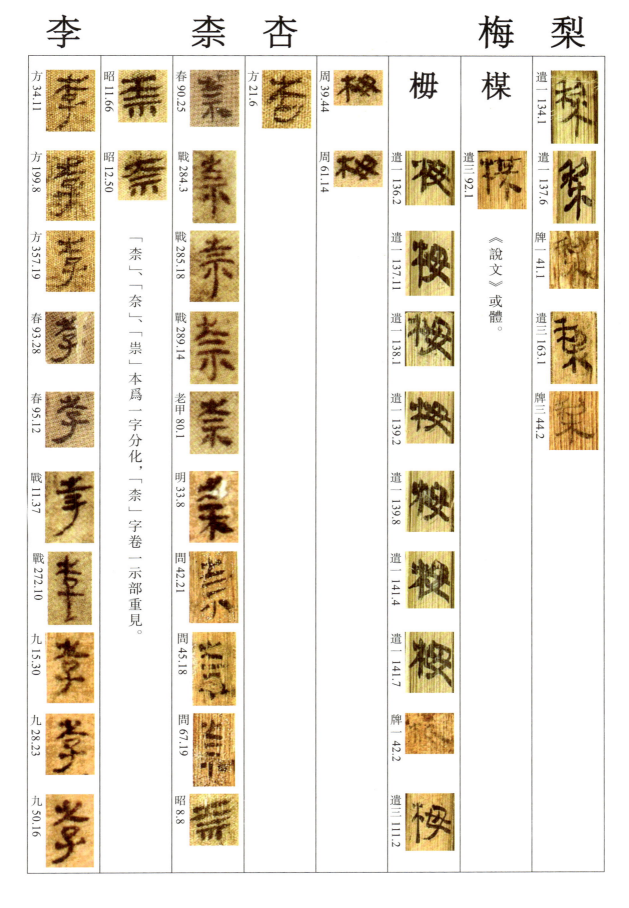

明 9.13
明 14.17
刑丙傳勝圖 1.6
陰乙傳勝圖 1.34
遣三 237.13
物 1.9
二 6.55
繆 43.50
繆 59.55
經 41.59

經 65.56

桃

陰甲神下 39.6
方 238.11
方 427.3
方 452.6
養 47.9
養 92.15
養 94.12
養 94.18
房 5.6
房 24.8

遣三 224.6
遣三 348.8
遣三 362.6
遣三 407.45
地 6.1
周 7.57
周 73.72
相 24.18

桂

方 1.7
方 67.8
方 272.13
方 284.13
方 306.19
方 360.16
方 382.9
方 451.14
養 45.5
養 51.31

養 85.20
養 113.3
養 125.10
養 127.17
房 9.5
房 18.4
房 20.13
房 22.12
地 7.1
箭 9.1

杜

方 408.8
養 48.3
談 53.23

柍

方 149.6

楑

問 34.1

衷 48.21

十 44.37

榙

榙

房 13.8

棪

繫 36.29

榑

方 145.3

樱

《說文》:「樱，栟櫚也，可作萆。从木、㚣聲。」簡文中「樱」是「樱」字訛體，字形詳見本卷「樱」字下。

椅

養 82.18

梓

方 315.3

養 43.9

柭

養 60.10

棫

刑甲 15.10

椐

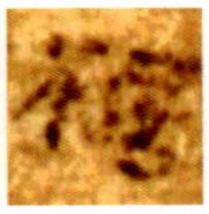
刑甲 2.10

刑乙 62.48

刑乙 62.72

相 25.4

杙

方 232.1

方 232.8

枇

牌三 44.1

柴

遣三 162.1

桔

養 149.18

養 173.10

柞

方 380.2

榗

衷 11.25

楛

周 68.23

周 68.54

樸

老乙 57.9

枸

氣 2.54

談 38.31

談 41.21

周 66.73

繫 24.76

枋

遺一 172.3

遺一 173.3

遺一 174.3

遺一 175.6

遺三 249.3

經 52.67

經 53.50

經 54.48

橿

養·殘 157.2

栕

方 306.18

養 45.3

養 51.28

養 125.7

養 125.24

養 127.14

楊

養 81.4

木 23.11

遺一 139.7

相 14.2

楊

周 68.24

周 68.55

「楊」字訛體。

柳

方 279.5

養 64.3

刑甲 58.18

陰乙女發 2.9

星 81.2

星 103.2

星 134.20

刑乙 19.19

栘

遣一 184.4

遣一 187.6

枳

陰甲天一 3.28

陰甲天一 7.20

陰甲天一 9.9

方 452.8

陰乙天一 8.8

陰乙天一 9.4

陰乙天一 21.6

陰乙天一 27.1

繆 33.66

欋

春 55.26

戰 210.6

九 44.18

権

衷 47.16

昭 3.65

昭 6.19

經 4.61

經 42.62

柜

射 4.4

遣三 35.6

經 42.41

十 14.41

相 63.37

臬

要 13.58

槐

方 138.1

方 436.3

養 144.12

穀		楮	杞	檀	柘	梧	榮
房 9.18 	[illegible]	老甲 152.15 	方 73.2 	問 86.5 	談 31.23 	戰 272.1 	方 51.27 
房 11.6 	老乙 6.51 	遣一 261.7 				戰 272.19 	方 246.2 
十 11.27 		遣三 242.5 					問 17.12 
稱 9.66 		遣三 313.1 					繫 24.49 
							繆 5.5 
							繆 45.7 
							十 12.6 
							稱 11.59 
							稱 11.68 
							相 44.48 

柏	檜	樠	松	梗	榆	桐	
陰甲築一3.25	方413.6	方337.11	養18.17	養149.19	方417.6	方358.4	相60.15
陰甲·殘211.5			養105.6	養173.11	房9.23	方375.7	
方153.2			養152.6	養174.10	戰238.16	養82.19	
方208.4			房3.8		五169.25	十23.51	
方208.28			問96.2		五170.3	相17.58	
方209.9			相9.5		五170.5	相68.64	
方220.7			相14.59		五170.15		
養·殘65.2			相57.7		五170.23		
五101.20			相57.25		五173.20		
氣4.5			相65.19		遣三83.4		

某　机

刑甲 109.27
刑丙小游 1.9
刑丙小游 1.26
刑丙小游 1.62
刑丙小游 1.84
刑丙小游 1.101
刑丙小游 1.123
刑丙小游 1.164
刑丙小游 1.183
陰乙小游 1.8

陰乙小游 1.34
陰乙小游 1.65
問 10.28
問 96.3
問 100.14
繆 6.33
繆 71.2
刑乙 30.25
刑乙 69.47
刑乙小游 1.74

刑乙小游 1.107
刑乙小游 1.125
刑乙小游 1.166
刑乙小游 1.192
相 9.6
相 57.8
相 57.26

遣一 216.5
遣一 255.5
遣三 283.5
遣三 315.2

方 97.25
方 169.19
方 209.13
方 217.29
方 219.25
方 219.31
方 220.32
方 223.26
方 379.12
方 392.12

養·殘 8.6
射 12.24
射 13.2
射 14.23
戰 46.33
戰 236.19
刑甲 17.9
木 14.16
木 20.17
太 1.5

刑乙 71.51

樹

陰甲室2.13 陰甲室9.17 陰甲室9.23 方288.18 戰99.27 戰206.8 明31.17 明31.22 明32.13 明33.4

陰乙三合1.9 陰乙文武12.29 陰乙上朔31.28 繫37.17 繆68.10 繆68.16 繆69.17 經20.9 經55.27 稱22.24

相6.60 相21.51 相54.67

本

方63.12 方73.3 方76.9 方109.24 方252.13 方252.26 方272.5 方375.8 方459.10 養85.8

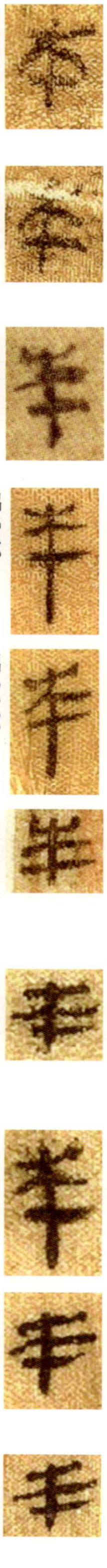

養111.4 養141.12 老甲144.18 出5.13 出26.22 二2.63 繫30.66 衷43.63 衷45.21 衷49.8

繆28.69 周·殘下60.5 經19.45 經19.50 經23.62 經26.14 經30.32 經36.23 經37.50 經39.50

經46.11 經46.26 經72.25 十45.30 十46.31 十52.53 道6.49 老乙3.63 老乙67.35 星13.7

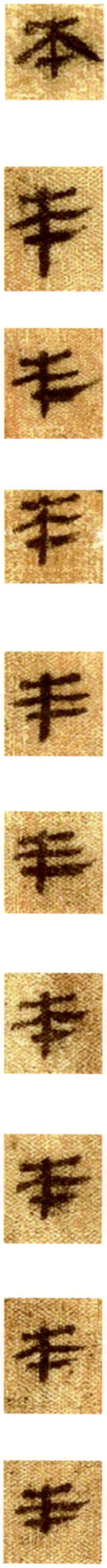

星15.7 相1.58 相6.70 相7.1 相7.5 相16.22 相17.50 相17.52 相38.8 相38.17

柢　朱　根

相 41.47
相 45.16
相 52.52
相 53.5
相 56.41
相 68.58

戰 234.19

方 192.9
方 284.18
胎 4.33
胎 6.6
明 28.23
刑甲 57.2
木 70.12
刑乙 96.53

方 17.7
方 25.19
方 146.11
方 399.6
方 471.11
養 65.10
射 16.20
老甲 103.14
老甲 143.3
刑甲 98.11

刑甲 108.7
陰乙大游 3.65
陰乙大游 3.71
陰乙大游 3.78
陰乙大游 3.85
陰乙大游 3.92
陰乙大游 3.95
周 10.22
周 10.33
周 10.55

周 10.61
周 10.73
周 11.35
周 33.84
周 51.5
周 70.13
周 79.42
二 26.22
二 26.25
繫 24.75

繆 46.12
經 25.49
經 26.18
經 27.39
經 39.42
經 47.4
經 61.24
道 3.53
老乙 48.49
老乙 58.8

老乙 66.67
刑乙 19.15
刑乙 19.21
刑乙 20.1
刑乙 20.7
刑乙 20.13
刑乙 21.12
刑乙 22.1
相 66.4

株

五 91.22
周 62.20

末

陽甲 35.11
方 8.14
方 57.21
方 102.15
方 102.19
方 252.11
方 255.6
方 258.18
方 459.8
養 77.17

養 151.8
養 168.22
戰 276.12
問 6.3
問 30.7
衷 49.13
星 13.10
相 33.56
相 34.6

櫻

櫻

問 77.20

「櫻」字訛體，「嬰」旁訛作「嵏」形。與本卷訓爲「栟櫚」的「椶」字同形。

果

陰甲祭一 A06L.13
陰甲祭一 A15L.13
方 48.10
方 262.17
方 294.7
方 307.2
方 357.15
方 363.6
方 481.8
陽乙 10.19

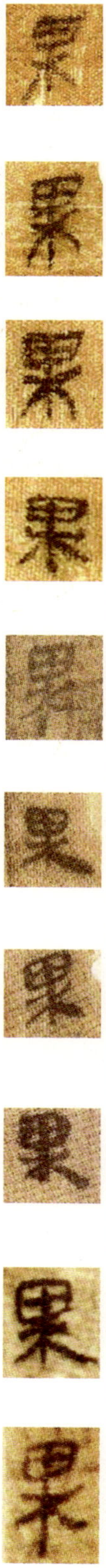

養 127.16
養 149.27
養 165.19
胎 4.8
春 29.22
春 33.26
春 70.28
春 97.16
戰 89.23
戰 283.9

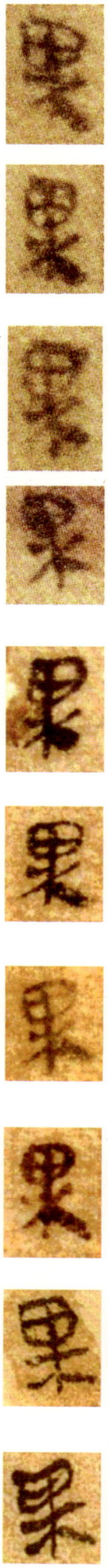

老甲 153.18
老甲 153.23
老甲 153.28
老甲 154.1
五 20.4
五 24.6
五 68.14
五 89.7
氣 6.316
氣 10.165

陰乙大游2.121

陰乙上朔17.12

周12.58

衷46.44

繆13.37

經59.54

經77.25

十18.60

十21.50

十21.53

十22.20

稱12.1

老乙71.10

老乙71.19

老乙71.23

刑乙47.20

枝

足2.4

足5.10

足5.26

方436.7

房8.12

戰239.2

問62.25

問67.11

遣三232.2

繫7.2

相9.25

相25.60

相41.18

相57.63

相58.5

枚

繆13.19

「支」旁訛作「攴」形，與「枚」字形同實異。

朴

方351.26

條

繆6.7

星54.34

桼

箭42.1

枚

問 4.23
遣一 187.12
遣一 188.11
遣一 189.11
遣一 195.7
遣一 197.10
遣一 201.6
遣一 205.10
遣一 206.9
遣一 207.11
遣三 237.4
遣三 160.6
遣三 259.7
遣三 261.6
遣三 263.11
遣三 264.11
遣三 265.9
遣三 266.10
遣三 281.14
遣三 282.16
遣三 302.4

梃

方 17.20
相 19.5
相 53.17

朵

十 26.28
十 26.40

柖

問 58.20
刑乙 41.7

榣

戰 323.31
刑甲 18.12
刑甲 28.8
刑丙地 15.4
陰乙玄戈 9.4
陰乙玄戈 9.6
陰乙玄戈 9.8
陰乙玄戈 9.10
陰乙玄戈 9.12
陰乙玄戈 9.16
陰乙玄戈 9.18
陰乙玄戈 6.27
問 29.11
問 57.18
談 36.28
繫 10.3
星 29.36
刑乙 41.8
刑乙 79.53
相 30.11

枯　格　枎　橈　枉

- 相 30.66
- 相 31.18
- 相 32.18
- 相 32.32
- 相 33.7
- 相 35.26
- 相 35.49
- 相 37.51
- 相 37.59
- 相 42.34

- 相 53.29
- 相 61.15
- 相 61.22

枉

- 老甲 136.7

橈

- 問 63.3
- 周 68.40
- 繫 18.6
- 衷 38.54

枎

- 遣一 115.2
- 牌一 34.2
- 遣三 134.2
- 牌三 14.2

格

- 老甲 165.14
- 老乙 76.39

枯

- 方 382.11
- 養 169.4
- 明 20.25
- 木 67.13
- 談 15.7
- 周 25.4
- 周 25.46
- 十 16.49
- 相 36.6

棹

- 老甲 84.23
- 老乙 40.21

改从「車」聲。

槁 稾

春80.1
老乙40.22

樸

老乙69.41
老乙69.69
老乙73.43
老乙78.27
相7.47
相17.11

柔

養·殘175.2
老甲14.30
老甲31.2
老甲36.23
老甲84.1
老甲85.2
老甲85.25
五36.22
五37.6
五61.14
五133.4
五133.30
二4.16
繫1.23
繫1.50
繫3.25
繫3.63
繫30.32
繫30.62
繫46.12
衷1.19
衷1.27
衷1.39
衷2.1
衷21.13
衷22.42
衷24.10
衷24.29
衷25.8
衷26.59
衷28.35
衷28.57
衷39.46
衷40.71
衷44.4
衷47.52
衷50.46
衷50.59
要15.48
要22.17
經45.20
經45.33
經73.36
經73.40
經73.46
十34.2
十48.38
十48.43
十54.12
十61.7
十61.18
稱24.52
道4.7
老乙17.12
老乙40.2
老乙40.16
老乙40.31
老乙40.52
老乙42.1
老乙51.3

老乙 77.40

楺

繫 33.57

柝
榜

陽甲 31.2

枳

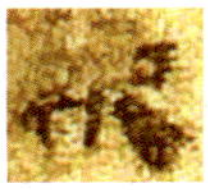
繫 35.65

枋

陰甲室 2.17

陰甲室 9.24

老甲 153.4

材

方 330.13

養 105.17

戰 37.1

明 12.7

明 12.18

明 17.18

問 47.5

繫 32.37

繫 32.39

經 46.18

相 4.8

相 9.34

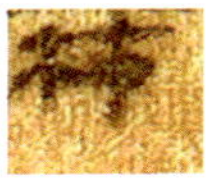
相 26.1

相 26.26

相 26.39

相 50.4

相 53.27

相 55.35

相 56.5

相 59.28

相 59.49

相 60.1

相 60.48

相 61.67

相 62.4

相 66.40

相 67.48

相 68.18

相 69.9

相 72.5

築

方 219.17　方 220.8　方 220.22　五 84.19　五 84.24　氣 3.45　陰乙三合 2.13　陰乙五禁 13.4　陰乙刑日 4.9　問 4.2

⿱筑土

陰甲室 5.28　陰甲築二 1.5　陰甲築二 2.5　陰甲築二 2.22　陰甲築二 4.5　陰甲築二 5.5　陰甲築二 6.13　陰甲築二 7.5　陰甲築二 7.21

陰甲築二 7.27　陰甲築二 8.5　陰甲築二 8.27　陰甲築二 8.33　陰甲築二 9.17　陰甲築二 10.5　陰甲築二 10.15　陰甲築二 10.21　陰甲築二 11.14　陰甲築二 12.2

从土筑聲，「築」字異體。

⿰土巩

陰甲雜三 1.1　陰甲室 1.2　陰甲室 3.21　陰甲室 10.4　陰甲築一 2.7　陰甲築一 3.5　陰甲宜忌 5.8　陰甲·殘 8.34

从土筑省聲。

榦

周 17.31　周 20.20　周 20.43　周 20.66　繆 52.9　十 19.28　十 57.40　星 7.14

檥

繫 24.4

構

繫 42.47

棟

周68.39
周68.45

極

方273.2
養90.23
老甲71.23
老甲122.4
老甲149.25
九26.32
明39.24
刑甲98.7
木35.9
問5.22
問37.26
問68.22
問92.6
合32.4
繫5.39
繫9.17
繫29.34
經6.2
經9.41
經10.30
經10.59
經11.46
經40.53
經40.57
經41.7
經41.12
經50.47
經52.53
經52.62
經60.1
經60.9
十4.32
十9.16
十23.24
十29.1
十31.39
十34.36
十36.46
十42.6
十46.16
十47.25
稱8.22
稱8.32
稱12.18
稱17.53
道4.21
道5.5
道5.27
老乙34.48
老乙57.46
老乙69.68
星21.42
星37.18
刑乙21.8
刑乙21.24
相19.68

柱

方380.4
明20.26
刑甲79.5

欂

衷 21.61

桷

合 15.19

椽

周 63.9

櫰

陰乙文武 19.12

楣

繫 36.64

櫋

戰 160.37

植

戰 306.11

樞

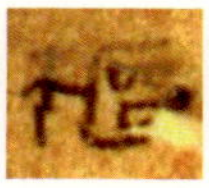

陰乙傳勝圖 1.17

禁 2.6

樓

刑甲 18.7

府 3.4

府 23.21

繆 21.47

刑乙 72.27

杅

周 34.28

周 88.15

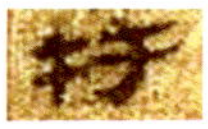
繫 35.23

相

木 12.11

楗

問 100.6

杝

柁

遺一 190.3

遺一 191.11

楃

老甲 149.27

老甲 158.29

問 3.16

橦

陰甲室 2.6

方 210.2

遺一 176.3

遺一 177.3

遺一 178.6

遺三 247.3

桯

十 29.40

桱

遣一 214.5

遣三 11.3

遣三 260.5

牀

方 370.6

養 45.11

養 85.2

射 4.15

禁 3.12

周 51.45

周 57.26

周 57.49

周 82.23

周 82.73

衷 5.46

枕

遣一 253.5

遣一 254.2

相 22.3

櫛

方 474.1

楖

陰甲神上 31.4

从木即聲，疑即「櫛」字異體。

㭘

遣一 196.5

遣三 258.5

槈

繫 33.61

柤

杫

繫 33.56

柫

周 18.20

衷 38.47

衷 38.52

杵

方 208.5

方 209.10

刑甲 4.36

刑甲 33.24

繫 36.6

繫 36.12

刑乙 64.15

刑乙 83.11

梧

棓

方 26.11

方 26.21

方 52.10

方 54.8

方 72.8

方 148.5

方 169.8

方 170.7

方 249.14

方 289.4

方 449.21

養 32.9

養 33.10

養 34.25

養 76.17

房 43.10

胎 31.30

「梧」字異體，與《說文》訓爲「梲也」的「棓」字同形。

槃

杯

方 250.30

遺一 185.7

遺一 186.7

遺一 187.10

遺一 192.5

遺一 193.5

遺一 194.8

遺一 195.5

遺一 196.4

遺一 197.8

遺三 256.5

遺三 257.7

遺三 259.5

鈑

戰 232.29

案

脈 8.7

春·殘 52.2

戰 108.13

戰 129.4

戰 245.13

戰 273.24

戰 278.26

戰 280.13

老甲 124.27

老甲 125.23

老甲 125.31

老甲 126.7

桉

十 63.10

⿰木寺

問 3.28

暴

談 38.35

談 42.8

機

五 77.24

五 117.20

杼

氣 6.64

氣 6.72

星 54.19

星 54.27

相 18.52

相 70.52

梯

周 9.14

樠

老甲 26.18

談 26.36

談 39.10

杖

陽乙 14.2

棓

《説文》：「棓，棁也。从木、音聲。」馬王堆簡帛中「棓」是「桰」字異體，字形詳見本卷「桰」字下。

椎

方 213.17

方 231.19

榫

養 129.19

柯

春 48.4

杘

枦

氣 10.243

桰（栝）

經 73.38

稱 13.11

老乙 51.19

「桰」字後世寫作「栝」，與从木舌聲，《説文》訓作「炊竈木」的「栝」字同形。

樓

方231.30
問11.19
問19.7
問22.22
問47.22
問60.12
問97.10
談36.14

樂

方239.6
方284.11
方299.2
養23.7
養34.5
養104.4
養140.4
房32.6
春7.19
春7.27

春8.3
戰4.16
戰60.27
老甲63.24
老甲156.23
五5.30
五6.35
五21.23
五31.3
五45.14

五76.23
五77.12
五77.14
五77.18
五78.7
五116.10
五116.17
五117.12
五181.12
五182.12

明23.4
明40.17
出9.16
問46.28
問56.1
合4.18
談28.10
談40.6
二27.60
繫4.22

繫7.23
繫21.34
要15.8
要16.29
要23.39
繆19.26
繆34.7
繆36.61
繆45.10
繆45.43

經30.4
經30.58
經32.2
經46.14
十10.16
稱10.1
老乙30.25
老乙31.24
老乙72.45
老乙72.50

老乙76.36
星65.15
相2.25

柎

足 20.11
方 317.18
方 459.19
合 15.11

枹

周 2.31
周 2.44
周 2.70
周 9.30
周 9.49
周 9.59
周 15.40
周 46.12
要 10.1
十 46.22

檢

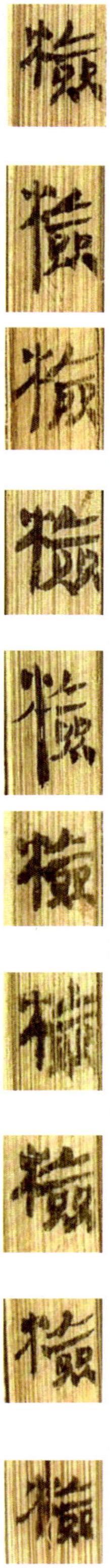

遣一 130.7
遣一 132.9
遣一 197.12
遣一 212.4
遣一 213.4
遣一 218.5
遣一 229.3
遣一 230.4
遣一 231.3
遣一 232.2

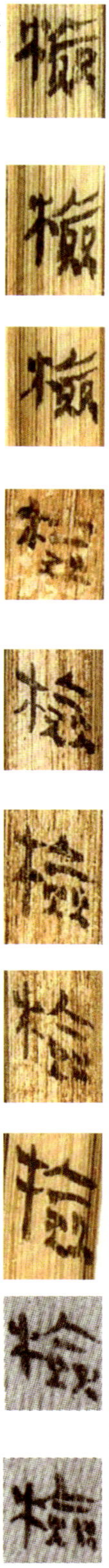

遣一 233.3
遣一 256.5
遣一 257.6
遣三 269.3
遣三 275.4
遣三 276.3
遣三 277.3
遣三 347.3
遣三 348.3
遣三 349.5

老乙 33.6
老乙 33.20
老乙 33.44

橋

戰 12.15
二 26.46

楫

繫 35.31

校

周 79.61
繫 42.48
繫 43.40
衷 19.13
衷 28.26
要 15.23

采

方 28.6

方 231.8

方 231.17

方 454.15

方 471.10

老甲 32.22

遣三 318.3

遣三 368.10

二 6.56

十 59.19

老乙 15.28

相 75.40

橫

戰 120.29

九 45.15

九 47.18

相 10.35

相 17.6

相 26.20

相 26.42

相 26.63

朾

刑甲 5.2

刑乙 64.18

柧

射 4.3

遣三 237.1

周 76.9

繫 36.28

繫 36.33

繆 67.56

檮

老甲 145.11

周 2.53

老乙 67.57

檮

陰乙上朔 31.25

析

方 206.22

養 37.10

刑丙地 3.15

相 5.7

梡

老甲 113.12

老甲 114.14

老甲 114.23

老甲 115.3

楅

經 28.18

老乙 51.61

休

方 39.1

方 263.5

方 282.18

方 344.24

方 360.32

養 109.20

養 109.25

戰 183.38

戰 293.13

戰 303.13

戰 303.17

五 114.11

周 2.59

周 56.10

繆 29.57

稱 12.11

桎

春 28.23

周 15.33

棺

繫 37.29

稱 11.19

槽

[illegible]

星 13.1

星 39.22

星 41.21

刑乙 82.7

相 20.50

相 74.26

[illegible]

方 53.2

戰 105.43

戰 107.16

椁

春 33.9

遣三 366.1

稱 11.20

楬

方 109.29

談 26.25

杋*

十 44.34

杬*

養 111.3

板*

陰甲五禁 3L.17

陰甲五禁 3L.23

陰甲五禁 3L.29

柃*

方 68.5

条*

氣 6.140

柂*

「施」字訛體，卷七㫃部重見。

杢*

「楚」字省體，本卷林部重見。

林*

「秝」字異體，卷七禾部重見。

[木尗]*

「茮」字異體，卷一艸部重見。

椒*

「茮」字異體，卷一艸部重見。

棎*

問 33.9

椊*

老乙 40.17

棲

《說文》「西」字或體，詳見卷十二西部。

栓*

陰甲神上 31.3

櫭*		槫*	槿*	楧*	⿱⿰户攵木*	槍*	榫*
 衷 25.62  衷 30.45	 相 19.32	 候 3.18  戰 48.18  戰 239.3  戰 239.16  戰 240.33  五 171.25  問 28.17  問 38.26  經 54.27  相 17.45	 老甲 46.17	 問 2.24	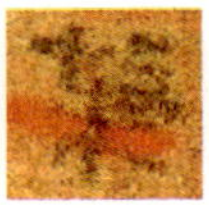 胎 30.1 此字據反印文切圖。	 方 380.3	 方 199.9

樽*

方 481.9

橉*

[illegible]

陰甲雜四 3.7

从木从古文「鄰」得聲，應即「橉」字異體。

櫟*

方 266.7

从木从《説文》籀文「農」省聲，疑爲「檂」字異體，帛書中用爲「膿」。

欒*

五 164.14

東

陰甲天一 1.6

陰甲徙 1.16

陰甲徙 1.26

陰甲徙 2.26

陰甲徙 2.30

陰甲徙 3.8

陰甲徙 3.23

陰甲徙 4.22

陰甲徙 6.9

陰甲天地 4.21

陰甲祭一 A16L.5

陰甲祭一 A16L.36

陰甲祭一 B02L.6

陰甲祭一 B04L.12

陰甲祭一 B10L.5

陰甲神上 5.10

陰甲神上 17.7

陰甲神下 40.23

陰甲神下 42.22

陰甲雜三 1.6

陰甲雜三 1.9

陰甲雜三 1.30

陰甲室 1.6

陰甲室 3.35

陰甲室 4.14

陰甲室 5.20

陰甲室 6.12

陰甲室 6.19

陰甲雜五 5.32

陰甲式圖 1.11

陰甲堪法 5.10
陰甲堪法 5.22
陰甲堪法 11.7
陰甲堪表 1.4
陰甲堪表 3.11
陰甲堪表 4.4
陰甲諸日 5.10
陰甲祭二 9L.10
陰甲祭二 11L.3
陰甲祭二 12L.1

陰甲祭三 4.32
陰甲祭三 6.19
陰甲·殘 8.24
陰甲·殘 249.2
方 66.16
方 196.7
方 209.26
方 211.8
方 213.31
方 219.12

方 221.9
方 230.26
方 238.13
方 436.4
方 448.23
方 452.7
養 181.6
養 192.1
養 192.6
春 20.14

春 27.2
戰 32.38
戰 86.26
戰 108.6
戰 113.8
戰 113.37
戰 159.8
戰 161.21
戰 177.14
戰 231.13

戰 239.11
戰 240.8
戰 242.9
戰 272.28
戰 279.4
戰 285.23
戰 288.18
戰 291.1
戰 291.13
戰 295.3

戰 295.28
戰 297.7
戰 304.15
戰 307.6
戰 310.10
戰 311.12
氣 7.67
氣 7.71
氣 10.258
刑甲 14.18

刑甲 16.26
刑甲 16.39
刑甲 26.5
刑甲 46.20
刑甲 56.14
刑甲 56.22
刑甲 58.6
刑甲 58.8
刑甲 58.23
刑甲 63.5

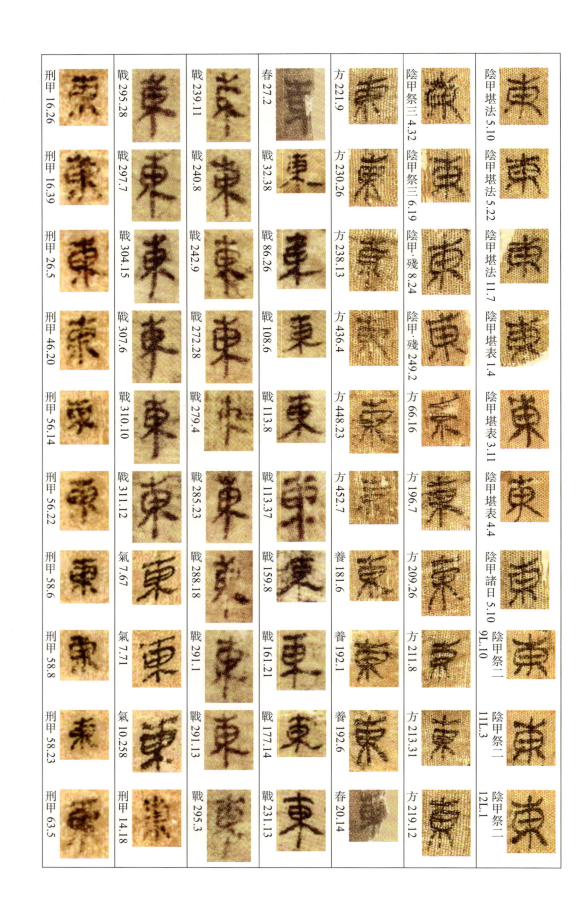

刑甲 65.5	刑甲 114.12	刑丙天 4.14	陰乙刑德 6.5	陰乙刑德 12.8	陰乙上朔 30.15	陰乙上朔 33.16	陰乙天一 1.2	陰乙女發 2.48	出 13.5
出 13.8	出 13.11	出 15.2	出 15.4	出 15.12	出 15.14	出 15.22	出 17.12	出 17.18	出 18.16
出 20.18	出 21.9	出 22.6	出 24.25	出 27.32	出 27.46	出 27.58	出 28.28	出 28.38	出 28.48
出 29.31	出 29.40	出 29.49	出 30.33	出 30.45	出 31.29	出 33.37	出 34.4	出 34.38	木 10.13
木 10.21	木 17.10	木 41.1	木 42.1	木 42.15	木 43.1	禁 8.2	箭 27.1	周 24.8	周 26.58
周 44.25	衷 27.12	衷 38.3	衷 38.21	繆 24.47	繆 57.15	星 2.7	星 2.39	星 3.15	星 4.21
星 4.42	星 5.23	星 12.4	星 13.4	星 24.3	星 26.12	星 35.47	星 40.11	星 40.20	星 40.43
星 41.2	星 42.17	星 43.24	星 44.33	星 46.47	星 62.6	星 69.34	星 71.37	星 76.7	星 77.2

東 星77.6
東 星78.5
東 星79.5
東 星81.5
東 星82.5
東 星83.5
東 星84.5
東 星85.5
東 星86.5
東 星87.6

東 星88.43
東 星90.6
東 星91.6
東 星92.2
東 星92.6
東 星93.4
東 星94.5
東 星95.5
東 星96.5
東 星97.5

東 星98.6
東 星99.5
東 星100.2
東 星100.6
東 星102.6
東 星103.5
東 星104.6
東 星105.5
東 星106.5
東 星107.5

東 星108.5
東 星109.5
東 星110.5
東 星111.5
東 星112.4
東 星113.5
東 星114.5
東 星115.5
東 星116.6
東 星117.6

東 星118.5
東 星119.5
東 星120.44
東 星125.13
東 星126.8
東 星126.22
東 星129.16
東 星130.8
東 星133.16
東 星134.9

東 星134.23
東 星136.19
東 星137.17
東 星138.9
東 星139.10
東 星140.5
東 星141.15
東 星142.12
東 星143.3
東 星144.35

東 刑乙4.6
東 刑乙8.4
東 刑乙8.15
東 刑乙58.10
東 刑乙70.5
東 刑乙71.27
東 刑乙71.41
東 刑乙77.60
東 刑乙90.32
東 刑乙95.15

東 刑乙96.40
東 刑乙97.26
東 刑乙97.28
東 刑乙97.42

耕*

疑是「耕」字之寫誤，卷四耒部重見。

林

戰 57.37
戰 160.23
戰 161.5
周 27.58
周 49.13
周 49.20
周 49.29
周 49.42
周 49.47
周 49.52
二 14.76
二 30.37
衷 7.34
稱 11.34

橆
無

陰甲雜一 8.17
陰甲上朔 1.25
陰甲上朔 1.53
陰甲上朔 3.22
陰甲上朔 3.26
陰甲神下 39.9
陰甲衍 4.36
陰甲室 3.18
陰甲堪表 7L.5
陰甲堪表 7L.8
陰甲堪表 7L.11
陰甲堪表 7L.14
陰甲堪表 7L.17
戰 5.30
戰 26.2
戰 38.2
戰 43.39
戰 44.34
戰 52.3
戰 52.9
戰 53.39
五 81.8
刑甲 11.22
刑甲 12.40
刑甲 35.1
刑甲 38.11
刑丙刑 15.3
刑丙天 5.30
陰乙刑德 32.6
陰乙大游 2.92
陰乙大游 3.138
陰乙文武 19.15
木 43.7
木 43.9
木 60.2
木 60.4
周 45.2
遣一 163.2
遣一 164.2
遣三 113.1

楚

遣三 132.1
遣三 133.1
遣三 164.1
遣三 211.2
遣三 212.2
牌三 12.1
牌三 23.1
周 13.7
周 31.58
二 10.28
二 10.54
二 10.59
二 12.69
二 13.51
二 13.53
二 14.24
二 14.26
二 14.36
二 20.30
繫 5.22
衷 24.9
要 12.13
經 8.6
老乙 19.10
老乙 35.21
老乙 42.7
老乙 54.17
星 21.41
星 37.15
刑乙 68.16
陰甲室 2.16
戰 54.30
戰 62.10
戰 67.18
戰 89.12
戰 90.34
戰 93.13
戰 99.33
戰 102.36
戰 103.10
戰 112.11
戰 114.30
戰 115.14
戰 124.18
戰 129.21
戰 156.25
戰 169.25
戰 272.9
戰 273.5
戰 273.18
戰 280.24
戰 281.5
戰 282.7
戰 282.23
戰 284.9
戰 285.3
戰 294.33
戰 296.8
戰 297.13
戰 297.29
戰 300.2
戰 300.8
老甲 153.3
氣 1.1
刑甲大游 2.60
遣三 28.8
遣三 31.1
遣三 34.1
周 22.68
星 97.11
刑乙大游 1.60

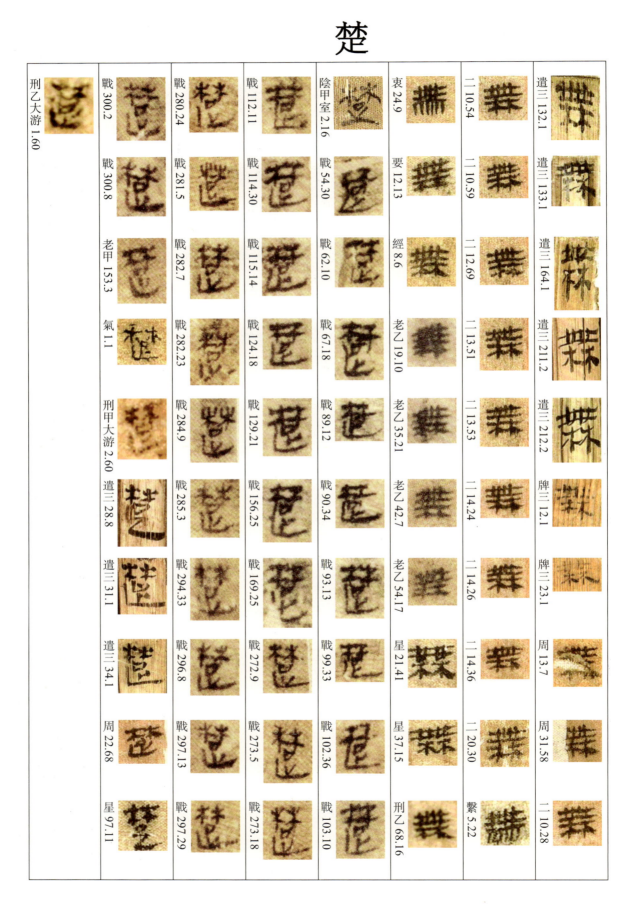

棻　才

赱

戰 70.37
戰 137.17
戰 137.21
戰 137.35
戰 142.10
戰 144.2
戰 144.38
戰 153.19
戰 155.8
戰 156.9
戰 179.30
戰 219.34
戰 228.8
戰 236.31
戰 237.17
戰 239.28
戰 241.11
戰 243.12
戰 246.7
戰 248.23
戰 249.14
戰 252.12
戰 254.11
戰 254.27
戰 255.2
戰 255.10
戰 255.13
戰 255.15
戰 256.20
戰 257.12
戰 258.5
戰 259.14
戰 259.28
戰 262.6
戰 265.23
戰 266.25
戰 267.17
戰 269.1
戰 270.2
戰 271.2
戰 318.5
戰 319.4
戰 322.12
戰 323.18
戰 323.33
戰 324.10
戰 324.27

戰 181.19
戰 214.20
周 73.63
經 12.18

陰甲天一 4.10
陰甲徒 2.5
陰甲天地 1.11
陰甲天地 1.16
陰甲天地 1.19
陰甲天地 2.10
陰甲天地 2.13
陰甲天地 2.19
陰甲天地 3.17
陰甲天地 4.14
陰甲天地 4.20
陰甲神上 15.3
陰甲神上 18.15
陰甲神上 18.21
陰甲神上 25.19
陰甲神上 28.4
陰甲神下 40.5
陰甲雜四 10.5
陰甲室 4.13
陰甲室 5.2

桑

陰甲雜五3.13 陰甲築二6.19 陰甲雜七4.6 陰甲雜七4.11 陰甲諸日5.5 陰甲諸日5.9 陰甲諸日6.17 陰甲諸日6.23 陰甲諸日6.29 陰甲諸日6.32

陰甲諸日6.44 陰甲諸日6.50 老甲138.3 五99.15 五152.10 五171.22 九11.4 九24.16 九27.33 九28.3

九34.24 九34.28 九46.5 九48.14 明1.18 明20.5 明37.28 明38.15 明39.13 明41.24

氣10.315 談7.28 談33.25 遣三39.20 繆3.5 繆22.7 繆27.20 繆29.53 十17.16

方373.4 方383.6 方412.16 方459.16 房8.11 五15.6 五52.4 要10.2

⿱艹桑

周2.71

⿱𠂇桒

周58.3

「桑」字訛體。其形頭部近「中」形，下部爲「木」形，中間作「矛」形，字形介於「桑」與「牽」之間。傳世王弼本異文正作「牽」。

之

陰甲天一1.25 陰甲天一2.6 陰甲天一4.8 陰甲天一4.13 陰甲天一5.9 陰甲天一13.20 陰甲天地2.34 陰甲天地4.28 陰甲天地4.44 陰甲上朔2.29

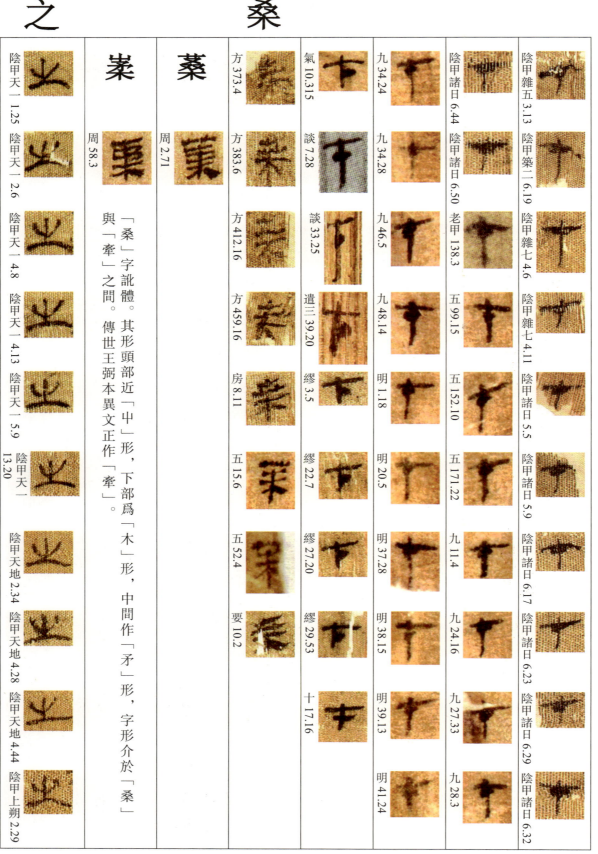

陰甲祭一A05L.15
陰甲祭一A06L.18
陰甲祭一A08L.17
陰甲祭一A16L.46
陰甲神上18.12
陰甲神上27.3
陰甲神上29.5
陰甲衍2.22
陰甲衍2.27
陰甲衍3.23

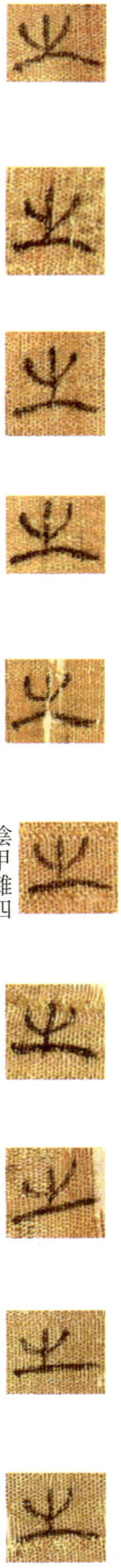
陰甲衍3.34
陰甲衍5.8
陰甲衍6.30
陰甲雜四3.9
陰甲雜四8.3
陰甲雜四16.12
陰甲室1.30
陰甲室2.5
陰甲室2.12
陰甲室2.14

陰甲室3.12
陰甲室3.45
陰甲室3.51
陰甲室4.17
陰甲室5.6
陰甲室6.5
陰甲室7.6
陰甲室7.18
陰甲室7.32
陰甲室8.27

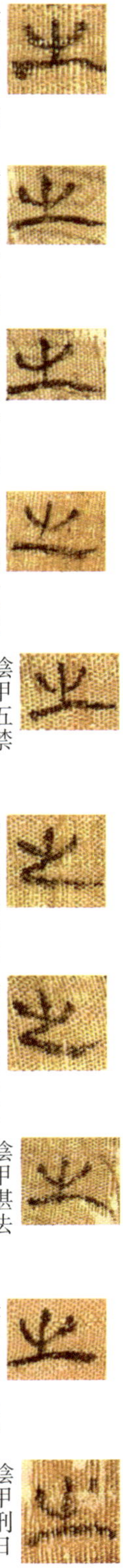
陰甲室9.28
陰甲築一1.12
陰甲築一2.11
陰甲雜五4.34
陰甲五禁3L.21
陰甲堪法6.28
陰甲堪法7.16
陰甲堪法11.11
陰甲刑日5.8
陰甲刑日10.19

陰甲諸日5.18
陰甲諸日7.30
陰甲祭二2L.16
陰甲祭二11L.6
陰甲祭三6.11
陰甲祭三6.17
陰甲宜忌4.15
陰甲·殘2.18
陰甲·殘6.33
陰甲·殘10.3

陰甲·殘46.9
陰甲·殘70.6
陰甲·殘176.3
陰甲·殘199.2
陰甲·殘271.2
陰甲·殘331.5
陰甲·殘332.9
陰甲·殘345.2
足1.18
足2.16

足5.27
足10.29
足21.13
足25.18
足32.5
陽甲5.8
陽甲20.23
陽甲27.13
陽甲28.19
陽甲33.15

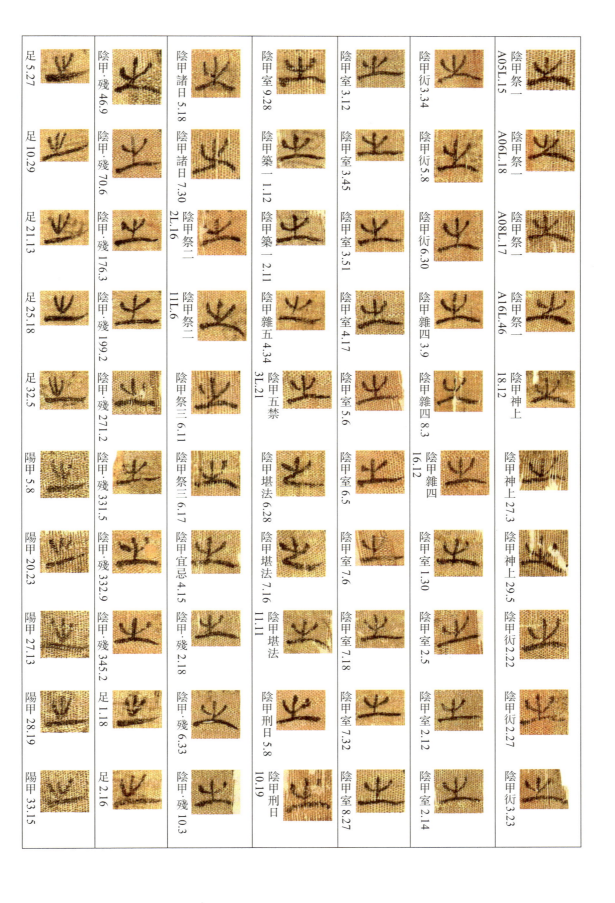

陽甲 33.22
陽甲 36.10
陽甲 36.12
陽甲 36.14
陽甲 36.20
脈 1.11
脈 3.8
脈 4.19
脈 6.8
脈 8.8

脈 11.2
脈 11.8
方 2.8
方 5.10
方 6.2
方 9.2
方 10.9
方 13.19
方 14.14
方 15.7

方 20.2
方 24.19
方 30.16
方 35.17
方 42.2
方 42.24
方 43.16
方 44.18
方 45.31
方 48.17

方 49.10
方 51.31
方 52.15
方 54.7
方 54.12
方 54.21
方 55.13
方 62.1
方 63.7
方 65.2

方 66.14
方 68.30
方 70.1
方 70.7
方 70.10
方 72.15
方 75.5
方 80.6
方 80.10
方 81.8

方 82.3
方 85.18
方 87.17
方 89.7
方 90.8
方 91.13
方 93.14
方 97.12
方 98.16
方 102.8

方 102.25
方 104.6
方 106.4
方 108.6
方 111.8
方 112.24
方 113.21
方 114.21
方 116.6
方 120.4

方 121.11
方 122.22
方 123.6
方 124.1
方 128.23
方 131.9
方 132.13
方 133.8
方 135.20
方 136.4

方 139.4
方 144.8
方 147.9
方 157.1
方 170.3
方 172.10
方 172.21
方 174.18
方 178.16
方 186.25

方 188.2
方 189.24
方 190.1
方 190.5
方 191.26
方 192.8
方 192.17
方 193.15
方 194.16
方 195.16

方 196.10
方 196.14
方 197.8
方 197.11
方 198.13
方 199.13
方 199.17
方 201.10
方 201.17
方 205.17

方 205.24
方 206.13
方 210.3
方 211.13
方 213.27
方 214.11
方 215.8
方 216.10
方 216.22
方 218.9

方 220.9
方 220.18
方 224.10
方 229.14
方 231.26
方 232.12
方 232.29
方 233.2
方 239.20
方 241.8

方 242.3
方 245.8
方 249.17
方 250.10
方 250.33
方 253.21
方 254.18
方 254.22
方 255.10
方 257.22

方 259.4
方 259.20
方 260.5
方 260.19
方 261.2
方 264.8
方 264.13
方 267.4
方 271.19
方 272.22

方 272.29
方 273.12
方 274.23
方 275.18
方 276.1
方 279.3
方 279.28
方 280.26
方 282.11
方 282.15

方 283.11
方 283.29
方 297.16
方 301.6
方 302.2
方 305.1
方 309.10
方 310.15
方 315.6
方 316.10

方 316.18
方 318.23
方 319.13
方 319.18
方 319.25
方 320.9
方 321.10
方 322.9
方 323.9
方 324.9

方 325.8
方 326.13
方 327.14
方 328.30
方 331.2
方 331.6
方 335.6
方 339.18
方 341.1
方 342.16

方 344.5
方 348.21
方 350.8
方 351.28
方 352.18
方 354.10
方 355.5
方 356.11
方 357.26
方 357.30

方 358.9
方 359.13
方 361.23
方 362.14
方 363.30
方 364.11
方 365.8
方 366.28
方 367.3
方 367.13

方 369.11
方 371.11
方 372.18
方 376.11
方 376.16
方 376.22
方 379.20
方 381.8
方 386.18
方 387.5

方 389.4
方 390.33
方 391.18
方 398.11
方 406.3
方 410.6
方 420.15
方 421.14
方 421.19
方 422.7

方 422.19
方 425.12
方 426.14
方 427.10
方 428.22
方 441.7
方 442.7
方 443.6
方 444.21
方 444.26

方449.28	方451.24	方457.7	方461.22	方464.23	方465.4	方466.19	方467.6	方468.11	方471.4
方480.13	方480.18	方482.15	方488.4	方·殘2.19	方·殘8.4	去1.44	去2.31	去2.39	去4.21
陽乙3.7	陽乙10.20	陽乙13.6	陽乙13.26	陽乙15.40	陽乙16.36	陽乙17.20	養5.10	養5.21	養7.11
養14.5	養17.5	養18.13	養19.11	養20.9	養22.1	養30.9	養32.17	養45.16	養50.25
養52.4	養52.9	養54.13	養62.20	養65.12	養65.20	養66.3	養66.25	養67.17	養72.2
養73.4	養76.4	養78.8	養78.12	養79.3	養79.9	養79.12	養81.22	養83.7	養85.26
養86.25	養88.5	養88.11	養90.8	養90.16	養101.8	養106.9	養106.16	養109.7	養110.13
養111.9	養112.14	養114.5	養114.14	養115.14	養117.18	養123.6	養124.2	養125.19	養125.31

養127.23	養128.4	養128.13	養128.19	養128.22	養128.28	養129.14	養129.22	養130.13	養130.18
養132.13	養145.6	養145.10	養150.7	養150.17	養151.6	養155.4	養155.9	養162.3	養166.2
養166.17	養166.25	養167.3	養182.5	養188.5	養193.20	養194.2	養195.9	養201.9	養203.21
養203.33	養204.2	養204.6	養217.6	養217.18	養219.10	養223.11	養223.15	養·殘1.5	養·殘7.5
養·殘57.9	養·殘77.2	房6.16	房7.4	房7.14	房8.15	房8.20	房9.21	房9.26	房10.16
房11.31	房12.18	房14.26	房17.5	房19.3	房20.33	房21.18	房23.5	房43.12	房43.24
房44.2	房46.19	射7.13	射12.14	射12.22	射14.2	射14.24	射19.22	射23.11	射24.7
胎1.32	胎2.9	胎7.12	胎13.2	胎19.7	胎20.14	胎22.16	胎28.4	胎28.10	胎28.20

胎29.15
春7.13
春8.2
春16.4
春16.22
春16.24
春24.13
春33.8
春33.30
春34.14

春37.8
春37.25
春38.25
春42.22
春42.29
春43.17
春43.21
春44.9
春45.5
春45.20

春50.11
春50.15
春50.22
春51.15
春55.19
春56.18
春58.10
春62.10
春64.6
春66.22

春67.4
春67.19
春70.13
春70.23
春71.3
春72.5
春73.7
春73.18
春74.5
春74.25

春75.26
春78.6
春79.2
春79.17
春80.9
春80.25
春81.6
春83.22
春85.13
春89.21

春90.29
春91.11
春94.24
春95.4
戰4.21
戰5.28
戰6.2
戰6.36
戰7.23
戰7.31

戰7.40
戰8.9
戰8.24
戰9.28
戰9.32
戰10.13
戰10.20
戰10.40
戰11.2
戰11.15

戰11.22
戰11.39
戰12.5
戰12.33
戰13.3
戰13.8
戰13.31
戰14.2
戰15.6
戰17.8

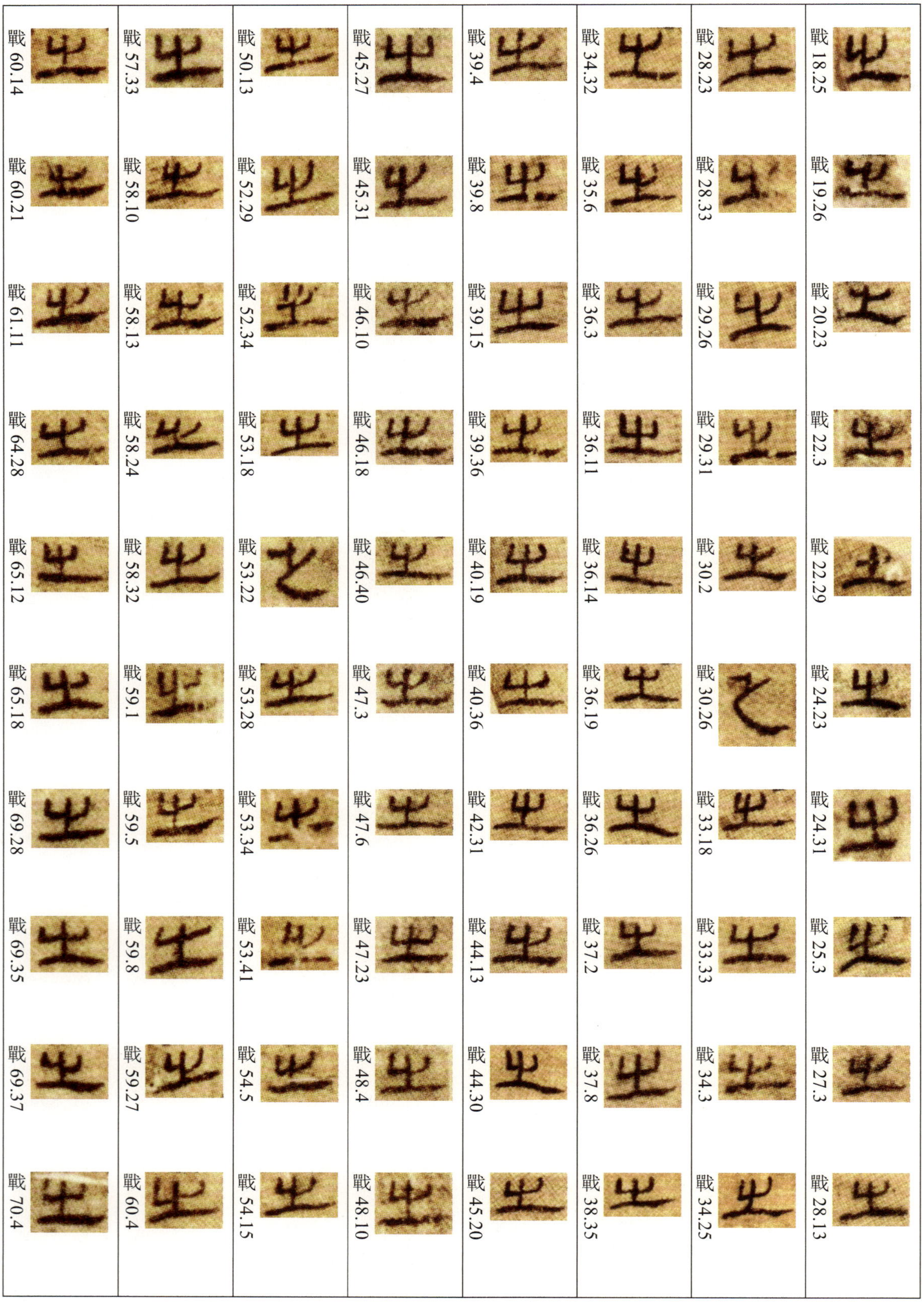

戰18.25	戰19.26	戰20.23	戰22.3	戰22.29	戰24.23	戰24.31	戰25.3	戰27.3	戰28.13
戰28.23	戰28.33	戰29.26	戰29.31	戰30.2	戰30.26	戰33.18	戰33.33	戰34.3	戰34.25
戰34.32	戰35.6	戰36.3	戰36.11	戰36.14	戰36.19	戰36.26	戰37.2	戰37.8	戰38.35
戰39.4	戰39.8	戰39.15	戰39.36	戰40.19	戰40.36	戰42.31	戰44.13	戰44.30	戰45.20
戰45.27	戰45.31	戰46.10	戰46.18	戰46.40	戰47.3	戰47.6	戰47.23	戰48.4	戰48.10
戰50.13	戰52.29	戰52.34	戰53.18	戰53.22	戰53.28	戰53.34	戰53.41	戰54.5	戰54.15
戰57.33	戰58.10	戰58.13	戰58.24	戰58.32	戰59.1	戰59.5	戰59.8	戰59.27	戰60.4
戰60.14	戰60.21	戰61.11	戰64.28	戰65.12	戰65.18	戰69.28	戰69.35	戰69.37	戰70.4

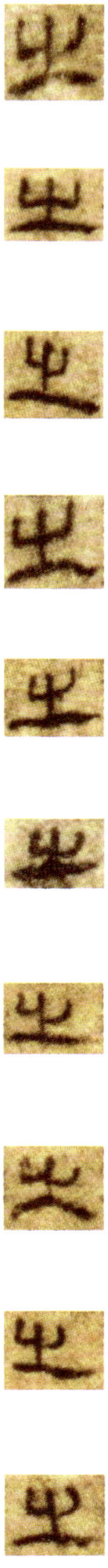

戰 71.29
戰 71.38
戰 72.23
戰 73.17
戰 73.22
戰 74.8
戰 74.20
戰 74.31
戰 74.36
戰 75.24

戰 75.27
戰 75.35
戰 76.2
戰 76.7
戰 76.18
戰 76.23
戰 77.37
戰 78.32
戰 80.3
戰 83.19

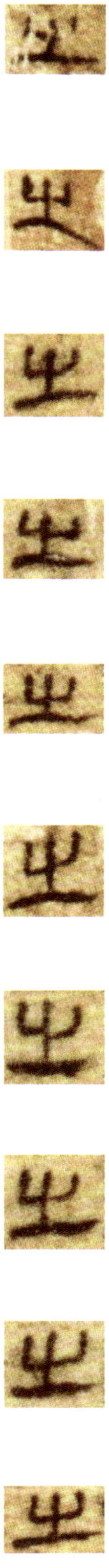

戰 83.26
戰 83.34
戰 84.6
戰 84.20
戰 85.20
戰 85.30
戰 86.2
戰 86.14
戰 87.15
戰 87.19

戰 87.37
戰 88.9
戰 88.23
戰 90.3
戰 90.10
戰 90.14
戰 91.7
戰 91.20
戰 92.3
戰 92.16

戰 93.32
戰 93.35
戰 95.9
戰 96.20
戰 96.23
戰 96.30
戰 97.26
戰 97.36
戰 99.1
戰 99.3

戰 99.10
戰 99.17
戰 101.10
戰 101.17
戰 102.12
戰 103.37
戰 104.11
戰 106.14
戰 106.22
戰 106.35

戰 108.38
戰 110.17
戰 110.21
戰 112.27
戰 113.2
戰 113.14
戰 114.22
戰 114.32
戰 114.35
戰 115.8

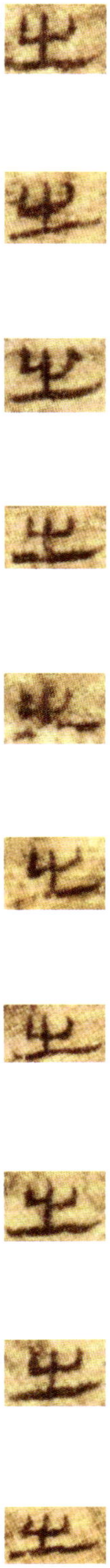

戰 115.18
戰 115.23
戰 115.28
戰 115.33
戰 116.1
戰 116.16
戰 116.38
戰 117.7
戰 117.12
戰 117.18

戰117.21 戰117.35 戰118.12 戰118.22 戰118.39 戰119.11 戰119.13 戰119.38 戰120.8 戰120.16

戰120.21 戰121.20 戰121.25 戰122.10 戰122.19 戰122.24 戰122.34 戰123.6 戰123.27 戰124.7

戰125.23 戰126.1 戰126.5 戰126.9 戰126.20 戰126.24 戰126.30 戰127.15 戰128.18 戰129.16

戰130.2 戰130.17 戰130.25 戰130.39 戰131.3 戰131.39 戰133.38 戰134.12 戰136.22 戰137.32

戰138.17 戰139.9 戰139.26 戰140.6 戰140.12 戰141.31 戰141.36 戰142.12 戰142.17 戰142.22

戰142.28 戰143.2 戰144.4 戰144.29 戰145.4 戰145.22 戰146.29 戰147.6 戰149.25 戰150.8

戰150.25 戰152.21 戰152.37 戰154.5 戰154.26 戰154.31 戰155.20 戰156.38 戰157.3 戰158.3

戰158.16 戰158.33 戰159.1 戰160.15 戰160.21 戰163.4 戰163.10 戰163.23 戰165.8 戰166.7

戰 166.34
戰 167.13
戰 167.28
戰 167.33
戰 168.32
戰 171.16
戰 171.33
戰 173.6
戰 173.22
戰 174.18
戰 174.23
戰 175.12
戰 175.15
戰 175.36
戰 176.8
戰 176.14
戰 179.19
戰 180.20
戰 181.20
戰 183.24
戰 184.24
戰 184.32
戰 185.20
戰 185.29
戰 185.33
戰 186.3
戰 186.8
戰 186.27
戰 187.18
戰 188.19
戰 189.14
戰 191.4
戰 191.28
戰 191.35
戰 192.34
戰 193.24
戰 194.18
戰 194.23
戰 194.32
戰 195.15
戰 196.15
戰 196.20
戰 197.26
戰 198.16
戰 198.20
戰 198.23
戰 199.22
戰 200.5
戰 200.25
戰 200.33
戰 201.6
戰 201.12
戰 202.24
戰 203.5
戰 203.11
戰 203.18
戰 205.3
戰 205.10
戰 205.15
戰 205.20
戰 205.26
戰 205.31
戰 205.35
戰 207.15
戰 207.20
戰 208.2
戰 208.10
戰 208.22
戰 208.25
戰 208.34
戰 209.5
戰 210.24
戰 211.20
戰 211.26
戰 211.35
戰 214.14
戰 214.33
戰 215.8
戰 216.19
戰 216.21

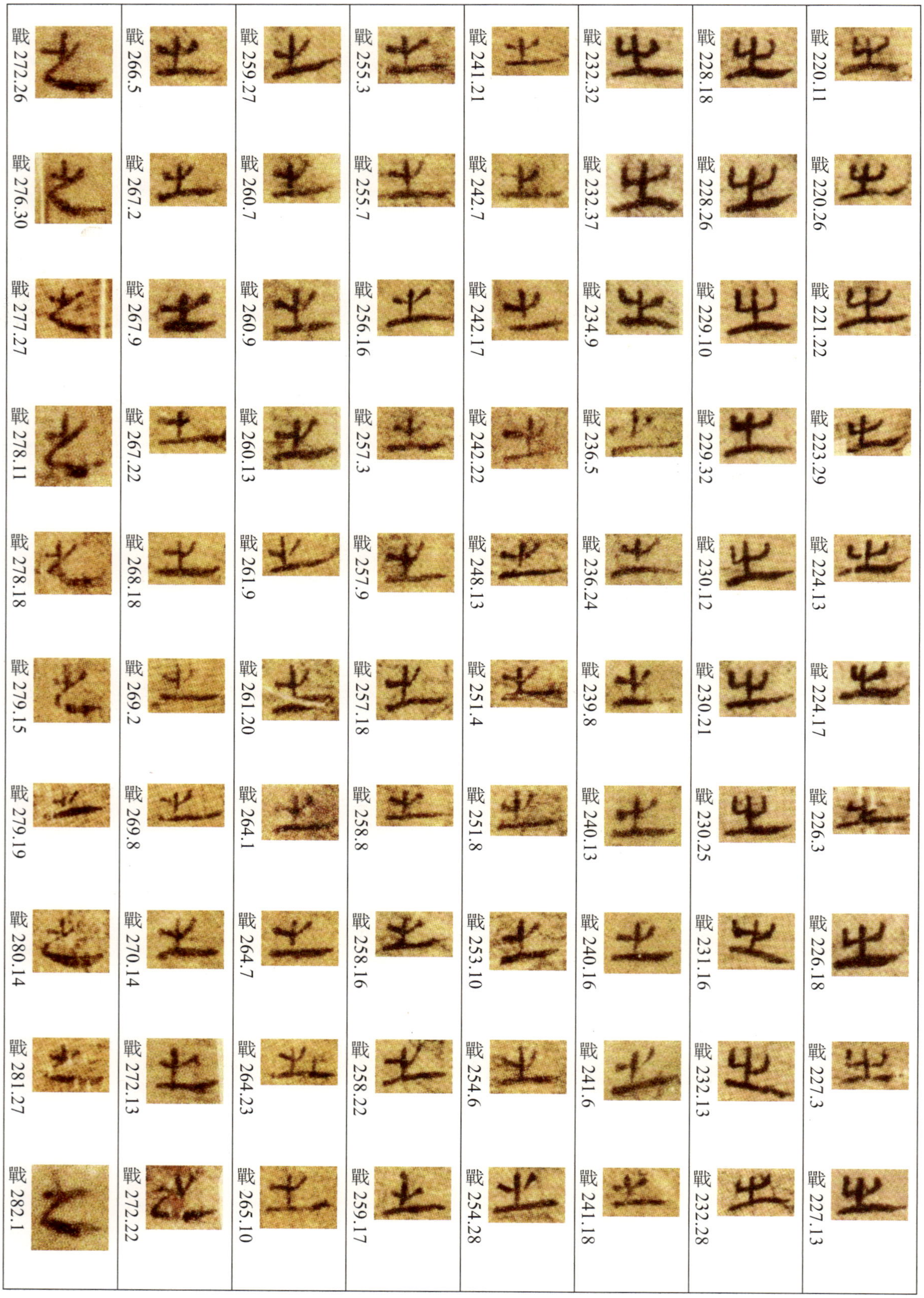

戰 220.11
戰 220.26
戰 221.22
戰 223.29
戰 224.13
戰 224.17
戰 226.3
戰 226.18
戰 227.3
戰 227.13

戰 228.18
戰 228.26
戰 229.10
戰 229.32
戰 230.12
戰 230.21
戰 230.25
戰 231.16
戰 232.13
戰 232.28

戰 232.32
戰 232.37
戰 234.9
戰 236.5
戰 236.24
戰 239.8
戰 240.13
戰 240.16
戰 241.6
戰 241.18

戰 241.21
戰 242.7
戰 242.17
戰 242.22
戰 248.13
戰 251.4
戰 251.8
戰 253.10
戰 254.6
戰 254.28

戰 255.3
戰 255.7
戰 256.16
戰 257.3
戰 257.9
戰 257.18
戰 258.8
戰 258.16
戰 258.22
戰 259.17

戰 259.27
戰 260.7
戰 260.9
戰 260.13
戰 261.9
戰 261.20
戰 264.1
戰 264.7
戰 264.23
戰 265.10

戰 266.5
戰 267.2
戰 267.9
戰 267.22
戰 268.18
戰 269.2
戰 269.8
戰 270.14
戰 272.13
戰 272.22

戰 272.26
戰 276.30
戰 277.27
戰 278.11
戰 278.18
戰 279.15
戰 279.19
戰 280.14
戰 281.27
戰 282.1

戰 282.10
戰 284.10
戰 284.19
戰 285.4
戰 285.22
戰 286.9
戰 286.13
戰 287.14
戰 288.17
戰 289.2
戰 289.26
戰 290.22
戰 291.18
戰 291.29
戰 292.26
戰 296.10
戰 296.22
戰 296.26
戰 297.9
戰 297.18
戰 298.27
戰 302.14
戰 306.5
戰 306.14
戰 306.25
戰 307.5
戰 307.15
戰 307.29
戰 309.2
戰 310.9
戰 318.8
戰 318.23
戰 320.21
戰 322.13
戰 323.2
戰 323.35
戰 324.29
戰 325.24
老甲 4.5
老甲 4.10
老甲 5.7
老甲 12.2
老甲 13.8
老甲 14.28
老甲 15.5
老甲 16.5
老甲 24.5
老甲 25.13
老甲 25.16
老甲 27.17
老甲 28.1
老甲 28.4
老甲 28.9
老甲 28.19
老甲 28.21
老甲 28.23
老甲 28.25
老甲 34.4
老甲 37.13
老甲 38.4
老甲 40.17
老甲 46.8
老甲 48.16
老甲 51.4
老甲 51.9
老甲 51.15
老甲 51.32
老甲 52.14
老甲 52.27
老甲 54.10
老甲 54.17
老甲 57.13
老甲 58.12
老甲 58.23
老甲 59.9
老甲 59.18
老甲 59.26
老甲 60.34
老甲 62.12
老甲 63.6

老甲 64.11
老甲 64.28
老甲 65.21
老甲 68.18
老甲 70.10
老甲 70.15
老甲 71.6
老甲 71.11
老甲 71.22
老甲 74.5

老甲 74.11
老甲 75.29
老甲 80.6
老甲 82.8
老甲 82.16
老甲 82.24
老甲 83.7
老甲 83.14
老甲 83.34
老甲 85.8

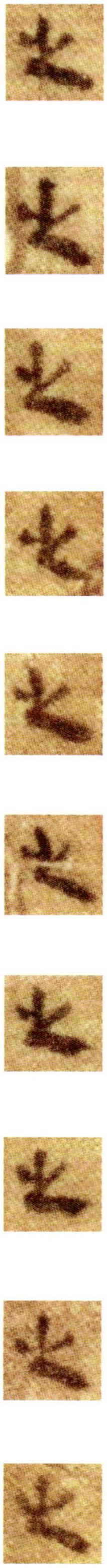

老甲 86.6
老甲 86.11
老甲 86.16
老甲 86.22
老甲 86.26
老甲 90.6
老甲 90.13
老甲 90.19
老甲 93.24
老甲 93.32

老甲 94.29
老甲 94.34
老甲 95.22
老甲 95.28
老甲 96.13
老甲 96.19
老甲 96.31
老甲 101.12
老甲 103.13
老甲 103.22

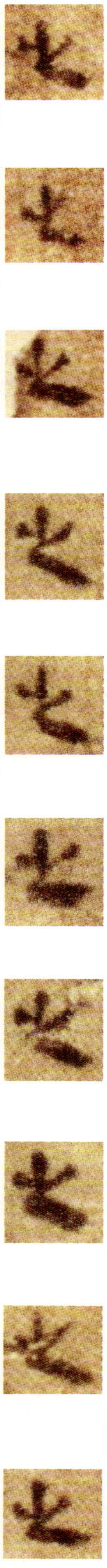

老甲 103.32
老甲 105.23
老甲 107.9
老甲 111.10
老甲 111.15
老甲 112.3
老甲 112.7
老甲 112.14
老甲 112.22
老甲 112.30

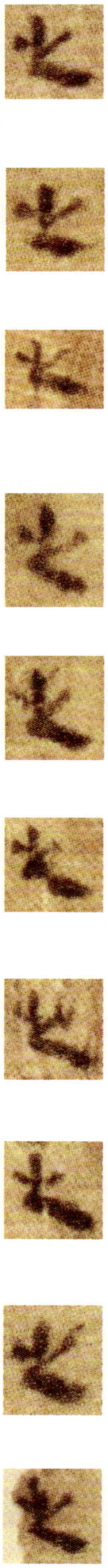

老甲 113.23
老甲 113.27
老甲 115.35
老甲 116.3
老甲 116.7
老甲 116.13
老甲 116.22
老甲 117.29
老甲 118.9
老甲 119.13

老甲 121.14
老甲 124.10
老甲 124.15
老甲 124.19
老甲 124.23
老甲 127.25
老甲 128.19
老甲 132.15
老甲 134.20
老甲 135.27

老甲 137.31
老甲 138.8
老甲 140.12
老甲 141.19
老甲 144.6
老甲 147.1
老甲 147.8
老甲 151.12
老甲 151.16
老甲 153.6

老甲 154.18
老甲 154.30
老甲 155.4
老甲 155.30
老甲 156.3
老甲 156.21
老甲 158.7
老甲 158.16
老甲 158.23
老甲 164.11

老甲 165.18
老甲 166.7
老甲 166.13
老甲 166.21
老甲 166.25
老甲 167.6
老甲 167.10
老甲 167.15
老甲 167.19
老甲 168.22

老甲 169.4
五 1.3
五 3.7
五 4.1
五 4.4
五 4.15
五 5.8
五 5.18
五 6.4
五 6.13

五 6.24
五 7.11
五 7.13
五 7.24
五 8.3
五 10.19
五 10.23
五 13.14
五 14.9
五 16.8

五 17.12
五 17.26
五 19.16
五 19.17
五 22.23
五 24.23
五 25.15
五 25.26
五 26.20
五 27.2

五 27.18
五 28.3
五 28.10
五 28.16
五 29.16
五 29.27
五 30.4
五 30.10
五 30.16
五 32.14

五 32.19
五 33.13
五 33.20
五 34.15
五 34.22
五 35.12
五 35.24
五 36.9
五 36.14
五 36.19

五 36.24
五 37.8
五 37.19
五 38.26
五 39.5
五 39.15
五 39.17
五 39.23
五 40.16
五 43.14

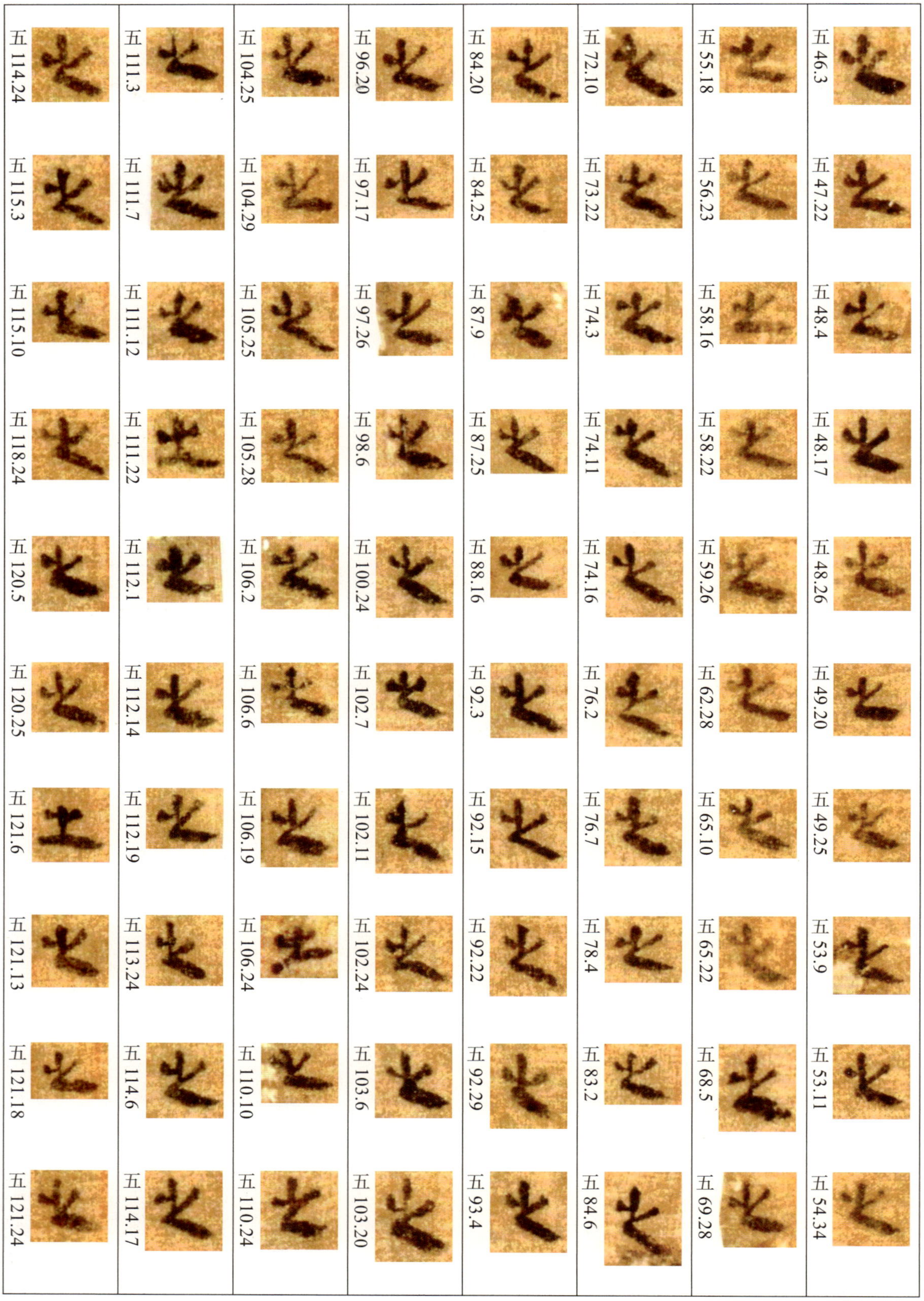

五 46.3	五 47.22	五 48.4	五 48.17	五 48.26	五 49.20	五 49.25	五 53.9	五 53.11	五 54.34
五 55.18	五 56.23	五 58.16	五 58.22	五 59.26	五 62.28	五 65.10	五 65.22	五 68.5	五 69.28
五 72.10	五 73.22	五 74.3	五 74.11	五 74.16	五 76.2	五 76.7	五 78.4	五 83.2	五 84.6
五 84.20	五 84.25	五 87.9	五 87.25	五 88.16	五 92.3	五 92.15	五 92.22	五 92.29	五 93.4
五 96.20	五 97.17	五 97.26	五 98.6	五 100.24	五 102.7	五 102.11	五 102.24	五 103.6	五 103.20
五 104.25	五 104.29	五 105.25	五 105.28	五 106.2	五 106.6	五 106.19	五 106.24	五 110.10	五 110.24
五 111.3	五 111.7	五 111.12	五 111.22	五 112.1	五 112.14	五 112.19	五 113.24	五 114.6	五 114.17
五 114.24	五 115.3	五 115.10	五 118.24	五 120.5	五 120.25	五 121.6	五 121.13	五 121.18	五 121.24

五 122.1	五 130.4	五 133.23	五 145.7	五 151.21	五 160.21	五 165.14	五 169.29
五 122.6	五 130.23	五 134.14	五 146.7	五 152.15	五 161.3	五 165.20	五 170.8
五 122.12	五 131.4	五 135.18	五 146.13	五 159.5	五 162.15	五 167.5	五 171.3
五 122.29	五 131.13	五 137.11	五 146.17	五 159.7	五 162.18	五 167.7	五 171.8
五 123.14	五 131.20	五 138.23	五 146.34	五 159.9	五 162.22	五 167.16	五 172.11
五 124.2	五 131.23	五 139.2	五 147.7	五 159.17	五 162.29	五 167.19	五 172.20
五 125.1	五 131.29	五 139.25	五 147.13	五 159.21	五 163.18	五 167.26	五 172.27
五 126.4	五 132.3	五 144.21	五 148.11	五 159.27	五 163.27	五 167.31	五 173.3
五 128.9	五 133.6	五 144.26	五 149.15	五 159.31	五 164.21	五 168.20	五 174.5
五 129.1	五 133.19	五 145.1	五 150.25	五 160.9	五 165.1	五 169.13	五 174.24

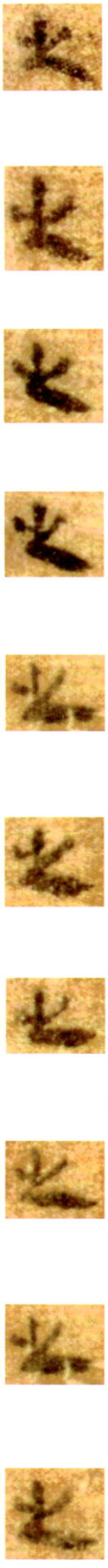

五175.10 五175.18 五176.32 五177.21 五178.31 五179.24 五179.31 五180.21 五180.28 五181.27

九2.26 九3.21 九3.28 九4.9 九6.9 九6.15 九8.1 九14.6 九14.26 九15.6

九18.14 九18.26 九19.8 九20.1 九23.7 九23.13 九23.22 九23.25 九23.32 九24.7

九25.11 九28.2 九28.18 九28.22 九32.3 九32.15 九33.12 九33.16 九33.22 九33.31

九34.27 九35.3 九36.7 九41.4 九41.23 九42.1 九42.5 九42.12 九42.23 九43.12

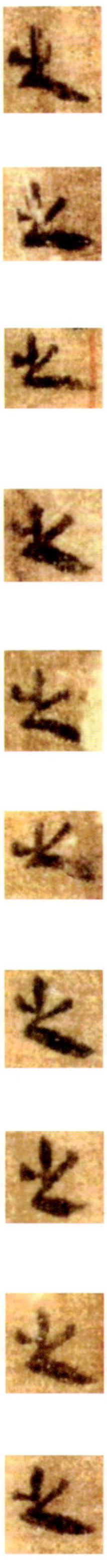

九43.16 九44.9 九45.18 九46.13 九48.5 九48.31 九49.3 九50.15 九51.25 九52.15

明2.9 明4.26 明5.6 明5.11 明6.11 明6.29 明7.11 明7.20 明7.28 明8.2

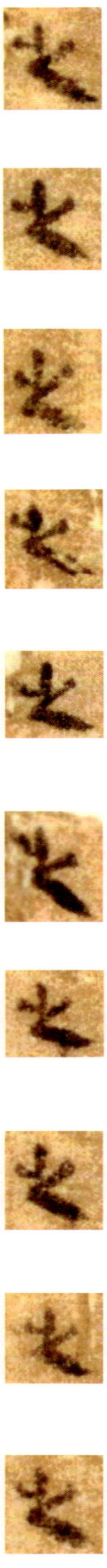

明8.11 明8.18 明8.22 明9.11 明9.21 明10.1 明10.17 明10.19 明11.18 明12.4

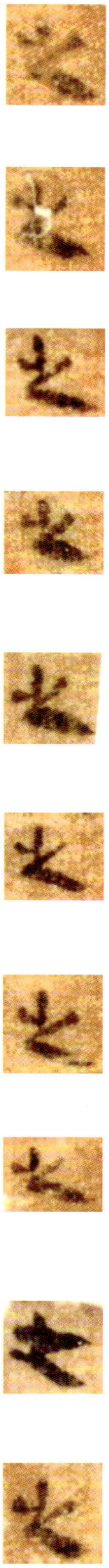

明12.11 明12.17 明13.1 明13.32 明14.6 明15.17 明15.24 明15.31 明17.1 明17.7

明19.16 明20.10 明21.25 明21.29 明22.2 明23.24 明24.2 明25.16 明27.10 明27.20

明29.5 明34.14 明35.3 明35.13 明38.25 明39.6 明39.28 明40.16 明44.25 明45.21

明47.8 明47.15 明47.22 德1.22 德2.1 德2.8 德2.21 德2.28 德3.3 德4.17

德4.27 德5.24 德12.10 德12.15 九圖1.3 九圖1.6 九圖2.2 氣1.86 氣1.144 氣1.185

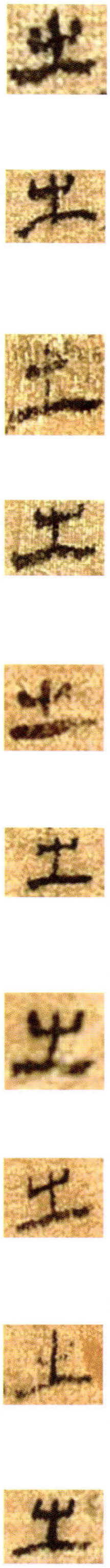

氣1.213 氣1.225 氣1.267 氣1.283 氣2.14 氣2.182 氣3.133 氣4.140 氣4.144 氣4.148

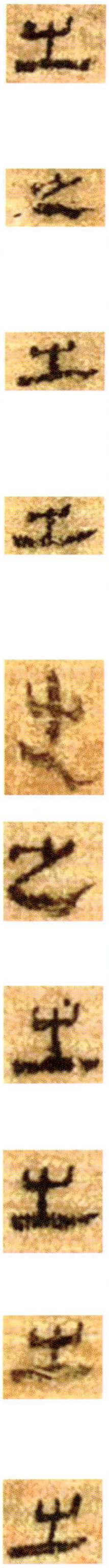

氣4.225 氣5.199 氣5.209 氣5.218 氣6.24 氣6.85 氣6.400 氣6.403 氣6.416 氣7.3

氣7.38 氣8.71 氣9.74 氣10.18 氣10.76 刑甲3.32 刑甲6.6 刑甲7.23 刑甲11.1 刑甲14.9

刑甲 14.29	刑甲 52.3	刑甲 126.23	刑丙地 10.2	陰乙刑德 3.9	陰乙大游 3.44	陰乙上朔 32.1
刑甲 14.32	刑甲 84.19	刑甲 136.7	刑丙地 13.11	陰乙刑德 3.12	陰乙文武 13.30	陰乙上朔 32.28
刑甲 17.5	刑甲 85.5	刑甲 139.3	刑丙地 17.3	陰乙刑德 4.8	陰乙五禁 11.9	陰乙上朔 32.40
刑甲 24.18	刑甲 94.16	刑甲 139.13	刑丙天 2.12	陰乙刑德 20.9	陰乙上朔 18.5	陰乙上朔 34.1
刑甲 30.9	刑甲 101.7	刑丙傳 18.14	刑丙天 2.15	陰乙刑德 20.11	陰乙上朔 20.12	陰乙上朔 35.16
刑甲 33.14	刑甲 107.14	刑丙傳 19.2	刑丙天 4.8	陰乙大游 2.76	陰乙上朔 23.3	陰乙刑日 3.9
刑甲 34.9	刑甲 109.9	刑丙傳 19.9	刑丙天 5.14	陰乙大游 2.100	陰乙上朔 25.20	陰乙天地 5.4
刑甲 38.8	刑甲 111.8	刑丙地 3.1	刑丙天 5.19	陰乙大游 2.106	陰乙上朔 25.23	陰乙天地 9.6
刑甲 38.23	刑甲 111.14	刑丙地 7.4	刑丙天 10.5	陰乙大游 2.133	陰乙上朔 28.8	陰乙天一 8.7
刑甲 40.20	刑甲 113.24	刑丙地 8.5	刑丙天 10.44	陰乙大游 3.26	陰乙上朔 29.3	陰乙天一 11.8

陰乙天一 14.9	木 37.9	問 4.21	問 17.21	問 30.2	問 46.2	問 60.19	問 79.19
陰乙天一 18.11	木 42.12	問 4.24	問 22.21	問 30.6	問 46.6	問 67.18	問 80.1
陰乙天一 25.10	木 57.5	問 5.17	問 22.27	問 33.17	問 46.10	問 68.2	問 80.23
陰乙女發 1.45	木 57.14	問 7.2	問 23.28	問 35.7	問 46.20	問 69.6	問 81.9
出 14.31	木 60.9	問 7.10	問 24.19	問 36.6	問 46.23	問 69.25	問 84.22
出 20.9	問 2.3	問 7.14	問 25.8	問 37.5	問 47.26	問 70.1	問 85.20
木 15.12	問 2.12	問 9.22	問 26.16	問 38.10	問 52.14	問 74.20	問 86.10
木 15.15	問 2.18	問 13.9	問 26.20	問 39.22	問 54.22	問 77.9	問 92.3
木 18.1	問 3.2	問 14.2	問 27.12	問 39.27	問 55.12	問 78.8	問 92.27
木 24.22	問 3.18	問 14.8	問 27.15	問 45.17	問 56.13	問 79.10	問 97.12

問99.7	合1.7	合4.14	合7.14	合8.13	合8.22	合10.14	合17.7	合17.11	合17.19
合17.23	合18.2	合18.6	合18.10	合18.18	合20.18	合21.5	合25.17	合26.5	合26.11
合28.4	合30.19	合32.1	禁7.10	禁11.9	禁11.12	談8.32	談9.4	談9.28	談22.17
談23.5	談24.4	談24.7	談24.21	談24.25	談24.32	談25.2	談27.7	談27.12	談41.7
談41.15	喪4.11	物1.8	太4.9	周3.22	周3.26	周3.29	周6.9	周6.16	周8.43
周8.47	周8.61	周8.72	周11.50	周11.59	周11.67	周13.15	周13.33	周13.44	周13.80
周14.10	周20.22	周20.45	周20.58	周20.68	周21.34	周21.77	周22.74	周23.24	周23.47
周23.55	周26.41	周26.68	周33.57	周35.17	周35.57	周35.61	周35.71	周36.30	周36.34

周37.61 周37.67 周40.12 周40.15 周41.6 周44.8 周51.76 周52.7 周55.59 周67.2

周69.16 周69.31 周70.64 周76.8 周76.12 周77.64 周82.16 周87.4 周92.28 周92.31

周92.49 周93.25 周93.28 二1.13 二1.35 二1.57 二1.70 二2.9 二2.12 二2.25

二3.51 二4.5 二4.23 二4.41 二4.49 二4.58 二4.66 二5.38 二6.1 二6.6

二6.42 二6.54 二7.15 二7.45 二7.74 二8.21 二8.42 二8.69 二9.26 二10.63

二11.13 二11.25 二11.29 二11.50 二12.14 二12.22 二12.53 二13.64 二14.11 二14.48

二14.52 二14.57 二14.63 二15.57 二15.63 二16.39 二16.58 二21.5 二22.6 二22.16

二23.19 二24.29 二26.31 二28.46 二28.62 二29.39 二30.32 二31.35 二32.68 二34.46

二34.50	二34.64	二35.8	二35.70	二36.66	繫3.40	繫3.49	繫3.59	繫4.4	繫4.11
繫4.18	繫4.26	繫4.54	繫6.12	繫6.54	繫6.68	繫7.42	繫7.57	繫8.5	繫8.10
繫8.17	繫8.19	繫8.24	繫8.38	繫8.73	繫9.4	繫9.9	繫9.14	繫9.21	繫9.26
繫9.31	繫9.60	繫10.36	繫10.43	繫10.58	繫11.22	繫11.30	繫11.54	繫12.8	繫12.13
繫12.24	繫12.31	繫12.36	繫12.55	繫13.8	繫13.11	繫13.26	繫13.29	繫13.54	繫13.63
繫13.70	繫14.39	繫14.63	繫14.71	繫15.5	繫15.26	繫15.47	繫16.39	繫17.22	繫17.38
繫17.43	繫17.52	繫17.59	繫18.5	繫19.6	繫20.2	繫20.7	繫21.37	繫22.1	繫22.8
繫22.44	繫23.20	繫23.25	繫23.32	繫23.42	繫23.44	繫23.48	繫23.53	繫23.55	繫23.64

繫 23.66
繫 25.9
繫 25.27
繫 25.34
繫 25.45
繫 25.56
繫 25.73
繫 26.11
繫 26.17
繫 26.20

繫 26.30
繫 26.50
繫 26.70
繫 27.5
繫 27.26
繫 27.31
繫 27.33
繫 28.15
繫 28.22
繫 28.27

繫 28.29
繫 28.47
繫 28.61
繫 28.78
繫 29.9
繫 29.32
繫 29.37
繫 29.45
繫 29.54
繫 29.61

繫 30.25
繫 30.44
繫 31.15
繫 31.22
繫 31.29
繫 32.6
繫 32.13
繫 32.52
繫 32.72
繫 33.2

繫 33.22
繫 33.28
繫 33.64
繫 34.11
繫 34.16
繫 34.53
繫 34.57
繫 34.70
繫 36.13
繫 36.35

繫 36.57
繫 37.2
繫 37.7
繫 37.27
繫 37.46
繫 38.54
繫 40.1
繫 41.43
繫 42.3
繫 42.42

繫 42.56
繫 45.5
繫 45.24
繫 46.56
繫 46.67
繫 47.11
繫 47.16
衷 1.5
衷 1.44
衷 2.22

衷 2.40
衷 3.44
衷 3.50
衷 3.62
衷 4.7
衷 4.48
衷 5.40
衷 6.2
衷 6.38
衷 6.51

衷 7.19
衷 7.28
衷 7.35
衷 7.43
衷 8.2
衷 8.8
衷 9.16
衷 10.17
衷 12.6
衷 14.8
衷 17.17
衷 18.34
衷 19.21
衷 19.51
衷 21.2
衷 21.10
衷 21.18
衷 22.17
衷 22.65
衷 22.69
衷 23.2
衷 23.6
衷 23.10
衷 23.28
衷 23.33
衷 23.45
衷 23.52
衷 23.65
衷 24.12
衷 24.27
衷 24.42
衷 24.59
衷 24.67
衷 25.59
衷 26.64
衷 27.9
衷 28.45
衷 28.54
衷 28.63
衷 29.8
衷 29.15
衷 29.19
衷 29.23
衷 29.44
衷 29.49
衷 30.1
衷 30.9
衷 30.14
衷 30.51
衷 31.12
衷 31.56
衷 32.10
衷 32.35
衷 32.49
衷 33.29
衷 35.8
衷 35.48
衷 35.66
衷 36.5
衷 36.12
衷 36.53
衷 37.30
衷 37.62
衷 38.61
衷 39.15
衷 39.27
衷 39.62
衷 40.13
衷 40.20
衷 40.33
衷 40.53
衷 41.5
衷 41.11
衷 41.35
衷 42.7
衷 42.24
衷 42.67
衷 43.19
衷 43.35
衷 44.5

衷45.6	衷49.26	要12.39	要16.68	要19.49	要21.65	要23.46	繆2.51
衷45.13	衷50.5	要12.46	要17.42	要19.54	要22.15	要23.70	繆2.65
衷45.20	衷50.41	要13.15	要17.53	要19.60	要22.39	要24.8	繆3.10
衷45.27	要1.8	要13.23	要17.64	要20.13	要22.46	要24.13	繆3.48
衷45.34	要8.7	要13.35	要17.68	要20.45	要22.59	繆1.13	繆3.53
衷45.47	要10.36	要13.49	要18.1	要20.54	要22.65	繆1.32	繆3.58
衷45.53	要10.52	要14.22	要18.6	要20.61	要23.1	繆1.41	繆3.62
衷47.28	要10.57	要15.30	要18.12	要20.66	要23.11	繆1.60	繆4.16
衷48.47	要12.23	要16.32	要19.27	要21.7	要23.25	繆1.68	繆4.43
衷49.22	要12.27	要16.35	要19.37	要21.40	要23.28	繆2.23	繆5.35

繆 5.65 繆 6.35 繆 6.51 繆 9.12 繆 13.9 繆 15.20 繆 15.63 繆 16.33 繆 16.39 繆 17.59

繆 18.10 繆 18.54 繆 19.7 繆 20.4 繆 20.8 繆 20.42 繆 20.48 繆 20.53 繆 20.66 繆 20.70

繆 21.23 繆 21.35 繆 21.61 繆 22.10 繆 22.21 繆 22.28 繆 22.53 繆 22.58 繆 23.3 繆 23.27

繆 24.62 繆 25.3 繆 25.46 繆 26.7 繆 26.38 繆 26.53 繆 26.57 繆 27.25 繆 27.29 繆 27.32

繆 27.35 繆 27.45 繆 27.52 繆 28.9 繆 28.12 繆 29.16 繆 29.32 繆 29.43 繆 30.30 繆 30.63

繆 31.26 繆 31.64 繆 32.11 繆 32.17 繆 32.62 繆 33.4 繆 33.20 繆 33.29 繆 33.32 繆 33.48

繆 33.54 繆 33.67 繆 34.10 繆 34.14 繆 34.18 繆 34.27 繆 34.56 繆 34.62 繆 35.50 繆 35.54

繆 36.34 繆 36.62 繆 37.8 繆 37.33 繆 37.56 繆 37.60 繆 37.66 繆 38.62 繆 39.49 繆 39.55

繆 39.60	繆 43.28	繆 47.66	繆 56.27	繆 59.49	繆 64.11	繆 67.62	昭 1.52
繆 40.6	繆 43.48	繆 48.44	繆 56.45	繆 59.60	繆 64.39	繆 68.13	昭 1.63
繆 40.12	繆 43.59	繆 50.36	繆 56.62	繆 61.15	繆 64.46	繆 69.23	昭 1.70
繆 40.34	繆 44.23	繆 51.17	繆 57.37	繆 61.39	繆 65.55	繆 69.33	昭 2.3
繆 40.54	繆 44.67	繆 51.29	繆 57.47	繆 61.43	繆 66.32	繆 70.26	昭 2.8
繆 40.70	繆 46.3	繆 53.18	繆 58.8	繆 63.13	繆 67.12	繆 71.25	昭 2.69
繆 41.17	繆 46.52	繆 53.49	繆 58.17	繆 63.26	繆 67.19	繆 72.53	昭 3.4
繆 41.63	繆 46.61	繆 54.6	繆 58.46	繆 63.31	繆 67.34	昭 1.10	昭 3.16
繆 42.12	繆 47.23	繆 55.9	繆 58.49	繆 64.1	繆 67.55	昭 1.16	昭 3.21
繆 43.21	繆 47.50	繆 56.9	繆 59.22	繆 64.6	繆 67.59	昭 1.27	昭 3.52

昭 3.56 昭 3.61 昭 4.9 昭 4.54 昭 4.68 昭 5.6 昭 5.12 昭 5.20 昭 6.45 昭 6.49

昭 7.42 昭 7.54 昭 7.66 昭 7.72 昭 8.3 昭 8.9 昭 8.19 昭 8.49 昭 8.54 昭 9.65

昭 9.70 昭 10.27 昭 10.32 昭 10.48 昭 10.52 昭 11.18 昭 11.30 昭 11.34 昭 11.61 昭 11.68

昭 12.7 昭 12.16 昭 12.51 昭 12.61 昭 13.7 昭 13.30 昭 13.44 昭 13.48 昭 13.55 昭 13.60

昭 13.65 昭 13.69 昭 14.7 昭 14.16 周·殘下 11.3 周·殘下 11.13 周·殘下 12.3 周·殘下 34.5 周·殘下 60.4 周·殘下 126.2

經 1.58 經 3.22 經 3.34 經 3.45 經 3.52 經 5.41 經 6.5 經 6.12 經 6.18 經 6.60

經 7.10 經 7.19 經 7.30 經 7.42 經 8.38 經 8.45 經 8.53 經 10.6 經 11.7 經 11.53

經 12.7 經 12.12 經 13.15 經 14.9 經 16.24 經 16.32 經 17.55 經 17.57 經 19.5 經 19.11

經19.15
經19.22
經19.26
經19.33
經19.44
經19.49
經19.54
經19.59
經19.64
經19.69

經20.56
經20.63
經21.36
經21.41
經21.45
經21.51
經21.55
經21.61
經22.19
經22.28

經24.24
經28.56
經29.16
經29.31
經30.31
經32.45
經34.36
經35.53
經36.11
經36.18

經36.57
經37.12
經37.20
經37.29
經38.17
經39.41
經41.5
經41.54
經41.58
經42.42

經42.45
經42.50
經43.2
經43.11
經43.22
經43.29
經43.57
經44.21
經45.11
經46.20

經46.25
經46.29
經46.52
經47.14
經47.20
經49.47
經50.32
經50.43
經50.51
經50.57

經51.7
經51.15
經51.26
經51.31
經51.48
經51.53
經51.57
經52.35
經52.52
經52.63

經53.20
經53.27
經53.46
經54.8
經54.17
經55.30
經55.33
經55.59
經56.2
經56.6

經56.9
經56.12
經56.22
經56.58
經58.15
經60.49
經60.57
經62.8
經62.63
經64.41

經64.46
經64.52
經64.57
經65.5
經65.17
經65.25
經65.55
經66.52
經67.21
經67.37

經68.48
經68.58
經69.22
經69.65
經70.9
經70.18
經70.24
經70.40
經70.52
經71.2

經71.30
經71.52
經72.57
經73.11
經73.18
經73.56
經74.2
經74.22
經74.38
經74.40

經74.56
經75.28
經76.9
經76.14
經76.37
十3.42
十5.2
十5.18
十5.23
十6.63

十7.14
十7.29
十8.17
十8.35
十8.43
十9.15
十10.46
十12.39
十13.18
十14.6

十17.5
十17.60
十18.4
十18.7
十18.18
十18.51
十18.55
十18.57
十19.22
十20.50

十21.17
十21.21
十21.44
十23.39
十23.54
十23.58
十24.1
十24.9
十24.49
十24.53

十25.11
十26.25
十26.33
十26.46
十26.60
十27.26
十27.31
十27.43
十27.53
十27.57
十27.59
十28.17
十28.24
十28.62
十29.22
十30.24
十30.26
十32.65
十33.9
十33.32
十33.40
十33.48
十33.52
十35.12
十35.18
十35.24
十35.47
十35.54
十39.22
十40.12
十40.22
十40.25
十40.51
十42.1
十42.5
十43.2
十43.42
十43.46
十44.32
十44.48
十45.45
十45.52
十45.62
十45.66
十46.41
十47.8
十47.14
十47.32
十47.44
十47.49
十47.55
十47.65
十49.45
十49.53
十49.55
十50.3
十51.19
十51.44
十51.47
十52.23
十53.7
十53.19
十53.45
十54.2
十54.6
十54.16
十54.22
十54.25
十56.16
十56.28
十56.53
十56.59
十56.64
十57.5
十57.27
十57.32
十58.4
十58.17
十58.21
十58.30

十58.54　十58.62　十59.6　十59.12　十59.21　十59.37　十59.43　十59.53　十60.29　十60.65

十62.20　十62.24　十62.28　十63.1　十63.7　十63.17　十63.44　十63.73　稱1.13　稱1.18

稱1.26　稱2.7　稱3.7　稱3.13　稱3.15　稱3.23　稱3.40　稱3.44　稱4.33　稱5.47

稱5.60　稱6.11　稱6.24　稱10.5　稱10.18　稱13.14　稱13.59　稱14.4　稱16.16　稱16.39

稱18.49　稱18.55　稱18.62　稱19.1　稱22.12　稱24.62　稱24.66　道1.4　道1.69　道2.27

道2.33　道2.47　道3.34　道3.54　道4.15　道4.22　道4.40　道4.50　道5.8　道5.16

道6.1　道6.48　道6.57　道7.8　道7.16　道7.20　老乙1.31　老乙1.49　老乙1.52　老乙2.11

老乙2.16　老乙2.23　老乙2.28　老乙4.16　老乙4.59　老乙5.3　老乙6.6　老乙6.11　老乙6.16　老乙6.44

老乙 10.21
老乙 10.60
老乙 11.11
老乙 11.17
老乙 11.23
老乙 11.43
老乙 11.49
老乙 12.5
老乙 12.58
老乙 12.61

老乙 13.2
老乙 13.6
老乙 13.17
老乙 13.21
老乙 13.36
老乙 15.60
老乙 16.2
老乙 16.9
老乙 16.16
老乙 16.23

老乙 16.49
老乙 16.56
老乙 17.21
老乙 17.27
老乙 17.60
老乙 19.3
老乙 19.60
老乙 20.60
老乙 21.76
老乙 22.64

老乙 24.7
老乙 24.12
老乙 24.18
老乙 27.1
老乙 27.9
老乙 27.16
老乙 27.19
老乙 27.23
老乙 27.32
老乙 28.6

老乙 28.21
老乙 28.37
老乙 28.41
老乙 28.55
老乙 28.64
老乙 29.41
老乙 29.64
老乙 30.7
老乙 31.2
老乙 31.17

老乙 31.36
老乙 32.22
老乙 32.29
老乙 32.67
老乙 34.2
老乙 34.7
老乙 34.31
老乙 34.47
老乙 35.52
老乙 35.57

老乙 36.37
老乙 36.50
老乙 37.46
老乙 37.54
老乙 38.26
老乙 38.41
老乙 39.13
老乙 39.21
老乙 39.28
老乙 39.35

老乙 39.52
老乙 39.71
老乙 40.13
老乙 40.28
老乙 40.34
老乙 40.57
老乙 40.66
老乙 40.70
老乙 41.17
老乙 42.13

老乙 42.18 老乙 42.41 老乙 42.47 老乙 42.58 老乙 44.12 老乙 44.19 老乙 45.14 老乙 45.20 老乙 45.26 老乙 45.32

老乙 45.55 老乙 46.26 老乙 46.45 老乙 47.17 老乙 47.27 老乙 47.51 老乙 47.56 老乙 48.8 老乙 48.42 老乙 48.48

老乙 48.57 老乙 48.66 老乙 49.58 老乙 50.22 老乙 50.30 老乙 50.41 老乙 50.58 老乙 51.44 老乙 51.46 老乙 52.1

老乙 52.15 老乙 52.26 老乙 52.31 老乙 52.36 老乙 53.5 老乙 53.11 老乙 53.42 老乙 53.47 老乙 54.50 老乙 54.54

老乙 54.58 老乙 54.63 老乙 55.4 老乙 55.9 老乙 55.49 老乙 56.5 老乙 56.10 老乙 56.21 老乙 57.23 老乙 60.23

老乙 60.57 老乙 61.39 老乙 62.21 老乙 62.28 老乙 63.11 老乙 63.52 老乙 64.45 老乙 64.48 老乙 64.60 老乙 65.43

老乙 65.51 老乙 66.13 老乙 66.19 老乙 67.23 老乙 68.39 老乙 68.46 老乙 70.19 老乙 70.22 老乙 70.24 老乙 70.27

老乙 71.7 老乙 71.45 老乙 71.58 老乙 72.33 老乙 72.43 老乙 73.26 老乙 73.38 老乙 74.43 老乙 76.8 老乙 76.43

老乙 76.55
老乙 76.61
老乙 76.67
老乙 77.7
老乙 77.11
老乙 77.15
老乙 77.20
老乙 77.24
老乙 77.28
老乙 77.32

老乙 78.17
老乙 78.25
星 6.11
星 7.34
星 9.37
星 10.6
星 13.23
星 14.20
星 19.9
星 19.16

星 20.41
星 21.34
星 21.47
星 23.25
星 24.15
星 24.30
星 24.45
星 24.49
星 25.3
星 25.46

星 25.49
星 25.54
星 26.5
星 26.8
星 26.14
星 26.17
星 28.14
星 28.16
星 29.30
星 30.2

星 30.8
星 30.38
星 31.20
星 33.36
星 34.42
星 34.49
星 35.8
星 35.13
星 36.12
星 37.24

星 37.44
星 39.41
星 41.32
星 42.10
星 42.24
星 42.26
星 42.38
星 42.40
星 42.44
星 42.46

星 43.22
星 43.39
星 45.58
星 46.9
星 46.16
星 46.20
星 46.29
星 48.15
星 48.39
星 49.21

星 55.37
星 61.38
星 61.45
星 63.20
星 65.43
星 65.45
星 66.1
星 66.14
星 66.37
星 68.29

星 69.40
星 69.44
星 70.36
星 70.40
星 71.20
星 71.43
星 73.31
星 73.40
星 73.47
星 74.5

星 74.11
星 74.20
星 74.37
星 75.1
星 75.8
星 75.11
星 121.9
星 143.38
刑乙 2.3
刑乙 2.11

刑乙 2.15
刑乙 2.21
刑乙 3.2
刑乙 3.10
刑乙 4.3
刑乙 22.4
刑乙 36.7
刑乙 38.14
刑乙 46.1
刑乙 48.8

刑乙 54.5
刑乙 54.11
刑乙 57.8
刑乙 60.2
刑乙 63.41
刑乙 64.63
刑乙 65.52
刑乙 67.60
刑乙 69.21
刑乙 69.62

刑乙 70.10
刑乙 70.16
刑乙 70.19
刑乙 71.47
刑乙 76.53
刑乙 76.58
刑乙 77.10
刑乙 80.27
刑乙 83.23
刑乙 94.5

相 2.17
相 2.30
相 3.40
相 5.33
相 5.56
相 5.64
相 6.48
相 6.55
相 6.67
相 9.28

相 9.31
相 10.52
相 15.4
相 15.42
相 16.53
相 17.32
相 19.15
相 19.67
相 20.45
相 21.2

相 21.43
相 21.47
相 21.55
相 21.63
相 22.4
相 22.11
相 22.19
相 22.27
相 24.70
相 28.59

帀

相 28.63　相 30.16　相 30.19　相 31.4　相 32.54　相 34.20　相 34.62　相 35.43　相 41.62　相 42.49

相 44.49　相 46.50　相 48.27　相 49.24　相 49.39　相 51.18　相 51.59　相 52.8　相 52.18　相 52.25

相 52.40　相 53.22　相 54.9　相 54.16　相 54.24　相 54.59　相 56.18　相 56.55　相 56.66　相 57.66

相 57.69　相 58.4　相 58.24　相 59.56　相 60.17　相 62.42　相 62.45　相 62.62　相 63.69　相 64.14

相 65.1　相 65.23　相 65.58　相 67.44　相 67.51　相 68.28　相 68.39　相 68.50　相 71.15　相 74.21

相 75.44　相 75.51　相 76.2　相 76.28　相 76.39　相 76.47

陰甲天一 2.9　陰甲天一 4.2　陰甲神上 8.14　春 46.16　氣 1.105　氣 1.114　氣 1.120　氣 1.124　氣 1.128　氣 10.61

氣 10.272

陰甲篇三例字形與楚文字寫法的「亥」、「豕」二字都比較接近，但據帛書辭例應是「帀」字無疑，其形或可看作是楚文字寫法的「帀」字的某種異寫。

師

春 80.2	戰 268.10	刑甲小游 1.113	陰乙小游 1.55	陰乙天一 33.4	周 50.9	昭 1.15
戰 78.29	戰 269.23	刑甲小游 1.149	陰乙天一 3.2	陰乙天一 36.2	周 50.20	昭 2.60
戰 80.34	戰 315.17	刑甲小游 1.190	陰乙天一 11.2	問 1.7	周 50.32	昭 2.65
戰 188.7	老甲 147.2	刑甲小游 1.242	陰乙天一 14.3	問 1.29	周 50.59	昭 7.71
戰 191.9	老甲 147.15	刑丙天 6.34	陰乙天一 17.3	問 7.9	周 53.72	經 27.7
戰 194.8	五 100.13	刑丙小游 1.17	陰乙天一 20.4	問 66.5	三 9.39	經 33.12
戰 196.3	刑甲 110.13	刑丙小游 1.37	陰乙天一 23.4	問 67.22	衷 3.47	稱 3.62
戰 233.9	刑甲 135.3	刑丙小游 1.72	陰乙天一 26.4	問 73.9	衷 48.10	稱 10.60
戰 260.16	刑甲小游 1.23	刑丙小游 1.155	陰乙天一 29.4	周 7.61	要 8.8	稱 24.13
戰 264.10	刑甲小游 1.46	陰乙小游 1.4	陰乙天一 31.4	周 34.7	繆 63.46	老乙 68.40

師

老乙68.52
刑乙35.12
刑乙小游1.86
刑乙小游1.137
刑乙小游1.199
刑乙小游1.237
刑乙小游1.263

出

陰甲雜一8.19
陰甲天一2.36
陰甲雜二3.9
陰甲衍1.8
陰甲衍2.10
陰甲衍3.9
陰甲衍3.15
陰甲雜四5.17
陰甲雜四7.1
陰甲室5.31

陰甲堪法11.16
陰甲諸日4.13
陰甲宜忌6.3
陰甲·殘315.3
陰甲·殘330.5
足1.6
足1.14
足5.6
足5.19
足5.24

足6.6
足6.10
足6.12
足10.13
足10.19
足12.3
足13.6
足13.16
足13.24
足16.6

足16.13
足16.24
足19.12
足23.2
足25.14
足27.9
足27.14
足29.6
足29.13
足29.17

足31.6
足33.14
陽甲16.7
陽甲18.11
陽甲20.11
陽甲28.12
陽甲33.10
方11.4
方12.9
方13.5

方18.13
方21.18
方31.4
方32.8
方42.1
方43.25
方92.18
方94.14
方111.30
方124.8

方 152.2
方 171.6
方 177.13
方 219.4
方 232.34
方 252.5
方 258.20
方 261.18
方 266.9
方 267.12

方 267.23
方 274.26
方 275.20
方 276.5
方 278.17
方 278.22
方 278.30
方 305.4
方 318.12
方 329.6

方 344.23
方 412.23
陽乙 1.6
陽乙 1.17
陽乙 3.12
陽乙 3.14
陽乙 4.7
陽乙 4.42
陽乙 5.4
陽乙 7.8

陽乙 9.9
陽乙 10.8
陽乙 10.17
陽乙 11.43
陽乙 16.28
陽乙 16.38
陽乙 18.10
養 14.4
養 33.17
養 48.18

養 74.10
養 76.1
養 90.26
養·殘 25.2
養·殘 53.2
房 19.2
房 21.17
房 23.4
胎 2.16
胎 20.21

胎 21.4
春 29.26
春 53.5
春 54.4
戰 8.11
戰 54.33
戰 54.39
戰 55.5
戰 55.11
戰 70.27

戰 90.30
戰 131.4
戰 134.32
戰 157.2
戰 167.30
戰 187.10
戰 200.21
戰 226.8
戰 226.22
戰 227.6

戰 231.19
戰 232.6
戰 233.2
戰 272.16
戰 280.17
戰 282.6
戰 282.12
戰 283.13
戰 289.20
戰 293.4

戰 294.32　戰 297.17　戰 303.3　戰 305.9　戰 308.11　戰 308.23　戰 312.10　老甲 20.21　老甲 94.22　老甲 102.18

老甲 125.29　老甲 165.19　九 15.10　九 22.2　明 44.14　氣 1.47　氣 1.51　氣 1.63　氣 1.76　氣 1.101

氣 1.132　氣 1.137　氣 1.142　氣 1.148　氣 1.159　氣 1.178　氣 1.211　氣 2.106　氣 2.120　氣 2.180

氣 2.187　氣 2.230　氣 2.258　氣 2.286　氣 4.11　氣 4.17　氣 4.21　氣 4.150　氣 4.177　氣 5.186

氣 5.246　氣 6.11　氣 6.20　氣 6.27　氣 6.82　氣 6.91　氣 6.104　氣 6.114　氣 6.137　氣 6.158

氣 6.355　氣 7.14　氣 7.22　氣 8.100　氣 9.15　氣 9.108　氣 9.120　氣 9.164　氣 9.177　氣 9.211

氣 9.216　氣 9.246　氣 10.68　氣 10.72　氣 10.91　氣 10.125　氣 10.160　氣 10.164　氣 10.198　氣 10.207

氣 10.230　氣 10.237　氣 10.249　氣 10.257　氣 10.271　刑甲 11.16　刑甲 12.35　刑甲 13.19　刑甲 22.33　刑甲 23.4

刑甲 24.10	刑甲 26.11	刑甲 26.17	刑甲 27.21	刑甲 42.7	刑甲 43.9	刑甲 43.18	刑甲 43.27	刑甲 44.2	刑甲 44.11
刑甲 46.13	刑甲 46.16	刑甲 46.18	刑甲 52.20	刑甲 53.2	刑甲 53.13	刑甲 53.24	刑甲 54.6	刑甲 126.16	刑丙刑 4.13
刑丙地 5.2	刑丙天 6.28	陰乙刑德 26.5	陰乙文武 12.38	陰乙五禁 12.9	陰乙五禁 14.23	陰乙上朔 32.9	陰乙天一 9.9	陰乙天一 25.7	陰乙天一 28.3
出 6.31	出 33.7	出 33.58	出 34.29	出 35.13	木 13.30	木 21.23	問 3.15	問 33.20	問 38.12
問 39.17	問 52.1	合 1.11	合 11.24	合 30.12	談 10.18	談 23.27	談 23.35	談 46.4	周 22.48
周 25.13	周 25.22	周 51.79	周 53.4	周 66.17	周 69.47	周 69.61	周 69.73	周 90.73	二 5.17
二 7.35	二 10.17	二 14.18	二 14.72	繫 13.18	繫 14.22	繫 16.31	繫 17.5	繫 23.59	繫 25.47
繫 25.50	繫 42.11	衷 47.65	要 19.56	繆 32.5	繆 57.12	繆 59.40	繆 63.7	繆 70.29	繆 71.19

經2.64
經37.4
經75.55
十11.21
十17.46
十27.14
老乙9.47
老乙59.31
老乙76.44
星2.6
星2.38
星3.14
星3.31
星3.46
星4.20
星4.41
星5.5
星5.22
星11.20
星16.2
星18.11
星23.38
星24.2
星32.38
星32.51
星33.4
星33.14
星33.43
星33.54
星34.4
星34.7
星34.17
星36.21
星39.45
星40.10
星40.42
星40.47
星41.1
星41.9
星41.16
星41.37
星41.40
星42.16
星43.1
星45.4
星45.37
星49.2
星49.40
星49.50
星50.15
星51.9
星51.20
星56.32
星57.1
星57.14
星59.10
星59.19
星61.36
星61.43
星62.5
星66.17
星66.24
星67.2
星69.24
星70.22
星71.5
星71.10
星71.36
星72.8
星72.15
星76.6
星77.5
星78.4
星79.4
星81.4
星82.4
星83.4
星85.4
星86.4
星87.5

星88.42
星90.5
星91.5
星92.5
星94.4
星95.4
星96.4
星97.4
星98.5
星99.4

星100.5
星102.5
星103.4
星104.5
星105.4
星106.4
星107.4
星108.4
星109.4
星110.4

星112.3
星114.4
星115.4
星116.5
星117.5
星118.4
星119.4
星120.43
星123.13
星124.4

星125.12
星126.7
星127.11
星128.7
星129.15
星130.7
星131.12
星132.5
星133.15
星134.8

星135.12
星136.7
星138.8
星139.14
星140.8
星144.34
刑乙26.20
刑乙62.40
刑乙62.53
刑乙68.10

刑乙76.5
刑乙76.50
刑乙77.46
刑乙77.59
刑乙78.2
刑乙78.8
刑乙79.22
刑乙82.17
刑乙83.7
刑乙89.7

刑乙89.16
刑乙89.22
刑乙90.29
刑乙94.13
刑乙94.23
刑乙94.44
刑乙94.55
相1.7
相1.57
相3.63

相6.33
相41.42
相44.23
相52.59
相53.59
相59.38
相61.64

敖

「敖」字《説文》卷四放部重出，字形詳見卷四放部。

賣

戰 63.22

索

陰甲堪法 7.8
陰甲堪法 8.13
方 4.9
方 45.3
養 49.5
養 178.2
射 13.3
五 38.17
木 20.10
木 61.3

南

遣一 50.4
經 6.4
稱 12.49
道 6.37
道 7.15
相 10.42
相 31.7
相 59.31
相 64.29

陰甲天一 1.10
陰甲徙 1.9
陰甲徙 1.17
陰甲徙 1.20
陰甲徙 2.6
陰甲徙 2.7
陰甲徙 2.21
陰甲徙 2.31
陰甲徙 3.28
陰甲徙 4.14

陰甲天地 2.11
陰甲天地 3.18
陰甲雜三 1.7
陰甲雜三 3.15
陰甲雜三 4.24
陰甲室 3.36
陰甲室 5.3
陰甲築一 3.7
陰甲築一 3.9
陰甲堪表 2.4

陰甲祭三 5.17
陰甲·殘 358.6
方 96.14
方 105.31
方 106.11
養 179.5
養 196.7
養 201.2
射 14.4
胎 2.1

春 13.15
戰 59.25
戰 66.1
戰 77.35
戰 78.16
戰 159.11
戰 159.35
戰 161.33
戰 178.5
戰 228.20

戰 241.8
戰 257.10
戰 259.12
戰 283.20
氣 7.72
氣 7.86
刑甲 3.12
刑甲 46.21
刑甲 55.25
刑甲 57.9

刑甲 57.15
刑甲 62.7
刑甲 65.6
刑甲 75.9
刑甲 77.6
刑甲 77.10
刑甲 114.13
刑丙傳 6.19
刑丙天 4.18
刑丙地剛圖 1.8

陰乙刑德 6.6
陰乙刑德 13.3
陰乙大游 3.67
陰乙天地 2.2
陰乙天一 1.5
陰乙女發 3.50
出 13.14
出 13.17
出 13.20
出 15.9

出 15.19
出 16.6
出 18.46
出 20.28
出 21.17
出 21.52
出 22.27
出 27.35
出 27.48
出 27.61

出 28.31
出 28.39
出 28.51
出 29.44
出 29.52
出 30.37
出 30.48
出 31.31
木 10.10
木 10.14

木 13.19
木 14.23
木 27.2
木 32.2
木 33.2
地 1.1
箭 28.1
府 19.2
周 24.5
周 39.5

周 44.22
周 51.54
周 55.11
二 18.43
衷 27.17
衷 38.8
衷 38.26
繆 67.22
經 29.41
經 49.23

星 10.32
星 11.13
星 12.5
星 15.5
星 23.1
星 25.33
星 25.44
星 28.12
星 44.19
星 46.58

星57.16
星57.19
星59.13
星70.31
星73.2
星73.10
星74.15
刑乙4.7
刑乙8.16
刑乙58.11
刑乙63.17
刑乙90.33
刑乙96.26
刑乙97.5
刑乙97.11
刑乙97.35
相8.66
相15.2
相65.21

生

陰甲雜一7.9
陰甲雜一7.15
陰甲天一6.29
陰甲天一7.30
陰甲天一13.16
陰甲祭一A06L.15
陰甲祭一B11L.13
陰甲神上3.14
陰甲神上13.36
陰甲神上15.5
陰甲諸日7.12
陰甲宜忌4.9
陰甲·殘10.19
陰甲·殘36.2
陰甲·殘175.9
春11.4
春75.17
春94.8
春95.7
戰60.28
戰142.2
戰180.9
戰309.15
老甲19.8
老甲24.30
老甲25.9
老甲25.26
老甲28.18
老甲37.24
老甲76.17
老甲83.13
老甲83.25
老甲83.31
老甲83.35
老甲84.16
老甲85.7
老甲95.24
老甲104.8
老甲121.16
老甲153.5
五33.16
五43.18
五91.12
五101.4
五116.19
五123.2
五160.22
五162.30
五163.28
五164.9
五164.22
五165.2
五176.3
五176.10
五177.2
五177.28
九8.14
九10.10
九10.14
九12.11

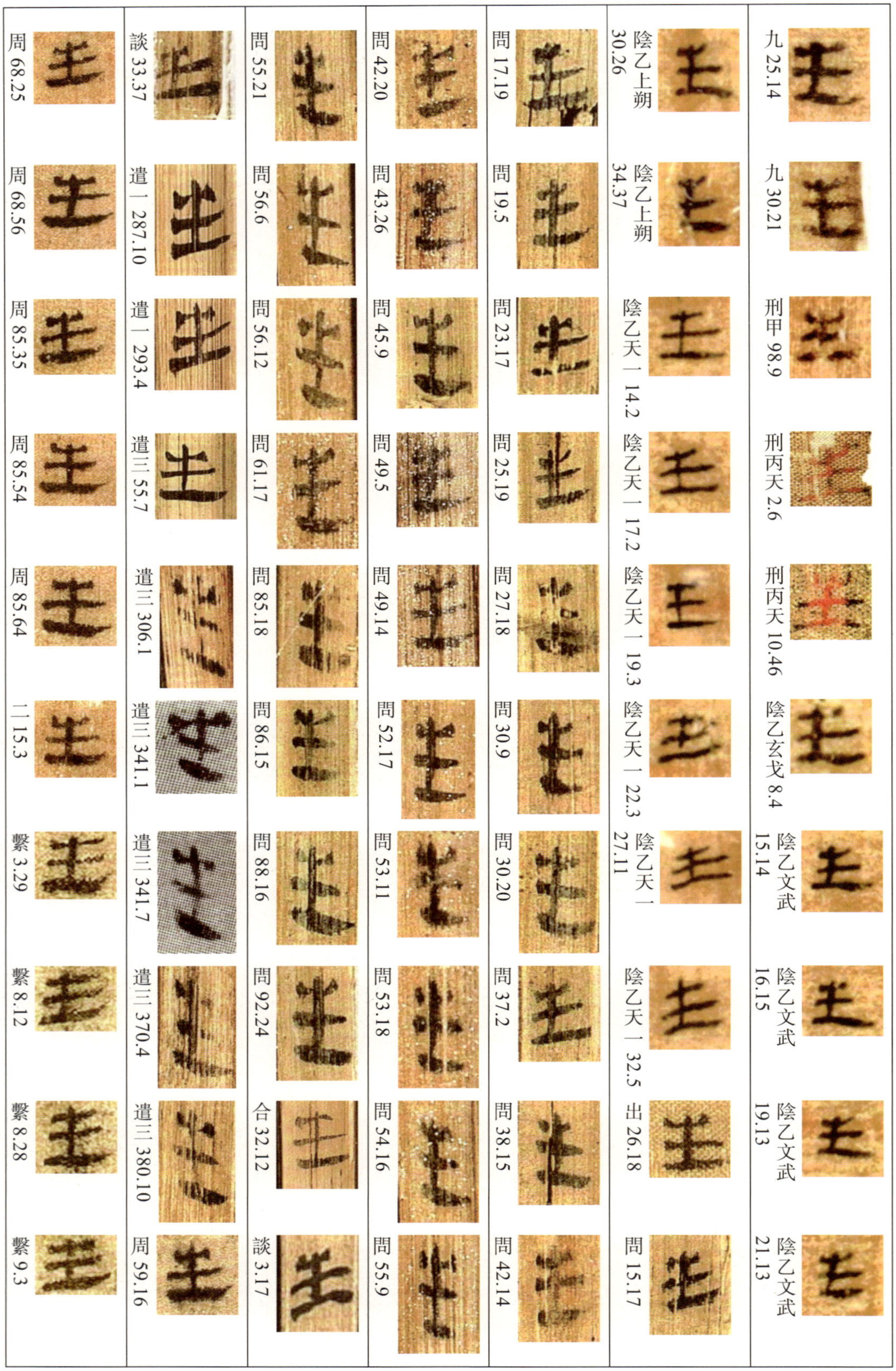

九25.14
九30.21
刑甲98.9
刑丙天2.6
刑丙天10.46
陰乙玄戈8.4
陰乙文武15.14
陰乙文武16.15
陰乙文武19.13
陰乙文武21.13

陰乙上朔30.26
陰乙上朔34.37
陰乙天一14.2
陰乙天一17.2
陰乙天一19.3
陰乙天一22.3
陰乙天一27.11
陰乙天一32.5
出26.18
問15.17

問17.19
問19.5
問23.17
問25.19
問27.18
問30.9
問30.20
問37.2
問38.15
問42.14

問42.20
問43.26
問45.9
問49.5
問49.14
問52.17
問53.11
問53.18
問54.16
問55.9

問55.21
問56.6
問56.12
問61.17
問85.18
問86.15
問88.16
問92.24
合32.12
談3.17

談33.37
遣一287.10
遣一293.4
遣三55.7
遣三306.1
遣三341.1
遣三341.7
遣三370.4
遣三380.10
周59.16

周68.25
周68.56
周85.35
周85.54
周85.64
二15.3
繫3.29
繫8.12
繫8.28
繫9.3

繫10.7
繫10.22
繫16.41
繫24.1
繫24.6
繫24.11
繫24.16
繫24.21
繫25.21
繫30.56
繫32.17
繫38.22
繫46.53
衷2.10
衷20.6
衷20.45
衷39.4
衷43.64
要21.58
繆4.52
繆4.55
繆7.23
繆15.28
繆18.50
繆21.31
繆23.24
繆24.19
繆31.23
繆33.41
繆39.2
繆41.13
繆43.54
昭5.63
昭9.10
昭13.1
經1.21
經1.61
經2.6
經3.3
經3.19
經5.58
經6.15
經7.4
經8.16
經18.38
經19.4
經19.10
經19.16
經19.20
經19.55
經20.17
經21.2
經28.40
經36.13
經40.60
經41.14
經41.41
經50.52
經52.14
經54.7
經54.39
經56.17
經67.26
經67.56
經68.33
經69.6
經69.31
經72.4
經72.56
十4.42
十7.38
十7.42
十7.46
十8.62
十9.1
十9.7
十20.32
十20.61
十23.22
十25.38

丰

十 29.36
十 30.12
十 31.22
十 31.24
十 31.30
十 42.54
十 53.31
十 58.25
十 61.55
十 63.61
稱 4.38
稱 7.74
稱 17.34
稱 20.11
道 2.29
道 3.58
老乙 6.18
老乙 6.29
老乙 9.10
老乙 11.42
老乙 12.1
老乙 12.18
老乙 12.24
老乙 12.57
老乙 13.35
老乙 21.73
老乙 36.69
老乙 39.27
老乙 39.51
老乙 39.63
老乙 39.69
老乙 39.72
老乙 40.14
老乙 40.33
老乙 45.10
老乙 49.9
老乙 51.43
老乙 51.47
老乙 57.31
老乙 65.59
老乙 71.6
星 10.34
星 11.7
星 11.15
刑乙 1.3
刑乙 1.9
刑乙 1.14
刑乙 21.10
相 3.51
相 20.17
相 20.39
相 25.1
相 25.42
相 26.46
相 39.61
相 39.66
相 41.33
方 249.7

産

足 8.2
足 31.19
陽甲 12.11
陽甲 17.14
陽甲 19.16
陽甲 26.19
陽甲 37.19
方 45.9
方 71.11
方 76.17

隆
隆

方82.7　方85.6　方89.3　方96.17　方135.12　方212.34　方213.1　方220.6　方332.12　方368.2

方403.15　方405.5　方442.4　陽乙2.19　陽乙6.14　陽乙9.40　陽乙17.26　養57.3　養71.11　養77.8

養198.10　養201.24　養201.29　房40.19　射23.7　胎1.11　胎22.18　胎23.20　胎27.3　胎29.26

胎33.7　春41.4　春47.13　出5.12　木54.12　木55.8　談1.17　談13.3　要19.64　要20.26

要20.31　繆48.12　繆51.1　繆52.19　繆55.20　相6.63　相15.1　相18.5　相54.68　相65.20

相69.49　相73.54　相73.63

夅

足3.14

秦漢文字中「文」旁多訛作「夂」形。

刑甲109.20　刑甲小游1.7　刑甲小游1.30　刑甲小游1.70　刑甲小游1.97　刑甲小游1.133　刑甲小游1.156　刑甲小游1.177　刑甲小游1.197　刑甲小游1.226

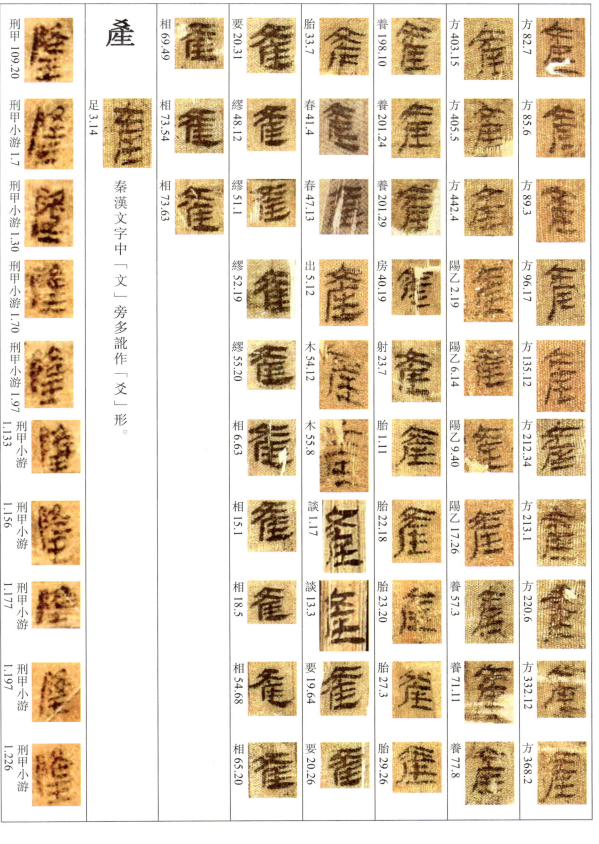

華 蕚

刑乙 30.19
刑乙 34.1
刑乙小游 1.45
刑乙小游 1.70
刑乙小游 1.103
刑乙小游 1.162
刑乙小游 1.188
刑乙小游 1.248

隆

稱 10.40

方 165.3
方 423.19
養 94.14
養·殘 161.2
老甲 4.6
明 21.12
刑甲 10.8
遣一 68.16
遣一 201.3
遣一 204.5

遣三 83.5
遣三 224.7
遣三 261.3
遣三 348.9
遣三 362.7
遣三 407.46
周 27.54
周 68.57
衷 41.63
經 39.30

經 61.26
十 59.38
稱 9.68
稱 10.4
老乙 2.24
老乙 2.50
刑乙 67.31
相 60.69
相 60.72

稽 稽

稽

老甲 61.9
老甲 61.14
問 2.26
問 17.22

稽

昭 2.27
經 4.57
經 36.58
經 43.23
經 43.58
經 44.22
經 49.34
經 71.31
十 19.21

十 24.54
十 33.26
道 4.20
道 5.24

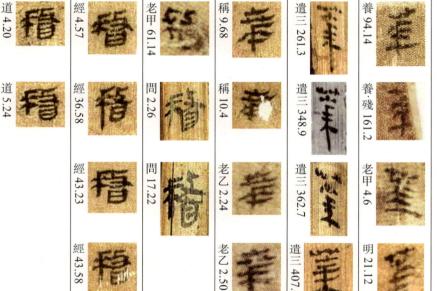

巢　桼　髤

稭

戰213.10
經49.48
十45.67
老乙29.5
老乙29.10

巢

方目1.24
方66.1
方274.4
方275.2
方275.27
周73.65
繆67.23
稱3.25

桼

方390.5
方390.14
方392.3
方392.8
方392.19
養130.11
養154.2
養156.3
養163.6
明19.21

髤

[長桼]

方393.17
方413.5
養130.12
遣一165.1
遣一166.1
遣一167.4
遣一168.1
遣一169.1
遣一170.1
遣一171.4
遣一172.1
遣一173.1
遣一174.1
遣一175.4
遣一176.1
遣一177.1
遣一178.4
遣一179.1
遣一180.1
遣一181.1
遣一182.1
遣一183.4
遣一184.1
遣一185.1
遣一186.1
遣一187.4
遣一188.1
遣一189.1
遣一190.1
遣一191.4
遣一192.1
遣一193.1
遣一194.4
遣一195.1
遣一196.1
遣一197.4
遣一198.1
遣一199.1
遣一200.4
遣一201.1
遣一202.1
遣一203.1
遣一204.4
遣一205.1
遣一206.1
遣一207.1
遣一208.1
遣一209.1
遣一210.1

囊 橐 束

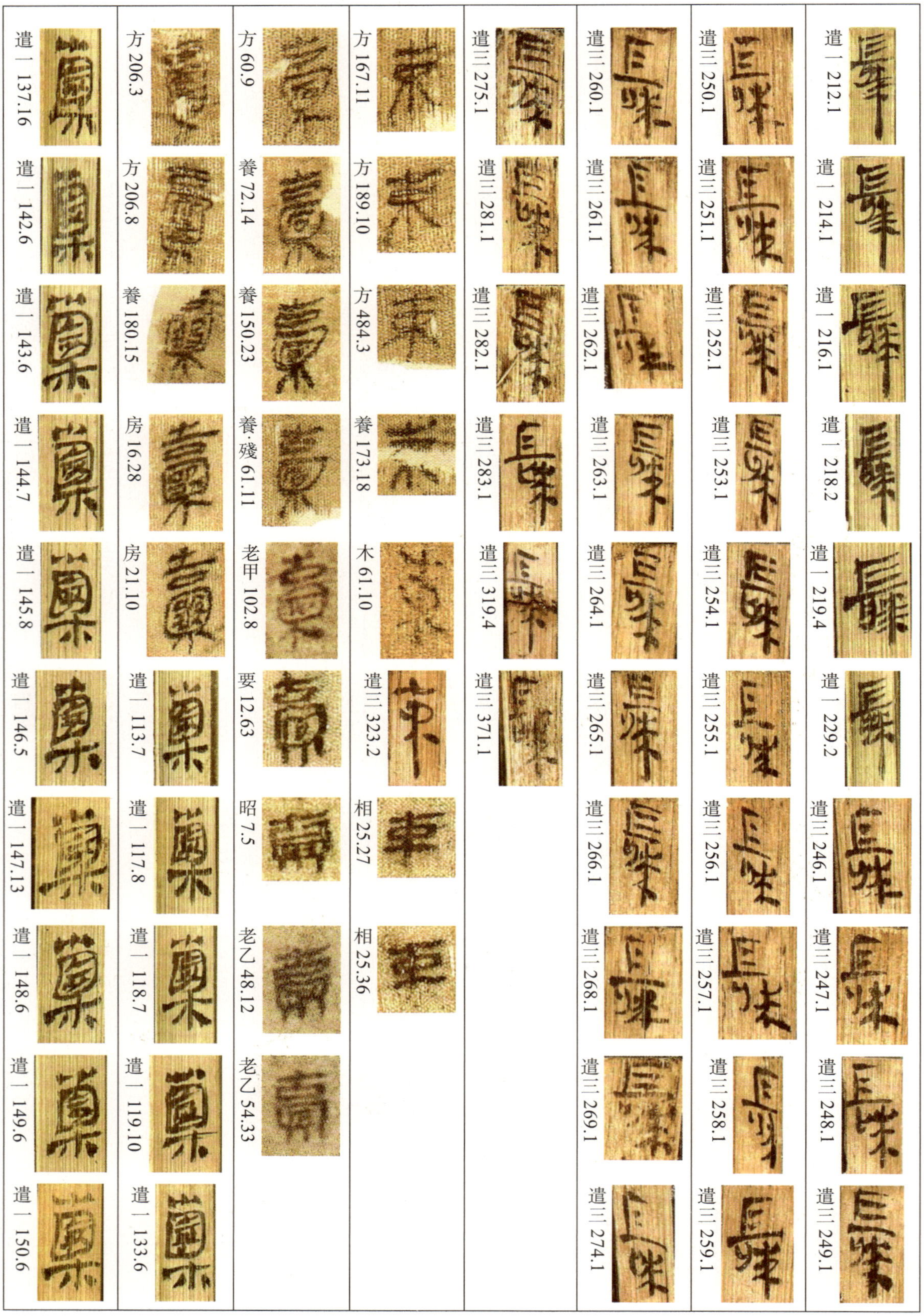
遺一 212.1
遺一 214.1
遺一 216.1
遺一 218.2
遺一 219.4
遺一 229.2
遺三 246.1
遺三 247.1
遺三 248.1
遺三 249.1
遺三 250.1
遺三 251.1
遺三 252.1
遺三 253.1
遺三 254.1
遺三 255.1
遺三 256.1
遺三 257.1
遺三 258.1
遺三 259.1
遺三 260.1
遺三 261.1
遺三 262.1
遺三 263.1
遺三 264.1
遺三 265.1
遺三 266.1
遺三 268.1
遺三 269.1
遺三 274.1
遺三 275.1
遺三 281.1
遺三 282.1
遺三 283.1
遺三 319.4
遺三 371.1
方 167.11
方 189.10
方 484.3
養 173.18
木 61.10
遺三 323.2
相 25.27
相 25.36
方 60.9
養 72.14
養 150.23
養·殘 61.11
老甲 102.8
要 12.63
昭 7.5
老乙 48.12
老乙 54.33
方 206.3
方 206.8
養 180.15
房 16.28
房 21.10
遺一 113.7
遺一 117.8
遺一 118.7
遺一 119.10
遺一 133.6
遺一 137.16
遺一 142.6
遺一 143.6
遺一 144.7
遺一 145.8
遺一 146.5
遺一 147.13
遺一 148.6
遺一 149.6
遺一 150.6

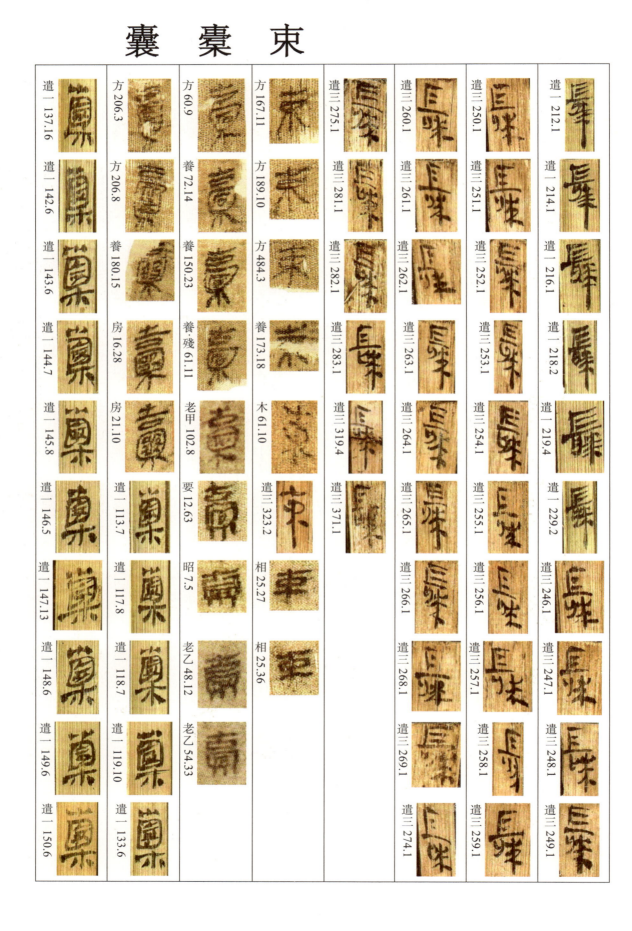

囊

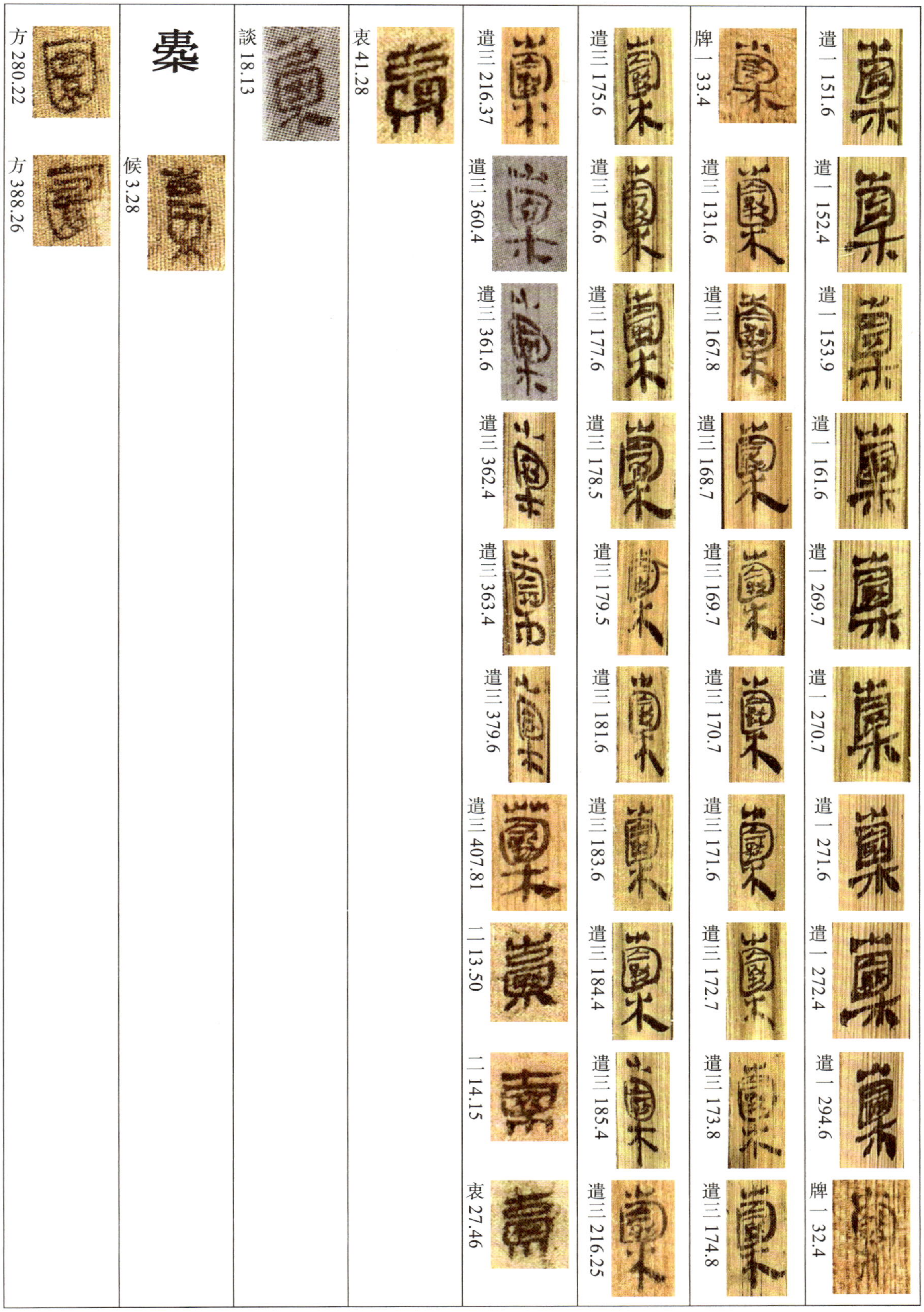

遣一151.6　遣一152.4　遣一153.9　遣一161.6　遣一269.7　遣一270.7　遣一271.6　遣一272.4　遣一294.6　牌一32.4

牌一33.4　遣三131.6　遣三167.8　遣三168.7　遣三169.7　遣三170.7　遣三171.6　遣三172.7　遣三173.8　遣三174.8

遣三175.6　遣三176.6　遣三177.6　遣三178.5　遣三179.5　遣三181.6　遣三183.6　遣三184.4　遣三185.4　遣三216.25

遣三216.37　遣三360.4　遣三361.6　遣三362.4　遣三363.4　遣三379.6　遣三407.81　二13.50　二14.15　衷27.46

衷41.28

談18.13

橐

候3.28

圜

方280.22　方388.26

回

- 春83.9
- 戰236.32
- 木41.12
- 周92.35
- 繫7.5
- 繫13.28

圖

- 養217.2
- 房40.5
- 春67.18
- 春91.13
- 老甲53.33
- 九7.6
- 九7.20
- 九51.12
- 氣10.317
- 刑丙地1.2
- 木19.22
- 繫25.48
- 要15.52
- 昭6.10

國

- 戰8.17
- 戰10.29
- 戰23.18
- 戰24.17
- 戰25.28
- 戰26.16
- 戰34.28
- 戰50.31
- 戰51.12
- 戰52.8
- 戰61.17
- 戰63.11
- 戰70.33
- 戰102.15
- 戰104.3
- 戰106.5
- 戰107.9
- 戰111.28
- 戰113.38
- 戰129.27
- 戰133.35
- 戰134.15
- 戰135.4
- 戰138.7
- 戰145.32
- 戰150.9
- 戰152.33
- 戰159.12
- 戰159.15
- 戰159.36
- 戰160.5
- 戰161.12
- 戰168.14
- 戰171.4
- 戰171.15
- 戰172.16
- 戰172.20
- 戰177.20
- 戰178.25
- 戰182.7
- 戰198.38
- 戰202.14
- 戰203.26
- 戰205.14
- 戰210.31
- 戰211.21
- 戰215.30
- 戰221.12
- 戰221.31
- 戰226.30

戰227.24	戰232.12	戰232.36	戰242.16	戰251.22	戰256.9	戰262.7	戰265.14	戰267.23	戰290.6
戰318.7	戰322.26	戰323.1	戰324.21	老甲46.6	老甲142.8	五31.11	五118.14	九圖2.5	氣6.401
刑甲3.6	刑甲3.26	刑甲4.23	刑甲5.17	刑甲6.1	刑甲6.8	刑甲6.28	刑甲7.12	刑甲7.32	刑甲7.39
刑甲9.11	刑甲12.43	刑甲14.28	刑甲15.17	刑甲57.21	刑甲100.16	刑甲117.7	刑甲126.6	刑甲128.8	刑丙地8.4
刑丙天6.16	陰乙三合2.11	陰乙三合3.8	陰乙玄戈8.30	陰乙文武12.26	陰乙上朔23.17	陰乙上朔36.16	周50.75	周54.5	周85.42
周93.3	二10.12	繆3.49	繆17.19	繆20.14	繆21.8	繆22.50	繆46.43	繆59.2	繆63.48
繆66.11	繆72.52	昭1.38	昭3.34	昭3.43	昭4.26	昭4.32	昭6.43	昭6.47	昭6.51
昭6.55	昭6.59	昭6.63	昭7.35	昭7.64	昭8.17	昭8.34	昭8.59	昭9.64	周·殘下24.2

經9.21	經9.34	經10.4	經11.8	經11.11	經11.35	經12.13	經14.32	經19.7	經22.57
經23.6	經23.20	經23.44	經23.60	經24.14	經24.27	經24.38	經24.45	經25.8	經25.12
經25.23	經25.29	經25.33	經25.37	經25.56	經25.60	經26.3	經26.19	經26.25	經26.29
經27.4	經27.10	經27.14	經27.18	經27.22	經27.32	經27.40	經27.50	經28.11	經32.38
經33.16	經33.19	經33.52	經33.57	經39.7	經41.27	經42.18	經54.9	經56.4	經56.19
經57.37	經57.56	經58.1	經58.14	經58.27	經59.16	經59.25	經60.58	經61.30	經63.14
經63.45	經64.7	經64.45	經64.51	經65.29	經67.39	經67.46	經67.57	經77.9	經77.39
經77.51	十2.2	十3.36	十14.18	十14.53	十16.61	十22.13	十33.17	十41.42	十41.50

十42.12	十56.26	稱22.66	老乙23.25	老乙59.43	星25.47	星43.7	星67.28
十47.60	十57.22	稱23.3	老乙23.30	老乙77.50	星26.6	星43.14	星67.43
十50.4	十57.24	稱23.6	老乙23.35	星8.2	星26.15	星43.20	星69.3
十50.35	十58.9	稱23.9	老乙23.46	星10.7	星26.21	星43.28	星69.8
十51.27	稱1.62	老乙16.17	老乙28.53	星11.32	星29.32	星56.1	星69.14
十53.22	稱8.2	老乙19.4	老乙28.62	星18.3	星30.13	星56.25	星69.20
十53.55	稱13.58	老乙21.58	老乙30.45	星18.14	星31.18	星59.23	星69.28
十54.23	稱17.6	老乙22.4	老乙31.31	星18.29	星37.42	星60.22	星69.43
十54.28	稱17.66	老乙23.17	老乙42.40	星24.16	星41.33	星67.5	星70.39
十56.11	稱17.69	老乙23.20	老乙51.20	星24.24	星42.11	星67.16	星71.3

星 72.11
星 72.31
星 72.44
星 73.4
星 73.16
星 73.24
星 74.52
星 75.9
刑乙 23.8
刑乙 26.10

刑乙 27.19
刑乙 62.68
刑乙 63.4
刑乙 63.11
刑乙 63.20
刑乙 63.31
刑乙 63.68
刑乙 64.34
刑乙 64.49
刑乙 64.65

刑乙 65.16
刑乙 65.41
刑乙 65.60
刑乙 66.1
刑乙 68.18
刑乙 69.14
刑乙 70.15
刑乙 70.45
刑乙 97.16
相 11.5

相 12.21
相 23.63
相 24.5
相 24.21
相 24.34
相 26.29
相 35.13
相 61.46

囷

方 240.2
養 74.6
養 75.20
養 175.15
養·殘 47.2
刑甲 114.7
合 15.18
談 31.18
十 5.39
星 4.26

刑乙 58.5

圈

方 114.11
方 282.16
遣三 292.2
繫 9.69

圏

遣一 309.2

囿

戰 160.35
戰 228.27

園

戰 272.11

因

陰甲雜四 4.3
方 52.11
方 53.24
方 69.17
方 263.9
方 426.6
方 485.6
方·殘 75.4
養 83.18
養 115.5

房 13.10
春 34.6
春 73.19
戰 9.2
戰 9.11
戰 205.7
戰 213.21
戰 213.34
戰 219.19
戰 250.8

戰 256.24
戰 268.8
戰 269.19
九 50.2
刑甲 30.11
刑甲 47.13
陰乙刑德 19.6
問 66.23
合 8.18
談 36.27

遣三 350.2
遣三 351.2
二 32.65
衷 3.7
衷 44.34
經 10.48
經 19.13
經 19.24
經 44.45
十 5.20

十 6.15
十 7.26
十 7.31
十 10.43
十 18.1
十 27.28
十 40.19
十 40.31
十 40.47
十 41.62

十 62.27
十 63.37
稱 2.61
稱 10.51
稱 10.56
稱 10.62
稱 15.16

囚

春28.20
春73.8

固

方453.21
養·殘32.2
戰28.25
戰41.1
戰116.4
戰120.9
戰157.11
戰227.37
戰290.20
戰306.1

老甲70.6
明30.5
明38.29
出14.37
衷45.28
繆68.52
昭4.3
昭6.18
昭6.64
經20.53

經60.64
十30.39
十34.5
十40.63
稱18.63
稱19.14
道5.2
老乙17.15
老乙20.65
老乙21.70

老乙33.64
相16.38
相60.52
相67.18
相75.37

圍

方189.9
戰103.20
戰120.37
戰147.18
戰161.15
戰302.21
五157.24
明5.29
氣8.113
氣8.119

氣9.154
氣9.250
刑甲16.18
刑甲27.3
刑甲31.26
星60.28
星70.13
刑乙63.36
刑乙79.4
刑乙82.14

刑乙82.18

困

陰甲天一 2.4　戰 263.16　陰乙大游 3.161　談 10.2　出 26.6　周 62.18　周 62.34　周 62.53　周 63.10　周 63.25

繫 40.42　衷 45.43　衷 47.3　繆 5.10　繆 6.20　繆 6.40　繆 6.50　繆 7.5　周·殘下 31.2　周·殘下 58.3

十 46.15

𡈹

老甲 116.34

乙本異文作「緡」，傳世本異文作「混」，此字疑是「困」字異體。

圂

方 50.2

囯*

十 52.38

所在辭例爲「故~者，趙者也」，音義待考。

𡇒*

「鹵」字異體，卷十二鹵部重見。

員

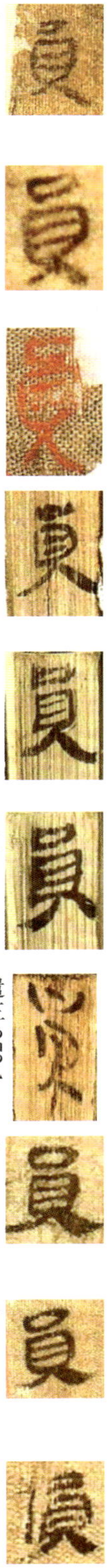

去 6.14　五 132.26　刑丙天 12.14　問 12.2　遣一 225.1　遣一 226.1　遣三 272.1　繫 21.65　十 21.48　星 51.37

貝

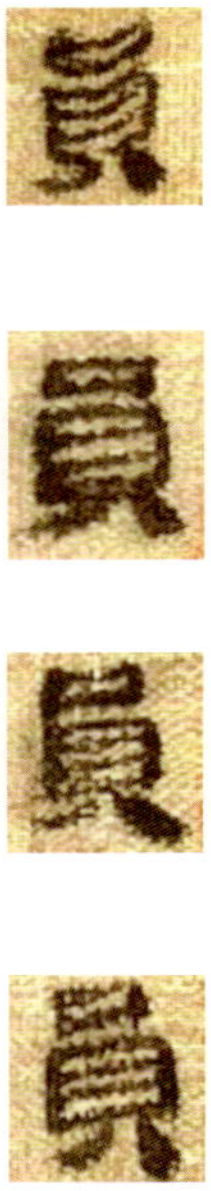
星 55.1
星 55.6
星 55.15
星 55.22

陰甲天一 8.8
陰甲天地 3.35
周 31.40

財

方 24.22
方 34.9
方 44.13
方 64.22
方 135.18
方 236.29
方 372.4
胎 3.8
春 87.21
老甲 146.24

木 58.15
二 14.68
二 24.3
衷 6.10
衷 21.26
繆 46.21
繆 60.2
繆 60.5
繆 60.13
繆 69.5

昭 9.48
經 11.24
經 12.25
經 20.16
經 34.6
經 34.15
經 73.1
十 60.54
老乙 68.29

貨

陰甲衍 6.7
陰甲宜忌 1.2
陰甲宜忌 6.5
陰乙文武 13.29
二 23.32
二 24.1
繫 34.17
老乙 28.7
老乙 46.27
老乙 52.59

貸

老甲 112.4

傎

老甲 16.14

「貨」字訛體，「匕」、「貝」二旁粘合後訛作「真」形。

資

陽乙 15.8
戰 49.39
戰 126.34
戰 248.3
遣一 90.4
遣一 91.4
遣一 92.4
遣一 93.4
遣一 94.4
遣一 95.4

遣一 96.4
遣一 97.4
遣一 102.9
遣一 103.3
遣一 104.3
遣一 105.3
遣一 106.3
遣一 107.7
遣一 108.4
遣一 109.4

遣一 110.4
遣一 111.4
遣一 112.5
遣一 139.4
遣一 141.12
遣一 154.5
遣一 155.4
遣一 156.4
遣一 157.8
竹一 6.3

竹一 8.3
遣三 105.4
遣三 106.4
遣三 107.4
遣三 108.4
遣三 109.4
遣三 216.52
地 21.1
箭 47.1
箭 89.1

昭 9.47
老乙 68.47
老乙 68.56

賢

戰 64.38
戰 80.5
戰 193.28
戰 204.13
戰 204.26
戰 224.14
戰 287.11
氣 1.72
氣 6.379
問 47.16

二 4.21
二 11.47
二 17.25
二 32.59
二 35.42
二 35.51
繫 2.56
繫 26.44
衷 27.21
衷 38.41

繆 4.63
繆 44.65
繆 55.48
昭 2.5
昭 12.8
昭 12.28
經 7.22
經 12.36
經 16.44
經 18.17

賁

經 35.55
經 37.14
經 42.30
經 62.42
十 3.24
十 44.57
十 51.9
十 57.1
十 57.28
老乙 39.67

老乙 41.61
老乙 46.17
相 27.50
相 27.56
相 27.59
相 27.64
相 28.4
相 29.10
相 29.14
相 30.31

相 30.63
相 33.36
相 33.37
相 33.40
相 33.43
相 36.5
相 36.8
相 36.12
相 36.15

賢

春 37.20
春 93.13
老甲 83.29
老甲 84.8
老甲 97.24
五 25.1
五 26.27
五 27.22
五 38.27

五 39.9
五 39.25
五 94.12
五 94.16
五 94.21
五 95.18
五 103.3
五 103.16
五 113.3
五 113.16

五 145.22
五 146.28
五 147.1
五 147.9
明 6.16
明 15.29
明 16.8
明 16.26

賢

五 39.19

「賢」字訛體，「臣」旁訛作「医」形。

方 82.4
方 96.2
方 208.10
方 209.4
方 217.8
方·殘 35.2
五 68.7
遣一 159.1
遣一 160.6
牌一 44.2

遣三 166.1　遣三 185.1　遣三 407.78　周 90.26　繆 1.18　繆 2.16　繆 3.15　繆 4.4　繆 4.8　繆 4.20

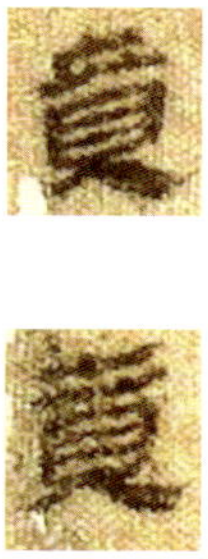

繆 4.30　繆 4.39

賀

老甲 51.29　五 35.17

貢

氣 2.210

贊

贊

戰 208.21　戰 221.5　遣三 404.1　衷 25.48　衷 43.47　衷 44.59　衷 48.49　要 17.25　要 17.44

齎

戰 279.7　老甲 147.9　老甲 147.19　五 174.11　木 56.2　衷 10.2　衷 44.35　稱 10.55　老乙 15.35

貸

稱 19.10　老乙 69.62

貣

貣

方 412.2　方 417.2　老甲 149.19

秦漢文字「弋」旁多訛作「戈」形，「賊」字或省作與之同形，卷十二戈部重見。

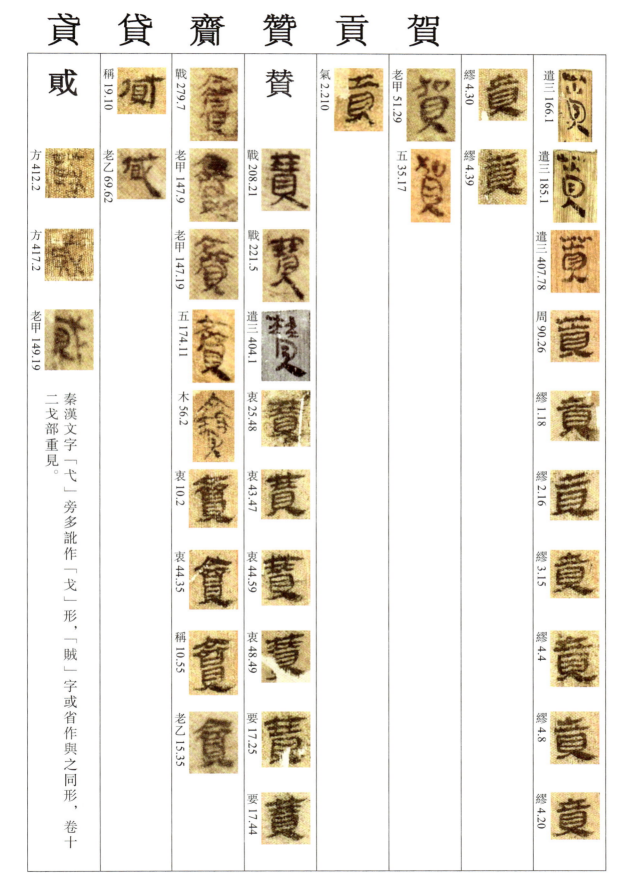

贛

方 182.2

養 95.15

房 52.4

春 62.12

春 63.6

周 21.3

周 21.16

周 21.18

周 21.24

周 21.35

周 21.41

周 21.61

衷 2.45

要 12.65

要 16.47

繆 71.18

賞

養 221.14

春 58.6

明 4.18

陰乙大游 2.30

陰乙大游 2.38

陰乙上朔 33.44

衷 4.57

繆 16.43

繆 17.10

繆 23.57

繆 39.53

繆 45.69

昭 4.6

經 18.5

經 21.15

經 28.43

十 28.11

十 36.11

稱 9.44

刑乙 40.7

刑乙 40.15

𧹞

陰甲雜三 4.29

从「當」聲。

賞

談 7.24

从「當」省聲。

賜

陰乙上朔 31.35
周 6.8
要 13.25
要 13.36
要 14.51
要 15.25
昭 7.75
昭 8.38
昭 8.44
昭 10.10
昭 10.20
稱 16.2

賜

戰 11.3
戰 40.33
戰 131.27
戰 298.6
戰 316.27

「賜」字訛體。

貤

貤

戰 169.24
五 57.7
五 57.19

贏

養 34.7
老甲 18.8
問 2.20
問 24.15
談 16.30
談 20.31
經 59.66
經 60.8
十 8.3
十 11.46
稱 14.52
星 8.32
星 53.45
星 55.3

賴

遣一 149.1
遣三 110.1
遣三 182.1
繆 29.33
十 53.6

負

春 57.13
戰 54.7
戰 119.17
戰 129.6
戰 152.18
老甲 126.27
氣 6.143
陰乙大游 2.43
木 33.12
遣三 18.6

貳

周 75.83
繫 17.15
繫 17.62
繆 67.47
十 22.2
刑乙 41.24
相 14.45
相 64.48

貳

春 10.9
談 16.1
周 63.8
周 63.30

貣

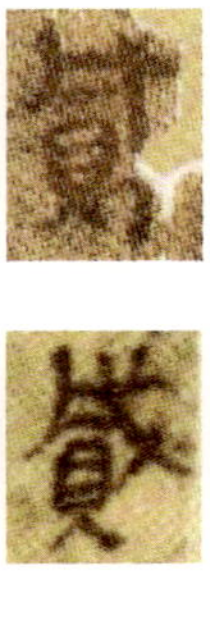

春 61.6
戰 169.19

寳 寶

戰 103.36
戰 122.23
問 6.23
問 45.3
周 9.37
周 85.46
二 1.29
繆 65.44
繆 72.1
經 22.33

老乙 74.2

賓

陽乙 4.41

贅

老甲 135.21
老乙 63.47
相 17.66

質

質

去 1.11
去 1.29
戰 138.31
戰 164.16
戰 167.37
戰 185.7
戰 185.32
戰 187.7
戰 187.33

（質）

戰 200.16
戰 209.38
戰 218.4
五 70.15
氣 10.107
遣三 223.3
遣三 407.36
二 26.27
衷 48.55
十 1.6

貿

氣 6.3
繆 1.56

贖

遣三 47.8

費

戰 33.29
戰 210.19
木 3.25
木 60.25
談 21.24
談 27.16
繫 32.22
經 31.18
十 23.45
老乙 5.8

責

陰甲·殘 2.15
春 55.3
戰 247.21
戰 309.18
老甲 91.25
五 72.11
五 168.5
五 168.23
五 169.8
九 18.6
陰乙文武 13.27
出 26.13
合 26.13
導 3.6
繫 42.61
繫 43.5
十 54.7
相 73.31
相 73.34

賈

戰 132.31
戰 170.20
戰 213.3

買

遣三 87.27

賤

陰甲·殘3.14 戰45.24 戰67.1 戰191.15 五152.5 九22.29 木44.10 木45.7 繫1.15 衷24.45

繆6.19 繆19.20 繆63.53 昭9.54 經6.43 經7.18 經18.14 經18.28 經34.5 經34.17

經42.24 十21.34 十22.17 稱23.47 老乙3.61 老乙4.15 老乙18.59

賦

戰167.32 戰168.10 繆46.9 經15.29 經20.18 經21.25

貪

戰135.24 戰148.3 繆45.53

貧

陰甲天地1.32 陰甲堪法15.15 陰甲堪法16.5 老甲41.10 陰乙天地3.9 陰乙天一19.5 問62.6 衷10.7 繆19.24 經32.39

十21.37 十22.16 十38.33 稱16.40 老乙19.32

盼

相45.46

購

要 11.18

貴（貴）

陰甲徙 5.27
陰甲徙 5.33
脈 1.13
戰 41.15
戰 45.26
戰 79.34
戰 82.26
戰 292.19
老甲 7.14
老甲 28.5

老甲 40.2
老甲 52.30
老甲 53.11
老甲 59.6
老甲 83.30
老甲 107.20
老甲 113.10
老甲 114.12
老甲 115.5
老甲 125.2

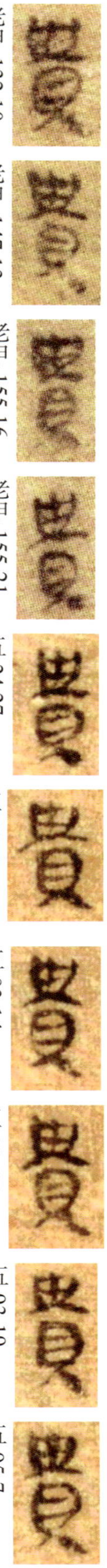

老甲 132.10
老甲 147.13
老甲 155.16
老甲 155.21
五 24.27
五 93.6
五 93.14
五 93.17
五 93.19
五 95.7

五 95.13
五 150.3
五 152.8
五 166.16
九 21.8
氣 2.89
氣·殘 6.1
刑甲 7.13
木 44.7
木 46.5

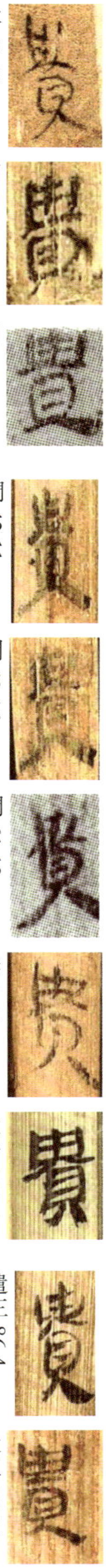

木 49.18
問 3.19
問 5.1
問 42.11
問 42.16
問 61.12
禁 2.12
遺一 221.4
遺三 86.4
遺三 87.14

宅 4.2
周 91.24
二 3.44
二 3.52
二 19.12
繫 1.14
繫 5.33
繫 16.8
繫 24.54
繆 19.18

繆 22.13
繆 34.26
繆 38.45
繆 39.11
繆 40.5
繆 40.14
繆 43.27
周·殘下 12.2
經 6.42
經 7.17

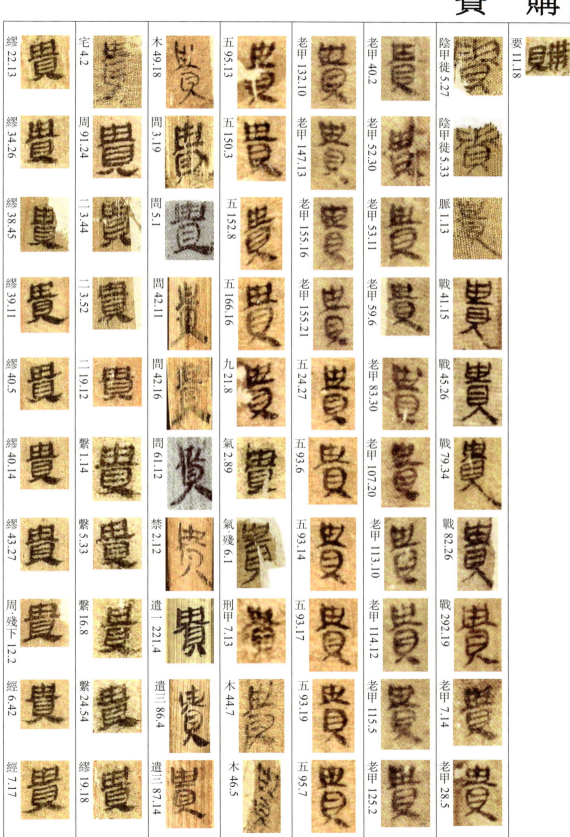

經 18.13　經 34.8　經 34.20　經 34.25　經 42.22　稱 22.36　稱 23.45　老乙 13.14　老乙 13.22　老乙 18.53

老乙 18.64　老乙 28.3　老乙 37.20　老乙 39.68　老乙 46.23　老乙 53.30　老乙 53.62　老乙 54.23　老乙 59.7　老乙 62.16

老乙 68.50　老乙 72.7　老乙 72.12　星 54.16　刑乙 65.42　相 7.58

⿰貝夭*

問 82.24

賛*

陰甲堪表 7.7

此字多見於楚文字，用爲職官名「~尹」。

⿱臧貝*

「藏」字異體，卷一艸部重見。

邑

陰甲雜三 3.17　陰甲雜三 4.15　養 79.7　養 89.8　戰 146.7　戰 286.14　氣 2.100　氣 5.108　氣 7.63　氣 7.100

氣 10.185　刑甲 16.19　刑甲 24.2　刑甲 27.4　刑甲 34.4　刑甲 47.3　刑甲 47.19　刑甲 47.22　刑甲 51.17　刑甲 101.22

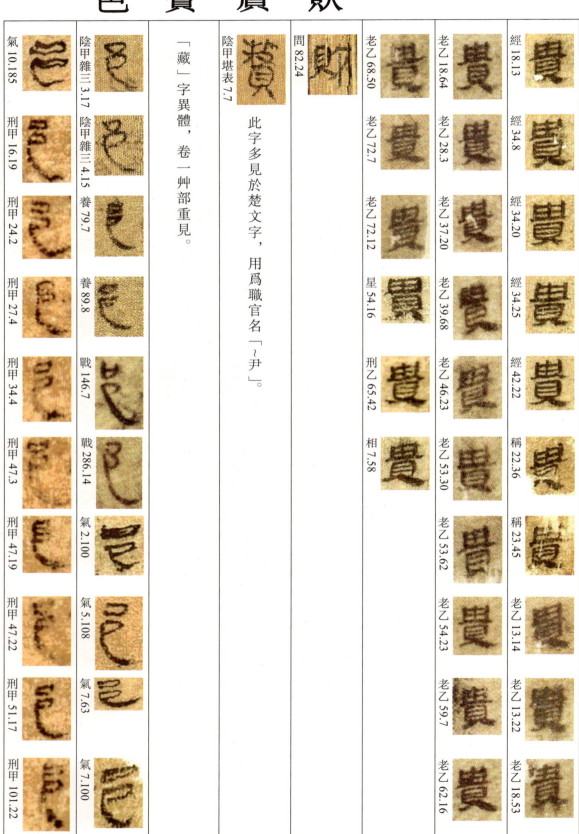

邦

刑丙地4.13	周57.13	刑乙43.22	陰甲雜一7.18	春95.3	老甲64.4	九29.19	明12.25
陰乙刑德22.8	周72.15	刑乙51.4	陰甲衍6.21	老甲35.13	老甲65.16	九32.29	明14.25
陰乙刑德25.14	繆59.17	刑乙71.20	方300.18	老甲40.18	老甲90.12	九33.17	明32.4
陰乙刑德34.11	繆72.45	刑乙72.58	春32.22	老甲41.17	老甲90.22	九35.24	明32.8
箭100.5	昭8.11	刑乙76.42	春38.28	老甲43.7	五173.1	九40.19	明36.29
周5.44	昭11.41	刑乙79.5	春50.14	老甲48.9	九4.28	九44.23	明37.6
周8.45	昭11.70	刑乙83.20	春59.7	老甲50.2	九6.8	九48.30	明40.24
周23.70	昭12.53	刑乙91.4	春80.20	老甲50.11	九15.24	九50.5	明42.18
周47.17	昭13.67	刑乙91.19	春80.30	老甲60.32	九22.15	九50.14	氣1.71
周55.33	刑乙17.12	刑乙93.44	春81.2	老甲60.41	九28.19	明3.27	氣1.139

都　郡

氣 1.145　氣 1.203　氣 1.214　氣 1.268　氣 2.22　氣 2.151　氣 2.178　氣 2.232　氣 2.241　氣 2.248

氣 2.279　氣 2.359　氣 2.368　氣 2.389　氣 3.5　氣 3.53　氣 3.57　氣 3.89　氣 4.42　氣 4.131

氣 4.196　氣 4.221　氣 5.16　氣 5.102　氣 5.123　氣 5.140　氣 5.172　氣 5.201　氣 6.21　氣 6.129

氣 6.160　氣 6.179　氣 6.201　氣 7.25　氣 8.36　氣 8.76　氣 9.8　氣 9.88　氣 9.112　氣 9.155

氣 9.228　氣 9.259　氣 10.25　氣 10.32　氣 10.48　氣 10.63　氣 10.128　氣 10.138　氣 10.151　氣 10.158

氣 10.252　氣 10.269　氣·殘 2.1

刑甲 58.12

戰 161.3　箭 1.2　箭 2.2　箭 3.2　箭 4.2　經 63.44

鄰

戰158.29　五85.29　刑甲110.24　周26.59　周32.20　周48.48　周84.58

㚒

陰甲室2.29　周27.67　繫38.25　繫46.44　繫47.2　老乙31.30　老乙56.58

《玉篇》：「厸，古鄰字。」「㚒」字从「厸」、「文」雙聲，帛書中用爲「鄰」、「吝」。

鄙

⿰圖阝

戰104.38　老乙62.8

「鄙」或从「圖」聲。

郊

老甲19.10　老甲48.22　老乙9.12

竆

竆

戰215.25　老甲102.22　出3.1　出3.23　出23.3　出23.10　出23.35　談10.4　周10.57

周32.17　周90.36　二1.54　衷20.42　衷24.44　衷25.5　衷34.4　衷46.28　要20.28　十18.29

十51.50　十52.36　十62.25　十63.28　稱14.24　稱23.51　老乙48.26　相43.25　相43.45

《說文》：「竆，夏后時諸侯夷羿國也。从邑、窮省聲。」《說文》卷七穴部：「窮，極也。从穴、躳聲。」「竆」、「窮」蓋本一字分化。

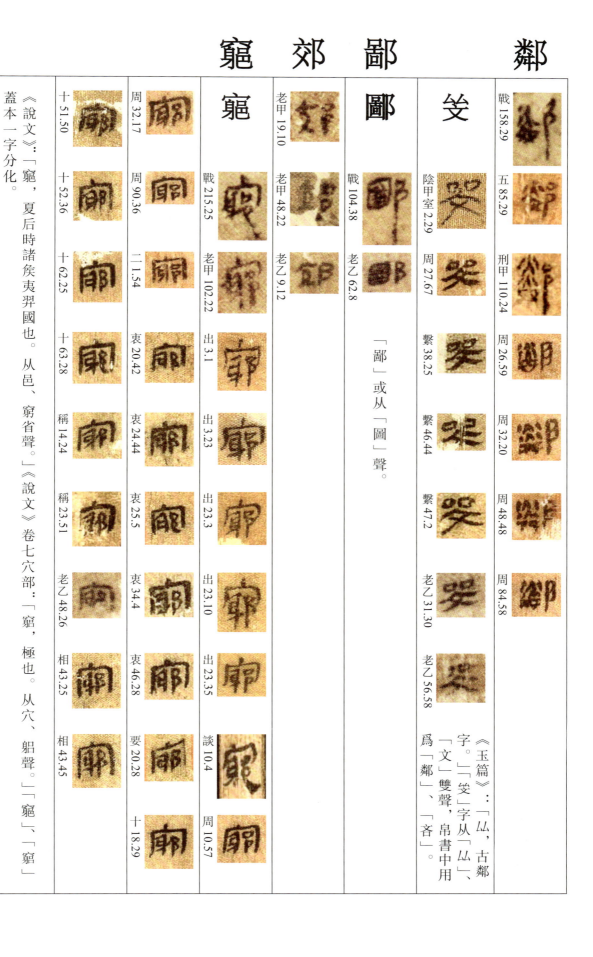

⿰宭阝

老甲 17.30

郊

岐

經 48.41

《說文》或體。

酆

衷 23.9

鄭

戰 157.35

戰 162.32

戰 240.21

氣 9.171

刑甲 55.10

遣三 30.1

遣三 33.1

刑乙 96.10

郃

箭 86.1

邽

遣三 237.9

部

陰甲·殘 34.9

戰 162.9

地 50.2

地 62.2

箭 100.2

十 24.2

星 11.1

星 12.2

郤

⿰晉厺

戰 189.17

《說文》：「郤，晉大夫叔虎邑也。从邑、㕣聲。」此字从晉厺聲，應即晉國「郤氏」之「郤」的專字。

邢

地 34.1 

鄴

戰 154.18 

相 41.7 

邯

戰 68.34 

戰 133.18 

戰 133.25 

戰 154.24 

戰 230.1 

戰 315.30 

戰 316.19 

戰 316.25 

戰 319.11 

戰 323.9 

戰 323.28 

戰 324.7 

鄲

戰 68.35 

戰 154.25 

戰 230.2 

戰 315.31 

戰 316.26 

戰 319.12 

戰 323.10 

戰 324.8 

鄗

戰 154.27 

戰 156.14 

《説文》:「鄗，常山縣。世祖所卽位，今爲高邑。从邑、高聲。」帛書中「鄗」皆用爲「郊」。

鄚

周 58.1 

郢

戰 181.7 

氣 4.56 

繆 63.16 

鄢

戰 283.24
戰 294.5
戰 295.23
戰 300.14
戰 301.16
戰 301.25
戰 303.9
戰 305.13

⿰米阝

木 54.4
十 62.50

⿰余阝

氣 9.170

郎

遣三 1.17
經 11.15

鄣

陰甲堪表 8L.2
陰甲堪表 8L.4
陰甲堪表 8L.8
陰甲堪表 8L.10
陰甲堪表 8L.12
地 60.2
箭 14.2
箭 15.2

邪

方 445.13
春 81.3
戰 293.26
問 77.13
問 80.27
問 83.14
問 85.9
經 18.41
十 44.62

⿰栔阝

導 3.2

郭

陰甲雜三 1.2
養 190.13
春 52.24
陰乙三合 2.15
陰乙文武 12.28
陰乙五禁 14.17
遣一 195.16
遣一 195.21
遣一 201.12
遣一 201.15

郭

遣一 214.14
遣一 251.1
遣一 252.6
繆 68.23
繆 68.47
繆 69.36
昭 4.37
經 11.12
經 12.17
稱 18.61

郜

繆 40.24

酈

周·殘下 6.1

⿰甘阝*

⿰邑甘

衷 6.40

音義待考。

⿰蒦阝*

⿰邑蒦

箭 55.2

鄉

𨛜

陰甲雜三 3.5
陰甲·殘 278.5
方 66.11
方 97.14
方 152.7
方 196.8
方 209.27
方 211.9
方 213.32
方 219.13
方 219.19
方 221.10
方 223.9
方 238.14
方 261.23
方 381.6
方 447.8
方 448.24
養 192.2
養 196.8
春 56.22
戰 259.13
老甲 35.9
老甲 35.11
老甲 129.6
刑甲 38.10
刑甲 39.7
刑甲 39.14
刑甲 131.6
刑丙天 10.16

䢼

出19.55

出20.8

出27.17

木13.16

木13.20

木13.24

木13.28

木14.24

木15.6

木15.23

木57.9

木66.12

合2.4

禁8.4

太1.22

二2.29

衷49.34

要17.70

繆36.63

昭1.7

昭7.51

昭13.4

十35.25

十39.23

十41.35

十46.20

十65.14

老乙16.10

老乙61.7

星39.40

星50.23

刑乙81.22

刑乙86.14

刑乙86.20

巷

氣3.80

周75.33

《說文》篆文。

卷七

日

陰甲雜一6.7	陰甲上朔1.43	陰甲神上10.6	陰甲神上24.5	陰甲衍3.6
陰甲徙1.32	陰甲上朔1.48	陰甲神上12.17	陰甲神上28.2	陰甲衍3.24
陰甲徙2.36	陰甲祭一A02L.7	陰甲神上13.27	陰甲神上29.2	陰甲衍4.4
陰甲徙3.33	陰甲祭一A04L.10	陰甲神上13.38	陰甲神下41.3	陰甲雜四16.29
陰甲徙4.34	陰甲祭一A05L.19	陰甲神上14.15	陰甲神下41.25	陰甲五禁2L.2
陰甲上朔1.14	陰甲祭一B07L.8	陰甲神上15.15	陰甲神下42.4	陰甲堪法2.12
陰甲上朔1.19	陰甲祭一B08L.4	陰甲神上16.2	陰甲神下42.11	陰甲堪法6.22
陰甲上朔1.24	陰甲神上2.3	陰甲神上17.2	陰甲神下42.14	陰甲堪法9.28
陰甲上朔1.30	陰甲神上3.5	陰甲神上19.2	陰甲神下42.26	陰甲堪法9.42
陰甲上朔1.36	陰甲神上8.18	陰甲神上23.3	陰甲衍2.6	陰甲堪法14.13

陰甲堪表 9.25 | 陰甲刑日 2.6 | 陰甲刑日 3.3 | 陰甲刑日 5.3 | 陰甲刑日 6.3 | 陰甲諸日 3.4 | 陰甲諸日 3.10 | 陰甲諸日 3.18 | 陰甲諸日 5.2 | 陰甲諸日 6.14

陰甲諸日 6.20 | 陰甲諸日 6.35 | 陰甲諸日 6.47 | 陰甲諸日 6.53 | 陰甲諸日 7.7 | 陰甲·殘 2.21 | 陰甲·殘 5.9 | 陰甲·殘 5.15 | 陰甲·殘 6.12 | 陰甲·殘 6.44

陰甲·殘 161.3 | 陰甲·殘 190.5 | 陰甲·殘 269.5 | 陰甲·殘 298.7 | 陰甲·殘 324.2 | 陰甲·殘 347.3 | 足 21.18 | 足 22.3 | 足 22.13 | 候 2.3

方 2.9 | 方 32.21 | 方 32.28 | 方 42.6 | 方 49.28 | 方 63.9 | 方 104.5 | 方 105.5 | 方 108.11 | 方 109.4

方 109.14 | 方 110.7 | 方 111.7 | 方 124.25 | 方 125.21 | 方 131.11 | 方 177.2 | 方 177.28 | 方 179.25 | 方 201.13

方 203.15 | 方 212.7 | 方 212.16 | 方 212.19 | 方 213.24 | 方 216.26 | 方 217.5 | 方 217.11 | 方 219.3 | 方 219.23

方 219.29 | 方 221.5 | 方 221.12 | 方 221.21 | 方 232.19 | 方 232.22 | 方 251.13 | 方 256.2 | 方 263.6 | 方 269.18

方 269.27 | 方 285.19 | 方 299.12 | 方 319.20 | 方 328.21 | 方 339.3 | 方 339.8 | 方 381.2 | 方 402.16 | 方 403.5

方405.2 方405.10 方405.18 方422.13 方425.27 方426.22 方433.19 方463.7 方467.16 方484.6

方·殘51.4 去1.9 去1.12 去2.30 去4.26 去4.40 去7.15 去8.11 養5.24 養14.17

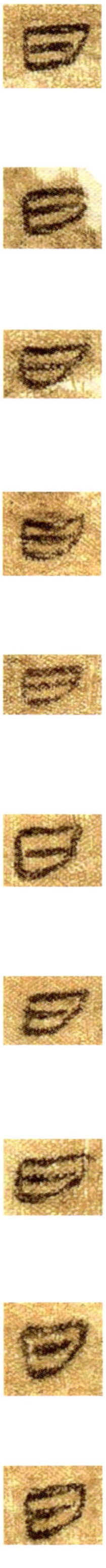

養19.8 養32.14 養33.13 養48.12 養90.18 養123.11 養123.14 養123.26 養130.20 養152.27

養153.2 養153.5 養153.11 養161.7 養170.10 養177.8 養180.17 養182.3 養·殘15.2 養·殘21.1

養·殘140.2 房42.18 房44.10 房44.21 房44.28 房46.9 胎2.4 胎16.19 胎17.19 春74.14

戰5.29 戰13.10 戰49.3 戰75.34 戰157.4 戰159.40 戰190.22 戰233.4 戰317.22 戰318.14

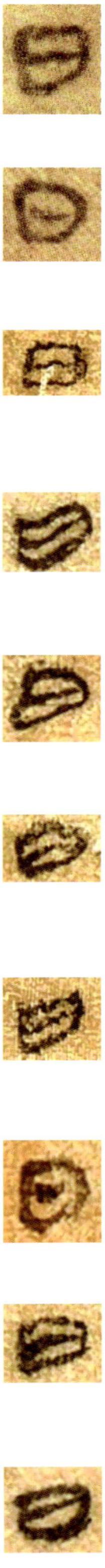

老甲138.22 老甲143.13 氣1.4 氣1.57 氣1.78 氣1.134 氣1.286 氣2.10 氣2.108 氣2.122

氣2.260 氣2.373 氣4.116 氣4.247 氣5.21 氣5.188 氣6.128 氣6.176 氣8.6 氣8.18

氣 8.43　氣 8.50　氣 8.102　氣 9.64　氣 9.85　氣 9.91　氣 9.98　氣 9.106　氣 9.117　氣 9.131

氣 9.142　氣 9.157　氣 9.179　氣 9.183　氣 9.200　氣 9.204　氣 9.207　氣 9.209　氣 9.215　氣 9.225

氣 9.239　氣 10.2　氣 10.8　氣 10.20　氣 10.29　氣 10.52　氣 10.67　氣 10.71　氣 10.83　氣 10.90

氣 10.102　氣 10.109　氣 10.114　氣 10.123　氣 10.134　氣 10.193　氣 10.301　刑甲 2.19　刑甲 3.11　刑甲 3.22

刑甲 5.28　刑甲 7.28　刑甲 7.35　刑甲 8.8　刑甲 8.19　刑甲 8.30　刑甲 9.18　刑甲 9.23　刑甲 9.30　刑甲 10.12

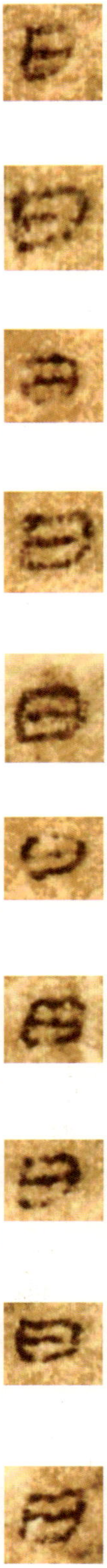
刑甲 10.19　刑甲 10.26　刑甲 11.15　刑甲 11.35　刑甲 11.38　刑甲 12.4　刑甲 12.21　刑甲 12.27　刑甲 13.24　刑甲 13.33

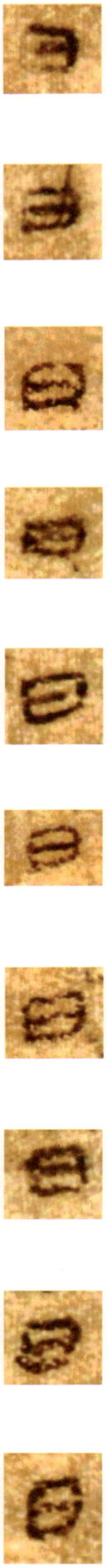
刑甲 19.15　刑甲 20.31　刑甲 20.37　刑甲 21.11　刑甲 24.20　刑甲 25.5　刑甲 25.18　刑甲 25.32　刑甲 26.19　刑甲 27.13

刑甲 27.22　刑甲 30.2　刑甲 31.12　刑甲 31.15　刑甲 31.19　刑甲 36.31　刑甲 38.3　刑甲 38.25　刑甲 39.11　刑甲 40.21

刑甲 41.7
刑甲 43.11
刑甲 54.9
刑甲 60.14
刑甲 92.5
刑甲 96.1
刑甲 96.12
刑甲 96.22
刑甲 97.2
刑甲 97.8
刑甲 99.7
刑甲 99.11
刑甲 99.16
刑甲 102.20
刑甲 105.5
刑甲 112.11
刑甲 112.18
刑甲 112.24
刑甲 113.3
刑甲 113.16
刑甲 113.25
刑甲 114.19
刑甲 115.4
刑甲 139.4
刑丙傳 4.13
刑丙傳 5.20
刑丙傳 6.2
刑丙傳 9.2
刑丙傳 9.4
刑丙傳 10.6
刑丙傳 14.4
刑丙傳 15.7
刑丙傳 16.11
刑丙地 3.2
刑丙地 5.5
刑丙地 7.5
刑丙地 17.5
刑丙地 18.16
刑丙天 1.6
刑丙天 7.48
刑丙天 8.2
刑丙天 9.6
陰乙刑德 3.7
陰乙刑德 3.11
陰乙刑德 14.9
陰乙刑德 15.10
陰乙刑德 16.14
陰乙刑德 17.12
陰乙刑德 18.16
陰乙刑德 19.11
陰乙刑德 19.17
陰乙大游 3.1
陰乙大游 3.8
陰乙大游 3.13
陰乙大游 3.35
陰乙大游 3.107
陰乙大游 3.112
陰乙大游 3.116
陰乙大游 3.121
陰乙大游 3.165
陰乙大游 3.167
陰乙大游 3.170
陰乙大游 3.172
陰乙大游 3.176
陰乙大游 3.180
陰乙三合 1.6
陰乙三合 2.7
陰乙三合 3.18
陰乙三合 4.12
陰乙文武 12.2

陰乙文武 12.22	陰乙文武 13.2	陰乙文武 13.20	陰乙文武 19.7	陰乙五禁 11.15	陰乙五禁 11.17	陰乙上朔 18.8	陰乙上朔 19.1	陰乙上朔 19.14	陰乙上朔 20.5
陰乙上朔 29.9	陰乙上朔 29.14	陰乙上朔 33.5	陰乙刑日 3.4	陰乙刑日 3.11	陰乙傳勝圖 1.51	陰乙女發 2.53	陰乙女發 3.38	陰乙女發 3.44	出 2.4
出 2.10	出 2.16	出 3.2	出 3.4	出 3.10	出 3.18	出 3.20	出 4.2	出 4.16	出 6.2
出 6.28	出 7.2	出 14.25	出 15.28	出 20.12	出 21.38	出 22.31	出 22.33	出 22.39	出 22.56
出 22.64	出 23.11	出 23.37	出 24.16	出 25.33	出 31.22	出 32.39	出 33.6	出 33.43	出 33.50
出 33.57	出 34.10	出 34.25	出 34.28	出 35.5	出 35.12	出 35.18	木 17.15	木 20.15	問 1.22
問 34.13	問 34.18	問 64.25	問 88.5	問 95.19	問 97.1	問 101.11	物 3.2	物 3.10	太 1.7

周1.31
周20.12
周20.16
周26.33
周26.53
周34.22
周37.70
周41.10
周41.32
周41.49

周41.65
周51.23
周53.17
周69.29
周71.11
周82.67
二1.44
二12.3
二13.37
二15.77

二16.26
二16.51
二28.52
二28.55
二35.30
二35.46
繫8.29
繫8.71
繫31.20
繫34.4

繫43.53
衷13.9
衷26.12
衷32.58
衷33.12
要13.3
要19.59
要21.24
要21.56
繆16.7

繆17.28
繆17.41
繆17.52
繆18.32
繆29.54
繆29.62
繆70.45
繆70.47
經35.18
經43.25

經65.58
十2.8
十2.15
十9.25
十31.48
十49.41
十60.40
稱12.3
道3.42
老乙10.13

老乙10.18
老乙20.64
老乙65.2
老乙67.3
星5.11
星5.19
星5.31
星6.21
星28.4
星31.10

星34.19
星40.17
星40.26
星40.35
星40.40
星40.49
星44.53
星44.62
星45.17
星67.6

星67.17	星67.41	星67.48	星68.2	星68.5	星68.10	星68.13	星68.19	星68.40	星68.45
星68.50	星70.34	星71.41	星72.33	星72.37	星72.40	星73.1	星73.9	星73.12	星73.21
星74.44	星88.11	星88.17	星88.33	星88.39	星120.14	星120.19	星120.28	星120.32	星120.40
星123.5	星124.11	星125.4	星126.14	星127.5	星128.14	星129.4	星130.14	星131.5	星132.12
星133.3	星134.15	星135.5	星136.14	星137.4	星138.15	星139.5	星140.15	星141.2	星142.40
星142.44	星142.48	星143.10	星143.46	星144.6	星144.16	星144.20	刑乙2.9	刑乙2.14	刑乙6.18
刑乙9.13	刑乙9.25	刑乙10.6	刑乙10.18	刑乙11.1	刑乙11.8	刑乙11.19	刑乙12.11	刑乙12.19	刑乙13.1
刑乙18.9	刑乙18.13	刑乙18.17	刑乙52.10	刑乙53.3	刑乙55.13	刑乙55.20	刑乙56.1	刑乙56.13	刑乙57.1

時

刑乙57.9
刑乙58.17
刑乙59.13
刑乙62.57
刑乙63.16
刑乙63.27
刑乙65.35
刑乙65.56
刑乙65.63
刑乙66.12
刑乙66.23
刑乙66.38
刑乙67.10
刑乙67.41
刑乙67.48
刑乙67.55
刑乙68.9
刑乙68.29
刑乙68.32
刑乙68.41
刑乙68.58
刑乙68.64
刑乙69.38
刑乙69.48
刑乙69.56
刑乙70.23
刑乙73.12
刑乙74.8
刑乙74.16
刑乙74.32
刑乙76.60
刑乙77.17
刑乙77.30
刑乙77.45
刑乙77.49
刑乙79.14
刑乙79.23
刑乙82.5
刑乙87.13
刑乙94.59
相3.58
相49.18
相75.6
陰甲徙5.4
陰甲衍1.15
陰甲堪法7.2
陰甲堪法7.24
陰甲堪法11.20
陰甲堪表6.9
陰甲·殘72.7
方27.20
方32.16
方33.11
方45.10
方105.9
方122.24
方124.28
方125.10
方177.17
方207.19
方219.5
方232.35
方251.21
方259.12
方259.14
方269.5
方278.18
方278.26
方346.11
方346.18
方347.13
方399.2
方407.9

方 439.27	養 94.21	養 106.3	養 164.17	房 40.11	房 40.14	房 43.31	房 46.21	胎 22.7	戰 48.29
戰 75.17	戰 75.25	戰 133.7	戰 167.15	戰 185.34	戰 203.34	戰 204.30	戰 205.5	戰 207.11	戰 251.31
老甲 106.18	五 7.9	五 112.21	五 112.24	九 2.16	九 8.12	九 11.32	九 12.18	明 46.20	明 48.6
氣 7.70	刑甲 13.15	刑甲 24.16	刑甲 114.30	刑丙天 8.6	刑丙天 8.44	陰乙大游 2.7	出 29.23	出 33.11	出 34.19
出 34.33	問 18.1	問 39.23	問 53.5	合 32.2	談 8.33	談 9.15	談 20.15	談 23.8	談 33.21
周 37.51	二 5.12	二 12.40	二 13.4	二 16.15	二 16.31	二 16.41	二 16.54	二 18.31	繫 24.39
衷 39.35	衷 41.19	要 19.50	要 21.20	要 22.45	繆 2.20	繆 2.26	繆 2.32	繆 2.47	繆 2.55
繆 4.41	繆 46.20	昭 5.72	經 2.14	經 2.16	經 10.19	經 18.2	經 19.6	經 19.57	經 20.7

經 21.30　經 36.9　經 43.32　經 50.12　經 55.25　經 65.50　經 66.9　經 66.44　十 5.19　十 10.13

十 10.24　十 10.49　十 11.42　十 12.13　十 12.45　十 13.16　十 16.5　十 18.14　十 28.58　十 32.53

十 33.5　十 33.13　十 33.36　十 33.44　十 34.12　十 40.27　十 40.32　十 40.49　十 54.17　十 55.16

十 60.45　十 60.50　十 63.36　稱 4.51　稱 7.4　稱 8.21　稱 11.57　稱 11.66　稱 17.11　稱 20.1

稱 20.6　稱 22.19　道 3.41　老乙 50.11　星 13.18　星 32.36　星 32.40　星 32.54　星 33.7　星 33.20

星 33.49　星 41.8　星 41.15　星 74.41　刑乙 39.10　刑乙 59.7　刑乙 69.29　刑乙 76.56　刑乙 76.65　相 1.41

相 1.55　相 38.5

早

遺三 225.1　遺三 225.5　遺三 312.1

《說文》:「早，晨也。从日在甲上。」馬王堆簡帛中「早」字皆用爲「皂」。

昧

戰192.5

問5.15

昭

戰205.23

五119.9

五163.14

刑丙天1.7

陰乙玄戈9.5

陰乙玄戈9.7

陰乙玄戈9.9

陰乙玄戈9.11

陰乙玄戈9.13

陰乙玄戈9.15

陰乙玄戈9.17

陰乙玄戈6.26

問94.6

問101.17

箭21.1

昭1.1

昭7.58

昭12.65

昭14.19

稱16.27

老乙61.47

老乙67.17

相1.63

晉

射14.9

春28.2

春32.21

春34.9

春51.14

戰55.14

戰61.16

戰63.10

戰74.19

戰75.2

戰75.12

戰77.1

戰93.6

戰108.28

戰109.12

戰109.23

戰110.20

戰111.27

戰119.5

戰120.20

戰121.24

戰122.8

戰122.36

戰124.13

戰124.31

戰126.42

戰127.20

戰128.6

戰128.11

戰128.20

戰128.33

戰128.41

戰129.26

戰129.29

戰129.39

戰135.37

戰145.31

戰160.4

戰162.17

戰171.3

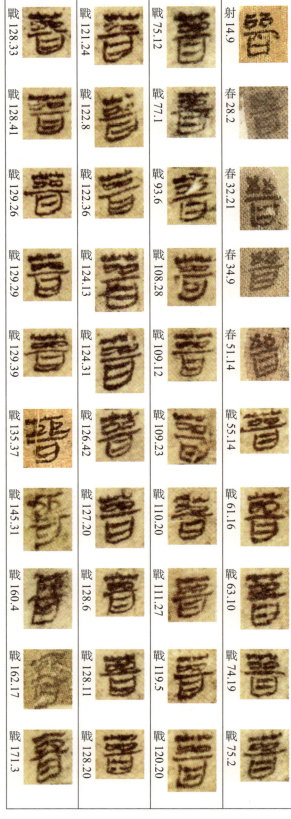

昏　暆　景　晏　昫　⿰晋谷*

（晉，續）

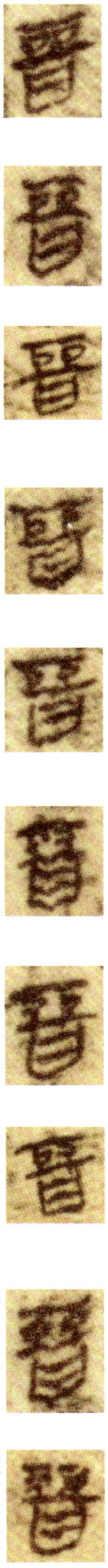

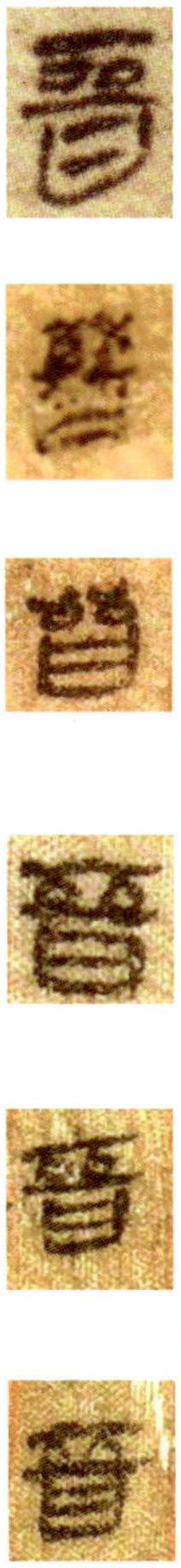

⿰晋谷*

晉國「郤氏」之「郤」的專字，卷六邑部重見。

昫

晏

景

暆

⿰日它

从日它聲，帛書中用爲時段名，應即「暆」字異體。

昏

昬

晦

稱12.9

老乙19.39

星57.10

刑乙60.3

方104.4

方104.25

方105.4

方106.2

方106.24

方108.4

方108.12

方111.6

方111.24

方238.24

去1.26

養188.1

氣7.84

刑甲38.24

出24.28

問91.1

繆5.58

繆72.30

經7.2

經49.58

十19.38

十32.24

稱12.8

稱16.17

道1.25

黚

陰甲徙6.41

从日黑聲，「晦」字異體。

旱

陰甲雜三2.4

氣6.361

星33.22

星39.29

暇

瞖

去3.11

去5.8

去8.9

昌

氣2.278

刑甲小游1.61

刑甲小游1.124

刑丙天11.40

陰乙傳勝圖1.20

問80.5

二29.36

衷37.10

繆3.14

繆18.47

繆 21.28　繆 23.7　繆 24.67　繆 26.6　繆 27.48　昭 6.26　經 9.45　經 28.13　經 57.39　十 31.1

十 38.32　十 39.12　十 57.25　星 6.6　星 7.22　星 36.16　星 37.5　刑乙小游 1.152　刑乙小游 1.212

暑

陰乙大游 3.25　問 25.26　衷 37.36　衷 37.44　稱 7.26　稱 20.4

㬥
暴

方 29.5　方 177.25　方 468.9　養 90.15　養 218.3　養 218.5　養 222.14　養殘 118.2　春 68.10　老甲 138.18

明 23.17　明 48.11　氣 10.60　刑甲 49.16　刑甲 131.11　刑甲 134.12　木 2.14　木 5.12　談 2.17　談 3.7

星 70.15　刑乙 33.10　相 37.11　相 37.17

《說文》：「㬥，晞也。从日从出从廾从米。」此即「曝曬」之「曝」，與卷十夲部「暴」字後世皆作「暴」。

昔

春 8.5　春 74.30　戰 228.6　老甲 5.6　老甲 26.24　明 35.23　問 88.1　遣一 82.2　遣一 83.1　遣一 84.9

牌一 29.2　遣三 124.2　遣三 125.1　周 32.6　周 69.13　二 10.5　繆 50.42　昭 1.51　昭 10.40　昭 12.6

十1.2

十34.47

十39.42

十43.23

十44.17

老乙2.57

老乙45.59

腊

養134.8

周79.25

《說文》籀文。

昆

戰158.24

老甲140.16

氣7.43

喪4.7

稱13.41

稱14.2

老乙65.54

曉

春29.1

春29.27

春34.17

𣅟

《說文》「冬」字古文，詳見卷十一仌部。

旾*

「春」字異體，卷一艸部重見。

星

《說文》「曐」字或體，詳見本卷晶部。

晃*

十61.11

朓*

二1.48

「晈」字異體，詳見本卷白部。

晈*

《說文》「曟」字或體，詳見本卷晶部。

晨

「曟/晨」字異體，本卷晶部重見。

⿸厂⿱日日*

「晢」字異體，詳見本卷白部。

晢*

戰62.16
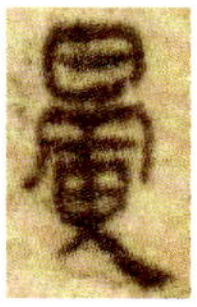
戰70.11

戰71.34

戰72.30

戰73.3

戰73.34

戰74.7

戰100.12

戰101.9

戰107.19

戰109.17

戰110.36

戰111.34

从日寅聲，用作人名。

⿱日寅*

經24.52

疑爲「咈」字異體。《廣雅·釋詁》：「咈，曝也。」

曊*

旦

足 15.4　方 123.8　方 190.16　方 227.19　方 249.5　方 250.19　方 340.19　方 384.9　方 406.15　養 13.6

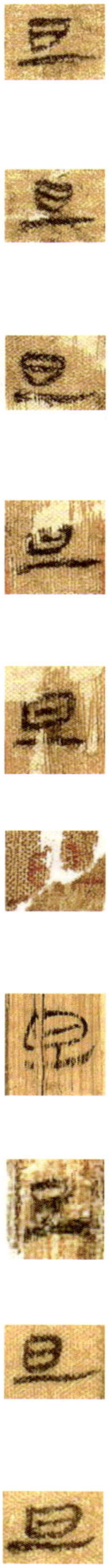

養 20.6　養 35.5　養·殘 27.4　房 43.28　射 19.19　刑丙地 19.4　合 26.8　談 22.5　出 28.23　出 33.5

出 33.56　出 34.27　出 35.11

暨

方 131.17　去 3.13　春 11.21　戰 87.34　九 14.12　氣 9.135　木 22.12　木 56.3　談 36.4

[illegible]

陰甲·殘 4.41　刑甲 7.5

朝

陰甲築一 3.17　方 344.13　方 381.1　去 2.24　去 2.49　去 3.10　去 5.7　去 8.10　養 12.6　養 130.19

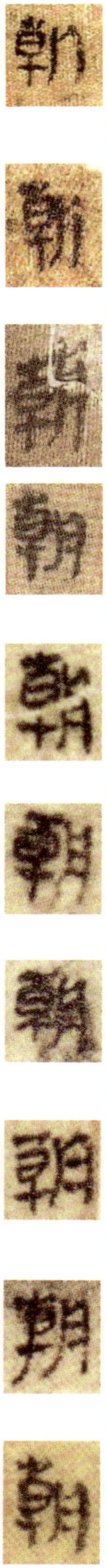

射 7.4　春 29.28　春 33.6　春 74.10　戰 68.29　戰 154.19　戰 170.4　戰 202.17　戰 227.28　老甲 138.17

九 23.24　刑甲 24.19　問 31.25　問 33.15　問 95.18　二 5.30　繆 71.22　老乙 15.17　老乙 64.69　星 47.12

刑乙 41.21 
刑乙 68.57 
刑乙 76.59 
相 25.6 

旗

射 3.21 
氣 6.348 
氣 7.5 
氣 7.21 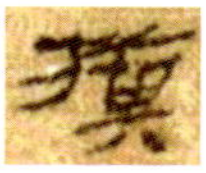

旌

春 70.2 
氣 6.86 
遺三 9.5 
十 43.41 

「旌」字隸變階段或訛變作與「拴」形略同。

胥

十 27.60 

旞

戰 55.7 
戰 103.26 
戰 128.16 
談 36.22 

施

方 121.5 
方 127.14 
五 43.26 
五 44.4 
刑甲 46.17 
問 24.17 
問 69.17 
二 24.5 
繫 28.26 
繆 15.41 

十 11.57 
十 13.40 
十 43.45 
十 45.54 
刑乙 62.11 
刑乙 62.15 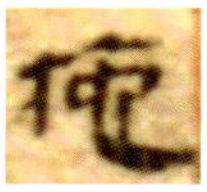
刑乙 90.30 
相 40.30 

㐌

十 64.28 
稱 1.44 
稱 14.59 

「施」字省體。

㐌

十49.24

柂

二6.46

「施」字訛體，帛書文字「㫃」旁左半多訛作「木」形。

游

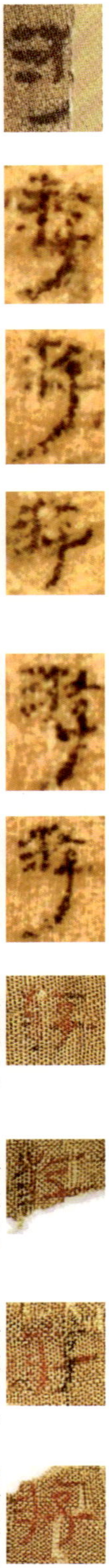

春85.28 刑甲83.6 刑甲84.6 刑甲84.22 刑甲97.7 刑甲130.7 刑丙傳3.3 刑丙傳9.5 刑丙傳10.3 刑丙傳15.1

刑丙天11.44 合15.7 相33.46 相34.40 相34.59 相35.31 相36.49

斿

養200.26 陰乙刑德10.4 陰乙刑德10.15 遣三235.8 遣三318.4 遣三348.1 繫6.60 繆36.60 刑乙6.21

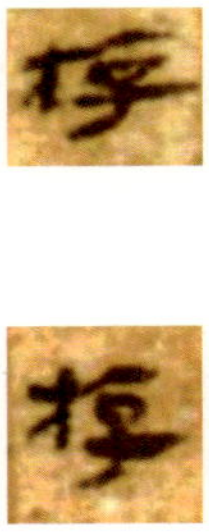

刑乙7.4 刑乙53.2

旋

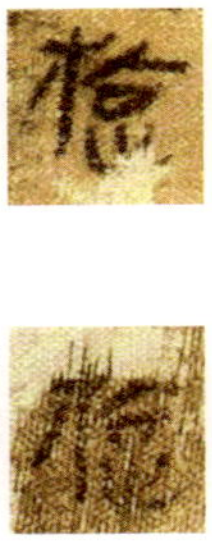

養193.22 養·殘109.2

旅

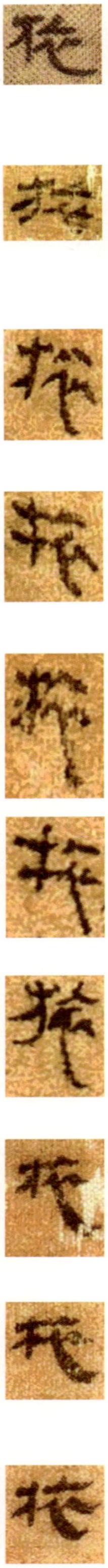

春89.14 氣4.73 氣5.40 氣5.55 氣5.77 氣5.90 氣5.111 周73.5 周73.11 周73.22

周 73.66
繫 35.68

族

方 209.20
春 89.16
木 31.12
木 34.10
問 69.7
談 32.11
遣三 236.6
遣三 238.6
繫 29.19
繫 34.7

繫 35.67
繆 22.35
經 55.48
相 28.64

冥

方目 2.3
方 134.1
方 134.4
胎 2.18
戰 155.18
周 34.58
周 55.53
經 1.54
經 2.65
老乙 62.52

星 32.11
相 1.65
相 45.38

㝠

方 66.23
方 92.27
方 129.1

壘

星

陰甲祭一 A09L.20
陰甲祭一 A12L.9
陰甲祭一 A15L.10
陰甲祭一 A17L.13
陰甲神上 11.6
陰甲神上 12.12
陰甲神上 13.6
陰甲神上 13.31
陰甲神上 15.7

陰甲神上16.8
陰甲神上22.34
陰甲神上25.9
陰甲神上26.20
陰甲神上27.9
陰甲神上28.3
陰甲神下34.3
陰甲神下40.21
陰甲神下40.29
陰甲神下42.20

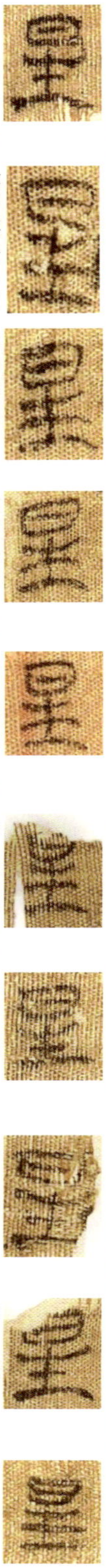

陰甲雜五3.12
陰甲堪法6.24
陰甲堪法6.29
陰甲堪法9.48
陰甲堪表9.27
陰甲堪表1L.2
陰甲·殘9.9
陰甲·殘32.3
陰甲·殘196.3
方53.3

方66.26
方232.33
方329.12
養192.9
胎3.5
戰49.18
戰50.35
氣2.175
氣2.183
氣2.237

氣6.163
氣6.200
氣6.306
氣6.318
氣6.326
氣6.339
氣6.354
氣8.59
氣9.3
氣9.23

氣10.155
氣10.159
氣10.195
氣10.202
氣10.206
氣10.229
氣10.236
氣10.248
氣10.255
刑甲58.22

刑丙刑21.3
陰乙玄戈6.30
出5.2
出5.10
出5.16
出10.13
出17.22
出21.45
出24.15
問19.24

問20.7
問20.16
問21.7
問21.25
問22.6
二1.42
繆24.43
經43.27
經49.38
經65.60

道3.44
星7.2
星7.24
星12.9
星13.2
星13.9
星19.22
星20.1
星20.5
星20.16

曑

星 25.27
星 29.17
星 30.20
星 32.16
星 33.12
星 34.16
星 35.4
星 39.23
星 41.22
星 42.50

星 43.35
星 46.8
星 46.13
星 46.26
星 51.7
星 52.16
星 52.34
星 52.37
星 52.39
星 52.44

星 53.10
星 54.5
星 54.17
星 57.38
星 59.5
星 63.3
星 65.24
星 66.43
星 88.10
星 104.3

星 105.3
星 120.10
星 121.4
刑乙 82.8
相 20.51
相 74.27

《說文》或體。

參

陰甲祭一 A16L.23
陰甲神上 5.8
陰甲神上 13.34
陰甲神下 40.22
陰甲雜七 5.5
陰甲堪法 4.22
陰甲堪表 9L.24
陰甲祭一 9L.7
足 21.25

方 181.26
方 194.9
方 342.25
方 366.8
方 420.6
養 65.17
養 76.11
養 85.5
養 88.9
房 13.2

射 16.22
戰 49.14
戰 50.22
戰 227.19
明 29.3
刑甲 22.19
刑甲 56.25
出 17.26
問 4.1
問 101.10

地 66.1
周 15.13
二 12.25
繫 19.12
衷 20.9
繆 25.67
繆 29.6
繆 30.21
繆 59.12
昭 7.74

曟

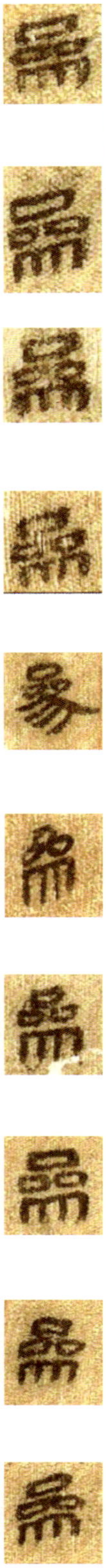

昭 8.5 | 昭 8.51 | 昭 10.9 | 昭 11.36 | 經 4.63 | 經 28.55 | 經 37.24 | 經 38.4 | 經 69.17 | 十 1.25

十 1.27 | 十 1.29 | 十 1.31 | 十 1.35 | 十 40.1 | 稱 1.54 | 稱 14.14 | 星 47.26 | 星 49.6 | 刑乙 75.19

刑乙 96.49 | 相 2.46 | 相 28.27

《說文》或體。

晨

方 196.5 | 刑甲 14.4 | 出 24.35 | 問 99.17 | 星 1.33 | 星 2.5 | 星 2.37 | 星 3.13 | 星 3.30

星 3.45 | 星 5.21 | 星 32.15 | 星 40.9 | 星 40.18 | 星 40.41 | 星 44.45 | 星 76.5 | 星 77.4 | 星 78.3

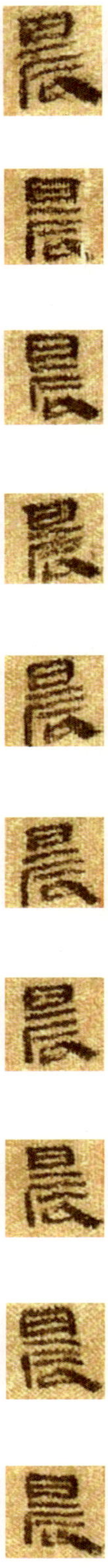

星 79.3 | 星 81.3 | 星 82.3 | 星 83.3 | 星 84.3 | 星 85.3 | 星 86.3 | 星 87.4 | 星 90.4 | 星 91.4

星 93.3 | 星 94.3 | 星 95.3 | 星 96.3 | 星 97.3 | 星 98.4 | 星 99.3 | 星 100.4 | 星 102.4 | 星 103.3

星 104.4 | 星 106.3 | 星 107.3 | 星 108.3 | 星 109.3 | 星 110.3 | 星 113.3 | 星 114.3 | 星 115.3 | 星 116.4

星 117.4

星 118.3

星 119.3

星 125.11

星 126.6

星 126.20

星 129.14

星 130.6

星 130.21

星 133.14

星 134.7

星 134.21

星 137.15

星 138.7

星 138.22

星 141.13

星 144.33

《說文》或體。

[illegible]

刑乙 69.57

月

陰甲雜一 6.2

陰甲雜一 6.19

陰甲天地 3.7

陰甲女發 1.3

陰甲衍 2.18

陰甲衍 4.18

陰甲雜四 1.9

陰甲築一 1.2

陰甲築一 2.1

陰甲雜五 4.10

陰甲築二 1.2

陰甲築二 2.2

陰甲築二 5.2

陰甲築二 6.2

陰甲築二 7.2

陰甲式圖 1.36

陰甲式圖 1.38

陰甲堪法 4.11

陰甲堪法 9.34

陰甲堪表 1.3

陰甲堪表 5.11

陰甲堪表 4L.12

陰甲堪表 4L.16

陰甲刑日 10.17

陰甲諸日 3.8

陰甲諸日 3.16

陰甲祭三 1.15

陰甲·殘 10.18

陰甲·殘 318.5

陰甲·殘 357.1

方 104.3

方 105.3

方 108.3

方 111.5

方 111.32

方 125.14

方 212.4

方 212.14

方 212.21

方 232.16

方 245.3

方 329.13

方 379.24

去 1.31

養 18.4

養 24.4

養 47.3

養 207.5

房 40.20

春 87.35

戰 98.15
戰 98.33
戰 130.31
戰 283.11
氣 1.103
氣 2.127
氣 2.141
氣 2.173
氣 2.185
氣 2.211

氣 2.222
氣 2.228
氣 2.234
氣 2.247
氣 2.271
氣 2.274
氣 4.83
氣 4.192
氣 8.7
氣 8.44

氣 8.95
氣 8.104
氣 9.65
氣 9.92
氣 9.94
氣 9.99
氣 9.107
氣 9.132
氣 9.158
氣 9.256

氣 9.271
氣 9.284
氣 10.153
氣 10.210
刑甲 1.14
刑甲 3.9
刑甲 3.18
刑甲 3.29
刑甲 4.2
刑甲 4.20

刑甲 5.14
刑甲 5.25
刑甲 6.14
刑甲 7.9
刑甲 8.13
刑甲 8.24
刑甲 9.38
刑甲 12.13
刑甲 14.22
刑甲 15.12

刑甲 15.23
刑甲 19.21
刑甲 24.34
刑甲 27.23
刑甲 31.9
刑甲 99.9
刑丙傳 2.9
刑丙傳 4.4
刑丙傳 10.18
刑丙傳 15.18

刑丙天 1.11
刑丙天 8.3
陰乙大游 3.110
陰乙大游 3.154
陰乙兇 1.15
陰乙兇 1.17
陰乙兇 1.20
陰乙兇 2.14
陰乙兇 2.16
陰乙兇 2.27

陰乙兇 2.29
陰乙兇 3.16
陰乙兇 3.18
陰乙兇 3.34
陰乙兇 5.17
陰乙兇 5.20
陰乙兇 5.28
陰乙兇 5.32
陰乙兇 5.34
陰乙兇 6.18

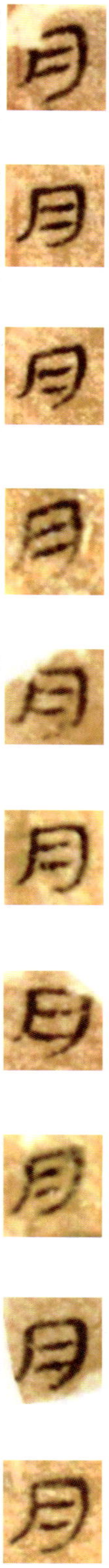

陰乙兇 6.29
陰乙兇 6.31
陰乙兇 7.30
陰乙兇 8.16
陰乙兇 8.19
陰乙兇 9.11
陰乙兇 9.22
陰乙兇 10.8
陰乙兇 10.29
陰乙玄戈 6.19

陰乙傳勝圖 1.52
木 17.11
出 21.54
出 24.14
出 24.21
出 24.27
問 1.23
問 25.12
問 25.14
問 95.20

問 101.12
周 49.7
周 88.49
二 1.45
繫 10.40
繫 31.21
要 21.26
要 21.57
昭 14.11
經 43.26

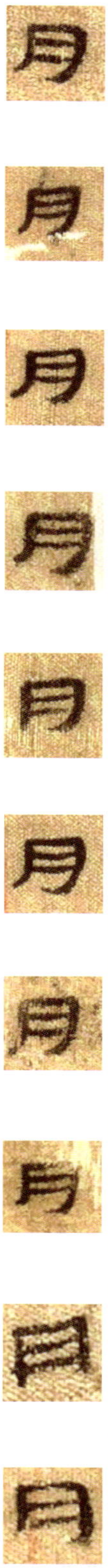

經 65.59
十 2.16
十 9.26
十 23.10
十 31.49
十 60.41
稱 12.6
道 3.43
星 17.19
星 28.8

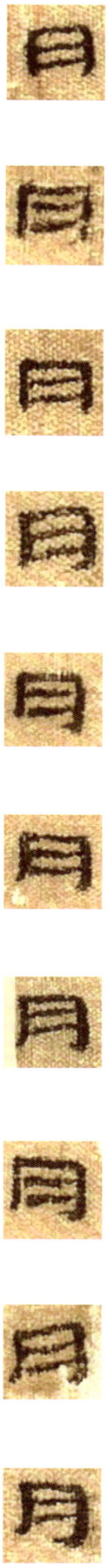

星 31.13
星 33.1
星 39.20
星 41.11
星 59.3
星 59.9
星 59.18
星 60.11
星 60.20
星 60.26

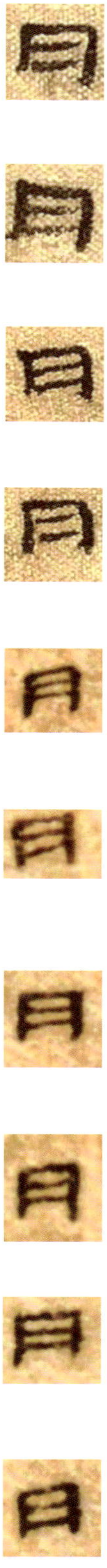

星 70.35
星 71.16
星 71.42
星 74.47
刑乙 18.7
刑乙 62.2
刑乙 62.20
刑乙 62.34
刑乙 62.46
刑乙 62.55

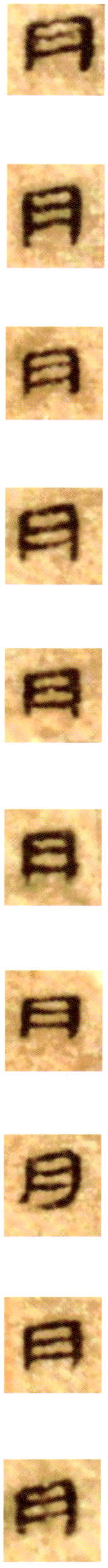

刑乙 62.64
刑乙 62.71
刑乙 63.6
刑乙 63.14
刑乙 63.23
刑乙 63.34
刑乙 63.47
刑乙 63.65
刑乙 64.7
刑乙 64.19

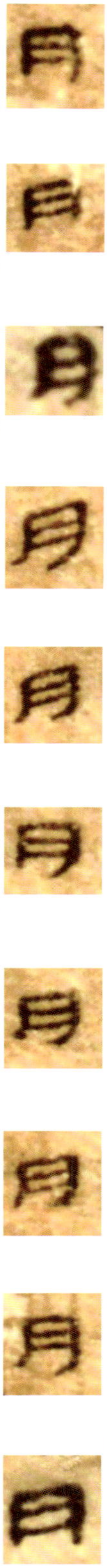

刑乙 64.31
刑乙 64.42
刑乙 64.52
刑乙 65.2
刑乙 65.8
刑乙 65.24
刑乙 65.38
刑乙 66.17
刑乙 66.28
刑乙 68.50

朔

刑乙70.9
刑乙70.28
刑乙70.40
刑乙70.51
刑乙73.18
刑乙76.19
刑乙77.4
刑乙77.53
刑乙79.24
刑乙83.28

刑乙92.4
相1.6
相3.56
相20.47
相44.22
相49.16
相74.23

陰甲上朔2L.17
陰甲上朔3L.17
陰甲上朔4L.17
陰甲上朔5L.15
陰甲上朔7L.12
陰甲上朔9L.16
陰甲上朔1.7
陰甲上朔1.52
陰甲上朔2.2
陰甲上朔3.3

陰甲上朔3.19
陰甲上朔4.16
方109.3
方109.15
去1.8
房46.8
九39.16
氣8.74
氣8.122
氣8.137

氣9.5
氣9.14
氣9.118
刑甲61.10
刑甲72.7
刑丙地20.5
刑丙天6.25
陰乙大游3.125
陰乙大游3.146
陰乙上朔16.2

陰乙上朔16.14
陰乙上朔19.19
陰乙上朔20.10
陰乙上朔32.14
陰乙上朔35.27
遣三1.8
周4.56
周31.6
周31.25
刑乙18.21

霸

戰131.37
戰213.16
戰214.10
氣1.48
氣6.404
星43.13

期

朝

經 28.12

經 35.28

霸

春 65.13

明 32.21

从力霏聲，應即「王霸」之「霸」的專字。

方 319.5

戰 30.6

戰 44.22

刑甲 24.17

刑丙地 4.19

刑丙地 18.12

問 94.3

問 95.14

遺一 256.3

遺一 268.3

遺一 269.4

遺一 270.4

遺一 271.3

遺三 349.3

遺三 361.4

周 37.47

經 43.30

經 50.44

星 50.14

星 50.21

星 51.45

刑乙 76.57

刑乙 80.19

朞

遺三 188.2

朋

《說文》「鳳」字古文，詳見卷四鳥部。

胃*

老甲 131.1

有

- 陰甲雜一 5.22
- 陰甲雜一 7.13
- 陰甲天一 3.11
- 陰甲天一 3.35
- 陰甲天一 4.7
- 陰甲天一 5.24
- 陰甲天一 9.11
- 陰甲天地 3.28
- 陰甲上朔 2.20
- 陰甲祭一 A03L.14

- 陰甲祭一 A04L.13
- 陰甲祭一 A05L.13
- 陰甲祭一 A10L.19
- 陰甲祭一 A12L.12
- 陰甲神上 4.12
- 陰甲神上 5.16
- 陰甲神上 8.8
- 陰甲神上 14.12
- 陰甲神上 18.17
- 陰甲神上 20.11

- 陰甲雜三 1.14
- 陰甲雜三 1.18
- 陰甲雜三 2.5
- 陰甲雜三 4.26
- 陰甲雜三 4.28
- 陰甲衍 2.19
- 陰甲衍 6.2
- 陰甲衍 6.6
- 陰甲雜四 2.2
- 陰甲室 1.5

- 陰甲室 3.16
- 陰甲室 4.20
- 陰甲室 6.20
- 陰甲室 8.9
- 陰甲室 8.13
- 陰甲雜五 3.7
- 陰甲雜五 3.16
- 陰甲雜五 3.26
- 陰甲雜五 4.5
- 陰甲堪法 9.36

- 陰甲諸日 4.12
- 陰甲祭二 6L.11
- 陰甲祭三 4.9
- 陰甲祭三 5.15
- 陰甲祭三 5.32
- 陰甲祭三 6.27
- 陰甲·殘 6.37
- 陰甲·殘 179.5
- 足 21.2
- 足 21.7

- 足 22.24
- 陽甲 27.1
- 陽甲 30.11
- 脈 2.13
- 脈 4.11
- 候 4.6
- 方 26.24
- 方 29.7
- 方 42.8
- 方 54.13

- 方 91.11
- 方 104.9
- 方 109.21
- 方 116.9
- 方 126.6
- 方 147.19
- 方 162.1
- 方 173.7
- 方 182.10
- 方 187.5

方191.6	方260.17	方386.3	養35.21	養166.18	養·殘147.2	春74.16	戰45.34
方205.18	方265.9	方402.17	養65.21	養167.18	胎1.16	春76.13	戰46.9
方209.2	方266.4	方464.5	養78.10	養192.23	胎15.9	春86.19	戰47.38
方220.19	方273.3	方465.5	養87.18	養198.7	胎20.19	春87.4	戰49.24
方251.2	方274.3	方·殘1.20	養109.21	養202.7	胎30.13	春89.5	戰49.37
方252.2	方278.10	陽乙16.3	養109.24	養207.19	春36.18	戰7.27	戰57.1
方252.15	方278.23	陽乙16.10	養126.4	養209.7	春39.6	戰11.27	戰57.29
方254.19	方331.4	養10.3	養129.3	養210.3	春49.9	戰38.14	戰58.16
方258.8	方379.3	養14.14	養146.4	養·殘8.4	春56.4	戰41.5	戰63.6
方258.13	方383.12	養16.14	養146.11	養·殘59.3	春69.4	戰42.1	戰65.6

戰 66.7	戰 71.13	戰 75.13	戰 78.6	戰 79.9	戰 83.25	戰 93.22	戰 96.13	戰 97.29	戰 97.33
戰 101.7	戰 102.23	戰 105.23	戰 106.1	戰 106.12	戰 112.15	戰 119.33	戰 123.12	戰 131.29	戰 132.1
戰 136.23	戰 136.26	戰 138.30	戰 140.21	戰 143.4	戰 143.20	戰 146.8	戰 148.16	戰 151.34	戰 155.4
戰 155.31	戰 156.16	戰 156.29	戰 157.12	戰 157.34	戰 158.22	戰 160.10	戰 160.16	戰 161.16	戰 162.31
戰 168.8	戰 172.27	戰 183.33	戰 184.6	戰 187.26	戰 189.15	戰 196.26	戰 196.32	戰 196.39	戰 198.35
戰 207.23	戰 209.13	戰 217.32	戰 230.26	戰 231.28	戰 233.3	戰 237.7	戰 238.3	戰 238.19	戰 253.22
戰 254.15	戰 267.25	戰 272.24	戰 279.17	戰 283.4	戰 286.21	戰 303.2	戰 304.6	戰 304.12	戰 304.18
戰 304.23	戰 307.12	戰 308.6	戰 320.15	老甲 25.5	老甲 25.18	老甲 29.2	老甲 46.4	老甲 52.12	老甲 64.22

老甲 64.29
老甲 68.15
老甲 71.28
老甲 74.16
老甲 74.20
老甲 81.6
老甲 82.31
老甲 86.12
老甲 87.9
老甲 91.8
老甲 91.29
老甲 93.28
老甲 94.11
老甲 94.30
老甲 95.20
老甲 110.15
老甲 111.4
老甲 111.9
老甲 114.21
老甲 114.27
老甲 115.1
老甲 124.9
老甲 124.28
老甲 125.24
老甲 126.17
老甲 127.12
老甲 127.26
老甲 130.5
老甲 133.3
老甲 133.11
老甲 133.20
老甲 135.29
老甲 137.14
老甲 140.14
老甲 142.10
老甲 143.21
老甲 155.7
老甲 162.6
老甲 163.6
五 7.17
五 17.16
五 17.20
五 18.13
五 24.17
五 27.28
五 31.6
五 34.9
五 34.17
五 34.25
五 35.2
五 38.6
五 38.14
五 45.15
五 59.8
五 59.11
五 59.30
五 61.7
五 62.4
五 62.12
五 63.5
五 73.9
五 78.10
五 92.11
五 96.25
五 96.31
五 105.6
五 115.18
五 117.5
五 118.9
五 126.20
五 128.29
五 129.5
五 129.15
五 130.17
五 141.10
五 141.23
五 142.6
五 142.19
五 149.20
五 150.5

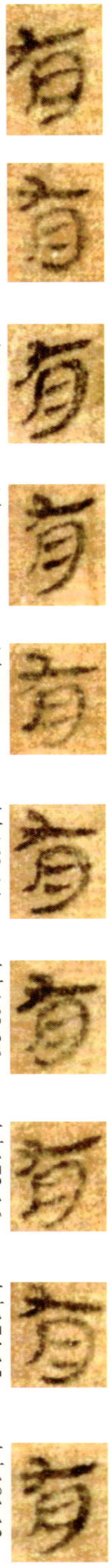

五 150.22
五 155.24
五 161.6
五 163.2
五 168.9
五 168.14
五 168.26
五 172.16
五 174.15
五 181.13

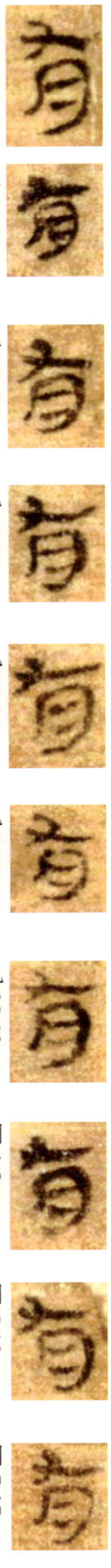

九 2.17
九 13.10
九 13.20
九 19.24
九 25.24
九 27.31
九 28.13
明 1.8
明 5.10
明 7.17

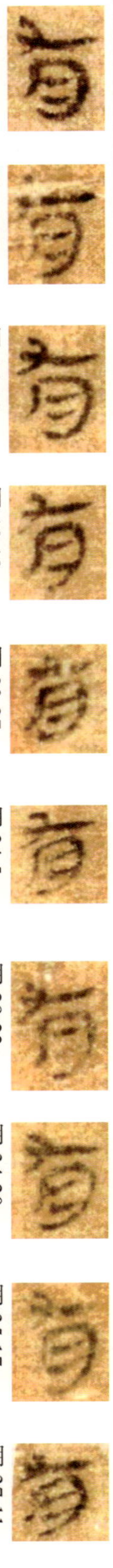

明 7.19
明 10.12
明 14.15
明 19.18
明 23.27
明 24.5
明 29.22
明 34.20
明 35.17
明 37.11

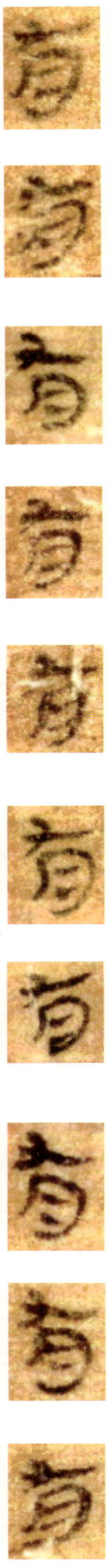

明 37.21
明 38.3
明 39.2
明 39.21
明 41.9
明 44.23
明 44.26
明 45.1
明 45.4
明 45.10

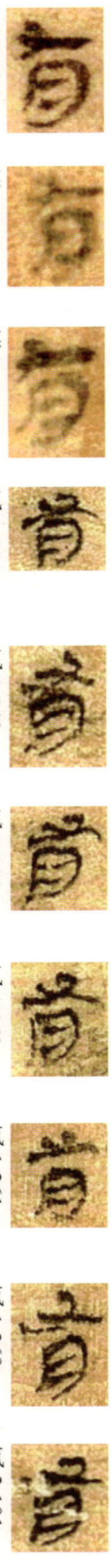

明 45.13
德 2.3
德 5.6
氣 1.64
氣 1.140
氣 1.146
氣 1.162
氣 1.261
氣 1.269
氣 2.101

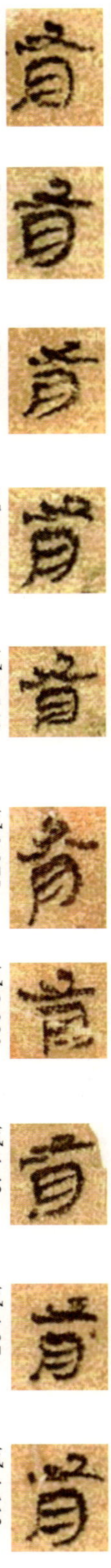

氣 2.149
氣 2.176
氣 2.204
氣 2.231
氣 2.240
氣 2.275
氣 2.280
氣 4.43
氣 4.97
氣 4.113

氣 4.120
氣 4.152
氣 4.157
氣 4.228
氣 4.249
氣 5.4
氣 5.151
氣 5.194
氣 5.202
氣 5.210

氣 5.219
氣 5.225
氣 5.243
氣 6.130
氣 6.164
氣 6.190
氣 6.214
氣 6.226
氣 6.234
氣 6.248

氣6.378
氣7.17
氣7.116
氣8.2
氣8.20
氣8.28
氣8.52
氣8.130
氣9.9
氣9.22
氣9.30
氣9.95
氣9.127
氣9.152
氣9.161
氣9.197
氣9.219
氣9.226
氣9.230
氣9.241
氣9.253
氣9.264
氣9.277
氣10.21
氣10.26
氣10.117
氣10.129
氣10.150
氣10.156
氣10.186
氣10.223
氣10.290
氣10.308
刑甲5.7
刑甲7.33
刑甲7.40
刑甲10.35
刑甲11.4
刑甲13.30
刑甲14.34
刑甲17.38
刑甲33.13
刑甲34.2
刑甲34.6
刑甲34.19
刑甲34.23
刑甲36.12
刑甲38.22
刑甲44.22
刑甲48.4
刑甲48.13
刑甲48.21
刑甲49.1
刑甲50.12
刑甲50.19
刑甲50.26
刑甲51.7
刑甲51.14
刑甲88.6
刑甲88.9
刑甲93.8
刑甲93.18
刑甲99.1
刑甲110.27
刑甲111.2
刑甲126.9
刑甲126.12
刑甲131.7
刑甲134.11
刑甲135.7
刑甲139.10
刑丙傳18.9
刑丙刑18.2
刑丙刑19.6
刑丙刑21.8
刑丙地5.13
刑丙地7.6
刑丙地17.7
刑丙地19.13
刑丙天9.42

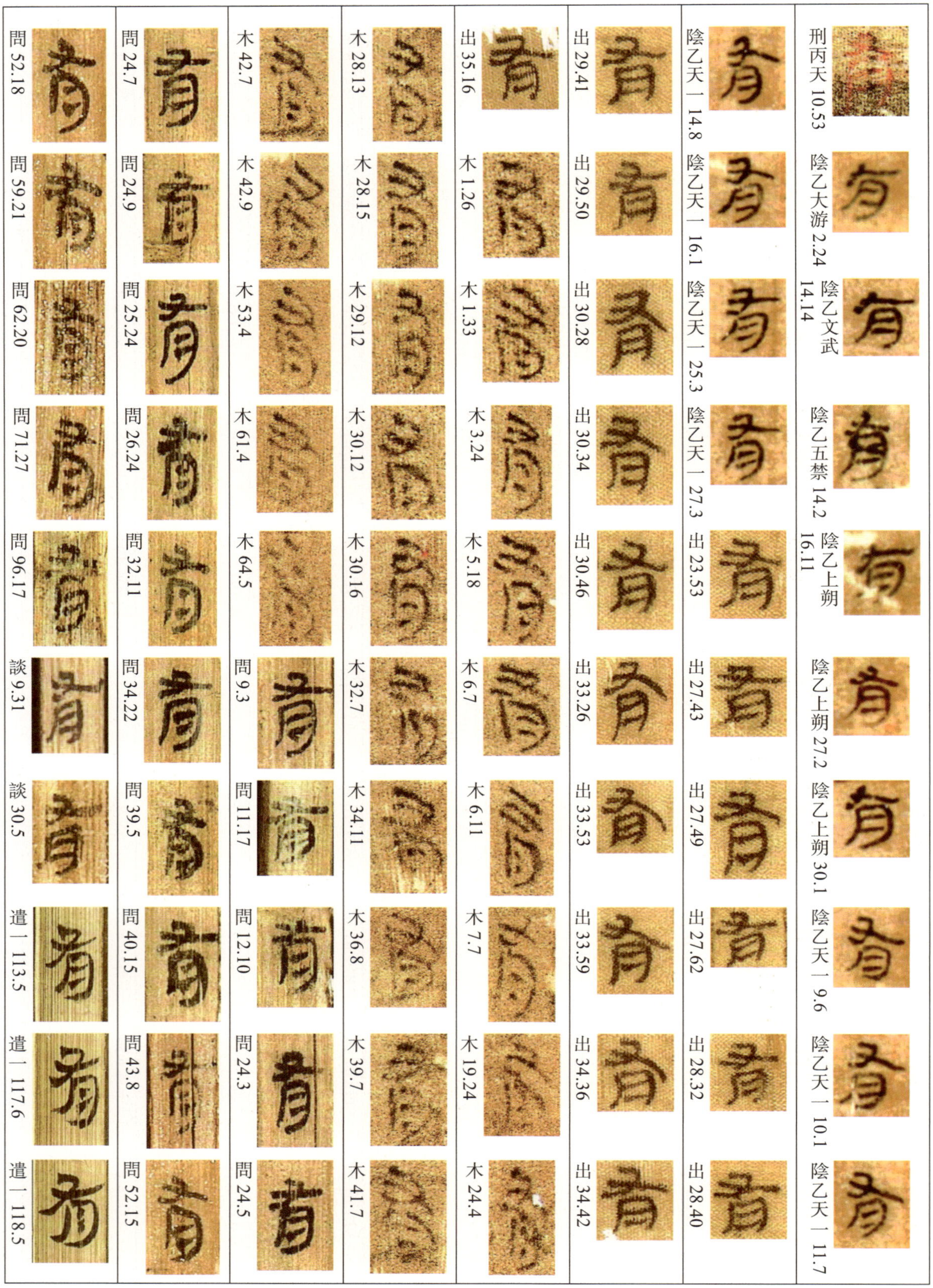

刑丙天 10.53	陰乙天一 14.8	出 29.41	出 35.16	木 28.13	木 42.7	問 24.7	問 52.18
陰乙大游 2.24	陰乙天一 16.1	出 29.50	木 1.26	木 28.15	木 42.9	問 24.9	問 59.21
陰乙文武 14.14	陰乙天一 25.3	出 30.28	木 1.33	木 29.12	木 53.4	問 25.24	問 62.20
陰乙五禁 14.2	陰乙天一 27.3	出 30.34	木 3.24	木 30.12	木 61.4	問 26.24	問 71.27
陰乙上朔 16.11	出 23.53	出 30.46	木 5.18	木 30.16	木 64.5	問 32.11	問 96.17
陰乙上朔 27.2	出 27.43	出 33.26	木 6.7	木 32.7	問 9.3	問 34.22	談 9.31
陰乙上朔 30.1	出 27.49	出 33.53	木 6.11	木 34.11	問 11.17	問 39.5	談 30.5
陰乙天一 9.6	出 27.62	出 33.59	木 7.7	木 36.8	問 12.10	問 40.15	遣一 113.5
陰乙天一 10.1	出 28.32	出 34.36	木 19.24	木 39.7	問 24.3	問 43.8	遣一 117.6
陰乙天一 11.7	出 28.40	出 34.42	木 24.4	木 41.7	問 24.5	問 52.15	遣一 118.5

遺一133.4
遺一165.7
遺一168.5
遺一169.6
遺一170.6
遺一172.5
遺一173.5
遺一174.5
遺一176.5
遺一177.5
遺一179.6
遺一180.8
遺一181.9
遺一233.6
遺一234.4
遺一235.5
遺一242.4
遺三35.5
遺三167.6
遺三168.5
遺三169.5
遺三170.5
遺三171.4
遺三172.5
遺三231.4
遺三246.7
遺三247.6
遺三248.6
遺三249.6
遺三252.8
遺三254.6
遺三255.9
遺三404.3
物1.33
物4.3
物4.13
物4.20
周1.65
周2.49
周3.15
周3.36
周5.3
周5.30
周8.10
周8.14
周8.65
周8.74
周9.17
周9.31
周10.65
周11.42
周14.14
周15.57
周20.48
周21.10
周21.25
周22.3
周22.31
周23.21
周23.27
周26.49
周27.9
周30.20
周31.76
周32.26
周33.14
周34.32
周34.40
周37.50
周39.14
周39.55
周39.59
周41.24
周41.39
周42.4
周43.9
周44.12
周44.63
周48.3
周50.49

周 50.72 周 51.26 周 51.31 周 53.21 周 53.67 周 57.9 周 57.20 周 57.43 周 57.52 周 57.64

周 58.28 周 59.19 周 59.25 周 62.10 周 63.3 周 63.16 周 63.35 周 66.20 周 66.41 周 66.51

周 66.55 周 68.7 周 68.48 周 69.75 周 70.3 周 70.24 周 77.50 周 77.66 周 77.72 周 78.2

周 80.24 周 82.3 周 84.41 周 84.51 周 85.7 周 86.18 周 88.17 周 88.60 周 91.11 周 91.55

周 91.64 周 93.7 周 93.15 二 1.75 二 2.48 二 5.60 二 6.2 二 6.22 二 8.44 二 13.29

二 14.58 二 14.64 二 15.20 二 23.9 二 25.72 二 27.42 二 28.57 二 29.55 二 35.16 二 36.32

繫 1.20 繫 2.35 繫 2.42 繫 2.47 繫 5.70 繫 6.3 繫 12.57 繫 14.69 繫 15.31 繫 16.4

繫 16.27 繫 18.31 繫 18.34 繫 23.71 繫 25.58 繫 29.4 繫 37.62 衷 4.50 衷 5.39 衷 26.43

衷27.57
衷28.16
衷31.49
衷32.6
衷33.30
衷34.40
衷38.50
衷40.72
要1.33
經2.10

經2.20
經2.23
經2.40
經2.60
經3.29
經4.4
經4.37
經5.3
經5.6
經6.39

經6.44
經6.49
經6.54
經14.25
經14.49
經15.33
經16.47
經18.15
經18.52
經19.2

經19.8
經20.20
經20.28
經23.21
經24.5
經24.39
經27.6
經27.23
經29.21
經33.6

經33.13
經33.26
經33.29
經34.9
經34.21
經41.21
經43.16
經44.26
經44.30
經44.34

經44.63
經45.18
經46.32
經49.30
經49.39
經50.13
經50.17
經50.22
經51.41
經55.19

經56.25
經56.41
經56.45
經57.36
經63.13
經65.28
經65.51
經66.1
經66.64
經68.23

經68.27
經69.3
經69.7
經69.13
經69.68
經71.33
經71.64
經72.6
經74.27
經74.51

經77.41
十2.47
十5.54
十12.10
十13.54
十18.42
十19.27
十19.30
十19.37
十19.41

十19.43
十19.49
十19.51
十19.53
十19.55
十19.57
十20.42
十25.49
十34.17
十34.46

十40.36
十41.1
十41.3
十41.5
十41.31
十41.44
十41.54
十42.7
十42.48
十43.11

十43.34
十44.10
十45.20
十46.34
十46.37
十49.39
十50.6
十50.13
十50.17
十50.21

十52.4
十56.61
十57.38
十57.42
十58.63
十59.46
十60.30
十60.66
十64.51
十65.27

稱1.6
稱1.19
稱1.56
稱2.22
稱3.53
稱7.51
稱8.1
稱8.10
稱10.8
稱10.13

稱10.22
稱10.24
稱10.26
稱12.56
稱12.64
稱13.29
稱14.13
稱15.39
稱16.10
稱16.34

稱16.61
稱17.36
稱17.40
稱17.61
稱18.20
稱19.51
稱23.11
道1.23
道1.36
老乙1.8

老乙5.2
老乙10.22
老乙14.67
老乙16.6
老乙21.56
老乙25.6
老乙30.49
老乙31.3
老乙32.11
老乙32.61
老乙39.36
老乙41.1
老乙41.10
老乙44.15
老乙47.18
老乙49.53
老乙51.14
老乙51.50
老乙52.12
老乙52.24
老乙52.30
老乙54.6
老乙54.19
老乙56.11
老乙59.1
老乙59.26
老乙60.11
老乙60.24
老乙62.1
老乙62.47
老乙62.56
老乙63.54
老乙65.12
老乙65.52
老乙66.43
老乙67.11
老乙74.18
老乙74.23
老乙74.60
老乙75.8
老乙75.39
星10.2
星13.8
星18.15
星18.30
星28.15
星29.27
星30.14
星31.19
星37.16
星37.43
星42.5
星43.5
星43.12
星43.21
星43.33
星43.47
星44.3
星45.52
星49.17
星51.49
星56.20
星59.27
星59.33
星59.38
星66.20
星66.27
星67.25
星143.43
刑乙22.9
刑乙26.13
刑乙26.16
刑乙38.11
刑乙40.1
刑乙64.1
刑乙64.23
刑乙66.2
刑乙68.19
刑乙68.21
刑乙68.27

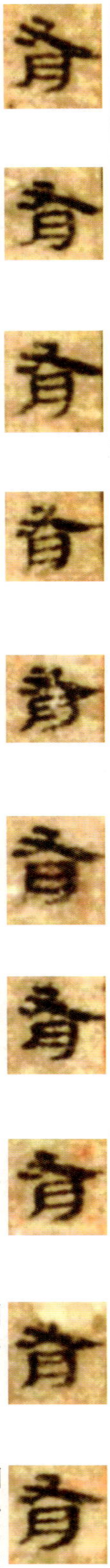
刑乙69.7 刑乙69.44 刑乙70.21 刑乙73.29 刑乙81.23 刑乙83.18 刑乙83.33 刑乙92.5 刑乙92.14 刑乙92.22

刑乙92.29 刑乙93.13 刑乙93.20 刑乙93.27 相1.5 相1.16 相1.20 相4.12 相5.30 相5.50

相5.52 相5.58 相6.15 相6.19 相6.59 相7.16 相7.21 相8.26 相8.40 相9.2

相9.4 相9.22 相10.19 相11.17 相11.21 相14.24 相15.50 相15.54 相16.1 相16.9

相17.20 相19.17 相19.51 相20.29 相21.24 相25.25 相28.26 相31.45 相34.45 相37.55

相40.8 相41.52 相44.21 相44.39 相47.29 相48.18 相49.3 相49.11 相50.6 相50.27

相56.7 相56.19 相57.3 相57.6 相57.10 相58.36 相58.51 相59.6 相59.10 相59.27

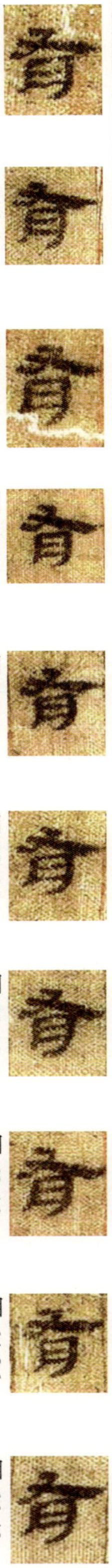
相59.44 相59.48 相60.3 相60.24 相60.36 相60.47 相61.49 相63.10 相64.26 相66.49

相68.13
相68.17
相68.30
相69.8
相69.44
相72.4
相73.11
相75.23

朙

明

足10.4
足12.17
足34.9
陽甲12.5
方211.7
方379.23
陽乙4.27
養35.14
養35.29

養61.34
養192.8
房44.9
房44.20
房44.27
胎7.4
春38.6
戰69.29
戰76.25
戰103.27

戰150.32
戰187.21
戰214.16
戰234.4
老甲31.12
老甲123.12
老甲135.4
老甲137.3
老甲146.29
老甲167.23

五27.4
五28.19
五28.26
五73.17
五74.14
五74.23
五75.2
五103.22
五113.5
五113.18

五113.29
九2.28
九3.14
九7.24
九9.25
九11.12
九20.7
九25.7
九31.2
九40.4

九50.27
明1.4
明2.7
明42.7
明44.21
明45.19
德9.6
德11.6
刑甲19.14
刑甲38.29

刑甲39.3
刑甲39.9
刑甲49.4
刑丙天4.33
陰乙大游2.5
陰乙大游3.34
問1.27
問2.29
問7.7
問18.4

問 20.2
問 22.18
問 35.16
問 50.8
問 53.7
問 57.6
問 64.18
問 66.8
問 79.12
問 95.4

問 97.9
合 12.3
合 13.25
合 32.14
談 8.10
談 13.5
談 27.32
遣三 21.5
遣三 39.5
導 2.2

物 4.26
周 29.64
周 51.10
周 51.36
周 51.50
周 51.67
周 51.74
周 52.8
周 52.16
周 66.60

二 11.42
繫 22.46
繫 23.11
繫 24.43
繫 31.25
繫 33.21
衷 20.4
衷 32.55
衷 43.18
要 17.30

要 21.17
繆 1.39
繆 5.60
繆 22.46
繆 22.56
繆 23.29
繆 23.35
繆 32.61
繆 35.55
繆 37.20

繆 37.40
繆 38.31
繆 39.51
繆 40.59
繆 44.13
繆 46.50
繆 70.24
繆 72.55
昭 12.11
經 1.12

經 4.33
經 7.3
經 8.35
經 24.33
經 28.53
經 37.55
經 48.23
經 49.16
經 49.51
經 50.2

經 50.27
經 70.8
經 70.13
經 71.26
十 6.20
十 9.30
十 14.61
十 18.8
十 19.40
十 31.53

夕

星123.12	九22.6	陰甲·殘41.2	相1.14	星46.7	老乙64.25	道1.24	十32.27
星124.3	刑甲25.10	方69.11	相1.46	星46.12	老乙68.33	道3.16	十32.39
星124.17	出24.47	方70.14	相3.5	星46.25	老乙74.55	道4.70	十32.49
星128.6	談43.22	方194.17	相8.54	星56.40	老乙77.39	道6.71	十48.20
星128.20	周1.34	方249.2	相44.30	星60.31	星1.41	老乙5.5	十62.11
星131.11	二16.1	方420.22	相48.12	刑乙39.8	星2.16	老乙14.44	十63.71
星132.4	二16.68	養131.1		刑乙43.8	星3.6	老乙17.45	稱12.5
星132.18	衷26.17	射19.16		刑乙73.11	星3.24	老乙51.34	稱12.12
星135.11	衷33.15	春74.11		刑乙86.8	星3.38	老乙58.22	稱16.11
星136.6	星5.13	老甲14.8		刑乙92.32	星4.11	老乙63.29	稱19.62

夜

星136.21
星139.12
星140.7
星140.22
星143.16
刑乙77.22

陰甲衍4.23
足25.15
足27.15
方419.25
方422.15
去7.16
養33.15
養177.10
射10.22
氣10.143

刑甲40.25
問31.20
問37.3
問89.20
問91.18
合1.18
周57.42
繫7.56
繆24.53
繆29.55

十8.27
稱22.63
星72.41
星73.13
刑乙60.1

夢

夣

陰甲神上20.1
陰甲宜忌5.11

戰113.34
繆18.5
繆20.61
十7.18
十7.20
十58.24
道1.20

外

陰甲諸日1.6
足1.7
足5.17
足6.14
足7.10
足7.16
足7.20
足7.24
足8.15
足8.19

足11.19
足29.19
足30.2
陽甲6.11
陽甲9.8
陽甲13.2
陽甲28.8
方209.30
陽乙1.2
陽乙3.5

陽乙4.14
陽乙4.34
陽乙5.6
陽乙7.7
陽乙11.39
養220.19
戰6.12
戰7.1
戰21.2
戰86.4

戰151.19
戰156.1
戰162.1
戰304.2
老甲104.26
五25.5
五58.19
五63.4
五96.4
五96.11

五96.27
五97.6
九51.19
明7.15
明36.15
明36.21
氣1.223
氣4.75
氣4.158
氣5.57

氣5.113
氣6.283
氣6.293
氣6.351
氣7.125
氣9.151
刑甲4.9
刑甲4.12
刑甲4.28
刑丙地4.9

刑丙地17.17
刑丙天9.33
木2.29
木15.4
問92.14
談31.11
談31.32
物1.34
周23.53
二36.30

繫13.9
繫13.27
繫31.72
衷36.29
衷40.14
衷42.15
衷47.69
繆25.16
繆25.20
繆26.56

繆45.65
繆51.2
繆64.2
繆69.54
繆70.57
昭12.25
經23.40
經25.16
經25.48
經26.43

經38.59
經39.11
經41.11
經47.12
經48.9
經50.20
經62.65
經63.3
經63.28
經63.61

多　⿵門⿱莫夕*　⿱莫夕

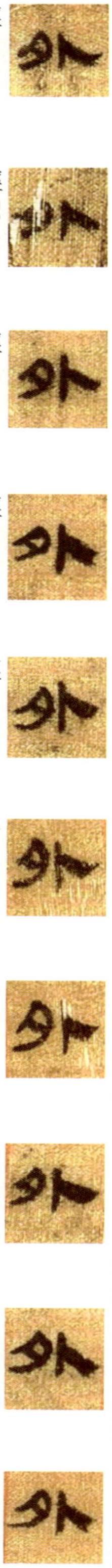

經 70.25
經 70.41
經 73.19
經 76.47
經 76.59
十 13.59
十 13.61
十 14.31
十 16.30
十 63.59

稱 9.32
稱 15.27
稱 15.40
稱 15.54
道 1.74
老乙 49.20
老乙 49.26
刑乙 63.54
刑乙 64.4
相 18.9

相 19.24
相 60.53
相 69.54
相 72.33

出 32.22
出 33.12
出 33.33
出 34.20
出 34.34
周 57.41

周 76.16

用作「婚媾」之「婚」，應分析爲从⿱莫夕門聲，故暫附於此。

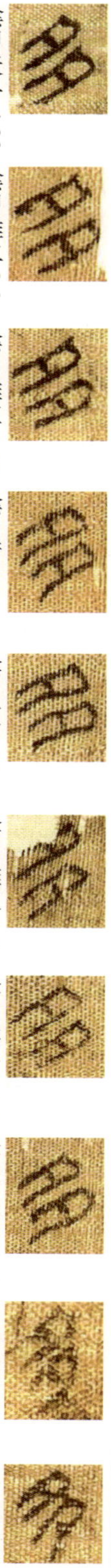

陰甲天一 4.23
陰甲雜二 3.8
陰甲雜三 4.18
陰甲衍 4.28
陰甲室 4.23
陰甲雜五 4.16
陰甲堪法 13.2
陰甲·殘 201.6
足 20.6
方 32.10

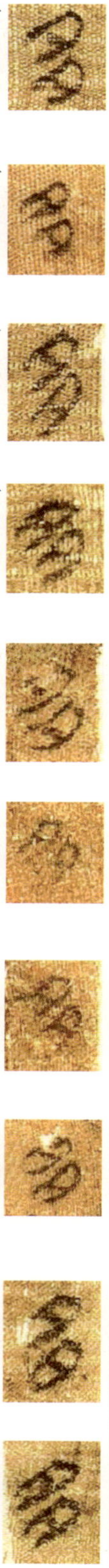

方 57.14
方 100.12
方 184.12
方 254.2
去 7.13
去 8.7
去 8.18
去 8.30
養 30.15
養 39.19

養 50.20
養 105.15
養 110.26
養·殘 18.2
房 8.25
房 53.14
胎 18.4
胎 18.23
春 82.16
戰 38.22

戰 41.33
戰 78.1
戰 98.6
戰 126.33
戰 137.7
戰 140.19
戰 149.20
戰 166.21
戰 198.9
戰 198.25

戰 248.2
戰 253.19
戰 264.17
戰 291.17
老甲 16.16
老甲 41.13
老甲 53.26
老甲 82.17
老甲 102.19
老甲 136.22

五 54.2
五 61.15
五 128.21
明 4.11
氣 2.88
氣 6.203
氣 6.310
氣 7.60
氣 10.49
刑甲 9.16

陰乙大游 2.138
陰乙天一 12.10
問 44.24
問 56.14
問 62.9
禁 3.8
談 3.6
二 13.70
二 13.73
二 13.76

二 13.78
繫 38.30
繫 47.18
衷 4.24
衷 11.7
衷 31.68
衷 44.17
衷 50.33
要 14.11
要 17.3

繆 36.57
周·殘下 141.1
經 5.13
經 32.20
經 43.15
十 27.44
十 28.8
十 43.58
十 46.9
十 47.5

道 4.1
道 6.54
老乙 19.26
老乙 19.34
老乙 31.65
老乙 32.19
老乙 39.22
老乙 48.23
老乙 64.1
星 70.18

刑乙 48.12
相 3.43
相 44.19
相 45.51
相 46.37
相 47.47
相 49.27
相 51.51
相 51.65
相 52.11

相54.50 相54.64 相56.21 相56.33 相56.57 相58.33 相60.21 相62.19 相63.32 相66.61

相69.21 相69.46 相70.21 相70.35 相70.47 相70.60 相74.6 相74.33 相75.62 相76.30

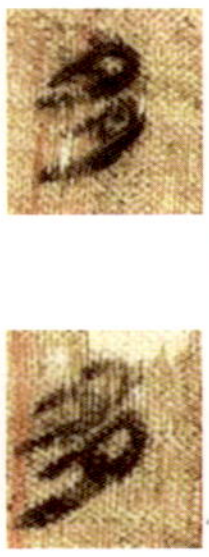
相76.57 相76.60

貫

足1.12 足1.24 足2.12 足5.15 足6.4 足10.10 足13.12 方83.5 周12.45 星60.19

星65.46 刑乙68.31

虜

稱4.25

函

⿱亼肙

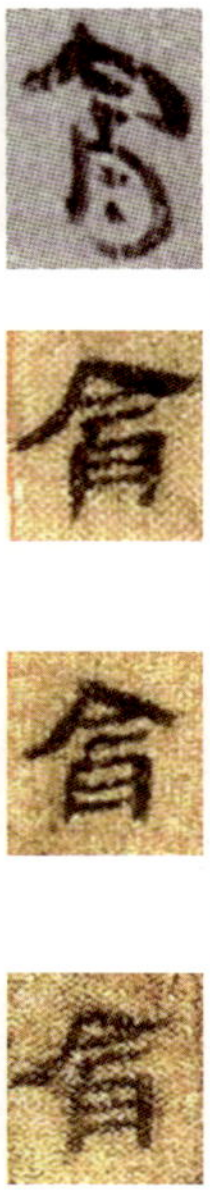
遣三366.21 繆58.52 十27.30 相31.50

《說文》以爲「圅」字俗體，二者非異體關係。

⿰月合

遣三198.3

甬

陰甲雜三4.19
陰甲雜七5.14
陰甲堪法11.30
陰甲堪法12.19
陰甲·殘2.16
方240.14
陽乙6.17
陽乙6.22
陽乙6.24
陽乙9.30

陽乙9.51
陽乙11.4
陽乙15.26
陽乙17.29
陽乙17.31
陽乙17.33
陽乙17.36
陽乙18.43
合20.8
合22.19

談38.15
談42.16

栗

遣三149.1

粟

明28.14
二12.39
經5.16

齊

陰甲雜一8.14
陰甲雜一8.16
方71.12
方331.12
方423.6
方423.10
方423.13
方423.21
養201.10
房·殘23.1

春42.2
春45.7
春45.23
春92.16
春92.28
春97.14
戰4.3
戰4.36
戰5.1
戰5.22

戰5.32
戰5.34
戰6.4
戰6.18
戰6.27
戰6.33
戰7.2
戰7.4
戰7.25
戰11.34

戰 13.6
戰 15.5
戰 16.5
戰 17.12
戰 18.13
戰 20.3
戰 20.25
戰 21.3
戰 21.9
戰 21.20
戰 22.6
戰 22.12
戰 22.25
戰 24.13
戰 24.18
戰 25.4
戰 25.18
戰 25.36
戰 26.9
戰 26.12
戰 26.30
戰 27.18
戰 28.4
戰 28.12
戰 28.22
戰 29.10
戰 29.16
戰 29.24
戰 30.12
戰 30.16
戰 30.24
戰 31.9
戰 32.3
戰 32.5
戰 32.31
戰 33.11
戰 33.31
戰 34.5
戰 34.17
戰 34.26
戰 35.4
戰 35.18
戰 35.33
戰 36.21
戰 36.24
戰 37.14
戰 37.20
戰 38.13
戰 38.20
戰 39.16
戰 39.29
戰 39.34
戰 40.20
戰 41.17
戰 42.13
戰 42.18
戰 42.23
戰 44.14
戰 55.39
戰 56.29
戰 56.34
戰 59.6
戰 59.15
戰 60.5
戰 60.11
戰 60.23
戰 61.10
戰 61.24
戰 63.14
戰 64.24
戰 65.31
戰 66.17
戰 66.29
戰 67.9
戰 67.40
戰 70.16
戰 70.36
戰 71.17
戰 71.41
戰 72.9

戰 73.2
戰 75.7
戰 77.10
戰 77.39
戰 79.16
戰 83.12
戰 86.20
戰 89.19
戰 89.21
戰 90.18

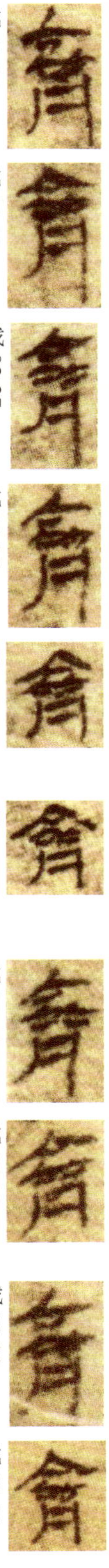

戰 91.34
戰 92.20
戰 92.27
戰 93.37
戰 94.37
戰 96.34
戰 97.13
戰 98.10
戰 98.25
戰 99.31

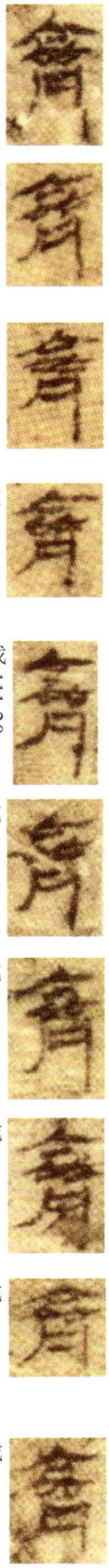

戰 99.39
戰 106.37
戰 107.33
戰 110.40
戰 111.20
戰 111.29
戰 112.6
戰 112.23
戰 113.5
戰 113.17

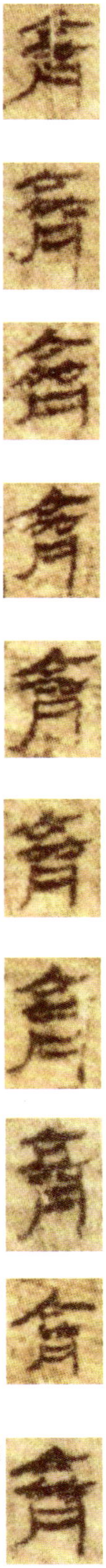

戰 113.35
戰 114.25
戰 115.22
戰 116.21
戰 117.11
戰 119.18
戰 120.25
戰 122.28
戰 123.34
戰 128.29

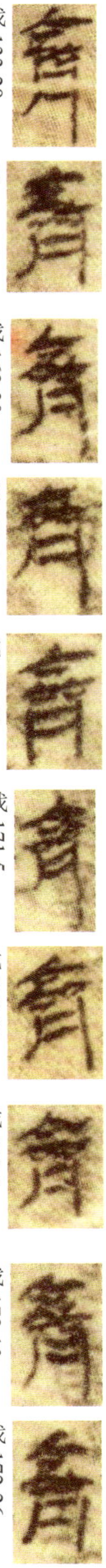

戰 133.29
戰 156.34
戰 169.30
戰 170.31
戰 170.38
戰 171.5
戰 171.27
戰 172.3
戰 172.10
戰 172.26

戰 172.33
戰 172.37
戰 176.2
戰 176.18
戰 177.27
戰 178.21
戰 178.28
戰 180.13
戰 181.13
戰 181.23

戰 182.5
戰 182.11
戰 182.20
戰 183.5
戰 184.14
戰 184.17
戰 185.28
戰 186.31
戰 200.18
戰 202.28

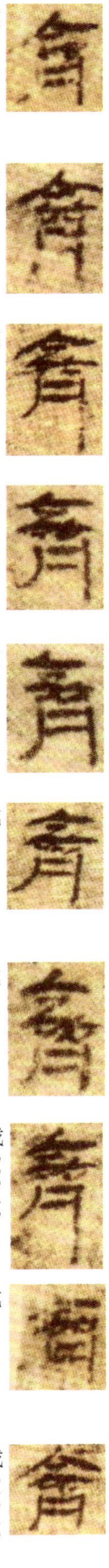

戰 203.4
戰 204.37
戰 205.16
戰 206.28
戰 206.35
戰 206.40
戰 207.28
戰 209.10
戰 210.2
戰 210.12

棗

戰210.34
戰211.24
戰211.30
戰211.34
戰214.11
戰215.17
戰216.17
戰220.28
戰220.37
戰221.6

戰221.18
戰223.6
戰223.17
戰224.36
戰225.9
戰225.33
戰228.17
戰232.1
戰233.6
戰234.8

戰235.1
戰235.10
戰235.23
戰236.27
戰238.17
戰242.11
戰246.5
戰250.21
戰252.5
戰252.8

戰296.9
戰297.12
戰297.28
明35.25
明36.3
明36.16
明37.2
氣1.27
刑甲56.2
刑甲56.7

問74.5
談33.36
遣三217.1
遣三407.1
二1.40
繫7.12
繫30.43
衷32.54
衷34.48
繆18.22

繆48.42
繆64.45
老乙14.35
星73.28
星73.35
刑乙95.8
刑乙96.25
刑乙96.30
刑乙96.33
相4.18

相15.56
相50.8
相50.24
相66.51
相66.59

方186.11
方192.4
方257.10
方257.14
方259.10
方274.9
養104.17
養175.2
房20.29
相10.20

相 15.22
相 24.32
相 24.37
相 59.11
相 59.23
相 65.32
相 66.15
相 66.35

棘

養 3.3
養 3.9
養 65.9
戰 238.14
遺一 113.1
遺一 133.1
遺一 137.4
牌一 31.1
牌一 40.2
遺三 170.1

遺三 171.1
牌三 47.1
老乙 14.40
相 21.39

版

刑甲 40.27
刑甲 41.1
陰乙五禁 13.6
刑乙 87.7

牒

木 17.6
木 17.24
木 18.6
遺一 68.15
遺一 88.12
遺一 102.8
遺一 153.6
遺一 157.6
遺一 219.9
遺一 224.5

遺一 283.5
遺一 312.12
遺三 396.6
遺三 400.4

牖

陽甲 11.13
老甲 20.15
周 21.55
周 25.15
繫 16.33
稱 16.23
老乙 52.20

房

陰甲室 9.27

鼎

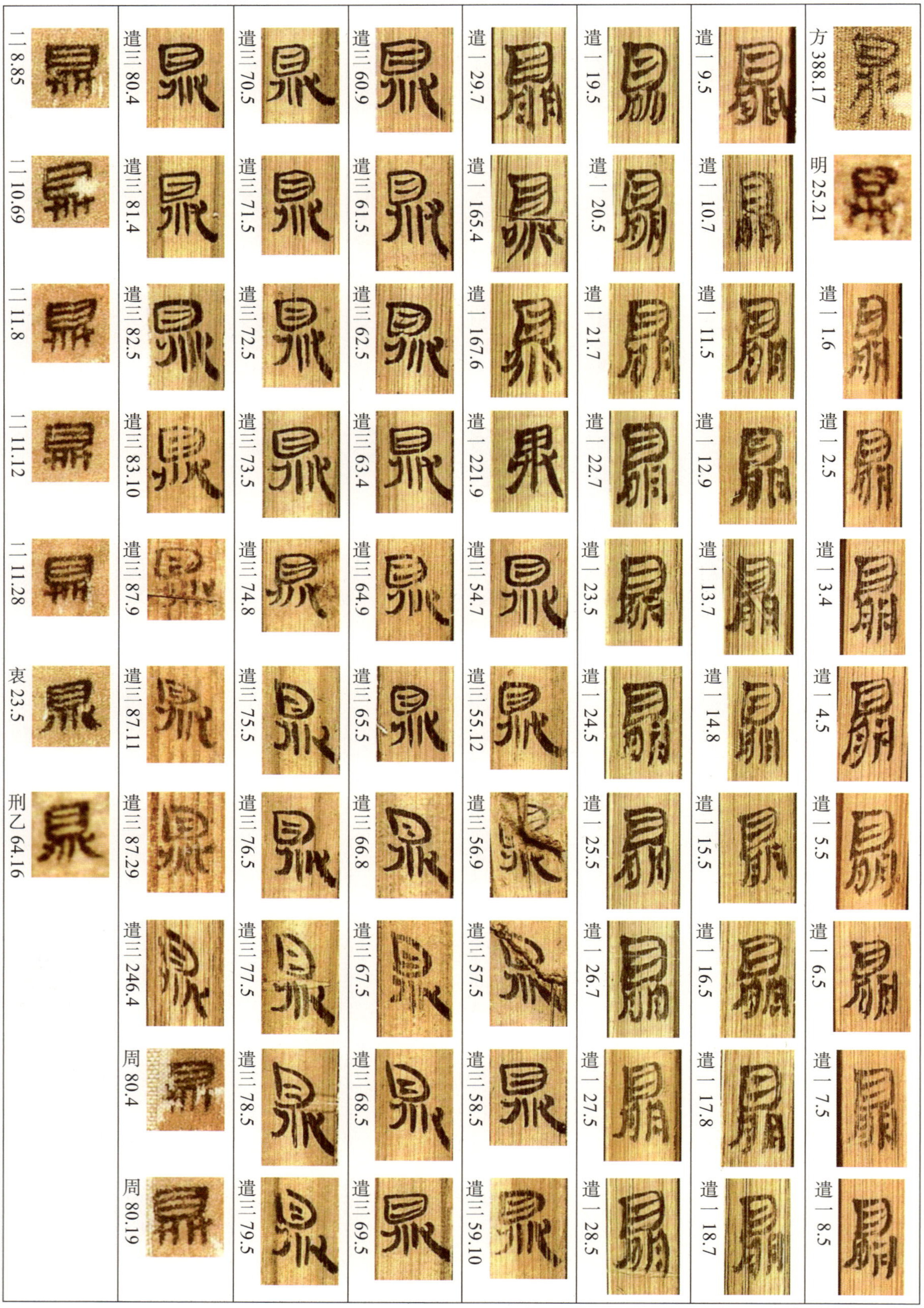

方388.17
明25.21
遣一1.6
遣一2.5
遣一3.4
遣一4.5
遣一5.5
遣一6.5
遣一7.5
遣一8.5
遣一9.5
遣一10.7
遣一11.5
遣一12.9
遣一13.7
遣一14.8
遣一15.5
遣一16.5
遣一17.8
遣一18.7
遣一19.5
遣一20.5
遣一21.7
遣一22.7
遣一23.5
遣一24.5
遣一25.5
遣一26.7
遣一27.5
遣一28.5
遣一29.7
遣一165.4
遣一167.6
遣一221.9
遣三54.7
遣三55.12
遣三56.9
遣三57.5
遣三58.5
遣三59.10
遣三60.9
遣三61.5
遣三62.5
遣三63.4
遣三64.9
遣三65.5
遣三66.8
遣三67.5
遣三68.5
遣三69.5
遣三70.5
遣三71.5
遣三72.5
遣三73.5
遣三74.8
遣三75.5
遣三76.5
遣三77.5
遣三78.5
遣三79.5
遣三80.4
遣三81.4
遣三82.5
遣三83.10
遣三87.9
遣三87.11
遣三87.29
遣三246.4
周80.4
周80.19
二 8.85
二 10.69
二 11.8
二 11.12
二 11.28
衷23.5
刑乙64.16

克

周 5.38

周 5.69

周 7.47

周 7.62

周 13.83

周 15.47

周 26.40

周 92.34

繆 63.56

繆 72.15

經 42.20

經 63.20

十 38.53

稱 19.18

袁

春 2.18

春 80.19

周 54.13

周 70.40

「克」字訛體，「充」字或訛作與之同形，卷八儿部重見。

剋

刑丙天 4.32

「克」、「剋」乃一字分化，《說文》「勊」字乃「剋」字的進一步訛變。

禾

方 114.9

戰 6.37

戰 21.5

戰 224.6

十 26.42

秀

秀

方 179.26

稼

刑甲 136.8

刑乙 36.8

穜

足 8.20

足 11.12

足 11.14

足 11.20

足 20.12

陽甲 13.3

陽甲 17.6

陽甲 19.7

脈 4.10

方 166.10

私　稀　稠　稺

私	稀	稠	稺				
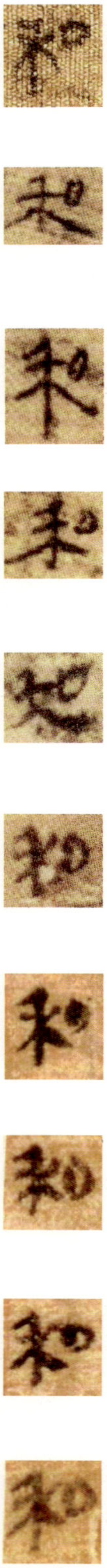							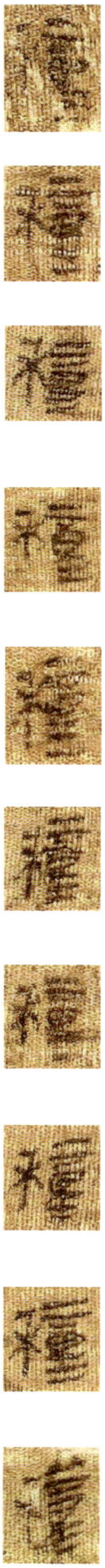
方 329.7	方 254.29	方 128.3	相 37.52	經 55.26	遺一 150.2	方 376.3	方 181.8
戰 106.2		養 66.21			遺一 151.2	方 376.25	方 186.12
戰 115.29		養 67.25			遺一 152.2	方 377.4	方 186.18
戰 117.8					遺一 153.4	方 386.6	方 205.14
戰 170.22					竹一 13.2	方 387.12	方 207.14
老甲 91.4					遺三 180.2	養 64.13	方 209.6
五 94.3					遺三 181.2	養 106.13	方 228.5
九 15.26					遺三 182.2	陰乙三合 1.10	方 228.21
九 29.21					遺三 184.2	遺一 148.2	方 228.27
德 1.20					二 9.54	遺一 149.2	方 287.14

稷

繆34.15　周.殘下33.4　經3.68　經4.48　經7.46　經10.17　經21.13　經22.48　經29.7　經44.16

經61.8　十26.37　老乙49.36　刑乙63.55

陽甲6.5

稯

星7.33

「稷」字訛體，「畟」旁訛作「㚇」形。與本卷訓爲「布之八十縷」的「稯」字同形。

禝

老甲90.18　太2.15　昭2.24　經9.27　十42.17　十53.25　老乙42.46

禝

戰235.13　周69.30

齋

秶

遣一128.2　遣一129.2　遣一142.2　遣一143.2　遣一203.10　竹一14.2　遣三176.2　遣三177.2　周60.22

《說文》或體。

秋

方319.3

問98.9

竹一15.3

遺三174.4

⿰木术

方25.18

方29.4

⿰禾米

遺一144.3

「秫」字訛體，「术」旁訛作「米」形。

稻

養11.7

養12.1

房48.7

胎6.24

遺一117.1

遺一118.1

遺一130.1

遺一144.1

遺一145.1

遺一203.11

遺一212.8

竹一15.1

遺三146.1

遺三167.1

遺三168.1

遺三173.1

遺三174.1

⿰禾⿱米臼

陰甲神下42.9

增加「米」旁爲意符。

秏

星34.11

稗

養74.24

移

陰甲堪法12.12
養223.8
氣8.109
刑甲38.19
刑甲47.16
木23.7
問69.22
問71.11
問91.17
遺三1.14
遺三1.19
遺三268.4
經70.59
刑乙91.13

穎

經24.26

「匕」、「禾」二旁皆反書，「匕」旁最下一筆兼充「禾」旁上端撇畫。

穫

地11.1
周8.29

⿰禾雈

繆70.23
昭14.4

積

戰224.31
明4.21
明6.19
明31.18
明31.23
明32.14
明34.15
明34.28
明35.14
明42.20
明46.13
問18.6
問28.24
問29.9
問39.9
問47.7
問56.9
談8.19
談24.9
經34.39
經76.40
十36.20
十36.37
十39.10
十39.13
十39.19
稱22.13
稱22.15
稱22.30
老乙32.4

秳 ⿰禾昏

相 1.25

相 16.52

相 44.63

相 67.50

方 370.14

「昏」旁訛作與「古」形近同。

穅

康

刑甲 14.10

刑甲 30.24

竹一 11.2

周 71.3

二 11.65

經 31.3

經 32.5

十 48.54

刑乙 69.63

刑乙 81.17

《說文》或體。

稈

方 202.9

方 227.3

相 17.7

相 68.19

秆

氣 6.210

氣 6.218

《說文》或體。

稿 稾

方 191.14

養 141.11

明 17.3

二 12.43

經 3.32

星 53.32

穰

戰 132.33

戰 149.14

戰 201.28

年秊

陰甲天一2.25 陰甲天一2.34 陰甲天一3.34 陰甲天一4.12 陰甲天一6.21 陰甲天地5.3 陰甲刑日9.11 方91.5 方97.27 去2.15

去2.21 春91.16 戰30.15 戰67.24 戰111.19 戰164.6 戰183.32 戰296.29 戰324.6 氣6.215

氣6.229 氣10.224 刑甲13.21 刑甲61.3 刑甲72.3 刑甲86.4 刑甲126.18 刑甲140.5 刑甲140.10 刑甲大游1.14

刑丙刑3.9 刑丙刑5.2 刑丙刑12.5 刑丙天7.13 陰乙刑德26.7 陰乙大游1.52 陰乙大游2.129 陰乙女發3.4 問47.13 問53.24

問67.7 談14.20 談28.5 遣三1.3 喪1.2 喪3.3 卦1.1 周18.35 周27.45 周54.11

周77.49 二16.32 二23.35 要9.7 繆7.26 周·殘下93.2 經14.36 經14.41 經14.46 經14.52

經15.21 經15.27 經15.36 經15.45 經16.2 經16.5 十17.10 十42.55 十44.65 星6.4

星17.12 星18.13 星18.38 星88.6 星120.6 刑乙26.22 刑乙48.4 刑乙69.35

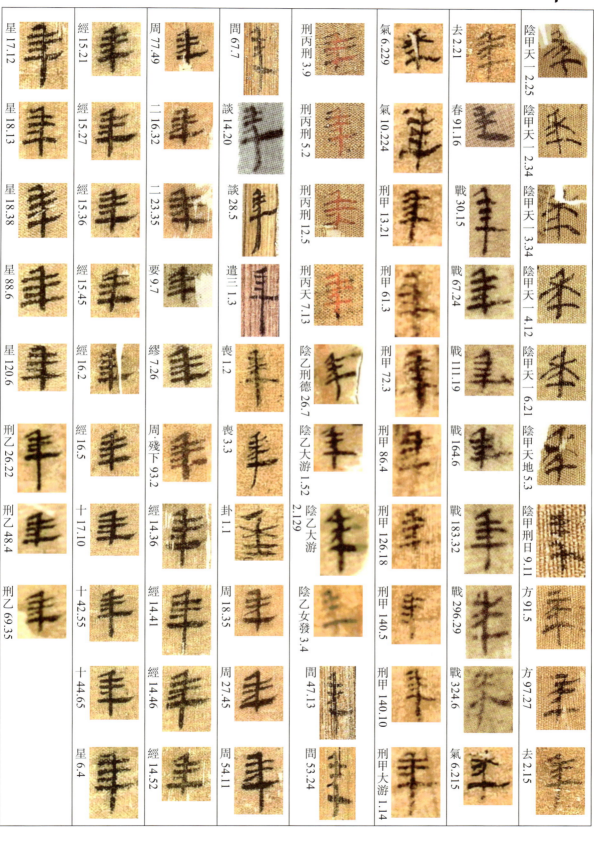

穀

方 371.6

去 1.3

去 1.49

養 82.17

養圖 1.7

戰 265.4

戰 265.20

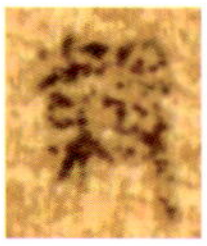
刑甲 139.8

陰乙上朔 33.27

問 81.8

十 10.28

星 17.13

刑乙 38.9

㲉

戰 224.7

刑丙天 7.14

陰乙文武 12.34

談 48.20

槀

老甲 13.15

老乙 4.12

租

木 21.5

稅

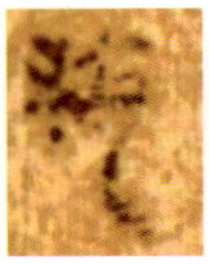
刑甲 136.9

刑乙 36.9

稍

方 22.2

方 46.19

方 62.2

方 95.5

方 387.6

養 17.8

養 167.13

養·殘 98.4

房 53.4

胎 22.12

遣三 397.7

秋

陰甲神上13.16
陰甲雜三3.12
陰甲堪法11.5
陰甲刑日圖1.17
方17.24
方335.3
養106.2
養116.2
戰248.27
五115.19

氣6.362
刑甲17.22
刑甲17.25
刑甲48.17
刑甲50.4
刑丙天10.13
陰乙刑日圖1.10
出21.3
問32.22
遣一125.2

遣一126.2
遣三205.2
地12.1
衷11.27
要20.4
繆8.7
經3.31
十8.52
稱22.55
星64.34

星73.18
星74.42
刑乙71.64
刑乙72.3
刑乙92.18
刑乙93.5

秦

養113.16
春34.10
戰3.5
戰3.12
戰5.3
戰15.18
戰16.29
戰21.10
戰22.7
戰23.33

戰33.25
戰37.10
戰54.36
戰61.32
戰62.22
戰63.20
戰63.23
戰67.22
戰69.14
戰70.21

戰71.14
戰72.3
戰86.37
戰87.1
戰88.11
戰89.6
戰89.14
戰89.28
戰90.19
戰93.12

戰 94.5	戰 107.13	戰 111.40	戰 123.31	戰 136.19	戰 152.20	戰 161.30	戰 171.28
戰 94.24	戰 108.12	戰 112.24	戰 124.33	戰 137.28	戰 154.8	戰 162.28	戰 171.36
戰 98.1	戰 108.34	戰 112.36	戰 127.6	戰 137.33	戰 155.30	戰 164.7	戰 172.24
戰 99.7	戰 109.15	戰 113.11	戰 127.22	戰 143.10	戰 156.15	戰 166.24	戰 172.34
戰 99.35	戰 109.38	戰 119.8	戰 128.27	戰 145.11	戰 156.21	戰 166.32	戰 173.5
戰 101.26	戰 110.1	戰 120.15	戰 129.3	戰 146.22	戰 157.10	戰 170.1	戰 173.11
戰 102.19	戰 110.42	戰 121.19	戰 129.10	戰 147.28	戰 158.14	戰 170.39	戰 176.30
戰 103.8	戰 111.11	戰 121.30	戰 129.24	戰 150.14	戰 158.21	戰 171.11	戰 177.29
戰 103.24	戰 111.23	戰 122.16	戰 132.20	戰 150.20	戰 159.32	戰 171.19	戰 179.16
戰 103.29	戰 111.30	戰 123.5	戰 135.23	戰 151.33	戰 159.42	戰 171.24	戰 182.2

戰 182.16
戰 182.32
戰 184.1
戰 184.5
戰 185.2
戰 186.24
戰 201.30
戰 207.22
戰 214.21
戰 214.27

戰 214.34
戰 215.4
戰 215.9
戰 215.19
戰 216.9
戰 217.2
戰 217.31
戰 218.9
戰 218.36
戰 222.18

戰 223.12
戰 224.27
戰 225.16
戰 229.6
戰 229.25
戰 230.6
戰 231.33
戰 233.13
戰 233.15
戰 236.35

戰 237.31
戰 239.6
戰 239.20
戰 242.6
戰 243.13
戰 249.15
戰 255.22
戰 256.15
戰 257.1
戰 258.4

戰 258.21
戰 259.8
戰 259.16
戰 262.19
戰 263.6
戰 263.17
戰 265.18
戰 266.18
戰 267.8
戰 268.3

戰 268.25
戰 269.17
戰 270.27
戰 271.25
戰 272.5
戰 272.21
戰 273.16
戰 273.22
戰 274.10
戰 274.19

戰 275.9
戰 275.16
戰 277.7
戰 277.26
戰 278.12
戰 278.24
戰 279.14
戰 280.19
戰 282.16
戰 282.19

戰 283.22
戰 289.11
戰 290.21
戰 291.7
戰 292.2
戰 293.6
戰 294.3
戰 295.21
戰 297.5
戰 298.15

稱

戰 298.26
戰 299.14
戰 300.12
戰 300.16
戰 301.1
戰 303.7
戰 305.11
戰 311.5
氣 1.14
刑甲 58.10

刑甲 58.15
問 94.5
談 26.26
談 27.13
繆 18.15
星 73.30
星 74.3
星 74.8
星 76.9
星 90.10

刑乙 97.30
刑乙大游 1.110

陰甲·殘 312.2
脈 4.14
養 63.8
老甲 73.14
二 1.9
衷 44.9
要 21.61
要 22.11
要 22.35
要 22.55

要 23.24
經 2.29
經 4.59
經 6.27
經 43.3
經 76.44
稱 25.3

稯

《説文》：「稯，布之八十縷爲稯。从禾嵏聲。」帛書中「稯」皆是「稯」字之訛，字形詳見本卷「稯」字下。

⿰禾方*

衷 45.14

⿰禾昜*

養 82.8
養 128.27
養 129.6

穙*

方128.13

積*

「積」字異體，卷八禿部重見。

兼

足5.18　足5.23　足7.11　足7.17　足7.25　足13.23　足14.16　足16.17　足16.23　足16.27

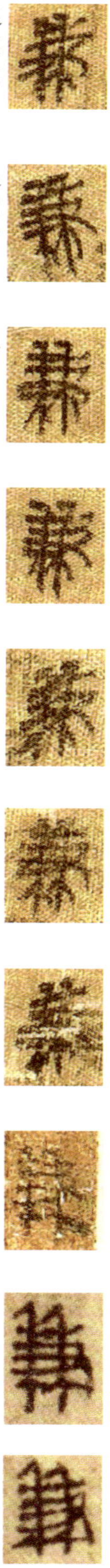
足19.15　足25.9　足25.17　足27.13　足29.12　足30.3　足31.14　陽乙8.15　戰42.27　戰134.21

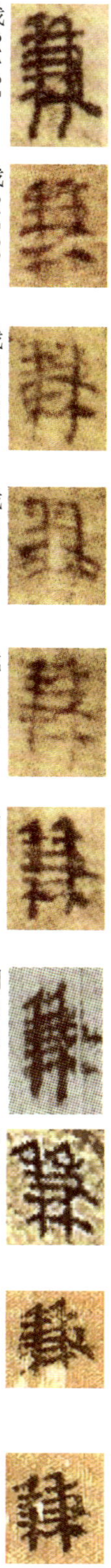
戰211.25　戰315.29　戰322.38　戰323.16　戰324.16　老甲50.7　問49.25　箭96.1　二4.45　衷21.24

經10.5　經11.5　經22.45　經29.2　經35.36　十18.41　十35.53　十42.47　十52.15　稱9.43

老乙21.6　星62.4　相42.30

黍

陰甲神下41.15　陰甲衍4.25　方85.11　方202.8　方253.7　方254.13　養11.5　養166.10　房7.6　房8.17

黎

⿰黍勿

氣6.237　談46.29　竹一16.1　遣三146.2　遣三175.1　遣三184.13　星7.32

方81.4　方360.8　方376.8　談47.7

米

方92.5　方92.12　方194.10　方254.14　方257.27　方283.14　方283.20　方317.6　方319.4　方321.4

方363.22　方398.8　養5.5　養11.6　養11.8　養37.13　房7.7　射6.9　刑甲135.8　遣一111.1

遣一145.4　遣一147.4　遣一169.9　遣一170.9　遣一173.8　遣一174.8　遣一221.16　竹一15.4　遣三173.4　遣三174.2

遣三175.2　刑乙35.17

粱

方92.4　戰5.7　戰5.24　戰7.34　戰9.13　戰15.16　戰60.2　戰62.24　戰68.5　戰68.20

戰71.12　戰72.15　戰85.24　戰87.38　戰88.8　戰88.32　戰90.5　戰94.26　戰95.16　戰96.15

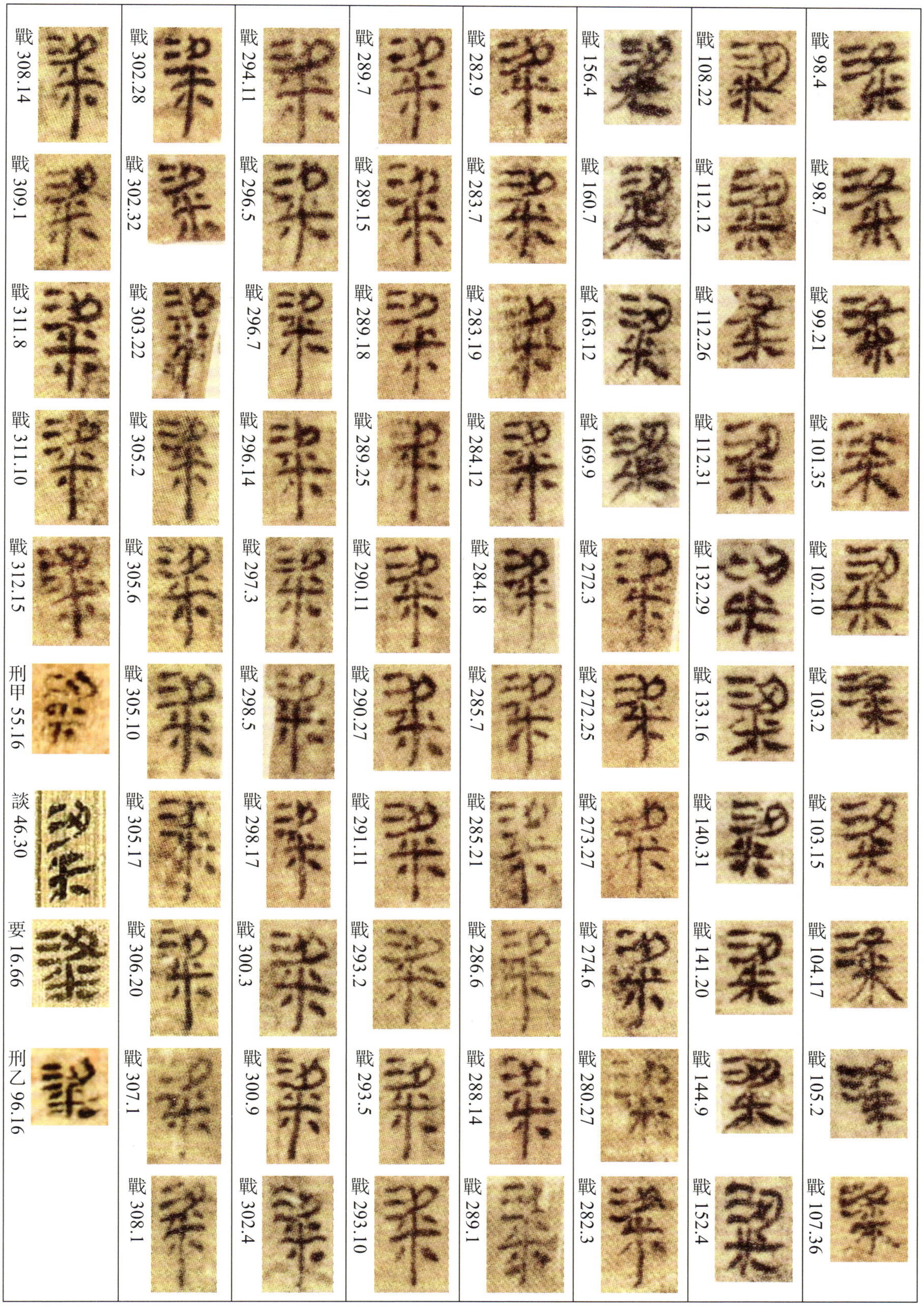

戰 98.4　戰 98.7　戰 99.21　戰 101.35　戰 102.10　戰 103.2　戰 103.15　戰 104.17　戰 105.2　戰 107.36

戰 108.22　戰 112.12　戰 112.26　戰 112.31　戰 132.29　戰 133.16　戰 140.31　戰 141.20　戰 144.9　戰 152.4

戰 156.4　戰 160.7　戰 163.12　戰 169.9　戰 272.3　戰 272.25　戰 273.27　戰 274.6　戰 280.27　戰 282.3

戰 282.9　戰 283.7　戰 283.19　戰 284.12　戰 284.18　戰 285.7　戰 285.21　戰 286.6　戰 288.14　戰 289.1

戰 289.7　戰 289.15　戰 289.18　戰 289.25　戰 290.11　戰 290.27　戰 291.11　戰 293.2　戰 293.5　戰 293.10

戰 294.11　戰 296.5　戰 296.7　戰 296.14　戰 297.3　戰 298.5　戰 298.17　戰 300.3　戰 300.9　戰 302.4

戰 302.28　戰 302.32　戰 303.22　戰 305.2　戰 305.6　戰 305.10　戰 305.17　戰 306.20　戰 307.1　戰 308.1

戰 308.14　戰 309.1　戰 311.8　戰 311.10　戰 312.15　刑甲 55.16　談 46.30　要 16.66　刑乙 96.16

粲

方 74.5

精

方 7.14
方 99.14
房 53.15
胎 2.33
問 12.11
問 14.7
問 16.4
問 16.28
問 18.15
問 27.17

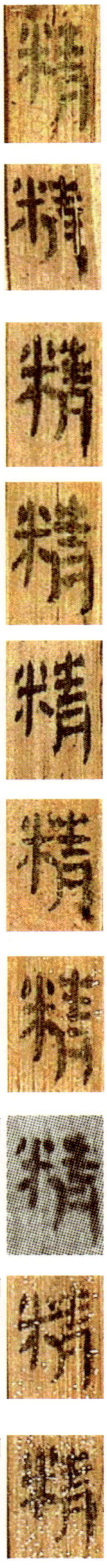

問 28.18
問 28.26
問 30.8
問 30.16
問 34.26
問 38.11
問 52.24
問 54.26
問 64.12
問 64.23

問 72.9
問 92.9
問 95.3
問 95.24
問 100.3
合 3.10
合 26.6
合 26.12
合 26.15
合 26.19

合 32.7
談 8.34
談 9.21
談 46.27
二 4.14
二 4.53
二 17.55
二 26.26
二 33.38
二 33.55

二 33.71
繫 6.56
繫 6.69
繫 9.52
繫 19.8
繆 41.2
周·殘下 60.2
經 9.4
經 21.10
經 52.29

道 1.30
道 4.13
道 4.51
道 4.69
老乙 17.26
相 3.4
相 21.13
相 49.5
相 64.13
相 74.18

相 74.64
相 75.21

糱

方 171.20 

糵

方 317.5 

方 321.3 

養 142.3 

糂

[illegible]

方 304.3 

《說文》籒文。

糟

莤

方 192.1 

養 86.7 

「[illegible]/糟」字異體，與《說文》卷十四酉部訓爲「禮祭束茅，加于祼圭而灌鬯酒」的「莤」字同形。

糒

遣一 117.3 

糗

養 33.22 

養 39.10 

談 46.8 

[illegible]

遣三 134.4 

遣三 147.2 

遣三 156.2 

遣三 167.3 

遣三 168.2 

遣三 169.2 

遣三 170.2 

[illegible]

陰甲雜四 2.14 

遣一 113.2 

遣一 114.2 

遣一 115.4 

遣一 116.2 

遣一 118.2 

遣一 119.4 

牌一 31.2 

牌一 34.4 

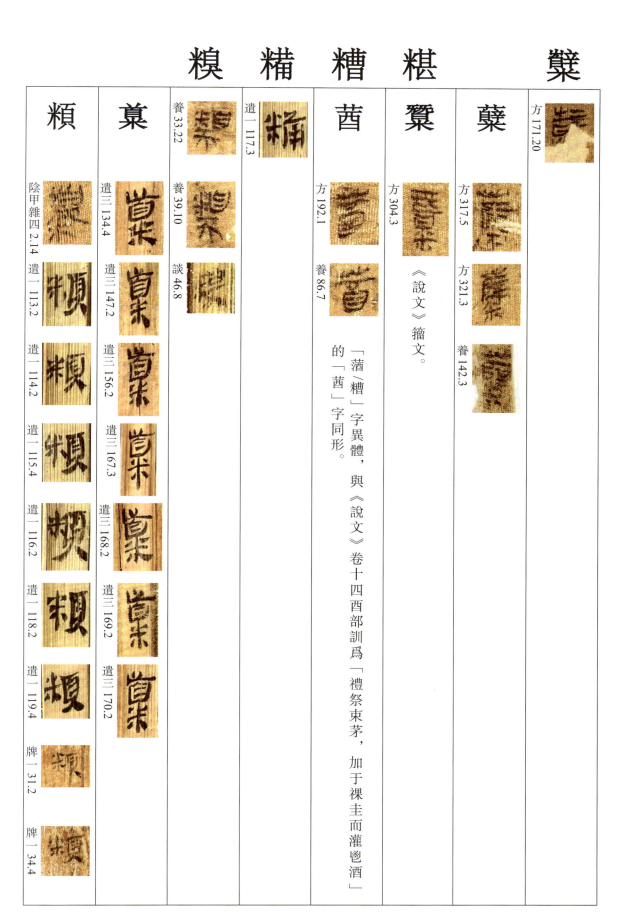

糈

牌一 35.2

牌一 36.2

牌三 48.2

「糗」字異體，與《說文》卷九訓爲「難曉也」的「頪」字同形。

⿱頁米

牌一 32.2

牌一 33.2

⿱乑米

木 20.24

木 66.4

木 67.4

木 67.20

⿰米翟

星 54.15

氣

陽甲 21.14

陽甲 29.19

陽甲 31.6

脈 1.15

脈 3.22

候 1.5

候 1.20

方 38.12

方 92.21

方 206.6

方 277.11

方 306.2

方 335.9

去 4.23

去 6.11

去 8.13

陽乙 12.15

養 5.11

養 17.1

養 72.6

養 80.9

養 126.3

養 137.4

養 144.10

養 196.21

養 198.8

養 199.20

養 200.10

養 208.8

養 218.8

養 219.4

養 220.5

養 220.18

養目 3.8

養·殘 16.4

胎 13.5

戰 188.16

老甲 13.2

老甲 37.30

五 64.12

五 67.15
五 70.12
五 73.12
五 112.16
五 115.6
五 115.27
五 121.26
五 122.15
德 1.12
氣 1.156

氣 7.150
刑甲 28.10
刑甲 28.23
刑甲 28.31
刑甲 30.6
刑甲 30.21
刑甲 35.5
刑甲 38.13
刑甲 38.27
刑甲 45.14

刑甲 46.7
刑甲 47.4
刑甲 95.17
刑甲 131.5
刑甲 134.4
刑甲 135.5
刑甲 137.3
刑甲 138.4
刑甲小游 1.211
刑丙地 2.10

刑丙地 6.7
問 7.13
問 16.9
問 19.16
問 20.9
問 22.26
問 24.14
問 25.11
問 25.22
問 28.16

問 30.1
問 30.27
問 31.5
問 31.9
問 31.15
問 31.19
問 31.24
問 32.10
問 34.12
問 34.17

問 35.20
問 39.4
問 47.9
問 47.25
問 49.8
問 53.12
問 65.5
問 68.27
問 78.18
問 91.12

問 92.1
問 94.24
問 99.18
問 100.4
合 5.20
合 8.5
合 9.1
合 10.1
合 27.3
合 32.5

談 4.26
談 10.27
談 16.3
談 16.27
談 20.7
談 20.19
談 22.20
談 22.30
談 24.10
談 28.1

談33.5
談36.23
談37.4
談43.2
繫6.57
衷1.51
衷37.33
十7.13
十8.28
十16.26

十59.40
道3.47
老乙51.1
刑乙22.10
刑乙35.14
刑乙37.2
刑乙37.16
刑乙79.47
刑乙79.55
刑乙80.2

刑乙80.13
刑乙81.14
刑乙86.6
刑乙90.13
刑乙91.5
刑乙小游1.200
相3.52
相5.13
相26.40
相41.17

相44.20
相45.52
相46.38
相51.66
相54.51
相54.65
相56.22
相63.33
相69.22
相70.61

相74.7
相74.34
相75.63
相76.31
相76.61

粉

遣三270.1
繆14.40

⿱龹分

遣一227.10

⿱分木

談10.15

竊		糖	粇*	康	粖	⿰米危*	⿰米余*
竊	 經 13.32	 牌一 38.1	 牌三 14.3	《說文》「穅」字或體，詳見本卷禾部。	《說文》「鬻」字或體，詳見卷三䰜部。	 問 88.21	 老甲 135.19
 戰 51.7	 經 13.37	 遣三 135.1					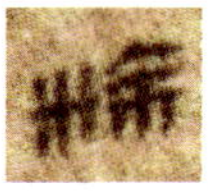 老乙 63.45
 戰 189.6							
 戰 191.25							
 戰 193.20							
 戰 225.11							
 戰 280.4							
 經 12.52							
 經 12.55							
 經 13.2							

⿱米豈*

遣一 122.2 

遣一 124.10 

牌一 39.2 

⿰米居*

牌三 16.1 

从米从居，用作「粔籹」之「粔」。

⿰米昜*

「餳」字異體，卷五食部重見。

⿰米曷*

遣三 210.1 

⿰米齊*

「餈/饝」字異體，卷五食部重見。

⿱齊米*

「餈/饝」字異體，卷五食部重見。

⿱既米*

射 13.24 

糳

糳

明 16.18 

明 21.13 

从米从鑿省。

臼	𦦟（舂）			臿	舀	舀*
方73.12 	足21.26 	𥂉	𥂉	戰54.10 	陰甲雜二1.5 	出27.12 
方208.30 	方425.11 	方73.10 	方421.16 		春75.32 	
繫36.10 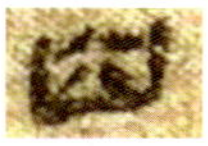	出32.40 				陰乙傳勝圖1.30 	
相58.53 	出33.49 				出4.1 	
相58.60 	出35.4 				出4.15 	
					出5.1 	
					出5.15 	
					出16.16 	
					出19.56 	
					出27.1 	

「鍪」字異體，卷十四金部重見。

凶

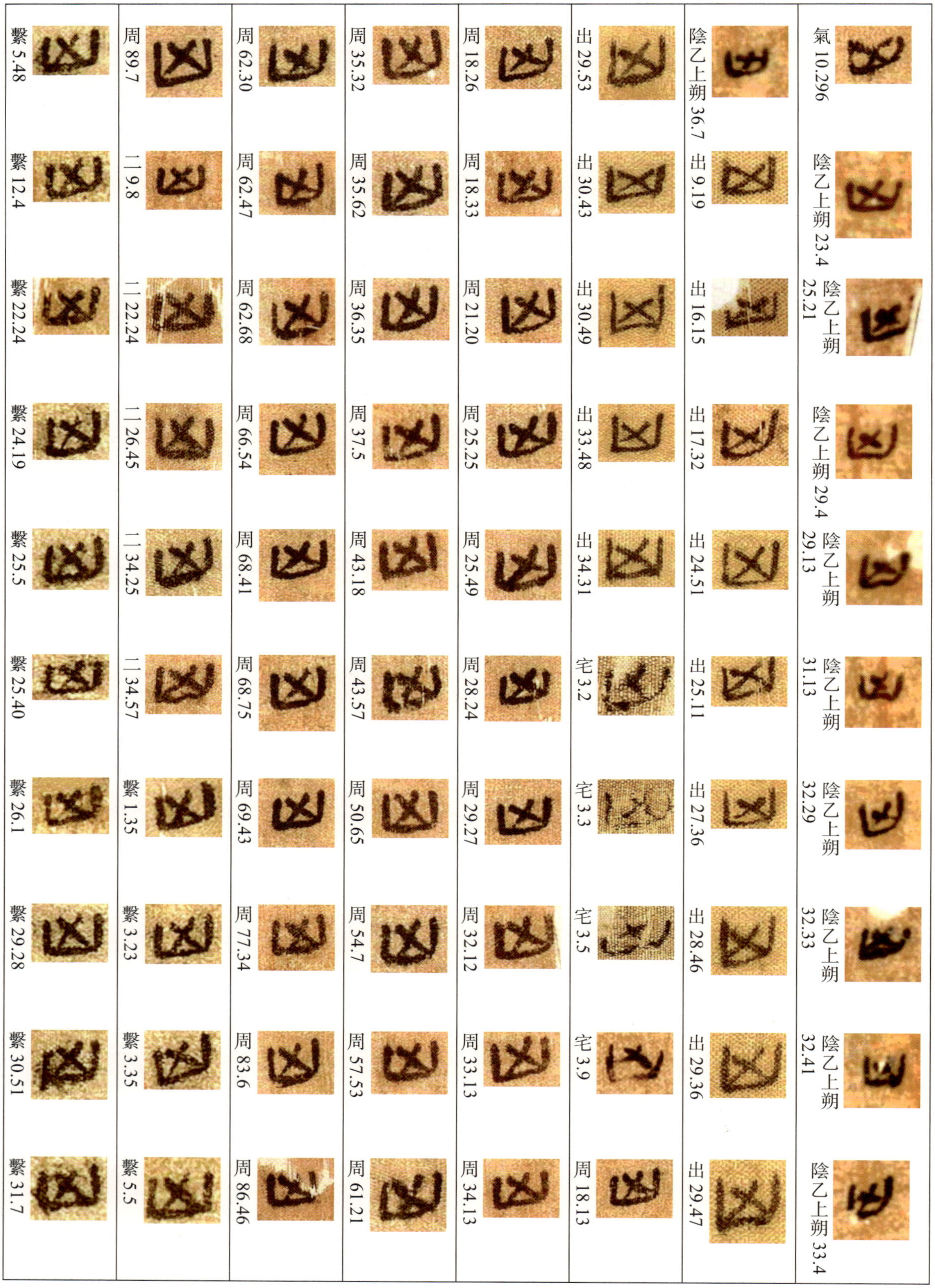

氣10.296 陰乙上朔23.4 陰乙上朔25.21 陰乙上朔29.4 陰乙上朔29.13 陰乙上朔31.13 陰乙上朔32.29 陰乙上朔32.33 陰乙上朔32.41 陰乙上朔33.4

陰乙上朔36.7 出9.19 出16.15 出17.32 出24.51 出25.11 出27.36 出28.46 出29.36 出29.47

出29.53 出30.43 出30.49 出33.48 出34.31 宅3.2 宅3.3 宅3.5 宅3.9 周18.13

周18.26 周18.33 周21.20 周25.25 周25.49 周28.24 周29.27 周32.12 周33.13 周34.13

周35.32 周35.62 周36.35 周37.5 周43.18 周43.57 周50.65 周54.7 周57.53 周61.21

周62.30 周62.47 周62.68 周66.54 周68.41 周68.75 周69.43 周77.34 周83.6 周86.46

周89.7 二9.8 二22.24 二26.45 二34.25 二34.57 繫1.35 繫3.23 繫3.35 繫5.5

繫5.48 繫12.4 繫22.24 繫24.19 繫25.5 繫25.40 繫26.1 繫29.28 繫30.51 繫31.7

繫31.69
繫38.21
繫40.34
繫43.43
繫44.41
繫46.25
繫46.37
繫46.64
衷9.4
衷19.15

衷33.62
要10.25
要12.44
要19.36
要20.43
要20.47
要21.35
繆18.66
繆20.10
繆21.21

繆48.9
繆53.25
繆55.4
繆55.18
繆55.62
繆56.4
經58.31
經64.16
經64.20
十17.31

十30.52
十35.11
十36.22
十36.55
十36.63
十37.16
十37.20
十38.15
稱4.47
星29.33

星39.43
星42.13
星45.44
星55.9
刑乙22.11
相19.43
相73.6

兇

陰甲雜一5.13
陰甲徙6.2
陰甲上朔1.9
陰甲上朔1.16
陰甲上朔1.38
陰甲上朔1.50
陰甲神上2.12
陰甲神上12.16
陰甲神上13.26
陰甲神上14.14

陰甲神上15.14
陰甲神上17.1
陰甲神下40.20
陰甲神下41.2
陰甲神下41.24
陰甲神下42.3
陰甲神下42.13
陰甲神下42.25
陰甲雜四7.4
陰甲雜四11.1

陰甲雜四16.13	陰甲室7.20	陰甲堪法3.14	陰甲祭三4.24	陰乙文武14.17	木6.31	周9.21
陰甲雜四16.28	陰甲室7.26	陰甲堪法8.11	陰甲祭三4.35	陰乙上朔17.5	木7.12	周12.17
陰甲雜四16.33	陰甲室7.34	陰甲堪表2.10	陰甲祭三5.13	陰乙上朔17.19	木7.14	周12.27
陰甲室1.13	陰甲室8.31	陰甲堪表3.10	陰甲·殘3.19	陰乙上朔18.16	木7.16	周12.41
陰甲室1.32	陰甲室9.16	陰甲堪表4.7	陰甲·殘30.4	陰乙上朔19.8	木7.17	周20.83
陰甲室2.30	陰甲室9.22	陰甲堪表2L.2	陰甲·殘345.3	陰乙上朔20.15	木7.19	周21.85
陰甲室2.36	陰甲室10.20	陰甲堪表2L.6	老甲123.20	木2.33	木9.6	周23.17
陰甲室2.42	陰甲雜五4.12	陰甲堪表2L.14	九36.22	木4.13	木9.7	周23.81
陰甲室3.53	陰甲堪法2.10	陰甲祭三2.9	刑甲101.4	木4.24	周4.43	周42.28
陰甲室6.30	陰甲堪法2.15	陰甲祭三2.16	陰乙玄戈9.22	木4.26	周5.10	周50.15

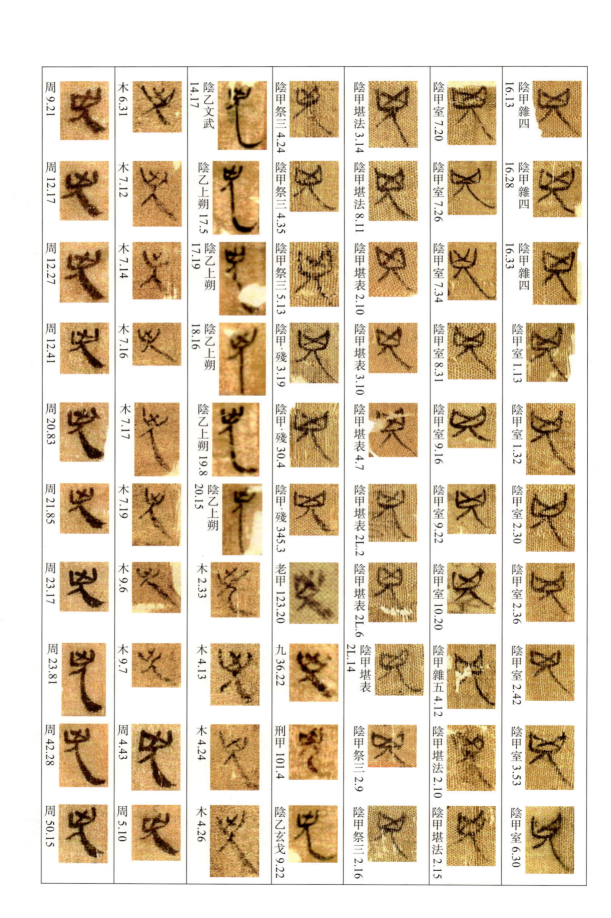

周 50.36

周 53.66

周 56.25

周 58.29

周 74.4

周 84.78

周 93.33

二 8.64

星 10.24

星 42.47

臬

方 37.12

方 222.3

養 193.18

養·殘 7.2

林

陰甲神下 41.23

五 137.1

麻

方 28.3

方 89.6

氣 6.238

談 41.16

談 41.25

遣一 151.1

遣一 250.1

牌一 5.1

遣三 180.1

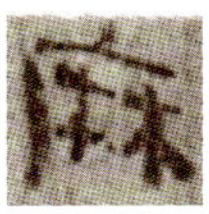
遣三 357.1

星 49.14

痲

星 34.45

技

方 361.8

方 363.8

方 420.4

遣一 101.1

遣三 98.1

崙

陰甲雜一 8.7

陰甲雜一 8.11

陰甲·殘 4.39

九 27.26

韭

方 255.21

問 77.4

問 77.11

問 78.3

問 83.3.

問 84.15

䪢

⿰𠂔⿱次韭

方 422.6

方 430.3

⿱次韭

方 87.2

方 141.2

方 165.2

方 205.19

⿰⿱卢貝⿱次韭

⿰匕⿱次韭

方 43.6

方 195.7

方 443.3

養 29.5

韱

相 34.25

相 38.40

瓜

方 330.7

方 330.15

遣一 156.1

遣三 107.1

遣三 108.1

瓣

方 330.12

方 362.7

瓠

方 230.4

方 362.6

養 62.12

養 203.8

談 48.13

遣一 15.6

家

陰甲衍6.23
方454.31
春16.3
戰286.12
老甲35.5
老甲35.7
老甲41.18
老甲126.12
五31.12
五118.16

明8.17
陰乙文武14.11
陰乙文武15.12
陰乙文武19.10
木3.13
木54.5
問67.14
問73.5
遣三1.11
遣三2.1

遣三216.22
遣三216.34
遣三216.48
遣三216.63
遣三216.74
周11.7
周14.20
周15.48
周42.16
周50.77

周91.2
周91.12
周91.30
周91.47
周91.56
周93.1
二23.3
衷6.42
繆3.54
繆22.52

經23.1
經23.13
十14.19
十33.18
十41.43
十41.51
十42.13
十47.61
十50.36
十53.23

十54.24
十56.12
十56.20
稱18.24
稱18.27
老乙16.3
老乙16.35
老乙59.44
星56.2

宅

戰136.32
戰140.27
刑甲130.11

室

陰甲天一 2.22
陰甲天一 2.38
陰甲天一 4.29
陰甲天一 8.19
陰甲徙 5.40
陰甲祭一 A14L.7
陰甲祭一 A15L.4
陰甲祭一 A16L.35
陰甲祭一 B05L.4
陰甲祭一 B13L.7

陰甲神上 12.15
陰甲神上 15.12
陰甲神上 21.5
陰甲神上 22.15
陰甲雜四 5.22
陰甲室 1.12
陰甲室 1.20
陰甲室 2.20
陰甲室 2.26
陰甲室 2.35

陰甲室 2.41
陰甲室 2.44
陰甲室 3.14
陰甲室 3.39
陰甲室 4.19
陰甲室 5.15
陰甲室 6.2
陰甲室 6.10
陰甲室 6.28
陰甲室 7.2

陰甲室 7.24
陰甲室 8.2
陰甲室 8.39
陰甲室 10.16
陰甲堪法 5.9
陰甲堪法 5.21
陰甲諸日 4.18
陰甲祭三 5.18
陰甲·殘 7.18
陰甲·殘 218.4

方 105.28
方 111.9
方 111.27
方 454.30
養 146.8
春 36.20
戰 214.18
戰 250.31
老甲 107.14
明 19.2

刑甲 111.22
陰乙文武 13.38
陰乙上朔 31.11
陰乙天一 13.4
陰乙天一 24.7
陰乙天一 25.2
陰乙天一 30.5
陰乙天一 32.6
陰乙女發 1.56
出 24.11

出 25.40
木 4.19
木 5.24
遣三 394.3
二 25.30
繫 13.2
繫 36.60
要 19.66
繆 63.20
稱 10.68

老乙50.39 老乙52.25 星40.56 星144.32 刑乙54.18 相10.26 相11.23 相60.26 相71.33

向

箭20.2 箭33.2 經76.8

宛

問52.29 十62.42 十62.57

惌

春12.14 春37.18 春38.15 春45.26 春90.8 春90.12 春91.8 春97.13 戰282.27

《說文》或體。帛書中「惌」皆用爲「怨」。

宇

刑甲106.15 十63.8

定

養4.9 戰24.2 戰27.4 戰35.29 戰249.6 戰251.24 老甲136.9 九14.13 九31.7 陰乙天一18.3

談20.34 談25.4 談33.8 遣一208.16 遣一214.13 繫1.8 繫21.32 繫25.1 繫25.6 繫25.72

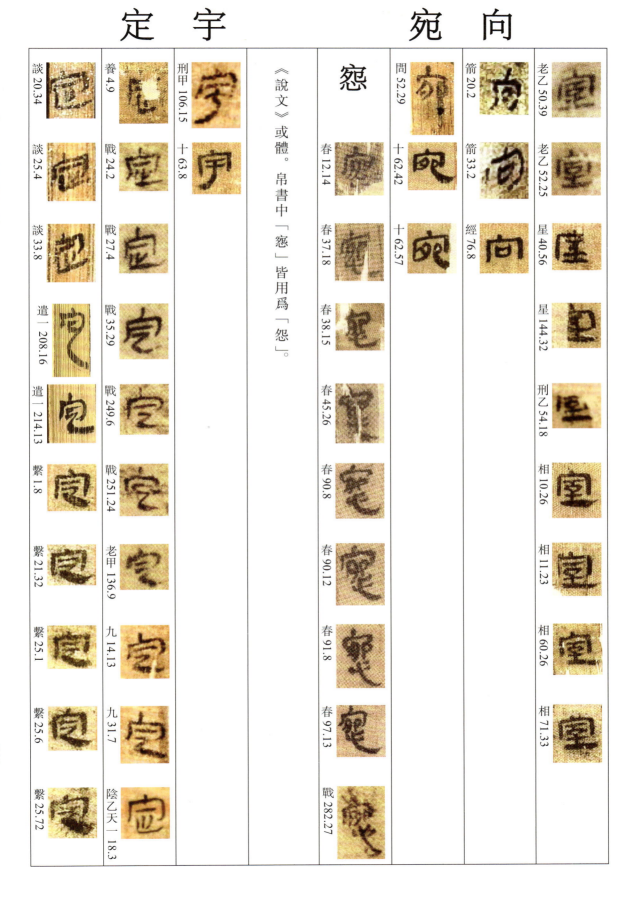

安

衷 21.50
要 11.57
繆 7.33
經 8.24
經 38.27
經 49.54
經 50.4
經 57.5
經 57.23
經 68.69

經 69.27
十 9.3
十 14.22
十 14.35
十 30.44
十 31.26
十 33.20
十 61.10
十 64.19
道 6.19

陰甲堪表 9.28
方 11.9
方 242.13
方 457.5
胎 10.7
戰 24.15
戰 26.21
戰 32.36
戰 39.6
戰 96.27

戰 117.31
戰 130.14
戰 146.6
戰 152.9
戰 158.10
戰 158.36
戰 167.4
戰 167.26
戰 169.13
戰 169.21

戰 186.1
戰 187.4
戰 187.31
戰 193.30
戰 194.4
戰 198.15
戰 199.5
戰 199.19
戰 221.32
戰 222.10

戰 248.15
戰 248.21
戰 292.12
戰 293.21
老甲 55.12
老甲 65.12
老甲 165.6
五 5.25
五 6.30
五 8.30

五 12.20
五 21.19
五 30.9
五 30.13
五 76.11
五 76.15
五 76.21
五 76.25
五 77.4
五 77.8

五 114.23
五 115.2
五 115.14
五 120.24
五 121.5
五 121.17
五 122.18
九 40.11
明 40.23
陰乙上朔 31.24

察

問36.18　問54.17　問55.26　談16.17　遣三40.1　周5.75　周44.29　二 5.25　二 12.15　繫4.15

繫7.30　繫32.44　繫40.16　衷22.50　衷25.2　衷25.29　衷28.51　衷34.8　衷36.26　要9.3

要9.12　要9.22　要11.45　要14.28　要15.4　繆34.6　繆34.34　繆41.7　繆56.35　昭1.40

昭2.22　經23.46　經27.51　經34.4　經37.40　經38.31　經56.57　稱24.48　老乙31.27　老乙59.25

老乙59.32　老乙76.33　刑乙63.5　相4.3　相18.44　相49.34

攵

陰甲徙5.36　陰甲·殘6.39

脈12.5　養202.28　戰69.36　戰292.27　戰299.8　五8.14　五12.17　問2.1　問9.16　問25.5

問26.13　問56.17　合10.11　繫37.57　要1.6　要14.1　要19.33　要21.3　繆26.19　繆27.68

繆37.41
繆63.25
昭4.15
昭12.13
經8.49
經57.27
經75.2
十9.50
十45.47
十64.14

稱3.28
稱5.50
道3.7
道4.32
道5.4
道5.23
老乙61.56
相9.30
相18.22
相57.68

寮

二3.6
二3.12
二3.33

完

方481.1
養37.26
養105.11
養132.16
養175.4
養190.15
戰59.29
戰85.17
戰103.40
戰110.18

戰120.23
戰237.15
明29.21
氣2.138
氣10.75
問51.13
遣三403.6

富

戰168.13
老甲107.21
陰乙天一12.9
木33.8
宅1.14
周84.55
周91.46
繫8.65
繫24.53
繆19.22

繆34.32
繆60.22
繆60.26
繆60.35
經8.47
經20.25
十21.38
十38.29
老乙20.17
老乙50.46

老乙75.3

實

方25.11
方34.12
方35.21
方36.8
方179.14
方206.7
方370.7
養37.6
養47.10
養94.19

養144.15
養145.2
養205.1
養221.12
射8.7
春30.16
戰181.4
戰210.18
戰220.16
戰226.31

戰266.14
戰324.35
五127.26
明1.15
明2.10
明12.24
明14.24
刑甲47.6
刑甲135.17
問11.1

問32.6
問54.23
問62.17
問92.13
談9.30
談33.17
談48.21
周26.71
周38.10
周80.21

二26.58
衷32.13
繆34.36
繆43.67
繆45.3
繆45.12
繆46.67
繆46.71
繆47.17
繆47.58

繆68.27
繆68.56
經40.48
經44.35
經53.24
經56.32
經57.7
經61.27
經75.58
十14.29

十49.3
十56.47
稱3.61
稱3.70
稱4.14
稱4.24
稱9.65
稱13.32
道4.41
老乙2.45

星29.18
刑乙91.7
相10.23
相34.46
相59.14
相60.71
相61.2
相61.25

容

方230.10 春74.8 春94.15 春95.26 戰25.22 老甲119.14 老甲123.23 老甲132.16 五80.5 問23.5

問24.21 遣一181.6 遣一184.5 遣一202.5 遣三255.6 遣三262.6 遣三268.5 太9.4 周18.51 二3.46

繫11.37 繫28.69 衷3.41 衷9.2 衷17.15 十42.36 老乙62.22 相5.68 相19.4 相53.16

寶

相71.57 相71.60

琛

老乙32.63 老乙32.66 老乙35.29

瑮

老甲51.10 老甲51.17 老乙24.13

宭

《說文》：「宭，羣居也。从宀、君聲。」帛書中「宭」是「窘」字異體，字形詳見本卷穴部。

宦

戰94.8 遣三5.1 遣三6.3 遣三21.20

宰

方4.7
方69.6
方87.11
方255.11
養150.11
養·殘35.3
房38.5
春62.22
老甲29.12
老乙51.54

⿰辛亍

陰甲堪表8.8

守

養61.14
春38.2
戰64.33
戰141.33
戰148.26
戰201.9
戰230.35
戰288.24
戰289.8
戰290.14

戰296.27
戰302.5
戰304.8
老甲30.2
老甲102.25
老甲107.17
老甲148.25
老甲168.21
九19.26
九51.15

九52.13
明5.32
明6.7
明11.6
明13.18
明27.7
明30.4
問31.2
周51.55
二2.31

二9.37
繫47.29
衷9.17
繆1.42
繆38.34
繆38.47
繆57.14
繆68.51
周殘上1.2
經17.38

經18.54
經20.52
經22.17
經46.23
經59.15
經60.65
經66.58
十7.56
十7.64
十12.48

十29.44
十31.14
十37.62
十43.37
十45.42
十56.30
十60.18
十62.15
稱19.12
老乙14.15

宥

老乙 33.62
老乙 48.29
老乙 50.43
老乙 68.69
老乙 69.18
老乙 69.45
老乙 78.2
相 11.28
相 19.44

方 76.20
方 111.12
方 111.33

宜

陰甲·殘 46.8
戰 234.12
戰 309.10
老甲 49.1
五 15.16
五 177.1
五 177.27
刑丙天 8.7
問 68.11
宅 1.23

周 35.20
周 35.22
周 41.9
周 87.19
二 15.62
二 23.23
二 27.46
二 34.59
二 35.29
二 35.57

繫 34.56
繆 14.26
繆 20.57
繆 24.35
繆 38.17
繆 40.1
繆 42.18
繆 52.29
經 19.52
經 20.5

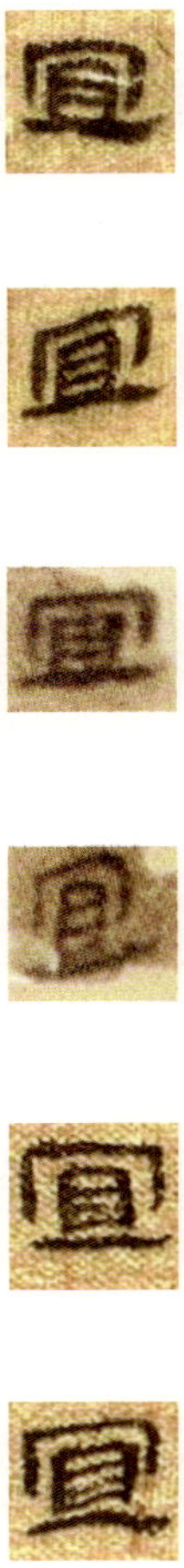

經 55.31
十 47.16
老乙 23.11
老乙 23.69
星 41.36
星 41.46

寫

問 39.14
問 39.21
問 82.25

宵

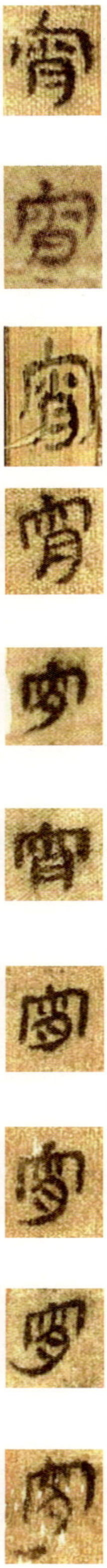

胎 4.11
老甲 68.8
問 87.7
繆 4.65
繆 24.50
繆 55.50
經 7.24
經 16.46
經 18.19
經 35.57

宿

經 37.16
十 51.12
老乙 32.43
老乙 32.47
老乙 32.52

方 94.4
養 113.26
養 190.2
房 13.5
刑甲 15.15
問 31.4
問 31.18
周 39.17
要 21.22
十 8.19

星 20.4
星 20.19
刑乙 70.43

寑

⿱宀帚

陰甲衍 4.21
陰甲衍 4.32

⿱宀⿰亻帚

二 5.7
二 5.21
二 5.38
二 5.51

寬

春 25.6
昭 10.46

寡

陰甲徙 1.11
陰甲徙 2.15
春 78.25
戰 16.20
戰 17.13
戰 46.38
戰 56.15
戰 57.7
戰 95.7
戰 95.24

戰 96.11
戰 97.24
戰 97.34
戰 98.18
戰 99.8
戰 99.15
戰 99.25
戰 99.28
戰 101.18
戰 102.7

客

戰105.5
戰238.29
老甲13.13
問94.12
繫47.13
衷11.10
要18.49
經61.28
稱14.26
老乙30.46

老乙60.34

⿱𦣻分

陰甲雜三3.6
老甲64.5
問74.14
問74.25
問89.11
問95.5

「寡」字省體，類似寫法楚文字多見。

陰甲神上5.14
陰甲·殘95.6
陰甲·殘198.2
戰238.2
老甲72.7
五37.26
氣2.112
氣2.125
氣2.224
氣2.255

氣3.152
氣9.11
氣9.61
刑甲8.22
刑甲11.31
刑甲12.1
刑甲12.10
刑甲27.6
刑甲30.26
木57.10

問94.15
周22.69
二28.49
二33.61
繫35.69
繆71.11
十33.1
稱15.41
稱15.55
稱24.8

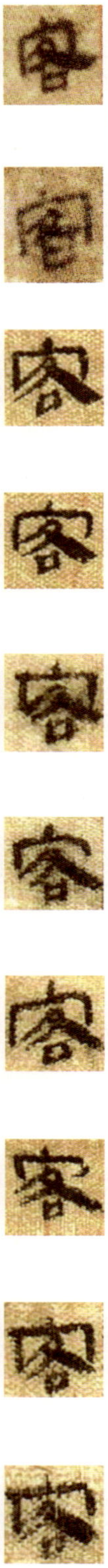

老乙34.62
老乙56.63
星49.45
星50.39
星52.10
星52.15
星52.26
星52.43
星53.18
星53.20

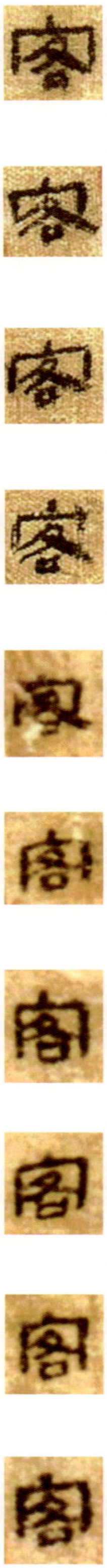

星61.7
星61.40
星62.24
星62.41
刑乙66.26
刑乙67.14
刑乙68.7
刑乙68.25
刑乙68.38
刑乙79.7

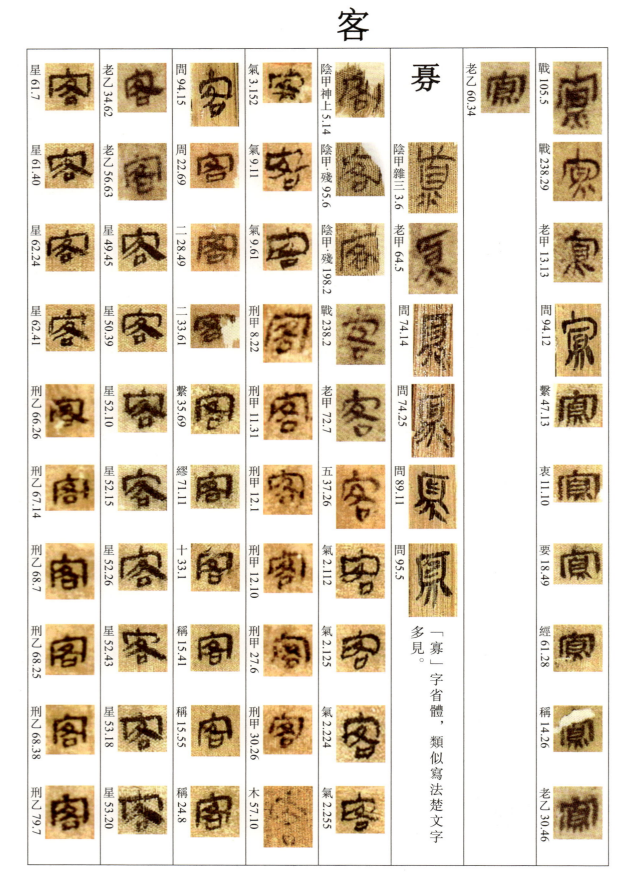

寄

刑乙 79.32
刑乙 81.19
相 40.54

老甲 115.30
九 6.4
九 47.5
九 48.15
老乙 54.45

寠

足 1.9

寠

足 13.9

寒

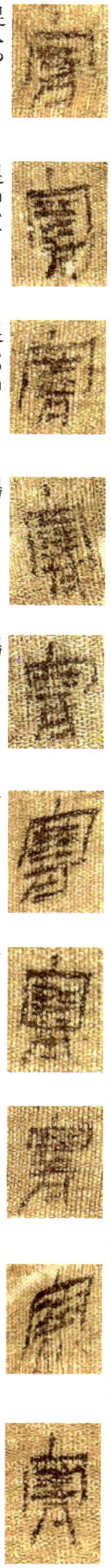

足 4.2
足 7.14
足 12.7
陽甲 7.23
陽甲 10.11
方 31.23
方 32.5
方 38.11
方 46.26
方 187.25

方 263.3
方 276.21
方 282.12
方 344.2
方 379.27
方 411.7
方 483.6
方 483.11
陽乙 4.17
陽乙 5.11

養 5.16
養 16.8
胎 7.30
胎 10.21
五 78.2
陰乙大游 3.43
問 25.25
周 30.10
二 34.44
繫 1.65

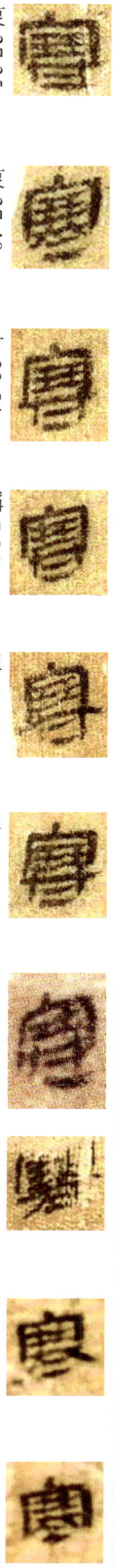

衷 37.35
衷 37.40
十 33.54
稱 7.25
稱 19.69
稱 20.9
老乙 8.22
星 33.29
刑乙 22.8
刑乙 50.6

害

[illegible]

老甲 18.13

「寒」字訛體。

陰甲諸日 2.3
脈 6.18
春 69.14
春 76.21
春 82.24
戰 24.34
戰 27.20
戰 58.34
戰 121.35
戰 123.21

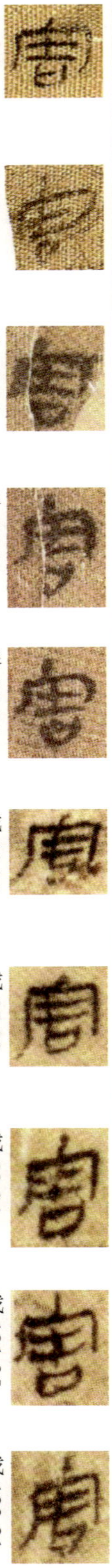

戰 159.17
戰 205.32
戰 207.21
老甲 63.13
老甲 165.5
五 24.12
五 69.8
五 69.14
五 90.16
五 91.6

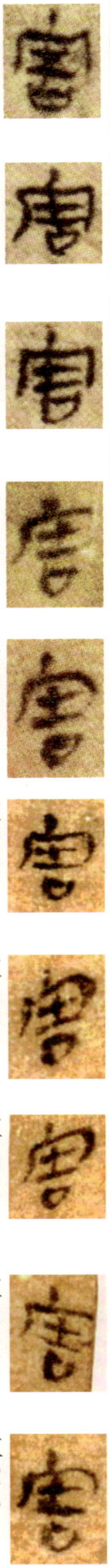

明 33.16
明 48.13
刑丙地 10.1
談 11.6
二 34.43
二 35.5
二 35.44
二 35.53
繫 16.64
繫 46.52

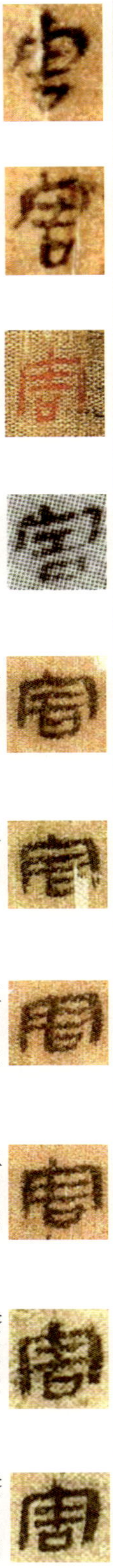

繫 46.66
衷 46.65
繆 8.18
繆 56.68
經 2.11
經 2.24
經 2.41
經 54.46
十 23.41
十 47.10

十 50.55
老乙 18.48
老乙 30.21
老乙 32.27
老乙 37.44
老乙 76.32

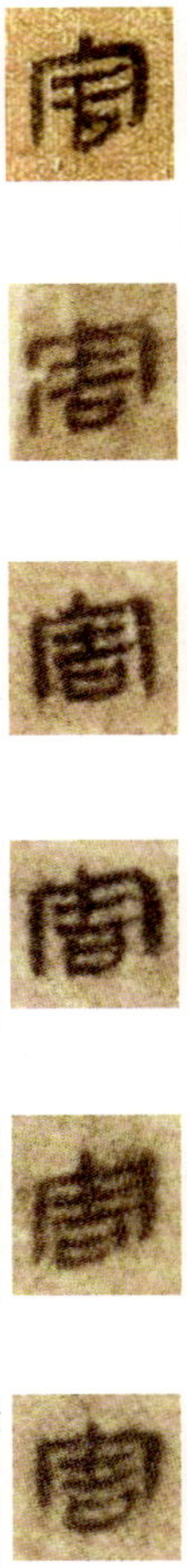

索

繆 26.17
繆 34.2

宋

春 72.4
春 72.15
春 78.1
春 78.8
春 78.18
春 78.23
春 79.6
春 80.4
春 83.14
春 83.20

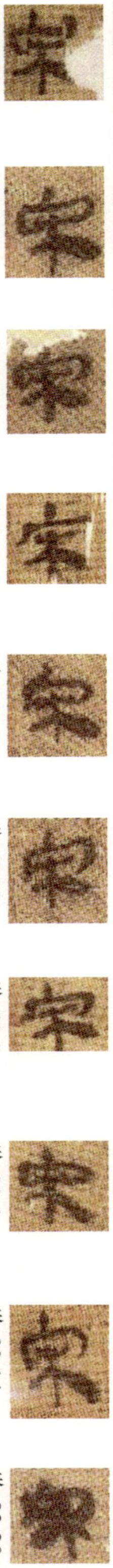

戰 12.17
戰 12.19
戰 15.12
戰 16.8
戰 36.34
戰 56.1
戰 56.14
戰 56.31
戰 57.12
戰 67.28
戰 67.32
戰 69.22
戰 71.3
戰 72.29
戰 74.3
戰 78.35
戰 85.9
戰 87.12
戰 94.16
戰 95.4
戰 95.12
戰 95.20
戰 109.1
戰 112.8
戰 112.19
戰 116.7
戰 124.23
戰 125.2
戰 127.31
戰 134.35
戰 135.16
戰 146.16
戰 178.3
戰 210.14
戰 210.22
戰 216.15
戰 219.30
戰 236.28
戰 242.12
氣 1.25

宗

衷 46.27
繆 48.43
養 198.6
胎 28.9
春 8.9
老甲 100.10
木 31.11
木 34.9
問 68.24
合 10.2
周 7.30
周 75.70
二 10.58
二 19.14
十 1.5
十 1.42
十 18.23
稱 12.57
稱 12.65
老乙 35.64
老乙 47.28

宝

九 19.30

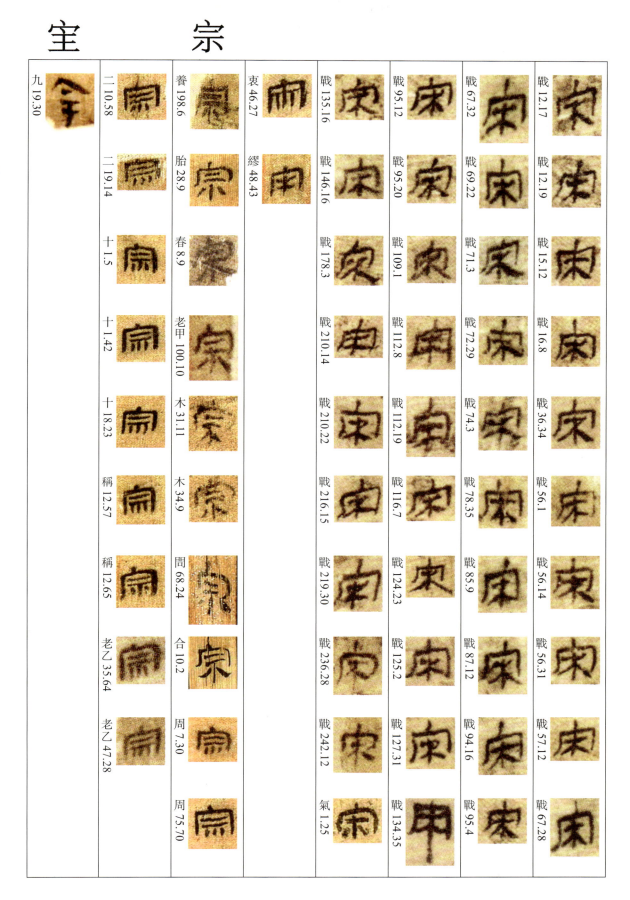

⿱宀予*

談 52.20

从宀予聲，「予」旁寫法多見於戰國文字。

⿱宀句*

陰甲·殘 4.46

陰甲·殘 46.13

帛書中「蜀~」疑應讀爲「獨佝」，北大漢簡異文作「獨寠」。

⿱宀⿺乚免*

五 79.7

⿱宀俞*

「窬」字異體，本卷穴部重見。

⿱宀侖*

「窬」字訛體，本卷穴部重見。

⿱宀郡*

「竆/窮」字異體，卷六邑部重見。

⿱宀敫*

「竅」字異體，本卷穴部重見。

⿱宀⿰身肖*

木 19.11

木 19.19

木 19.29

从宀、身、肖，用作神名「~以」，音義待考。

宫

陰甲室1.17 陰甲室3.22 陰甲室3.30 陰甲室5.25 陰甲室10.2 陰甲雜六4.6 陰甲雜六5.6 養61.15 養201.3 春51.6

戰192.4 氣2.331 氣2.343 氣2.365 氣2.377 氣2.388 氣3.10 氣3.18 氣3.25 氣3.37

氣3.72 氣3.82 氣3.110 氣3.122 氣3.132 氣5.33 氣5.66 氣5.150 氣5.155 氣5.168

氣5.193 氣5.214 氣5.223 氣5.232 氣5.240 氣5.249 氣6.123 氣6.149 氣6.207 氣6.221

氣6.241 氣6.256 氣6.272 氣6.296 氣6.345 氣9.105 刑甲61.20 刑甲62.8 刑甲63.7 刑甲63.13

刑甲64.8 刑甲65.7 刑甲65.13 刑甲67.7 刑甲69.7 刑甲71.10 刑甲73.11 刑甲76.8 刑甲77.7 刑甲77.11

刑甲78.8 刑甲82.7 刑甲100.8 刑甲107.3 刑丙傳6.20 陰乙刑德5.14 陰乙刑德12.5 陰乙刑德12.9 陰乙刑德13.4 陰乙刑德18.7

陰乙大游3.68 陰乙大游3.74 陰乙大游3.81 陰乙大游3.88 陰乙傳勝圖1.58 出26.49 出28.20 周12.48 周62.63 二33.43

繫 36.59　繆 43.16　稱 10.67　刑乙 3.22　刑乙 8.1　刑乙 8.5　刑乙 8.17　刑乙 12.2　相 21.27　相 75.26

營

明 21.7　刑甲 15.9　陰乙上朔 19.21　陰乙上朔 25.13　陰乙上朔 29.1　陰乙上朔 31.18　地 5.1　繫 13.61　十 22.6　老乙 50.62

星 24.19　星 25.14　星 40.55　星 53.7　星 60.17　星 65.7　星 65.20　星 66.5

呂

養 34.4　戰 55.6　明 37.14　明 37.24　繆 18.46　繆 21.27　繆 23.6　繆 24.66

膂

養 127.35

《説文》篆文。

躳

躳

戰 165.1

「躳」字訛體，「呂」旁訛作「邑」形。

穴

周 22.50　周 22.65　周 36.23　二 30.50　繫 36.47　稱 3.30　相 60.39

空

陰甲·殘 250.4

竈
竈

方318.11　方411.6　方448.25　養47.28　養59.15　養90.20　射22.5　木29.16　合1.21

突

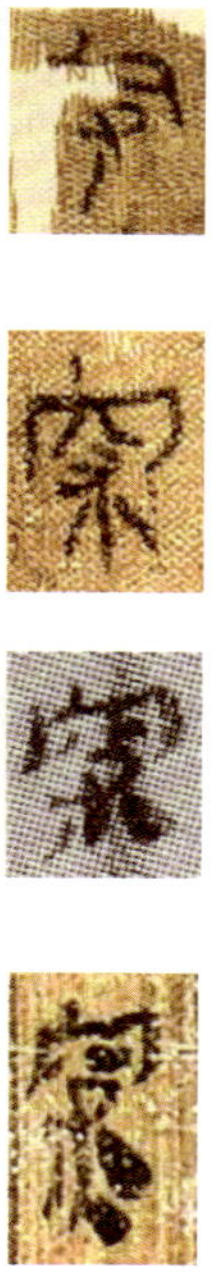

陰甲室1.26　養53.12　談35.20　談42.4

穿

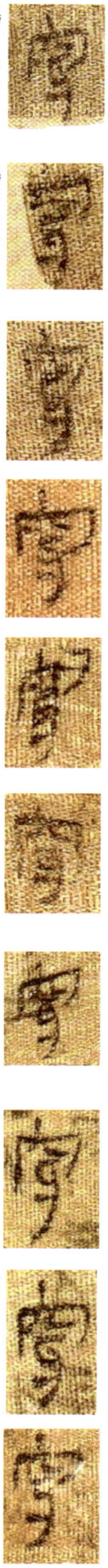

陽甲9.14　陽甲9.24　陽甲28.17　方134.9　方208.31　方230.2　方279.15　方279.25　方280.16　方444.8

陽乙1.10　陽乙4.40　陽乙9.18　陽乙11.41　氣5.208　氣5.217　十22.1

竇

問13.1

窻

方209.28　方329.2

窊

相18.65　相67.69　相71.24

竅

方257.5　方259.6　方261.4　方262.28　方267.7　方268.24　方269.8　戰56.2

空

敫

戰19.13

方38.17　方230.8　方231.4　方252.16　方253.5　方254.3　方255.18　方266.5　方278.12　方278.29

方281.18　方282.1　方402.11　方464.14　方466.23　養111.18　房4.8　房10.12　九23.20　刑甲109.22

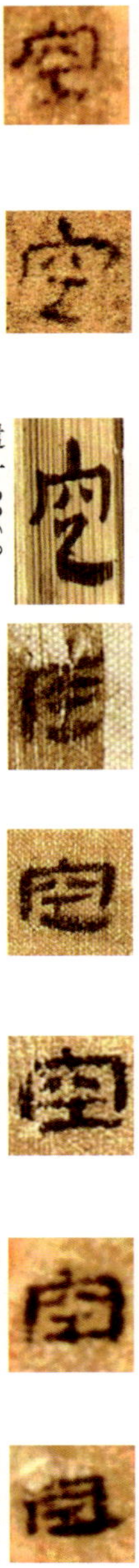

刑甲133.11　木8.16　遺一226.9　經32.33　十46.46　星58.39　刑乙30.21　刑乙34.10

窬

窬

遺三208.2　十14.20

⿱穴侖

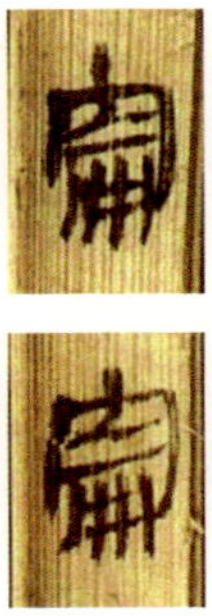

遺一87.2　遺一88.10

「窬」字訛體，秦漢文字中「俞」、「侖」二旁多形近相混。

窺

規

周85.25　老乙9.40

窡

方231.20　方231.25　方231.28

賓

戰 192.29

室

相 18.66

突

方 328.17

養 196.28

繆 57.60

繆 71.15

相 22.6

相 76.22

竄

養 49.18

窘

宭

經 40.10

經 47.24

經 47.29

十 23.53

星 62.42

「窘」字異體，與《說文》宀部訓爲「羣居」的「宭」字同形。

窮

《說文》：「窮，極也。从穴、躳聲。」《說文》卷六邑部：「竆，夏后時諸侯夷羿國也。从邑、窮省聲。」「竆」、「窮」蓋本一字分化，字形詳見卷六邑部。

寠*

「寠」字異體，本卷宀部重見。

疾

陰甲神下 36.2

陰甲雜四 2.8

足 4.11

足 20.13

方 34.13

方 81.3

方 112.2

方 114.3

方 175.2

方 217.20

方 252.21
方 338.8
方 379.19
方 457.10
養 193.3
養 195.1
養 195.11
春 4.11
春 58.22
春 87.5

戰 8.37
戰 20.19
戰 59.4
戰 86.38
戰 96.7
戰 99.2
戰 110.31
戰 122.14
戰 164.26
戰 188.36

戰 207.4
戰 208.20
氣 6.197
刑甲 16.20
刑甲 18.4
刑甲 48.5
刑甲 95.7
刑丙地 3.10
陰乙大游 2.117
陰乙文武 15.16

陰乙天一 9.7
陰乙天一 10.2
陰乙天一 25.4
陰乙天一 27.4
出 10.21
出 28.50
問 18.26
問 49.6
問 71.14
問 80.3

合 17.22
談 17.3
談 26.7
談 27.14
談 35.28
宅 1.2
周 3.37
周 8.62
周 13.67
周 34.51

周 51.62
周 53.7
周 62.58
繫 20.42
繫 40.24
繆 9.5
繆 68.36
繆 69.60
昭 4.18
經 13.34

經 36.50
經 47.9
稱 11.23
星 62.25
星 142.28
刑乙 47.16
刑乙 50.7
刑乙 71.21
刑乙 72.24
刑乙 92.6

相 19.59
相 20.32
相 26.9
相 31.30
相 32.10
相 34.15
相 37.60
相 43.4
相 43.42

痛

足3.9
足3.13
足3.17
足3.20
足3.21
足3.23
足4.6
足7.12
足7.18
足7.22

足7.26
足8.1
足8.6
足8.10
足8.13
足11.9
足11.18
足11.22
足14.8
足14.11

足14.17
足14.19
足17.11
足17.14
足17.16
足30.4
方12.6
方23.6
方25.6
方27.2

方27.8
方37.9
方51.13
方64.7
方174.3
方174.8
方259.15
方278.33
方296.2
方303.10

方321.12
方461.3
陽乙2.1
陽乙2.22
陽乙2.26
陽乙2.31
陽乙2.36
陽乙3.24
陽乙4.3
陽乙4.10

陽乙4.12
陽乙4.15
養196.5
導2.1
導3.3
導4.18

[广+甬]

陽甲4.6
陽甲7.4
陽甲7.10
陽甲7.21
陽甲12.14
陽甲13.5
陽甲17.19
陽甲19.4
陽甲19.19

陽甲19.27
陽甲31.10
陽甲34.12
陽甲35.7
陽甲35.12
陽乙18.6

病

陰甲雜四 2.9
陰甲雜六 3.4
足 3.2
足 4.14
足 7.2
足 11.2
足 12.10
足 14.2
足 17.2
足 18.5
足 20.2
足 20.17
足 21.5
足 21.14
足 23.6
足 23.10
足 23.14
足 23.21
足 25.22
足 27.25
足 31.18
足 33.21
陽甲 5.26
陽甲 8.5
陽甲 10.7
陽甲 10.10
陽甲 12.12
陽甲 16.26
陽甲 17.26
陽甲 20.29
陽甲 34.4
陽甲 35.16
脈 2.10
脈 3.9
候 1.8
候 1.26
方目 2.16
方目 2.31
方 27.19
方 28.10
方 28.15
方 28.23
方 34.25
方 35.5
方 48.3
方 58.5
方 125.2
方 125.8
方 136.6
方 146.1
方 146.16
方 148.9
方 149.7
方 153.4
方 176.25
方 177.3
方 188.7
方 193.10
方 223.27
方 251.16
方 264.14
方 301.19
方 302.8
方 344.26
方 344.30
方 346.16
方 379.14
方 397.6
方 400.10
方 447.4
方 447.22
方 448.2
方 449.9
方 487.1
方·殘 1.24
方·殘 55.1
陽乙 1.33
陽乙 2.20
陽乙 3.20
陽乙 4.25

瘨

疵

（病，續）

陽乙 5.10　陽乙 5.18　陽乙 5.20　陽乙 6.15　陽乙 8.3　陽乙 9.28　陽乙 9.41　陽乙 10.26　陽乙 11.31　陽乙 12.13

陽乙 13.23　陽乙 14.13　陽乙 15.13　陽乙 16.15　陽乙 17.27　陽乙 18.41　陽乙 18.46　養 162.11　養 169.1　養 216.3

房 42.29　射 14.25　胎 32.6　春 73.17　戰 188.31　戰 262.10　老甲 16.21　老甲 75.31　刑甲 4.32　出 14.38

出 32.34　木 14.4　問 52.13　談 15.30　談 19.2　二 28.22　老乙 36.31　老乙 36.42　老乙 36.48　刑乙 64.11

⿸广丙

陽甲 35.5　導 4.11

瘨

足 4.10　養 65.8

⿸广真

方 114.2

疵

陽乙 15.36　戰 185.9　老甲 108.14　氣 6.389　繫 5.20　老乙 51.15

癈

經 66.38 

疕

方 390.22 

方 404.17 

胎 17.9 

痒

房 26.3 

⿸疒焉

方目 4.10 

方 461.7 

方 463.8 

方 464.2 

癭

方 51.15 

方 224.4 

瘻

問 92.17 

⿸疒敫

足 8.7 

瘚

陽乙 3.38 

陽乙 6.10 

欸

老乙3.56

導3.14

《說文》或體。

痤

問92.16

談18.11

談18.27

疽

方298.4

方300.3

十16.43

癰

方22.10

方24.27

方37.8

方286.14

方342.9

方345.24

方375.2

方376.2

方378.2

方379.4

方386.5

方388.3

方461.2

方466.5

方466.22

方·殘3.28

戰157.39

十16.42

相76.56

疥

方426.11

方426.25

周34.17

痂

方368.3

方369.2

癘

方177.20

周84.71

周86.17

瘧

陽甲 4.2

陽甲 7.5

方 288.30

十 4.48

虐

十 20.14

瘄

陽乙 2.29

痔

方目 3.6

方目 3.8

方 255.17

方 257.3

方 259.3

方 261.1

方 263.1

方 266.22

方 267.3

方 271.2

方 278.4

時

陽甲 4.9

方 277.2

瘻

方 480.1

方 483.1

痹

腗

導 4.17

痏

方 87.14 
方 143.6 
方 335.12 
方 365.16 
方 409.10 
方 410.10 
方·殘 2.5 

⿸厂有

方 12.19 

癑

方 158.1 

瘢

方 321.14 

痓

方目 1.5 
方 30.2 
方 45.5 

瘦

足 12.5 
足 20.5 

疢

養 204.14 
氣 6.202 
氣 6.309 
談 39.18 

痞

合 25.4 

癉	疸	痞	疲	癃			
陽甲 31.11 	養 33.21 	刑甲 30.22  刑乙 80.14  刑乙 81.15  刑乙 81.24 	氣 2.239 	⿸疒夆 方 174.2  方 189.2  方 191.2  方 193.2  方 193.22  方 197.3  方 198.3  方 200.4  方 201.4 	《說文》籀文。	⿸广夆 方 212.2 	⿸疒韋 方 186.2  方 199.3  「⿸疒夆」字訛體，「夆」旁訛作「韋」形。

瘛

方 51.5

方 54.3

合 24.1

相 2.10

相 46.43

[illegible]

養 204.17

瘳

陰甲刑日 7.4

方 64.10

方 85.22

方 235.3

方 345.7

方 345.18

方 345.20

方 346.7

方 404.18

方 405.20

經 45.19

疣

《說文》「頄」字或體，詳見卷九頁部。

疷*

方 144.1

方 144.11

痰*

明 20.24

痱*

方 306.9

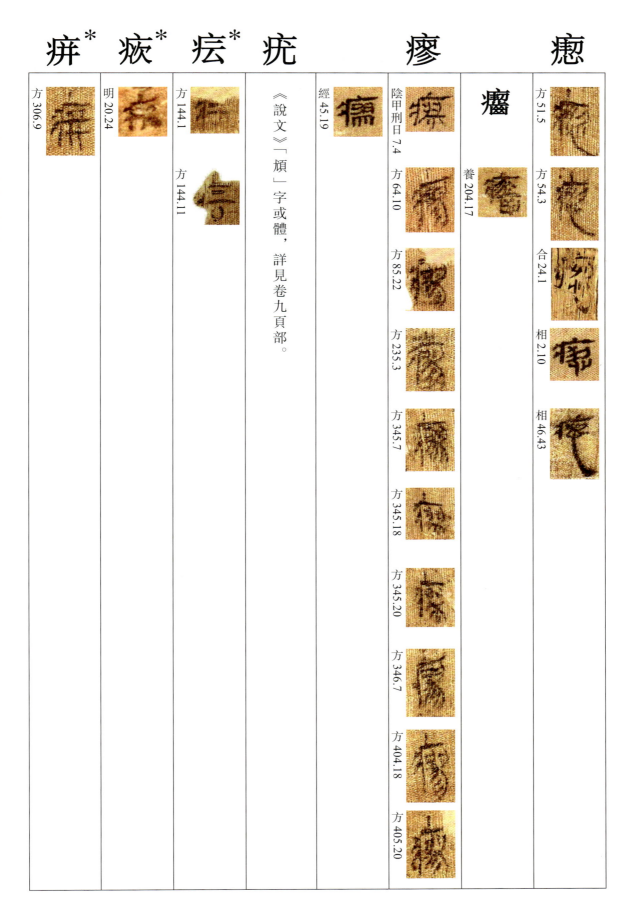

⿸疒廷*

「庭」字異體，卷九广部重見。

痺*

⿰爿卑

陰甲雜六 3.3

「痺」字異體，「疒」旁省作「爿」形。

痳*

「麻」字異體，本卷麻部重見。

⿸疒盾*

「循」字寫誤，卷二彳部重見。

⿸疒恖*

陽乙 17.30

从「閒」字古文省體得聲，帛書中用爲「肩」。

⿸疒兼*

「廉」字異體，卷九广部重見。

⿸疒虎*

方 130.4

⿸疒猒*

「厭」字異體，卷九厂部重見。

𤻲*

「牆」字變體，卷五嗇部重見。

遺一 56.2

遺一 57.2

遺一 58.2

遺一 59.2

遺一 60.4

遺一 214.20

遺三 199.2

遺三 200.2

遺三 201.2

遺三 202.2

㿖*

遺三 203.2

𤹪*

𤹪

方 171.4

冠

冠

陰甲宜忌 1.3

陰甲宜忌 4.1

明 22.3

繆 61.42

𡨥

戰 46.41

遺三 11.10

遺三 12.7

遺三 13.9

遺三 14.6

遺三 15.7

遺三 368.1

遺三 368.7

「冠」字訛體。

冣

刑甲 39.5

㝡

明 4.7

明 5.3

問 31.26

繫 1.29

昭 8.65

《說文》：「冣，積也。从冖从取，取亦聲。」「最」字或訛作與之同形，本卷「最」字下重見。

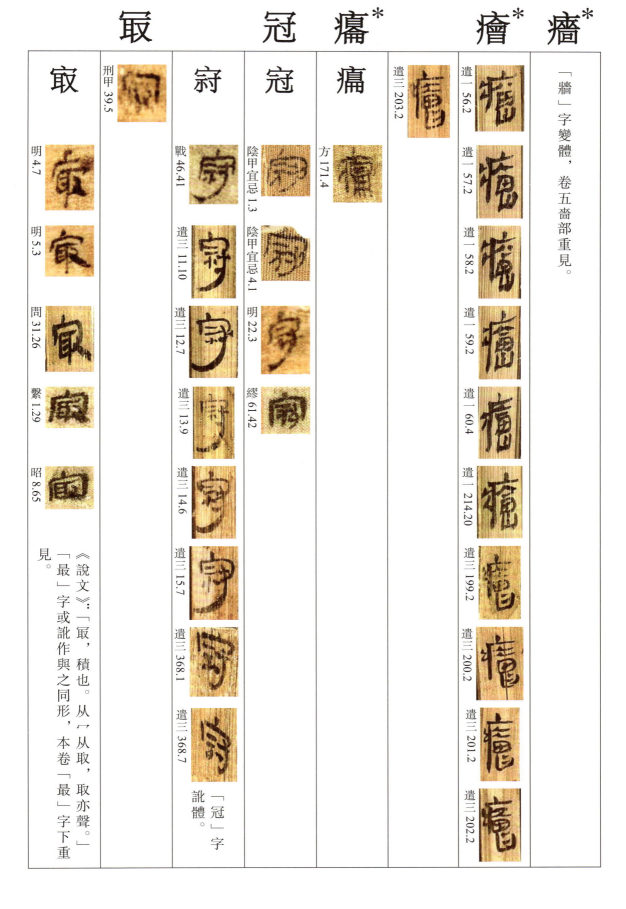

同

陽甲22.22
陽甲23.2
方96.16
方209.19
方428.20
陽乙11.17
陽乙11.26
春37.23
春38.23
戰147.32
戰170.36
戰228.4
老甲38.24
老甲39.6
老甲94.21
老甲94.25
老甲139.13
老甲139.18
老甲139.23
五96.19
五102.10
五113.7
五123.24
五124.5
五124.24
五124.30
五125.4
五157.14
五158.1
五158.10
五158.17
九31.30
九39.19
九40.26
九48.20
九49.10
九50.11
九50.22
德3.5
德12.12
氣2.328
氣2.340
氣2.352
氣3.11
氣3.26
氣3.38
氣4.207
氣5.13
氣6.156
氣6.216
氣6.253
氣6.270
氣9.93
遣一63.7
遣一65.7
遣一67.7
周7.18
周7.27
周7.53
周7.68
二24.37
二24.48
二24.56
二25.14
二25.27
二29.44
繫8.56
繫11.60
繫14.7
繫14.31
繫14.37
繫22.27
繫29.15
衷51.5
要18.31
繆24.59
繆25.23
昭3.69
周·殘下30.14
周·殘下60.15

胄 冒 最

胄

周·殘下64.4

經2.63

經3.12

經17.25

經38.20

經41.63

十12.55

十15.57

十15.61

十47.24

十53.2

稱2.2

稱13.49

稱14.62

稱15.2

道1.7

道1.11

道4.53

老乙18.13

老乙18.26

老乙51.62

老乙65.23

老乙65.28

老乙65.33

老乙65.36

老乙65.44

星9.15

遣三16.2

遣三17.3

遣三18.3

《說文》：「胄，兜鍪也。從冃、由聲。」《說文》卷四：「冑，胤也。从肉、由聲。」二者隸楷階段形體相混，馬王堆簡帛中「胄」字皆表示「甲胄」之「胄」。

冒

方113.1

方113.17

方275.12

養·殘4.2

戰2.7

最

方6.9

方26.2

方176.4

方216.13

方285.13

方421.6

方449.17

養19.16

養34.22

養85.17

養108.17

養112.17

養123.20

養150.30

養目2.11

房3.24

戰99.14

問42.10

問42.15

冣

養34.17

「最」字或訛作「冣」形。

兩

陽甲 16.10
陽甲 33.13
陽甲 34.16
方 56.8
方 58.12
方 66.7
方 193.16
方 330.19
方 418.9
方 418.12

陽乙 16.31
養 127.13
戰 46.11
戰 90.24
戰 101.21
戰 149.26
戰 172.35
戰 281.12
戰 307.19
戰 308.7

戰 324.20
老甲 61.6
老甲 94.19
九 40.22
九 50.7
氣 2.227
氣 2.236
刑甲 22.10
刑丙天 9.40
刑丙天 10.51

木 51.9
問 3.27
禁 7.2
談 2.25
談 22.38
遣一 259.4
遣一 260.4
遣一 261.5
遣一 262.4
遣一 263.6

遣一 263.9
遣一 266.5
遣一 267.5
遣一 268.7
遣三 53.21
遣三 53.25
遣三 371.4
遣三 372.4
遣三 373.4
繫 24.2

衷 20.11
衷 21.27
經 24.29
經 26.60
經 77.43
十 5.61
十 20.17
十 34.7
十 34.9
稱 17.62

稱 18.21
稱 19.20
老乙 29.2
老乙 37.39
星 44.7
星 51.6
刑乙 75.11
相 14.25
相 64.27

网

罔

養 62.9
老甲 79.19
陰乙玄戈 10.20
繆 57.45
繆 57.68
繆 58.15
老乙 38.6

《說文》或體。

罕（罕）

罪

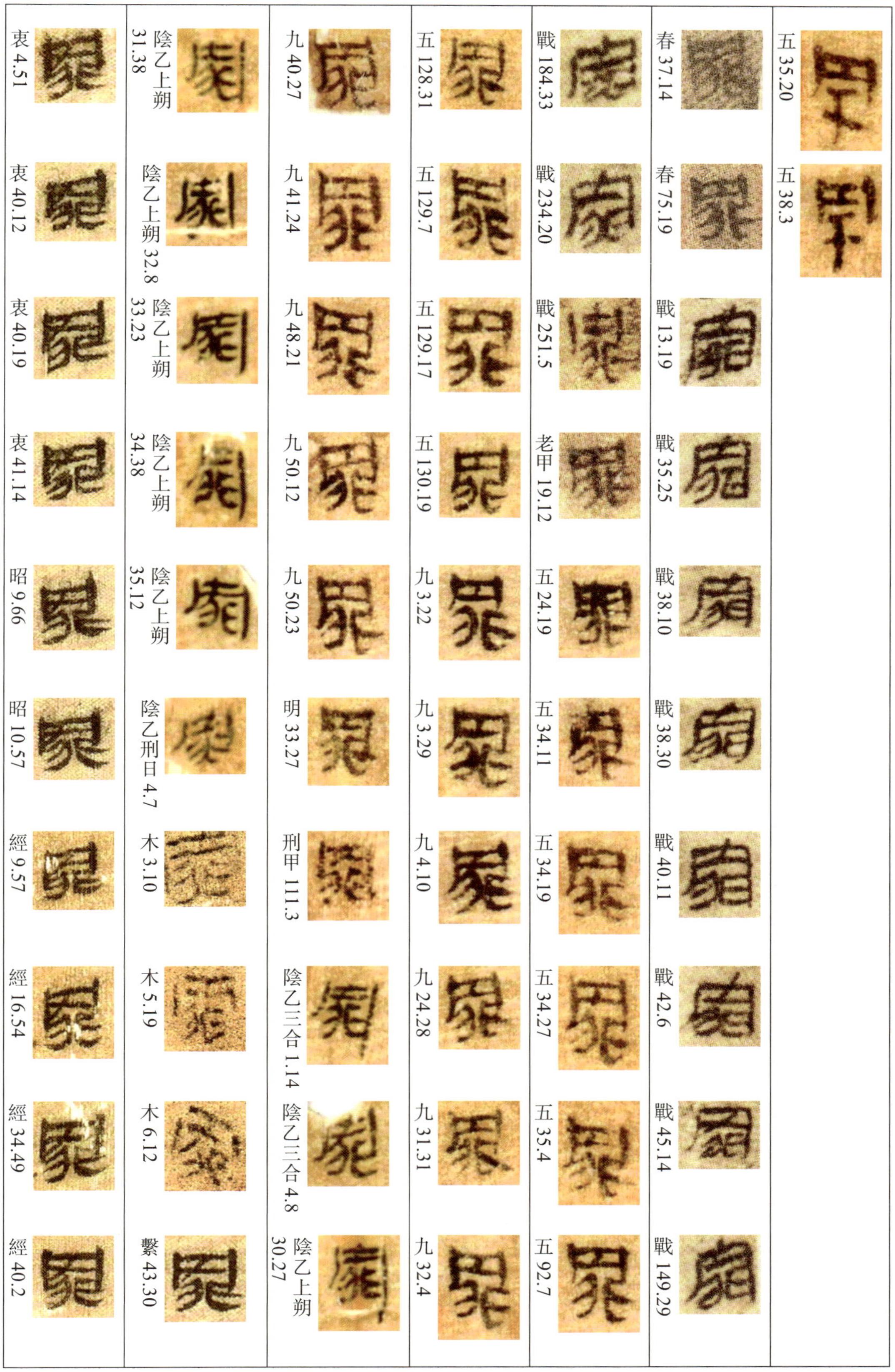
五35.20
五38.3
春37.14
春75.19
戰13.19
戰35.25
戰38.10
戰38.30
戰40.11
戰42.6
戰45.14
戰149.29
戰184.33
戰234.20
戰251.5
老甲19.12
五24.19
五34.11
五34.19
五34.27
五35.4
五92.7
五128.31
五129.7
五129.17
五130.19
九3.22
九3.29
九4.10
九24.28
九31.31
九32.4
九40.27
九41.24
九48.21
九50.12
九50.23
明33.27
刑甲111.3
陰乙三合1.14
陰乙三合4.8
陰乙上朔30.27
陰乙上朔31.38
陰乙上朔32.8
陰乙上朔33.23
陰乙上朔34.38
陰乙上朔35.12
陰乙刑日4.7
木3.10
木5.19
木6.12
繫43.30
衷4.51
衷40.12
衷40.19
衷41.14
昭9.66
昭10.57
經9.57
經16.54
經34.49
經40.2

經 45.24
經 57.41
經 60.35
經 60.45
經 62.52
老乙 9.13
老乙 25.7

羅

陰甲神上 2.13
射 3.18
遣一 274.1
地 72.1
周 2.54
周 36.33
周 69.23
周 69.32
繫 33.43
相 42.25

罷

方 297.8
戰 143.13
戰 147.16
戰 227.30
老甲 113.3
氣 3.100
氣 5.97
氣 5.162
氣 6.294
刑甲 5.10

刑甲 10.15
刑甲 11.30
刑甲 12.39
刑甲 19.9
刑甲 26.20
十 46.56
老乙 2.53
老乙 37.24
刑乙 64.26
刑乙 67.37

刑乙 67.44
刑乙 68.24
刑乙 69.10
刑乙 73.6
刑乙 77.51
刑乙 78.11

置

方 49.3
方 103.20
方 105.27
方 107.3
方 128.9
方 262.21
方 266.17
方 269.2
方 274.18
方 279.31

方 280.3
方 283.23
方 328.16
方 340.15
方 343.13
方 361.16
方 425.23
養 22.2
養 32.7
養 61.4

養 90.19
養 144.16
養 166.4
養 181.11
房 12.8
房 33.9
胎 29.27
胎 31.9
老甲 52.7
陰乙玄戈 10.19

冥*

問13.14
二16.60
經62.11
經69.58
十2.3
老乙24.42

「冥」字異體，本卷冥部重見。

覈

覈

方257.15
方259.11
方400.14
稱10.9
相10.28
相24.38
相59.25
相66.37

《說文》或體。

[illegible]

方21.7
方337.6

「覈」字訛體。

覆

方98.12
養128.17
合2.8
繆29.14
繆50.13
繆50.19
繆62.3

巾

養77.1
養79.17
養79.20
養80.2
養86.19
養88.16
養89.17
養91.7
遣一19.2
遣一20.2

遣一21.4
遣一22.4
遣一246.3
遣一247.3
遣一248.3
遣一249.2
遣一250.2
遣一253.6
遣一255.6
遣一258.4

竹一3.2
竹一4.4
遣三62.2
遣三63.2
遣三64.6
遣三65.2
遣三312.2
遣三313.2
遣三314.2
遣三315.3

遺三317.3

幣

老甲17.22
牌一4.3
牌一5.4
繆3.36
繆3.42
繆17.22
繆58.60
十9.56

帶

陰甲宜忌1.4
陰甲宜忌2.1
陰甲宜忌4.2
方132.2
養194.1
養195.8
養·殘57.11
胎25.10
戰114.8
戰276.4
遺一226.6
遺一275.3
遺三319.3
遺三319.6
遺三320.3
遺三321.2
遺三322.3
遺三343.3
遺三344.3
周6.11
老乙15.29

常

陰甲宜忌5.2
陽乙16.26
戰55.26
戰139.22
戰140.38
戰230.14
老甲31.20
老甲37.18
老甲123.8
老甲123.11
老甲123.16
老甲123.22
九3.4
木62.20
合2.21
合14.3
談9.32
談10.24
遺三229.4
遺三353.2
遺三407.71
周45.4
二4.47
二18.35
繫1.21
繫35.12
衷27.54
衷41.67
衷47.50
繆3.38

常	常	帬	帷	幕	幦	幭	飾
昭 6.70	十 35.13	木 62.19	遣一 251.6	氣 2.47	方 109.28	幭	十 63.39
經 6.36	十 56.62		遣三 366.4	周 30.19		遣一 256.6	稱 9.72
經 6.62	十 57.44		相 1.29			遣一 257.7	相 18.60
經 14.14	十 61.19		相 34.18			遣一 258.7	相 71.9
經 49.31	老乙 14.63					遣三 337.5	
經 66.30	老乙 58.18					遣三 347.4	
經 68.4	老乙 58.26					遣三 348.4	
十 19.32	老乙·殘 6.4					遣三 349.6	
十 34.34	相 10.66					周 12.15	
十 34.42						周 12.25	

卷

足19.3
足20.21

帚

方104.14
方104.30
氣6.224
刑甲94.25
遣三395.2
刑乙50.2

席

方12.13
方102.5
方262.25
養192.17
胎17.6
胎26.15
合31.10
遣一286.3
遣一287.3
遣一288.3
遣一289.2
遣一290.3
遣一291.4
遣三305.4
遣三380.3
遣三381.3
遣三382.3
遣三383.2
遣三384.3
要12.59

布

方18.10
方19.13
方30.26
方44.23
方92.30
方129.3
方131.15
方149.11
方214.5
方218.7
方224.13
方241.5
方245.5
方266.15
方268.14
方323.6
方324.5
方360.26
方361.14
方367.1
方410.1
方419.17
方446.5
方462.15
方483.18
養46.3
養48.26
養49.8
養50.19
養64.19
養72.13
養79.1
養79.16
養82.3
養89.16
養93.11
養114.27
養179.17
房6.2
房6.6

希* 帍*

房11.13
房11.25
胎33.23
春71.12
春85.26
戰229.17
九7.19
明29.18
氣6.54
氣10.147

木61.13
談8.29
遣一142.5
遣一143.5
遣一144.6
遣一145.7
遣一146.4
遣一147.12
遣一148.5
遣一149.5

遣一150.5
遣一151.5
遣一153.8
遣一181.2
遣一229.1
遣一232.1
遣一233.1
牌一5.2
遣三19.6
遣三20.6

遣三38.5
遣三173.7
遣三174.7
遣三175.5
遣三177.5
遣三178.4
遣三181.5
遣三182.5
遣三183.5
遣三216.36

遣三255.2
遣三273.1
遣三276.1
遣三277.1
遣三368.6
經12.22
十4.29
十8.5
十13.39
十14.57

老甲123.17

陽乙14.10
老甲116.15
老甲138.9
合18.5
要18.60
十51.36
老乙5.46
老乙36.9
老乙39.7
老乙55.1

老乙64.61
相16.4
相21.40
相55.7
相66.70
相67.1
相75.41
相75.47

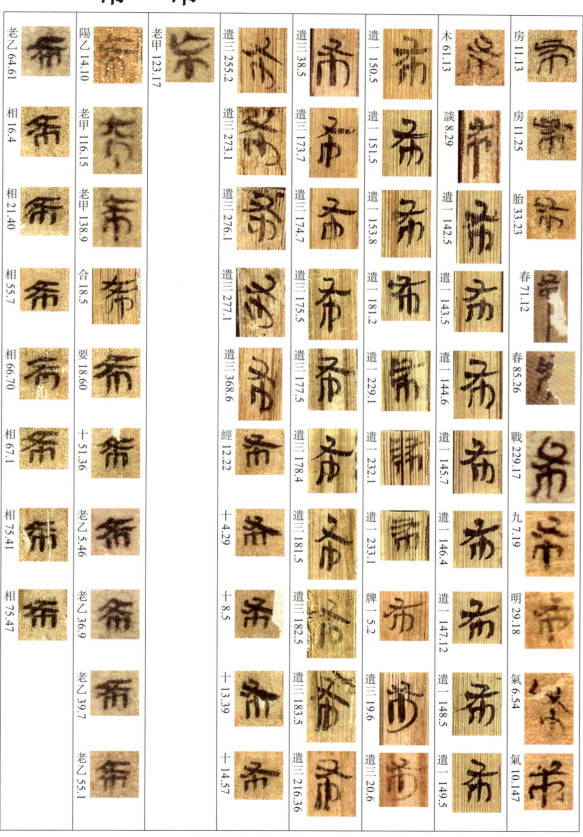

⿱令巾*

遺一 251.22

帯*

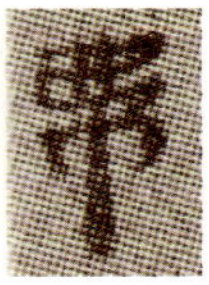
談 26.33

市

方 31.7

帛

明 21.28

遺一 119.9

遺三 216.24

遺三 223.1

遺三 226.1

遺三 308.1

遺三 326.1

遺三 342.1

遺三 407.34

遺三 407.54

牌三 36.1

錦

明 29.11

遺一 276.5

遺一 279.4

遺一 280.4

遺一 289.9

遺一 290.5

遺三 245.3

遺三 309.1

遺三 316.3

遺三 350.1

遺三 381.5

遺三 383.10

遺三 384.5

牌三 29.1

相 56.9

白

陰甲雜四 3.11

陰甲雜四 13.2

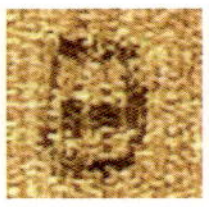
方 8.3

方 81.5

方 112.5

方 115.1

方 130.2

方 130.7

方 228.10

方 228.31

方267.9　方270.6　方278.24　方284.4　方284.28　方288.3　方297.5　方304.6　方382.2　方382.5

方425.5　方459.18　去8.15　養62.2　養111.2　養127.3　養179.16　養221.17　養222.5　房3.7

房11.12　胎20.7　老甲148.24　氣1.6　氣1.272　氣1.275　氣4.114　氣6.18　氣6.124　氣7.30

氣7.54　氣9.49　氣9.162　氣9.174　氣9.278　氣10.6　氣10.46　氣10.218　刑甲1.11　刑甲4.35

刑甲6.17　刑甲6.29　刑甲9.2　刑甲20.20　刑甲33.1　刑甲114.2　刑甲大游1.8　刑丙地14.8　刑丙天3.35　陰乙傳勝圖1.55

問9.2　問9.14　問52.9　問54.7　問101.4　合31.2　談50.2　遣一12.6　遣一17.5　遣一49.1

遣一108.1　遣一116.1　遣一129.1　遣一143.1　遣一144.2　遣一145.2　遣一172.8　遣一203.9　遣一252.1　遣一269.1

遣一293.2　遣一307.2　竹一14.1　竹一15.2　牌一32.1　牌一35.1　遣三91.1　遣三156.1　遣三173.2　遣三174.3

遺三176.1 遺三294.2 遺三305.11 遺三319.1 遺三327.1 遺三335.1 遺三365.1 遺三370.2 牌三48.1 太1.17

周17.29 周68.16 二4.15 二4.54 二25.53 二25.59 二33.57 二33.63 繫14.49 衷42.21

繆14.41 經3.44 十3.54 十4.1 十19.54 老乙5.22 老乙51.35 老乙69.17 老乙69.44 星18.9

星21.26 星25.50 星34.41 星39.17 星41.5 星43.38 星48.8 星48.19 星48.24 星48.27

星48.35 星48.48 星48.51 星49.13 星49.16 星49.29 星50.6 星50.13 星50.29 星51.3

星51.5 星51.15 星51.28 星52.17 星52.32 星53.6 星53.31 星53.44 星55.12 星56.11

星59.12 星60.14 星61.1 星63.18 星65.5 星66.9 星66.35 星69.23 星70.21 星71.29

星72.14 星74.23 刑乙57.23 刑乙62.4 刑乙62.17 刑乙62.26 刑乙64.14 刑乙65.5 刑乙65.17 刑乙66.46

皎　晳　㡀　敝

刑乙73.62

刑乙79.40

刑乙86.17

相45.44

皎

繆15.47

晳

陰甲堪法4.3

陰甲堪法4.18

陰甲堪法5.7

陰甲堪法5.24

陰甲諸日3.3

胎20.18

㡀

戰242.23

敝

方102.3

方104.13

方323.3

方454.20

戰172.8

戰184.4

戰241.7

戰255.9

戰255.12

戰261.5

戰264.21

戰322.6

戰322.32

戰323.12

老甲136.14

遣一284.8

遣三364.2

牌三30.2

牌三33.2

周29.47

⿰㡀殳

經12.58

經13.11

經13.41

經29.50

經43.47

卷八

人

陰甲天一2.28　陰甲天一2.44　陰甲神上4.11　陰甲雜四5.19　陰甲五禁3L.24　陰甲堪表8.5　陰甲諸日2.4　陰甲祭一4L.37　陰甲祭三4.37　陰甲祭三5.31

陰甲宜忌6.1　足21.24　脈1.10　脈11.17　候2.19　方目1.20　方目1.23　方目2.24　方目4.6　方8.7

方21.9　方56.4　方57.4　方60.5　方61.3　方64.19　方66.25　方76.3　方85.3　方91.8

方96.21　方97.16　方103.8　方126.7　方193.17　方212.33　方216.16　方219.15　方221.14　方253.11

方276.3　方276.19　方309.8　方316.7　方345.3　方367.7　方393.13　去4.37　陽乙5.24　陽乙12.23

養8.2　養36.5　養84.3　養110.15　養112.23　養126.6　養153.22　養171.12　養192.22　養200.20

養 202.5
養·殘 165.3
房 46.23
射 13.1
胎 1.10
胎 4.30
胎 33.10
胎 34.23
春 7.11
春 17.4

春 21.6
春 24.26
春 37.26
春 38.26
春 42.8
春 42.12
春 46.21
春 62.1
春 62.8
春 65.16

春 70.18
春 72.24
春 74.22
春 78.9
春 78.15
春 78.24
春 83.21
春 86.4
春 86.29
春 89.12

春 90.6
戰 14.4
戰 17.14
戰 27.16
戰 46.39
戰 52.2
戰 52.25
戰 56.9
戰 56.16
戰 57.8

戰 58.21
戰 65.15
戰 71.8
戰 95.8
戰 95.25
戰 96.12
戰 97.25
戰 97.35
戰 98.19
戰 99.9

戰 99.16
戰 99.26
戰 99.29
戰 101.6
戰 101.19
戰 102.8
戰 105.6
戰 115.32
戰 117.28
戰 133.30

戰 173.27
戰 173.34
戰 174.19
戰 193.11
戰 193.14
戰 197.24
戰 200.27
戰 201.17
戰 203.22
戰 203.30

戰 224.11
戰 238.24
戰 238.31
戰 281.16
戰 289.12
戰 323.34
戰 324.11
老甲 14.12
老甲 47.19
老甲 47.26

老甲 47.29 老甲 50.9 老甲 50.18 老甲 51.8 老甲 51.14 老甲 51.30 老甲 54.26 老甲 64.10 老甲 71.16 老甲 74.3

老甲 75.7 老甲 75.28 老甲 82.7 老甲 83.33 老甲 90.5 老甲 91.27 老甲 92.12 老甲 96.27 老甲 101.27 老甲 104.18

老甲 112.13 老甲 112.21 老甲 112.29 老甲 128.18 老甲 131.4 老甲 132.8 老甲 136.29 老甲 142.19 老甲 146.12 老甲 146.16

老甲 146.20 老甲 147.5 老甲 147.7 老甲 150.1 老甲 152.9 老甲 152.19 老甲 156.25 老甲 156.30 老甲 158.10 老甲 164.10

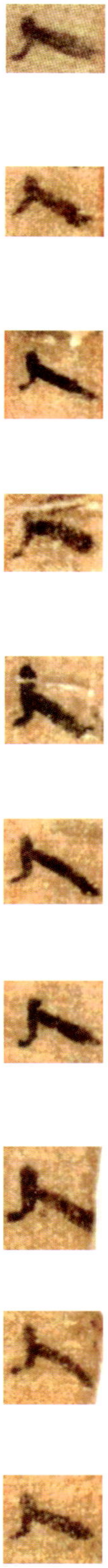
老甲 168.11 五 4.18 五 15.12 五 18.26 五 23.8 五 27.23 五 29.20 五 43.21 五 43.25 五 44.3

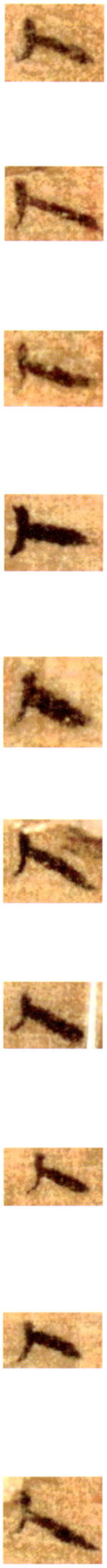
五 44.6 五 44.10 五 47.2 五 47.15 五 68.3 五 75.10 五 81.6 五 85.13 五 85.22 五 92.10

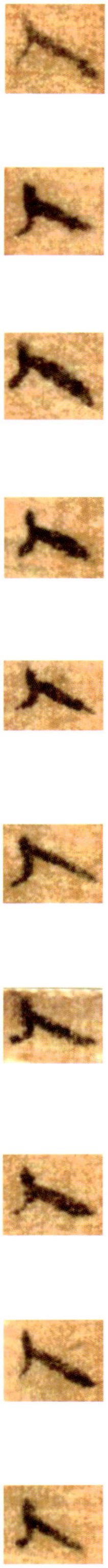
五 92.28 五 96.7 五 100.23 五 103.4 五 103.17 五 104.6 五 105.1 五 105.14 五 111.19 五 113.4

五 113.17 五 114.2 五 122.23 五 126.8 五 126.19 五 127.16 五 136.8 五 136.15 五 136.25 五 138.21

五 139.24
五 153.7
五 153.10
五 166.10
五 173.2
五 173.15
五 176.6
五 176.13
五 176.22
五 176.25

五 177.9
五 177.13
九 16.19
九 22.18
九 22.21
九 32.21
九 32.24
九 32.28
九 33.4
九 36.3

九 37.25
明 13.2
明 21.26
明 31.2
明 31.7
明 35.26
明 35.29
明 36.4
明 37.3
明 41.27

德 2.22
德 3.28
氣 1.73
氣 1.82
氣 1.282
氣 2.7
氣 2.72
氣 2.90
氣 2.214
氣 2.263

氣 2.266
氣 3.158
氣 3.165
氣 3.170
氣 3.175
氣 3.180
氣 4.54
氣 4.76
氣 4.87
氣 4.92

氣 4.213
氣 5.50
氣 5.72
氣 6.16
氣 6.68
氣 6.76
氣 6.80
氣 6.142
氣 6.152
氣 6.246

氣 6.406
氣 7.148
氣 9.145
刑甲 3.34
刑甲 5.23
刑甲 8.17
刑甲 8.28
刑甲 8.38
刑甲 10.2
刑甲 10.10

刑甲 15.4
刑甲 15.26
刑甲 27.9
刑甲 27.27
刑甲 30.18
刑甲 112.32
刑甲 113.7
刑丙天 5.11
刑丙天 5.23
刑丙天 7.10

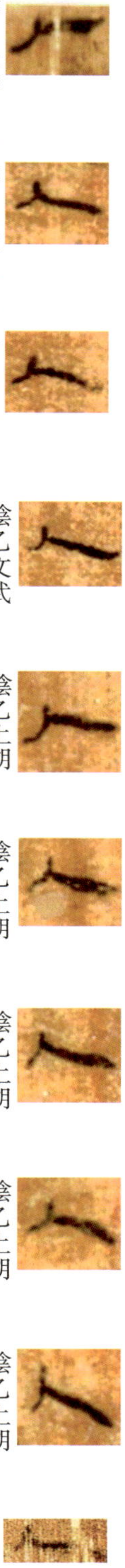

陰乙大游 2.27	陰乙三合 3.12	陰乙三合 4.9	陰乙文武 13.28	陰乙上朔 22.12	陰乙上朔 30.28	陰乙上朔 30.30	陰乙上朔 31.39	陰乙上朔 34.39	木 2.4

木 4.1	木 14.12	木 15.10	木 16.1	木 24.5	木 34.20	木 44.4	木 44.8	木 45.5	木 45.8

木 46.1	木 49.16	木 49.19	木 51.1	木 51.4	木 53.1	木 54.9	木 55.1	木 56.1	木 66.6

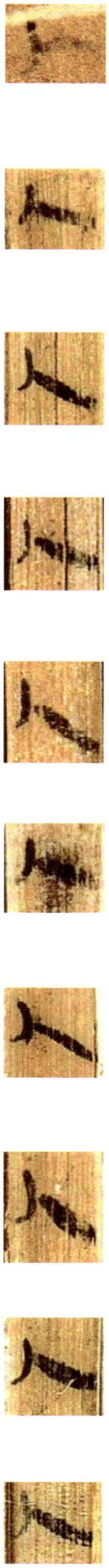

木 68.1	問 24.1	問 27.3	問 43.7	問 53.16	問 83.1	問 89.12	問 91.14	問 94.13	問 95.6

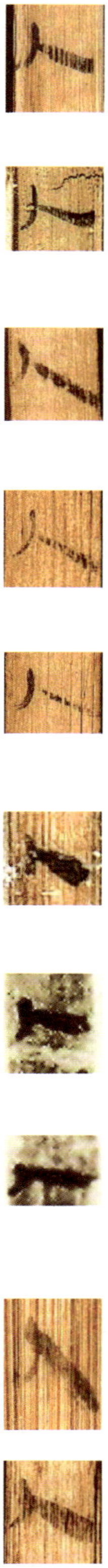

合 23.7	合 25.16	禁 2.13	禁 6.2	禁 10.3	談 24.2	談 29.40	談 51.2	竹二 1.17	遣三 3.4

遣三 4.4	遣三 5.4	遣三 5.8	遣三 6.6	遣三 7.2	遣三 7.4	遣三 7.7	遣三 7.12	遣三 9.12	遣三 10.8

遣三 11.6	遣三 12.5	遣三 13.5	遣三 14.4	遣三 15.5	遣三 16.10	遣三 17.11	遣三 19.4	遣三 20.4	遣三 21.12

遣三 21.16	遣三 21.19	遣三 21.23	遣三 21.25	遣三 21.27	遣三 21.36	遣三 21.40	遣三 21.44	遣三 23.4	遣三 25.8

遣三 27.2	遣三 27.4	遣三 27.7	遣三 28.2	遣三 28.4	遣三 28.7	遣三 29.6	遣三 30.5	遣三 31.5	遣三 32.8

遣三 34.11	遣三 35.10	遣三 36.6	遣三 37.5	遣三 38.3	遣三 39.11	遣三 39.15	遣三 39.17	遣三 39.19	遣三 39.21

遣三 39.24	遣三 47.2	遣三 47.4	遣三 48.7	遣三 48.10	遣三 50.7	遣三 51.10	遣三 52.9	遣三 53.32	宅 1.20

箭 74.9	箭 76.8	箭 77.8	箭 78.8	箭 80.9	箭 81.7	箭 82.8	箭 83.8	箭 84.8	箭 85.8

周 1.24	周 1.59	周 2.5	周 2.34	周 2.38	周 2.62	周 3.52	周 4.7	周 4.25	周 4.42

周 4.45	周 5.15	周 7.19	周 7.28	周 7.54	周 8.46	周 10.16	周 12.66	周 13.49	周 13.55

周 21.17	周 21.40	周 21.52	周 22.63	周 23.71	周 24.13	周 24.54	周 26.43	周 27.56	周 33.25

周 37.29	周 40.1	周 42.23	周 50.2	周 50.70	周 51.30	周 52.23	周 53.5	周 55.8	周 59.10

周62.6	周70.38	周73.67	周75.19	周82.15	周85.17	周91.3	周91.31	二5.24	二6.5
二6.41	二7.3	二7.14	二7.34	二8.60	二9.79	二12.21	二12.52	二13.63	二13.69
二14.56	二15.6	二15.34	二15.54	二15.70	二17.7	二17.38	二24.49	二25.15	二25.31
二26.65	二31.45	二32.33	二32.54	二34.45	二34.49	二35.7	二36.65	繫2.57	繫3.12
繫8.55	繫10.57	繫11.25	繫11.48	繫14.8	繫14.30	繫15.55	繫16.14	繫20.50	繫21.48
繫22.14	繫23.4	繫24.71	繫25.25	繫25.32	繫25.43	繫25.54	繫26.29	繫28.55	繫29.3
繫31.41	繫31.47	繫32.5	繫32.19	繫32.31	繫32.35	繫36.55	繫37.25	繫37.44	繫41.45
繫42.41	繫43.12	繫45.47	繫45.50	繫47.15	衷4.43	衷17.16	衷19.40	衷21.17	衷27.8

衷 30.50　衷 32.9　衷 32.44　衷 33.31　衷 34.30　衷 35.37　衷 36.52　衷 36.57　衷 37.13　衷 37.24

衷 38.49　衷 39.31　衷 42.11　衷 42.23　衷 42.58　衷 44.36　要 11.26　要 11.32　要 12.18　要 14.63

要 15.16　要 15.54　要 15.60　要 22.20　繆 1.59　繆 2.70　繆 3.64　繆 4.13　繆 5.24　繆 5.34

繆 5.62　繆 7.9　繆 20.16　繆 20.47　繆 20.69　繆 24.3　繆 24.24　繆 25.34　繆 27.6　繆 27.39

繆 28.11　繆 35.59　繆 37.57　繆 38.9　繆 38.55　繆 40.29　繆 40.35　繆 41.27　繆 41.68　繆 42.6

繆 45.14　繆 45.22　繆 46.7　繆 46.24　繆 48.25　繆 48.49　繆 49.16　繆 51.28　繆 54.57　繆 55.8

繆 55.47　繆 55.51　繆 55.70　繆 56.53　繆 56.57　繆 56.61　繆 57.48　繆 59.27　繆 61.13　繆 61.52

繆 62.56　繆 63.10　繆 66.13　繆 66.18　繆 68.34　繆 68.58　繆 69.38　繆 69.46　繆 71.30　昭 2.16

昭 2.34　昭 2.56　昭 2.68　昭 4.16　昭 6.4　昭 9.3　昭 9.41　昭 9.55　昭 10.15　昭 10.44

昭 10.59　昭 10.68　昭 11.8　昭 11.42　昭 11.48　昭 11.53　昭 12.15　昭 12.34　昭 12.60　周·殘下 91.4

經 2.49　經 10.26　經 10.36　經 10.47　經 11.6　經 11.42　經 12.6　經 12.11　經 13.18　經 19.43

經 29.22　經 29.39　經 30.12　經 32.46　經 33.17　經 36.48　經 37.54　經 41.57　經 42.26　經 44.20

經 46.34　經 46.42　經 56.40　經 60.32　經 61.12　經 67.19　經 68.24　十 1.55　十 4.14　十 4.18

十 4.22　十 7.61　十 9.44　十 10.2　十 10.10　十 12.38　十 12.42　十 12.58　十 13.60　十 18.40

十 20.41　十 25.18　十 25.22　十 25.32　十 27.41　十 28.5　十 29.56　十 32.62　十 33.29　十 34.30

十 37.44　十 37.54　十 37.58　十 38.22　十 39.46　十 40.18　十 40.24　十 40.40　十 42.46　十 44.58

十 46.50	十 46.59	十 48.35	十 57.15	十 58.37	十 58.59	十 59.1	十 60.3	十 61.33	十 61.41
十 62.69	十 63.6	稱 2.45	稱 4.31	稱 5.55	稱 7.31	稱 8.49	稱 13.5	稱 13.13	稱 17.25
稱 17.35	稱 17.39	稱 23.62	稱 24.1	稱 24.5	稱 24.11	道 2.36	道 2.44	道 4.30	道 5.13
道 5.15	老乙 6.43	老乙 11.22	老乙 19.59	老乙 21.19	老乙 22.28	老乙 22.35	老乙 23.53	老乙 24.11	老乙 24.17
老乙 27.27	老乙 27.57	老乙 29.53	老乙 30.52	老乙 32.2	老乙 32.8	老乙 32.15	老乙 32.28	老乙 34.28	老乙 34.41
老乙 36.17	老乙 36.36	老乙 37.7	老乙 39.12	老乙 39.70	老乙 41.16	老乙 41.44	老乙 45.46	老乙 46.44	老乙 47.69
老乙 49.13	老乙 52.44	老乙 52.52	老乙 52.62	老乙 53.4	老乙 53.10	老乙 60.56	老乙 60.66	老乙 61.3	老乙 61.32
老乙 61.38	老乙 61.46	老乙 61.55	老乙 61.75	老乙 62.14	老乙 64.7	老乙 65.15	老乙 66.51	老乙 68.17	老乙 68.21

老乙 68.25
老乙 68.37
老乙 68.43
老乙 69.75
老乙 70.45
老乙 70.55
老乙 72.47
老乙 72.52
老乙 74.49
老乙 76.7

老乙 77.57
星 49.20
星 49.24
星 52.12
星 53.3
星 53.17
星 53.27
星 57.35
星 58.4
星 58.11

星 61.11
星 62.2
刑乙 40.4
刑乙 40.12
刑乙 41.23
刑乙 56.8
刑乙 56.16
刑乙 62.32
刑乙 62.52
刑乙 62.61

刑乙 63.43
刑乙 64.40
刑乙 66.41
刑乙 68.46
刑乙 68.54
刑乙 70.33
刑乙 70.54
刑乙 79.10
刑乙 79.28
刑乙 81.11

相 7.60
相 20.37

僮

陽乙 1.31
陰乙上朔 28.21
陰乙上朔 32.18
陰乙上朔 36.1
衷 22.24
衷 22.26
衷 22.31
衷 22.54
衷 23.20
衷 23.59

衷 23.69
衷 24.17
衷 24.34
衷 33.1
衷 39.32
衷 43.36
衷 47.39
經 53.59
老乙 12.3

保

戰 74.38
戰 127.37
衷 24.6
衷 24.61
衷 25.1
衷 38.17
衷 48.11
要 9.19
要 9.39
相 3.21

相 6.57
相 13.65
相 15.20
相 24.35
相 31.59
相 48.59
相 54.18
相 65.36

仁

方 243.11
春 57.9
戰 51.18
戰 52.14
老甲 1.10
老甲 3.8
老甲 3.10
老甲 57.12
老甲 101.18
老甲 101.29

老甲 125.25
老甲 126.30
五 9.9
五 9.21
五 11.6
五 11.17
五 23.9
五 30.11
五 33.9
五 36.13

五 36.23
五 44.22
五 64.11
五 65.26
五 65.30
五 66.7
五 66.9
五 66.11
五 66.13
五 75.23

五 76.1
五 76.9
五 76.12
五 85.14
五 86.5
五 114.25
五 115.5
五 116.21
五 118.26
五 120.26

五 122.26
五 123.9
五 123.19
五 131.12
五 131.18
五 132.2
五 132.13
五 132.21
五 134.12
五 136.9

五 138.22
五 139.28
五 140.16
五 142.16
五 149.10
五 157.31
五 162.1
五 163.3
五 165.9
五 166.18

五 168.10
五 168.15
五 168.21
五 178.22
五 179.1
明 43.23
明 45.25
明 47.3
繫 7.34
繫 8.14

繫 8.20 
衷 21.21 
衷 43.65 
要 18.51 
繆 72.10 
周·殘下 11.6 
十 61.28 
老乙 1.29 
老乙 1.71 
老乙 1.73 

老乙 47.61 

仞

戰 141.35 
老甲 84.7 

⿰刃刀

刑甲 36.27 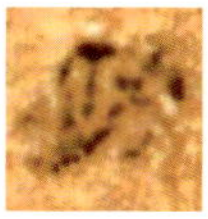
刑甲 37.2 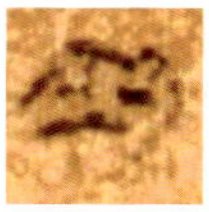
刑甲 37.7 
刑甲 37.12 
刑甲 37.17 
刑乙 84.33 

仕

⿰土支

陰甲天一 4.16 
陰甲天一 5.11 
陰甲天一 6.11 
陰甲天一 8.9 
陰乙大游 2.113 

佩

刑乙 66.25 
刑乙 66.29 

偑

刑甲 8.21 
刑甲 8.25 
胎 6.2 

「佩」字訛體，「巾」旁訛作「虫」形。

帍

明 26.2 

「佩」字省體。

儒

胎 4.34

伋

養 60.8

伯

春 20.8

春 36.8

戰 154.30

戰 202.23

戰 220.38

五 101.12

刑甲 134.2

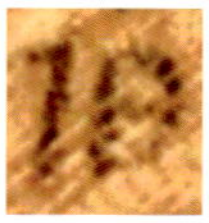
刑甲小游 1.11

刑甲小游 1.74

刑甲小游 1.101

刑甲小游 1.137

刑甲小游 1.160

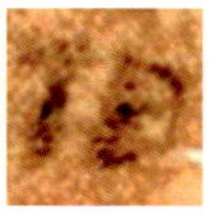
刑甲小游 1.230

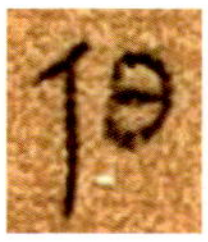
喪 4.4

刑乙 34.18

相 2.24

伊

五 145.3

九 1.4

九 1.14

九 1.30

九 2.3

九 4.14

九 7.17

九 10.1

九 11.17

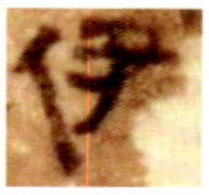
九 24.37

九 26.1

九 27.4

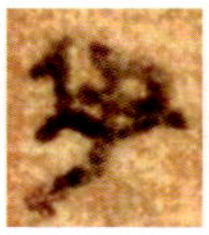
九 32.7

九 41.27

九 48.25

伾

伓

陰甲天地 1.38

陰甲天地 2.24

陰甲天地 2.45

陰甲天地 3.30

經 40.7

經 40.15

十 18.22

仿

昭 10.51

老乙 52.65

佛

僨

經 62.27

經 63.2

佗

老乙 15.6

何

養 192.21

養 196.13

養 219.12

胎 1.13

春 10.7

春 83.11

春 84.10

春 91.9

戰 25.13

戰 40.12

戰 71.31

戰 78.10

戰 97.2

戰 107.22

戰 108.19

戰 109.4

戰 136.20

戰 146.30

戰 153.24

戰 199.7

戰 215.36

戰 217.8

戰 240.5

戰 252.18

戰 253.1

戰 253.32

戰 284.4

戰 285.19

戰 289.16

戰 291.5

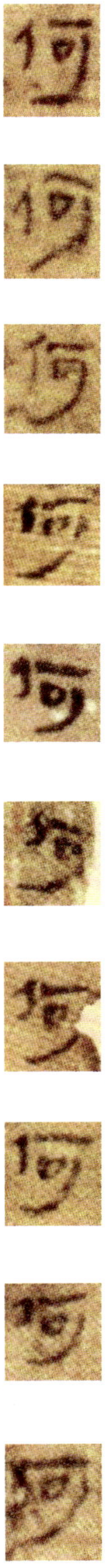

戰 291.15

戰 306.3

戰 323.6

老甲 25.21

老甲 27.1

老甲 51.36

老甲 80.2

老甲 114.10

老甲 115.2

老甲 115.28

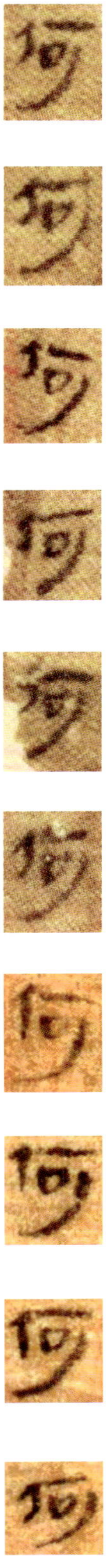

老甲 128.9

老甲 128.16

老甲 134.15

老甲 140.23

老甲 140.25

老甲 144.3

五 75.29

五 114.8

五 149.30

九 9.32

九 11.14	明 33.9	問 23.22	問 85.8	二 15.21	衷 33.27	繆 22.1	繆 60.14
九 16.6	明 39.12	問 23.26	問 95.7	繫 14.66	衷 35.21	繆 22.64	繆 61.5
九 23.9	德 8.8	問 42.22	談 1.22	繫 32.26	衷 37.27	繆 24.21	繆 65.6
九 25.32	問 1.11	問 43.19	談 48.36	繫 32.32	衷 38.58	繆 27.61	昭 3.14
九 32.5	問 1.17	問 45.19	太 4.5	繫 38.36	要 16.40	繆 30.64	昭 5.14
九 41.25	問 1.24	問 52.12	周 66.61	繫 38.45	繆 3.7	繆 35.11	昭 10.35
九 48.22	問 8.10	問 67.20	周 75.74	繫 41.57	繆 5.25	繆 39.28	昭 11.11
明 11.23	問 8.22	問 77.12	周 84.19	繫 43.39	繆 7.45	繆 44.12	昭 11.58
明 20.20	問 15.14	問 80.26	二 1.15	衷 19.12	繆 16.16	繆 50.34	昭 12.1
明 31.25	問 23.14	問 83.5	二 11.52	衷 28.25	繆 18.68	繆 57.21	昭 13.50

經42.17
經42.25
十5.27
十14.24
十14.42
十14.50
十15.14
十15.53
十16.20
十16.51

十17.38
十18.59
十24.51
十30.28
十45.58
十60.59
稱1.38
稱1.61
老乙19.16
老乙38.22

老乙53.35
老乙53.60
老乙54.20
老乙60.47
老乙60.54
老乙63.6
老乙67.20
相5.42
相37.6
相37.22

相37.42
相37.65
相38.23
相39.7
相39.22
相39.52
相40.37
相40.48
相40.62

備

方220.29
春25.22
春38.7
戰181.25
戰288.25
五119.19
九26.11
九51.16
明4.30
明7.21

德6.25
刑甲22.5
合7.17
談36.5
談44.11
二6.73
二8.31
二8.49
繫9.63
繫24.55

繫24.73
繫35.46
衷3.11
衷43.62
要23.4
經18.23
經21.57
經22.3
經22.20
經34.45

經54.49
十12.32
十20.27
十24.63
十26.16
十37.1
十37.8
十37.23
十37.38
刑乙75.6

位

備

戰130.5

戰197.34
戰198.17
五95.2
陰乙大游1.251
陰乙大游3.141
陰乙文武20.21
陰乙五禁11.16
繫24.59
繫27.6
繫27.48

繫43.51
衷5.43
衷21.8
要11.58
十3.14
稱17.63
稱18.22

偕

五77.3
二32.34
星51.8

俱

陽乙16.14
春88.25
春90.5
戰37.27
戰51.19
五175.16
刑甲49.19
問45.8
問61.16
談1.16

談3.16
繆19.47
繆45.4
經10.50
經31.12
經52.56
星44.9
刑乙92.46

傳

方10.8
方14.13
方15.6
方40.1
方56.20
方59.11
方62.11
方70.6
方76.19
方80.5

方96.28
方123.5
方131.19
方132.12
方135.22
方159.4
方241.7
方255.16
方260.4
方319.17

倚

方320.8
方321.9
方322.8
方323.8
方324.8
方328.28
方331.5
方347.15
方348.19
方348.32

方355.10
方357.29
方362.13
方363.29
方366.27
方368.15
方368.17
方369.10
方371.10
方371.19

方384.8
方384.19
方388.22
方388.25
方389.3
方401.13
方402.4
方403.1
方403.10
方406.12

方406.17
方407.1
方410.5
方417.15
方419.22
方426.10
方428.21
方438.23
方439.25
方458.5

方465.3
方466.21
方467.2
方467.10
方·殘3.24
方·殘56.2
養22.5
養62.19
養63.10
養64.12

養202.20
春58.14
氣10.209
合20.19
合31.9
禁10.2
談41.8
遺三223.2
遺三226.3
遺三407.35

遺三407.56
相28.11
相33.50
相33.54
相34.13
相34.22
相35.63
相36.7
相36.20
相73.39

方217.23
老甲43.15
九36.15
九49.25
木42.13
木68.2
要15.14
繆64.14
繆65.11
繆67.36

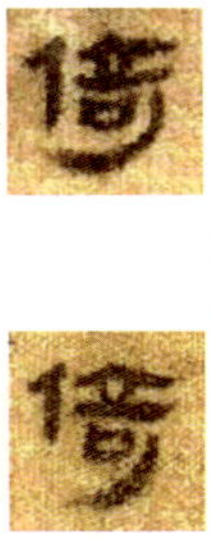

經 55.1
稱 13.24

依

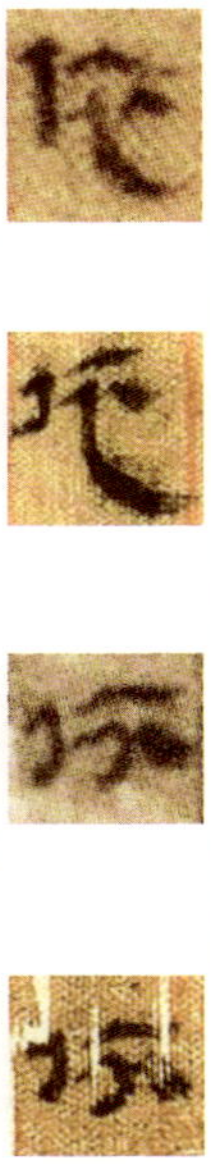

老甲 158.14
昭 6.60
老乙 35.37
相 16.16

佴

春 17.2
春 83.17
春 83.26
春 86.5
經 20.30
稱 8.61

《說文》：「佴，佽也。从人，耳聲。」帛書中「佴」字皆用爲「恥」。

侍

方 112.4
養 205.4
戰 27.28
戰 66.24
戰 111.14
戰 183.8
明 45.11
問 16.6
談 10.21
談 24.27

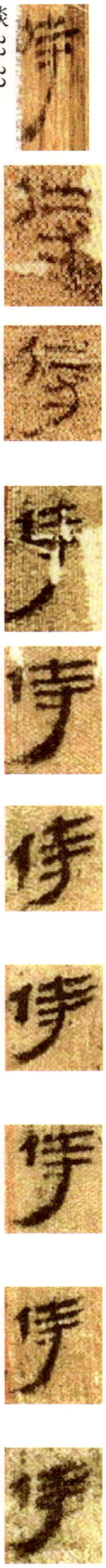

談 33.32
府 10.17
府 10.23
繫 41.53
衷 8.45
衷 32.62
衷 35.28
衷 36.56
繆 24.16
昭 5.28

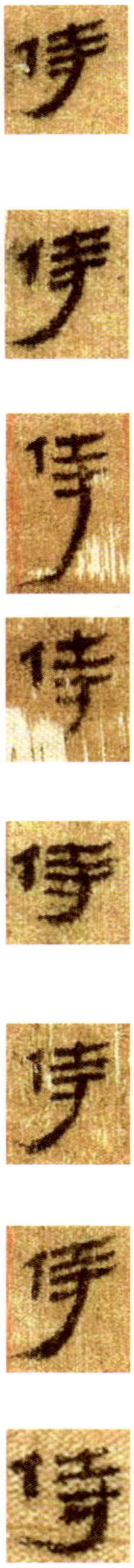

經 59.18
經 59.27
十 12.61
十 20.62
十 25.27
稱 2.29
稱 18.58
星 143.37

側

合 19.18
合 21.17

付

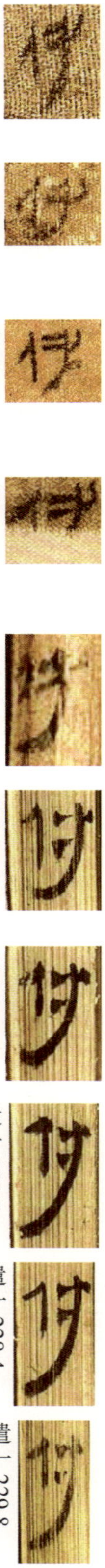

陽甲 13.8
方 425.6
養 64.4
養圖 1.11
談 31.9
遣一 225.2
遣一 226.2
遣一 227.2
遣一 228.4
遣一 229.8

遺三 270.2
遺三 271.2
遺三 272.2
遺三 273.2
遺三 404.5
周 29.45
相 9.24
相 57.62

俠

⿰亻匧

戰 165.26

⿰亻束

戰 173.14

「俠」字訛寫，秦漢文字「夾」、「束」二旁形近易混。

伍

昭 6.16
經 16.41
相 2.47

什

方 167.6
戰 302.19
經 16.40
經 60.56

作

陰甲上朔 2.14
陰甲·殘 4.15
陰甲·殘 189.8
房·殘 19.4
春 70.17
老甲 54.12
老甲 54.19
老甲 57.7
老甲 122.13
老甲 123.19

五 71.8
九 32.27
德 1.13
氣 1.160
氣 3.94
刑甲 35.28
刑甲 36.1
陰乙三合 3.13
陰乙玄戈 7.23
陰乙玄戈 8.27

陰乙上朔 30.31
陰乙上朔 34.14
陰乙上朔 35.1
木 61.7
合 5.7
合 27.6
合 31.6
談 19.5
周 92.18
繫 2.14

假 侵

繫33.15 繫33.30 繫33.52 繫34.42 繫43.49 繫46.20 衷2.19 衷37.34 衷44.47 要16.17

繆57.44 繆58.14 昭3.68 昭4.20 經36.54 十1.10 十4.23 十4.25 十5.17 十17.28

十20.8 十20.10 十26.52 十30.49 十33.3 十33.22 十33.24 十33.34 十33.42 十34.20

十34.56 十38.2 十63.21 稱10.30 老乙27.3 老乙58.29 老乙78.12 相4.9

陽乙17.37 春47.20 戰201.35

九24.33 九29.14 九37.1 九42.16 問37.12 問71.17 繆59.30 經36.42 刑乙45.19

㑴

春46.18

⿰彳𠬶

問36.19

候 條

方 54.11
胎 5.4
春 38.9
氣 7.103
氣 10.300
談 39.6
星 36.13
星 74.36

代

陰甲·殘 24.5
春 59.28
春 66.21
戰 52.39
戰 231.8
九 9.18
氣 2.267
繫 15.39
衷 6.39
繆 21.3

經 66.29
經 66.45
十 25.12
稱 8.52
老乙 38.60
老乙 38.66
老乙 39.2
星 87.13

佀

似

戰 320.14

便

養 65.3
養·殘 27.5
房 53.17
戰 29.29
戰 33.2
戰 60.16
戰 108.36
戰 118.33
戰 253.6
戰 255.20

老甲 157.24
刑甲 19.38
陰乙刑德 34.4
遣三 229.3
遣三 407.70
刑乙 17.13
刑乙 73.40

任

戰 3.4
戰 15.7
戰 16.27
戰 17.28
戰 18.8
戰 30.11
戰 37.6
戰 48.19
戰 254.7
戰 254.29

戰 255.4
九 36.5
氣 2.301
氣 2.336
氣 2.362
氣 2.380
氣 2.393
氣 2.399
氣 3.2
氣 3.29

氣 3.43
氣 3.48
氣 3.58
氣 3.67
氣 3.75
氣 3.85
氣 3.92
氣 3.150
氣 3.155
氣 3.167

氣 3.172
氣 5.7
氣 5.24
氣 5.48
氣 5.62
氣 5.83
氣 5.118
氣 5.143
氣 5.177
氣 5.181

地 53.1
二 9.17
二 9.22
二 9.25
二 33.44
要 10.29
繆 27.38
經 7.33
經 44.8
十 20.37

俔

二 1.32

優

十 12.49

優

木 3.11
木 4.17
木 5.22
木 6.4
木 27.8

俗

戰 147.33
老甲 65.11
問 29.21
問 53.15
經 14.39
經 15.15
經 16.14
經 17.46
經 20.39
十 19.60

老乙 31.26

俾

老甲160.11

使

陽甲21.3
方135.1
陽乙10.31
養8.1
房42.20
房46.22
射4.18
射14.22
胎4.32
胎10.5

春33.27
春53.18
春71.5
春72.23
春85.14
春91.19
春94.19
戰2.25
戰8.30
戰8.34

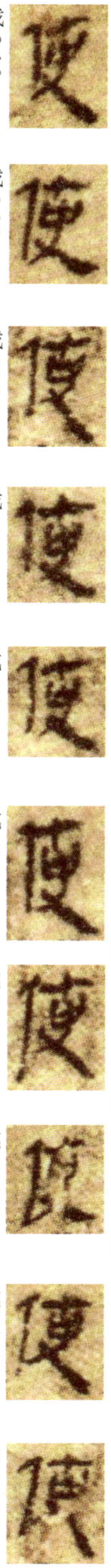

戰9.16
戰9.25
戰10.16
戰10.22
戰11.4
戰11.36
戰14.11
戰14.18
戰16.7
戰16.16

戰17.4
戰19.11
戰29.15
戰32.4
戰32.34
戰34.20
戰36.28
戰36.35
戰39.28
戰46.16

戰47.26
戰55.40
戰64.29
戰65.7
戰68.4
戰74.34
戰76.36
戰80.36
戰101.22
戰105.24

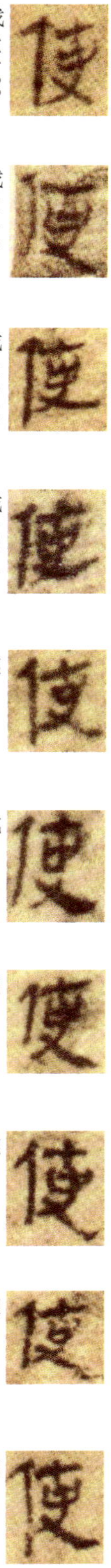

戰111.33
戰114.2
戰115.10
戰158.4
戰158.31
戰167.24
戰175.18
戰195.19
戰200.4
戰203.21

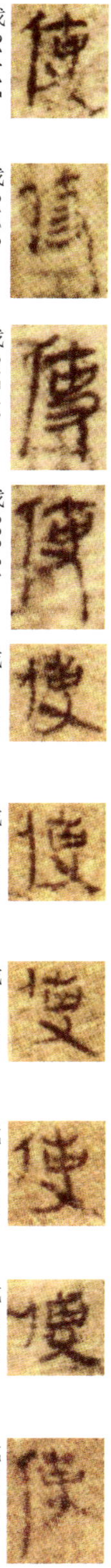

戰214.15
戰216.2
戰217.10
戰222.31
戰257.31
戰264.22
戰271.26
戰274.29
戰309.9
戰319.16

老甲 37.29
老甲 64.7
老甲 64.15
老甲 99.12
老甲 112.12
老甲 112.20
明 39.15
明 41.2
氣 2.103
氣 4.14

氣 4.24
氣 4.98
氣 4.111
刑甲 11.10
刑丙天 8.48
問 17.4
問 17.16
問 18.18
問 31.17
問 36.12

問 44.13
問 44.22
問 46.11
問 61.25
問 62.4
問 62.8
問 87.4
合 4.15
合 8.24
談 1.30

談 17.4
周 82.26
繫 34.54
衷 31.11
要 15.45
要 15.50
繆 36.23
繆 43.8
繆 58.22
繆 58.26

繆 58.30
繆 58.34
繆 68.7
繆 70.71
經 6.52
經 7.40
經 20.14
十 9.41
十 26.59
十 27.40

十 28.4
十 28.20
十 29.29
十 44.21
十 52.44
十 52.71
稱 6.41
稱 6.51
老乙 14.64
老乙 17.51

老乙 30.48
老乙 30.57
老乙 31.10
老乙 38.28
老乙 46.18
老乙 46.28
老乙 46.37
老乙 46.61
老乙 52.43
老乙 52.51

老乙 52.61
老乙 52.68
老乙 53.3
星 12.22
刑乙 68.4

傳

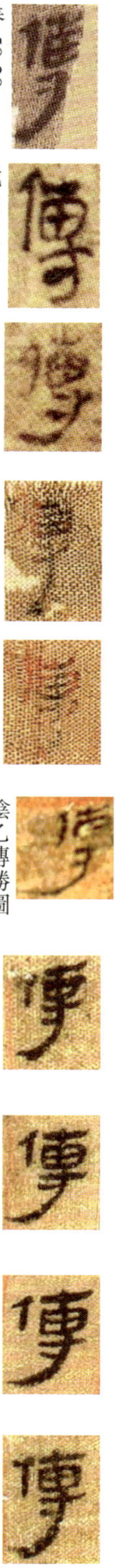

春 58.28
戰 181.18
戰 285.1
刑丙傳 4.1
刑丙傳 7.18
陰乙傳勝圖 1.1
繆 17.16
經 58.63
十 13.13
十 40.46

倍

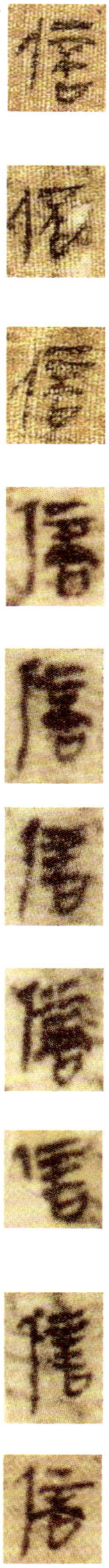

方 30.10
方 284.27
方 285.1
戰 142.9
戰 154.17
戰 156.2
戰 172.23
戰 172.30
戰 213.5
戰 291.10

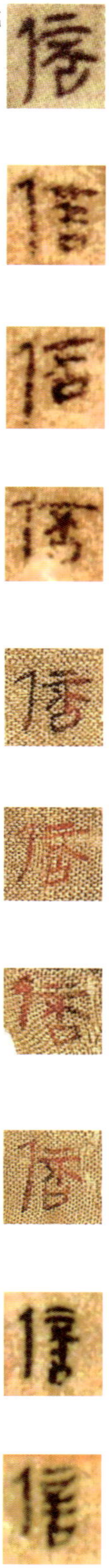

戰 301.15
刑甲 118.1
刑甲 121.1
刑甲 122.1
刑丙刑 2.3
刑丙刑 7.1
刑丙刑 9.1
刑丙刑 11.3
陰乙刑德 20.8
陰乙刑德 23.1

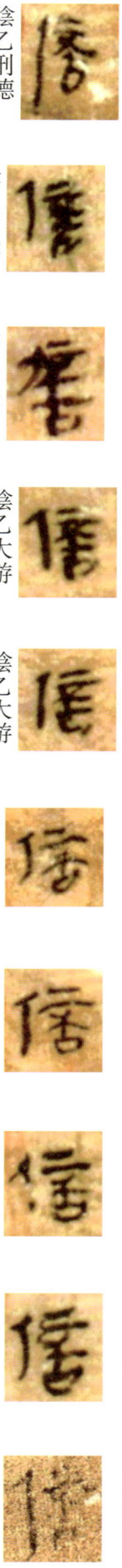

陰乙刑德 23.16
陰乙刑德 25.8
陰乙大游 3.99
陰乙大游 3.153
陰乙大游 3.166
陰乙天地 4.3
陰乙天地 6.3
陰乙女發 1.44
陰乙女發 1.58
木 30.6

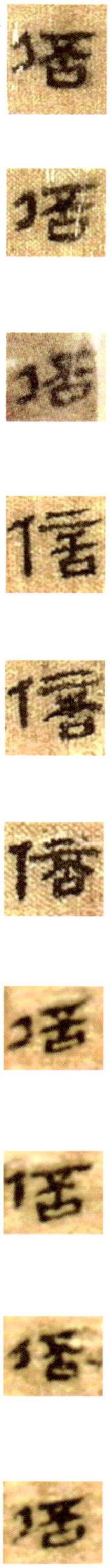

經 64.56
稱 9.46
老乙 59.59
星 35.12
星 42.30
星 42.39
刑乙 20.16
刑乙 23.2
刑乙 23.10
刑乙 24.2

刑乙 24.9
刑乙 24.19
刑乙 26.3
刑乙 27.1
刑乙 63.51
刑乙 63.58

偏

養 169.3
老乙 73.10

俴

戰 324.9

伎

仗

昭 5.21

昭 5.25

「伎」之形誤字，秦漢文字「支」、「丈」二旁多形近相混。

侈

地 62.1

佁

明 15.10

二 5.77

老乙 47.24

老乙 47.43

老乙 61.27

僞

老甲 126.1

九 19.11

九 20.25

繫 27.16

繫 46.47

繆 36.35

經 18.36

經 44.33

經 53.38

經 56.29

經 57.32

倡

方 452.15

佚

繫 22.17

偒

繫 2.32 繫 2.37

偒

繫 2.26

秦漢文字「昜」、「易」二旁多形近相混，「傷」字或訛作「偒」形，與「偒」字異體同形，本卷「傷」字下重見。

偃

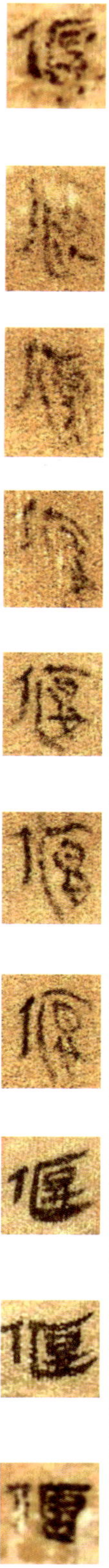

刑甲 36.5 木 21.2 木 25.1 木 28.3 木 31.4 木 40.3 木 41.4 經 54.63 星 42.2 刑乙 84.15

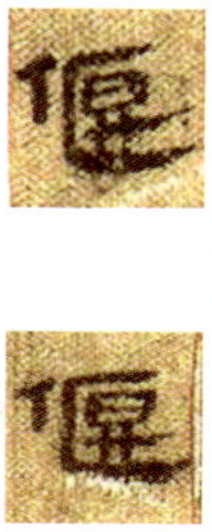

相 16.33 相 58.52

㑢

木 22.1

傷

陰甲雜三 5.13 陰甲雜三 7.5 陰甲雜四 5.20 陰甲築一 1.8 陰甲築一 1.13 陰甲築一 2.7 陰甲築一 2.19 陰甲築一 3.16 陰甲築一 4.15 陰甲築一 5.8

陰甲築一 5.15 陰甲築一 7.16 陰甲築一 8.14 陰甲築一 8.22 陰甲築一 8.30 陰甲築一 9.12 陰甲築一 9.20 陰甲築一 9.28 陰甲築一 10.18 陰甲築一 11.9

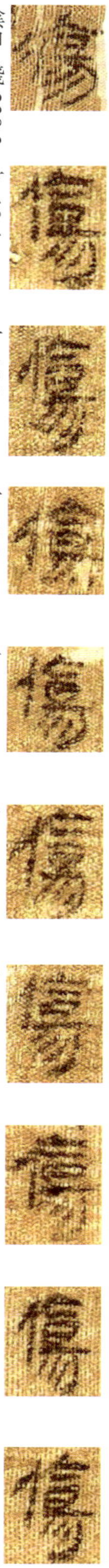

陰甲·殘 238.3 方 10.4 方 12.3 方 13.2 方 14.3 方 16.3 方 17.2 方 21.3 方 23.4 方 25.4

傷

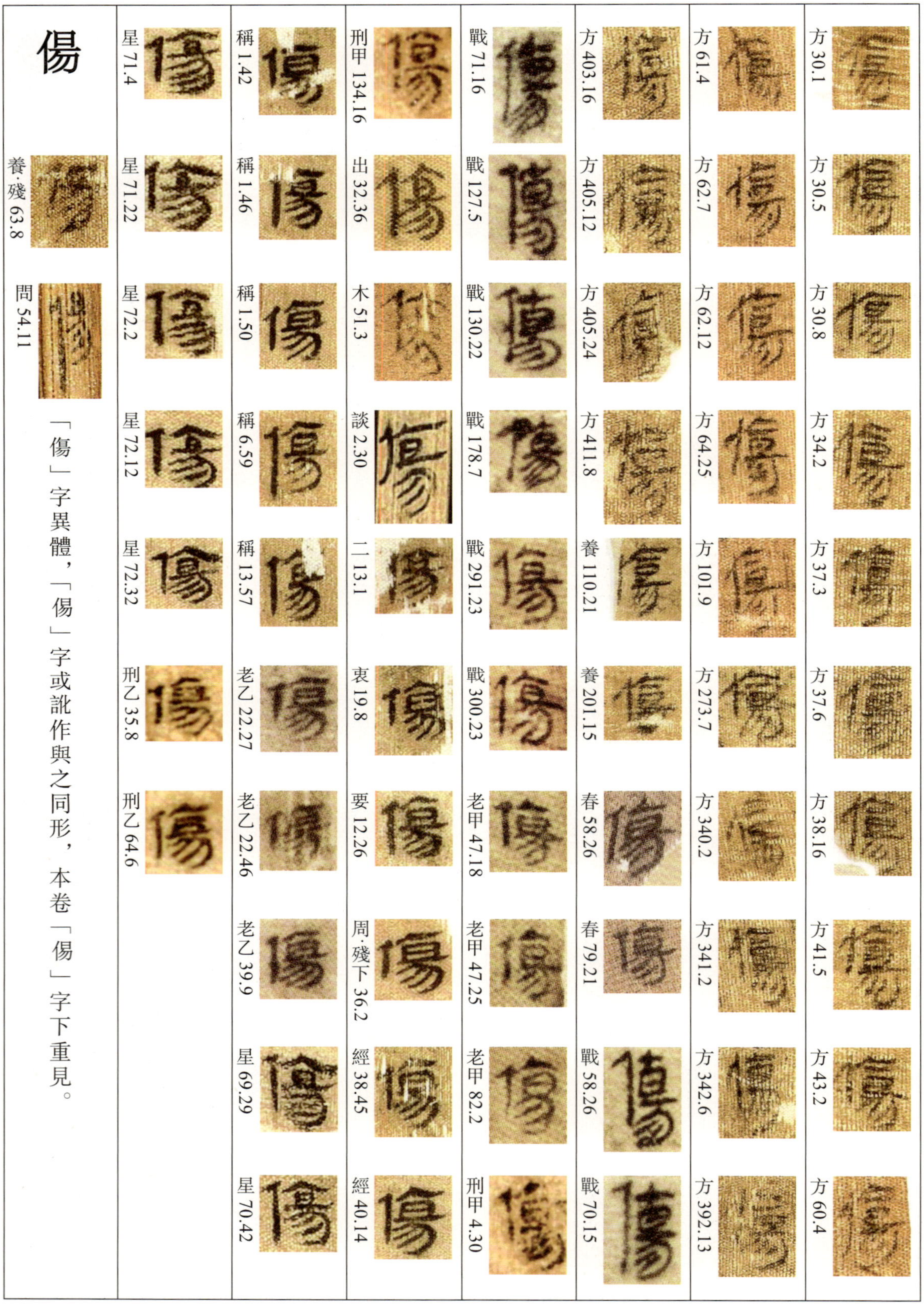

方30.1 方30.5 方30.8 方34.2 方37.3 方37.6 方38.16 方41.5 方43.2 方60.4

方61.4 方62.7 方62.12 方64.25 方101.9 方273.7 方340.2 方341.2 方342.6 方392.13

方403.16 方405.12 方405.24 方411.8 養110.21 養201.15 春58.26 春79.21 戰58.26 戰70.15

戰71.16 戰127.5 戰130.22 戰178.7 戰291.23 戰300.23 老甲47.18 老甲47.25 老甲82.2 刑甲4.30

刑甲134.16 出32.36 木51.3 談2.30 二13.1 衷19.8 要12.26 周殘下36.2 經38.45 經40.14

稱1.42 稱1.46 稱1.50 稱6.59 稱13.57 老乙22.27 老乙22.46 老乙39.9 星69.29 星70.42

星71.4 星71.22 星72.2 星72.12 星72.32 刑乙35.8 刑乙64.6

養·殘63.8 問54.11

「傷」字異體，「傷」字或訛作與之同形，本卷「傷」字下重見。

伏

方96.4
養75.1
養127.9
養176.13
養203.14
五171.14
刑丙傳勝圖1.7
陰乙傳勝圖1.35
木24.1
木27.4

木39.4
木43.4
昭7.9
十3.31
老乙20.43
星5.17
星40.32
星45.15
星120.29
星125.1

係

星129.1
星137.1
星144.17
相10.5
相16.29
相27.3
相67.6

養77.19
周66.25
周66.34
繫8.4
繫11.66

傒

明29.8

伐

陰甲神上3.12
陰甲刑日7.2
方283.13
春75.10
春83.8
春85.2
戰8.32
戰67.17
戰69.13
戰69.16

戰72.22
戰124.22
戰124.32
戰127.21
戰133.11
戰134.39
戰150.16
戰153.18
戰155.7
戰156.24

戰161.7
戰170.41
戰171.8
戰172.25
戰176.1
戰205.12
戰210.13
戰215.12
戰218.37
戰219.8

戰 219.24
戰 221.13
戰 221.17
戰 223.8
戰 223.16
戰 228.10
戰 231.35
戰 232.20
戰 234.22
戰 256.19

戰 257.11
戰 258.24
戰 268.2
戰 268.6
戰 273.8
老甲 81.11
老甲 81.17
老甲 81.23
老甲 135.6
老甲 137.12

九 39.6
氣 3.55
刑甲 101.11
刑甲 101.26
刑甲 106.21
刑丙天 4.7
刑丙天 4.38
陰乙大游 2.90
陰乙五禁 12.6
陰乙上朔 34.5

陰乙上朔 35.23
陰乙上朔 36.11
陰乙刑日 4.2
周 26.37
周 72.14
二 27.23
繆 61.19
繆 68.5
繆 69.13
繆 70.10

繆 70.37
經 9.55
經 12.8
經 18.48
經 18.65
經 19.30
經 20.45
經 28.46
經 44.48
經 54.36

經 56.5
經 60.43
經 60.51
經 67.51
經 68.16
經 72.18
經 72.23
經 72.31
經 73.44
經 76.49

十 51.4
十 52.54
十 60.1
稱 9.58
稱 12.61
稱 12.69
老乙 63.31
老乙 64.28
星 10.14
星 18.4

星 30.36
星 45.7
星 45.29
星 53.16
星 56.9
星 62.11
星 99.2
刑乙 17.11
刑乙 43.21

但

繆 33.37

繆 34.13

傴

方 236.6

僂

衷 30.22

僇

九 43.25

經 39.6

經 60.30

經 68.25

十 25.67

十 34.61

刑乙 50.9

仇

戰 150.6

戰 208.35

稱 8.58

咎

陰甲祭一 A03L.15

陰甲祭一 A04L.15

陰甲祭一 A10L.21

陰甲祭一 A17L.18

陰甲神上 16.15

陰甲神上 18.18

陰甲神下 39.10

陰甲雜五 3.9

陰甲堪法 3.16

陰甲堪法 8.14

陰甲堪表 5.14

陰甲祭三 6.28

陰甲·殘 3.24

陰甲·殘 6.38

陰甲·殘 113.2

春 39.12

戰 149.16

老甲 107.26

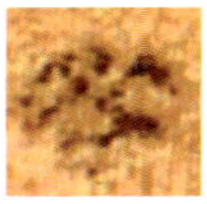
刑甲 100.2

陰乙大游 3.139

陰乙文武16.8	陰乙文武16.14	陰乙上朔25.28	陰乙上朔31.21	陰乙上朔33.28	問3.11	問33.7	周1.39	周1.48	周2.52
周4.16	周7.23	周8.55	周9.34	周9.45	周9.75	周10.18	周10.26	周12.33	周13.8
周13.30	周13.73	周18.55	周20.28	周20.52	周21.58	周21.68	周22.23	周23.10	周23.26
周25.17	周26.22	周32.23	周34.64	周35.50	周35.67	周39.23	周41.22	周41.58	周43.5
周49.37	周49.44	周49.55	周50.5	周50.24	周50.44	周53.11	周53.46	周55.42	周57.35
周57.67	周58.21	周59.44	周59.51	周59.69	周60.3	周60.11	周60.27	周62.9	周62.49
周66.8	周66.62	周68.19	周68.65	周68.77	周69.18	周69.83	周70.12	周70.16	周70.28
周70.46	周72.19	周75.21	周75.26	周75.35	周75.64	周75.75	周77.78	周79.11	周79.20

周 79.32　周 79.56　周 82.32　周 84.21　周 84.47　周 85.19　周 85.58　周 85.68　周 86.21　周 86.63

周 88.56　周 88.65　周 90.38　周 90.64　周 92.22　周 92.54　二 13.52　二 14.25　二 5.6　二 16.73

繫 5.23　繫 5.63　繫 14.52　繫 14.67　繫 16.35　繫 42.52　衷 26.22　衷 27.48　衷 32.1　衷 33.20

衷 33.28　衷 33.55　衷 41.30　衷 41.41　衷 47.6　衷 49.30　要 16.21　繆 5.17　繆 26.55　昭 2.64

昭 3.15　經 46.2　十 23.59　老乙 50.51　星 13.26　星 14.23　星 21.50　星 30.42　星 75.14

倦

問 58.3

偶

偶

遣三 21.24　道 3.30

遣三 7.1

弔

[弔口]

陰乙上朔22.11

从口、弔，應即「弔問」之「弔」的專字。

僥

十30.46

道2.11

道3.50

仅*

「佑助」之「佑」，卷二口部重見。

仪*

「父」字異體，卷三又部重見。

屳*

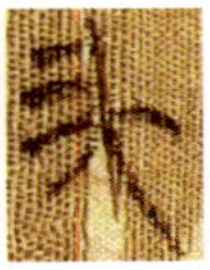
陰甲室7.10

《說文》「散」字以之爲聲符，帛書中用爲「美」。

免*

養126.7

春95.10

戰8.16

戰8.20

戰21.18

戰38.8

戰46.37

戰101.33

戰250.12

戰273.12

老甲53.5

九37.5

老乙5.42

老乙25.9

星33.5

佐*

春20.12

老甲152.18

九11.24

九16.2

九19.18

九20.4

九23.8

府10.21

稱18.48

老乙70.54

⿰亻甲*

「狎」字異體，卷十犬部重見。

⿰亻兄*

「兄」字異體，本卷兄部重見。

⿰亻示*

「尸」字訛體，卷八尸部重見。

佂*

「征」字異體，卷二辵部重見。

⿰亻㐌*

「施」字異體，卷七㫃部重見。

⿰亻字*

「字」字異體，卷十四子部重見。

⿰亻匋*

周 24.42

⿰亻帀*

戰 176.5

侑

《說文》「姷」字或體，詳見卷十二女部。

攸*

老甲 117.6

住*

「往」字異體，卷二彳部重見。

俓*

「徑」字異體，卷二彳部重見。

傶*

「戚」字訛體，卷十二戈部重見。

偈*

相 17.69

𠋫*

「復」字異體，卷二彳部重見。

傎*

「貨」字訛體，卷六貝部重見。

亻殺*

五 121.21

亻斬*

要 15.59

僃*

戰 238.10

戰 240.12

戰 240.31

戰 247.5

戰 256.3

戰 257.29

戰 271.13

周 13.79

周 34.44

周 39.45

周 61.45

周 92.30

二 19.16

繆 22.34

繆 24.14

稱 13.26

相 51.37

倆*

「俛」字異體，卷九頁部重見。

㥀*

「德」字異體，卷二彳部重見。

亻解*

老乙 15.16

億*

周·殘下 105.2

⿰亻賊* ⿰亻養* 傻* 真 化

⿰亻賊*

「賊」字異體，卷十二戈部重見。

⿰亻養*

養 136.3　養 136.6　養 145.3　養 145.8　養 145.14

傻*

繫 22.47

从人㚇聲，疑即「俊」字異體。

真

方 117.9　老甲 133.27　陰乙三合 2.10　周 4.41　老乙 15.65　老乙 62.62

化

方 51.21　養 208.6　老甲 42.10　五 56.16　德 4.23　德 5.12　德 5.15　德 5.21　問 88.10　繫 3.31

繫 3.54　繫 7.43　繫 12.46　繫 25.30　繫 29.51　繫 34.52　衷 41.6　經 6.17　經 47.21　經 54.2

經 54.40　經 69.64　經 71.10　經 71.21　十 20.29　十 46.5　稱 14.55　稱 22.31　道 4.12　道 6.45

老乙 20.3　老乙 78.8

匕

方 52.1

方 52.13

方 53.26

方 55.3

⿰金匕

周 31.18

頃

方 26.25

方 444.14

養 56.6

房 25.5

刑甲 14.14

問 18.22

談 20.35

談 25.5

周 2.75

繆 17.55

十 30.20

十 32.14

刑乙 62.66

刑乙 70.1

匘

⿰匕⿱止凵

方 259.26

養 66.5

⿱止凵

方 442.5

房·殘 4.2

卬

陽乙 15.30

養 17.4

戰 92.32

戰 112.1

戰 121.32

戰 184.27

導 4.1

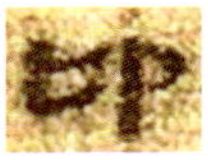
繫 6.27

十 20.58

卓

五 165.26

艮昆

毗

方150.3
相2.65
相36.59
相37.28
相38.56
相39.39
相45.42
相49.1
相55.41
相56.16
相60.59
相61.13
相61.19
相67.26
相69.63
相71.38
相74.17
相74.30
相74.50
相74.63
相75.20

從

陰甲神上10.11
陰甲雜四3.15
陰甲築一1.4
陰甲築一2.3
陰甲刑日2.4
陰甲祭三4.31
陰甲祭三5.27
方112.16
方177.11
方179.9
方278.19
方278.27
方318.10
方·殘3.8
養·殘67.8
射3.23
胎1.31
春83.5
戰3.28
戰15.14
戰26.34
戰58.4
戰62.9
戰72.17
戰87.35
戰92.35
戰93.8
戰93.15
戰98.35
戰99.5
戰112.32
戰113.10
戰120.28
戰145.12
戰160.22
戰163.22
戰165.22
戰181.16
戰207.27
戰208.26
戰221.10
戰221.21
戰231.31
戰239.19
戰288.13
戰318.21
老甲58.13
老甲132.20
五39.12
五145.26

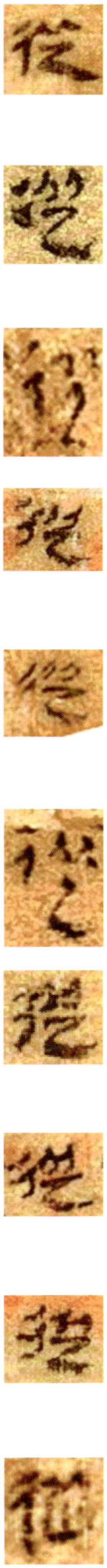

九6.26 氣1.97 氣2.64 氣2.288 氣4.227 氣5.127 氣7.37 氣10.81 氣10.322 刑甲7.19

刑甲23.29 刑甲30.16 刑甲49.25 刑丙地3.5 刑丙地5.15 刑丙地16.7 刑丙地17.9 陰乙刑德7.14 陰乙刑德19.5 問13.4

問50.16 問50.18 遣三21.37 太2.7 太4.8 周5.60 周35.58 周44.59 周61.46 周92.70

二2.17 繫2.31 繫2.38 衷6.15 衷7.23 衷26.61 衷28.11 衷37.57 衷39.51 要17.1

繆53.9 繆63.28 經3.18 經6.14 經14.37 經19.41 經35.24 經39.49 經63.25 經63.32

經63.59 十41.21 十41.29 十53.65 十63.18 稱1.66 稱1.69 稱8.48 稱10.33 稱17.48

老乙27.33 老乙62.26 老乙65.18 星43.15 星43.23 星44.30 星48.9 星66.7 星72.25 星142.39

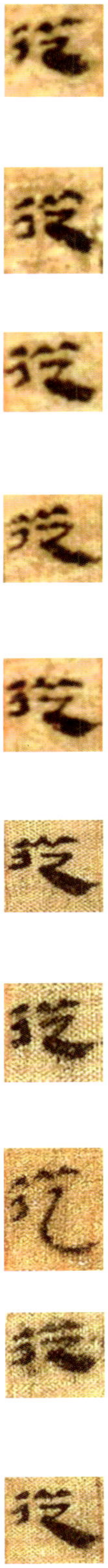

刑乙5.3 刑乙65.48 刑乙70.4 刑乙76.30 刑乙81.9 相3.16 相19.27 相26.65 相27.17 相48.40

并

相 52.55
相 53.2
相 59.34
相 72.36

陰甲天地 2.29
陰甲天地 3.36
陰甲天地 4.32
方 14.11
方 18.6
方 25.27
方 41.24
方 61.22
方 85.10
方 178.8

方 195.10
方 229.4
方 240.9
方 255.13
方 285.8
方 297.11
方 328.14
方 352.9
方 357.20
方 362.8

方 383.1
方 388.15
方 423.22
方 447.9
方 448.12
方殘 4.2
養 47.13
養 81.20
養 89.12
養 99.1

養 106.15
養 113.23
養 125.30
養 149.28
養 165.5
養 174.19
養 179.12
養殘 7.3
房 3.19
房 13.24

房 20.24
房 33.4
戰 259.10
九 13.18
九 20.8
刑甲 61.17
刑甲 62.5
刑甲 64.5
刑甲 66.5
刑甲 72.13

刑甲 76.5
刑甲 85.16
陰乙刑德 8.8
陰乙刑德 9.12
陰乙刑德 10.3
陰乙刑德 15.5
陰乙大游 3.60
陰乙天地 8.5
陰乙天地 9.2
禁 9.16

遣一 217.5
遣三 280.5
箭 87.5
箭 92.3
箭 94.3
箭 96.3
箭 97.3
箭 98.8
十 22.3
老乙 23.51

刑乙5.15
刑乙6.1
刑乙6.11
刑乙6.20
刑乙10.1
刑乙13.5
相3.54

比

陰甲室9.20
方244.3
方454.8
養17.6
春94.4
戰3.7
老甲36.4
五159.30
五169.12
明6.28

氣3.23
刑甲4.21
刑丙天8.4
刑丙天11.21
出27.15
遣一236.2
遣一237.2
遣一238.3
遣三391.2
周23.2

周23.23
周23.46
周23.54
周23.62
周23.78
周35.41
衷3.53
衷10.6
衷47.25
繆22.39

繆49.6
繆55.45
繆59.9
昭8.2
昭10.31
昭13.35
周·殘下90.10
經29.54
老乙16.59
刑乙63.66

相2.15
相46.48

北

陰甲天一1.18
陰甲徙1.13
陰甲徙1.23
陰甲徙1.27
陰甲徙2.10
陰甲徙2.24
陰甲徙2.27
陰甲徙3.19
陰甲徙3.21
陰甲徙4.10

陰甲徙4.11
陰甲徙4.23
陰甲徙4.29
陰甲徙6.34
陰甲徙6.45
陰甲徙7.15
陰甲天地1.17
陰甲天地2.14
陰甲天地4.12
陰甲雜三1.31

陰甲室5.7
陰甲築一4.7
陰甲築一5.7
陰甲堪表2.11
陰甲堪表3.7
陰甲祭三5.28
足23.15
陽甲14.18
陽甲16.6
方96.9

方97.13
方104.28
方105.32
方106.27
方111.10
方111.28
方193.12
方223.5
方223.8
方447.7

去6.21
陽乙2.30
養179.4
胎21.25
戰31.23
戰67.31
戰67.36
戰68.26
戰116.10
戰136.31

戰140.26
戰159.6
戰161.35
戰169.11
戰178.10
戰180.26
戰210.26
戰218.17
戰219.38
戰228.34

戰230.18
戰251.14
戰315.28
明36.1
明36.7
氣2.311
氣2.330
氣2.342
氣2.354
氣2.364

氣2.376
氣3.17
氣3.24
氣3.71
氣3.81
氣3.101
氣3.109
氣3.115
氣3.121
氣3.131

氣3.146
氣5.32
氣5.65
氣5.149
氣5.154
氣5.192
氣5.204
氣5.213
氣5.231
氣5.239

氣5.248
氣6.122
氣6.148
氣6.206
氣6.220
氣6.240
氣6.255
氣6.271
氣6.295
氣6.344

氣 6.374
氣 7.75
氣 9.104
刑甲 3.23
刑甲 14.19
刑甲 46.15
刑甲 47.15
刑甲 56.3
刑甲 59.3
刑甲 63.6

刑甲 75.6
刑甲 78.7
刑甲 79.6
刑甲 104.2
刑甲小游 1.60
刑甲小游 1.123
刑丙地 3.7
刑丙地 5.17
刑丙地 17.11
刑丙天 9.16

陰乙大游 3.80
陰乙傳勝圖 1.23
出 13.33
出 15.5
出 15.10
出 15.15
出 15.20
出 18.17
出 19.11
出 19.50

出 20.23
出 21.21
出 21.61
出 22.11
出 25.12
出 27.42
出 27.55
出 28.34
出 28.45
出 28.52

出 29.35
出 29.46
出 30.27
出 30.42
出 30.53
出 31.30
出 32.43
木 10.18
木 10.22
木 11.10

木 12.18
木 12.21
木 13.27
木 15.5
木 15.22
木 38.2
木 40.1
木 41.2
木 42.2
木 43.2

木 53.3
木 54.2
太 1.32
周 18.23
周 24.9
周 44.26
二 33.27
衷 27.13
衷 38.4
衷 38.22

丘

繆57.16
繆67.26
星11.5
星13.5
星14.5
星25.37
星26.3
星32.1
星57.21
星57.23

星59.21
星61.39
星61.46
星71.12
星71.38
星72.29
星72.38
星74.16
刑乙62.65
刑乙63.28

刑乙70.6
刑乙90.28
刑乙91.12
刑乙96.31
刑乙小游1.151

方61.8
方104.7
養62.4
射24.5
春76.6
戰157.18
戰228.23
五167.25
五167.30
明23.23

出25.2
要18.15
十48.53
星30.25

垦

陰甲·殘6.34

《說文》古文。

虛

陰甲·殘379.1
脈9.2
方·殘26.4
戰266.21
戰267.3
老甲102.11
老甲122.3
明15.21
明16.4
刑甲47.2

刑甲56.1
陰乙玄戈10.7
出5.3
出10.20
問3.4
問17.1
問62.15
問70.24
周55.32
衷23.11

眾

衷47.46　繆45.61　繆46.58　經1.49　經2.54　經3.25　經10.2　經53.23　經56.35　經74.57

經76.26　經77.12　十2.38　十2.50　十49.15　十53.40　道1.9　道2.57　道4.39　道4.45

老乙15.25　老乙46.48　老乙48.15　老乙57.45　星118.2　星123.11　星124.2　星140.21　刑乙91.3　刑乙96.29

相25.16

陰甲徙5.41　方50.22　春78.29　春89.22　戰43.10　戰45.9　戰66.14　戰141.32　戰142.23　戰224.10

老甲94.32　老甲134.11　老甲134.18　老甲143.12　老甲158.11　五93.18　明8.19　明12.12　氣2.92　刑甲127.7

陰乙刑德27.5　陰乙大游2.137　陰乙上朔30.19　陰乙上朔31.32　陰乙上朔34.30　陰乙上朔35.9　木66.5　問11.22　周71.44　二12.62

二24.39　二29.59　二33.74　繫8.54　繆44.54　繆46.31　繆67.4　經30.13　十51.18　十62.46

聚

十 63.12
稱 14.29
老乙 28.12
老乙 49.56
老乙 61.2
老乙 61.31
老乙 61.74
老乙 63.3
老乙 63.9
星 56.17

刑乙 27.7
刑乙 48.11
相 7.59

二 13.6
繫 31.3
繫 32.34
繫 34.13
昭 2.70
稱 11.37

徵

方 55.10
方 55.14
出 30.20
問 26.25
問 27.21
問 28.22
合 7.15
合 10.15
合 28.5
合 30.20

繆 46.17
相 4.14
相 26.11

朢

陰甲雜四 1.10
方 110.9
養 18.5
養 44.5
戰 41.34
戰 189.21
戰 250.19
五 16.17
刑甲 29.7
刑甲 30.19

刑甲 35.4
刑甲 38.1
刑甲 38.7
刑甲 38.26
出 24.22
周 38.1
昭 14.13
周·殘下 30.11
十 9.28
十 17.4

十 31.51
十 31.56
十 46.12
稱 2.32
老乙 31.33
老乙 61.68
老乙 62.31
老乙 62.36
老乙 62.42
刑乙 80.26

刑乙 81.12　相 9.27　相 57.65

堅

養 21.5　戰 98.21

「朢」字誤字，「堅」字或訛作與之同形，卷三臤部重見。

堅

老甲 65.18　老甲 132.25　老甲 133.6　九 49.21

「朢」字誤字，「堅」字或訛作與之同形，卷三臤部重見。

重

陰甲堪法 3.11　陽甲 32.5　去 1.36　養 22.14　戰 4.35　戰 42.35　戰 72.2　戰 80.20　戰 82.27　戰 86.18

戰 105.29　戰 109.35　戰 134.31　戰 167.36　戰 171.9　戰 171.22　戰 173.4　戰 173.29　戰 173.31　戰 174.2

戰 174.13　戰 174.22　戰 174.34　戰 179.15　戰 182.3　戰 198.7　戰 198.28　戰 201.13　戰 235.19　戰 261.3

戰 280.26　戰 281.7　戰 281.13　戰 283.5　老甲 63.20　老甲 64.17　老甲 143.19　五 69.15　九 29.18　九 52.16

刑甲 9.19　刑甲 13.27　問 101.7　地 20.1　二 8.19　二 12.45　繫 35.62　衷 24.48　衷 40.24　要 14.48

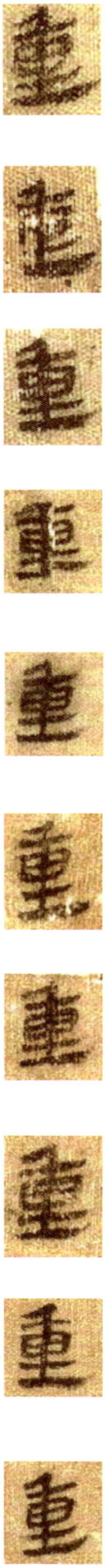

繆 5.37 繆 66.37 繆 66.44 經 6.25 經 33.9 經 33.54 經 34.1 經 39.1 經 43.6 經 59.63

經 64.1 經 73.45 經 73.49 經 76.17 十 12.12 十 20.36 十 36.24 十 42.8 稱 23.5 道 3.51

老乙 30.59 老乙 66.64 老乙 67.9 刑乙 63.50 刑乙 67.30 刑乙 69.41 相 15.21 相 18.2 相 65.31 相 65.37

相 66.14 相 69.33 相 76.20

量

方 246.5 衷 8.40 經 5.34 經 43.12 稱 14.39 稱 14.45 相 5.21 相 11.13

臥

足 15.12 足 22.23 陽甲 22.17 方 64.16 方 223.7 方 310.10 方 469.6 去 2.5 養 60.13 養 89.18

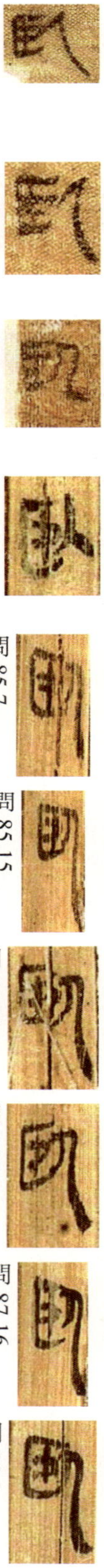

養 91.13 養 223.12 陽乙 13.18 問 39.25 問 85.7 問 85.15 問 86.21 問 87.3 問 87.16 問 88.3

問 89.5 問 90.12 問 90.16 談 23.36 十 17.8 相 13.50 相 63.59

監

戰161.27
五160.10
老乙51.11
星7.3

臨

陰甲·殘7.16
戰157.25
戰159.9
戰177.26
戰212.10
五43.7
五174.28
五175.6
氣5.198
氣9.270

刑甲13.4
陰乙三合2.16
遣三216.20
遣三216.32
遣三216.46
遣三216.61
遣三216.72
地22.1
地70.1
刑乙69.18

身

陰甲天一8.13
陰甲神上16.18
陰甲衍6.8
陰甲·殘6.36
方30.9
方49.18
方50.7
方127.7
方242.9
方379.2

方386.2
方393.15
方·殘6.2
養61.28
養136.1
養145.12
養168.9
養目3.2
養·殘64.4
房6.10

房11.28
房15.3
房53.18
胎30.4
春94.2
戰8.21
戰28.1
戰68.18
戰69.6
戰73.8

戰92.4
戰92.17
戰184.35
戰186.7
戰197.17
戰251.25
老甲16.9
老甲16.12
老甲30.6
老甲31.15

老甲35.3
老甲104.21
老甲104.23
老甲104.28
老甲104.30
老甲107.31
老甲114.16
老甲115.7
老甲115.23
老甲124.2

九 22.4　明 16.17　明 38.19　明 43.12　德 2.30　陰乙天一 24.1　木 50.9　問 21.27　問 26.22　問 35.26

問 44.2　問 45.7　問 45.12　問 61.15　問 61.20　問 68.6　合 14.2　合 25.12　談 3.15　談 8.16

談 16.31　談 24.23　談 27.33　談 53.13　周 10.8　二 16.62　二 33.36　繫 13.39　繫 16.58　繫 33.7

繫 40.17　繫 41.52　繫 43.10　衷 8.38　衷 30.21　要 11.47　繆 26.13　繆 29.31　繆 29.48　繆 29.59

繆 36.68　繆 46.47　繆 60.10　周·殘下 78.2　經 11.64　經 14.23　經 34.3　經 34.24　經 39.3　經 41.31

經 45.16　經 46.1　經 62.34　經 72.12　經 77.27　十 13.52　十 15.9　十 15.18　十 15.40　十 15.50

十 17.54　十 26.2　十 27.24　十 38.6　十 39.2　十 53.12　十 53.63　十 54.36　稱 1.57　稱 9.10

稱 9.19　稱 19.5　老乙 14.19　老乙 14.29　老乙 15.61　老乙 16.31　老乙 16.33　老乙 30.5　老乙 49.16　老乙 49.22

躳*

老乙 49.24
老乙 49.28
老乙 49.30
老乙 50.55
老乙 53.34
老乙 54.13
老乙 54.18
老乙 54.25
老乙 54.38

「躳」字異體，卷七吕部重見。

殷

春 8.23
春 91.10
氣 2.332
氣 2.339
星 61.5
星 62.12
星 64.2
星 64.13

衣

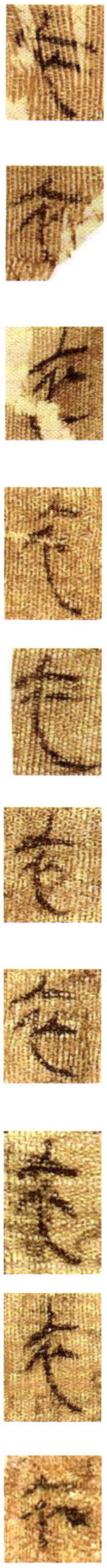

陰甲宜忌 5.1
陰甲·殘 260.3
方 32.23
方 43.19
方 203.3
方 227.8
方 228.9
方 281.12
方 322.4
陽乙 6.4

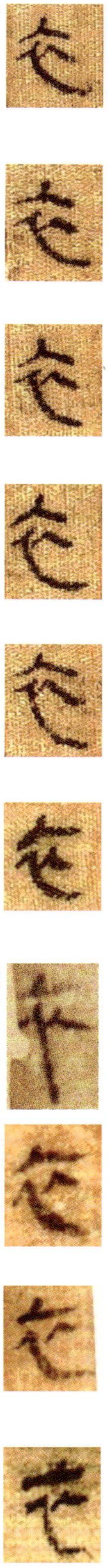

射 9.8
射 10.4
射 10.7
射 10.11
射 11.10
胎 19.3
戰 191.34
明 21.30
明 29.16
氣 6.314

刑甲 6.30
刑甲 20.21
木 62.18
遣一 242.5
遣一 244.2
遣一 245.5
遣一 264.5
遣一 265.4
遣一 276.6
遣一 277.6

遣一 278.5
牌一 1.1
遣三 11.8
遣三 13.7
遣三 19.5
遣三 20.5
遣三 37.7
遣三 38.4
遣三 221.3
遣三 225.3

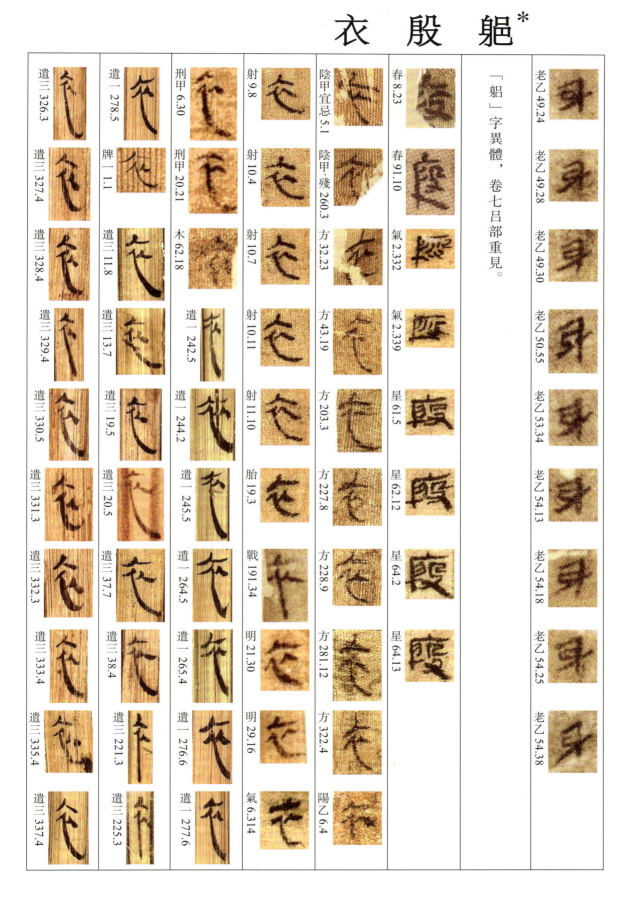

遣三 326.3
遣三 327.4
遣三 328.4
遣三 329.4
遣三 330.5
遣三 331.3
遣三 332.3
遣三 333.4
遣三 335.4
遣三 337.4

表 ⿴衣毛

遣三338.4
遣三339.4
遣三367.2
遣三407.4
遣三407.9
遣三407.14
遣三407.27
遣三407.32
遣三407.50
牌三7.1

牌三37.2
周26.50
二14.80
二23.7
繫35.11
繆3.37
昭6.69
經18.22
經18.43
十21.57

稱11.16
星63.19
刑乙65.18
刑乙73.63
相13.46
相43.24
相63.55

談54.15
稱2.30
相26.12

⿱毛衣

老甲122.8

裏

談54.21
遣一251.24
遣三227.5
遣三230.5
遣三235.12
遣三237.12
遣三243.7
遣三244.6
遣三245.6
遣三305.12

遣三315.6
遣三317.6
遣三360.7
遣三366.23
遣三407.63
遣三407.77
周91.39

衽

⿱任衣

方203.5

襲

春 90.30

老甲 31.19

明 16.25

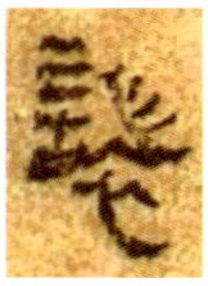
氣 4.55

遣三 359.5

繆 63.14

經 77.11

道 4.58

相 4.31

袍

箭 48.1

箭 67.1

衺

方 267.29

遣一 251.12

遣三 365.3

遣三 366.11

府 5.14

府 5.31

府 11.3

府 23.11

府 23.46

居 1.2

袂

周 37.62

褱

老乙 36.21

⿰衤亰

老甲 75.11

袑

昭 8.52

複

遣三 225.2

遣三 339.3

遣三 340.3

遣三 345.3

遣三 346.3

遣三 358.3

遣三 407.49

𧘝

經 1.53

袁

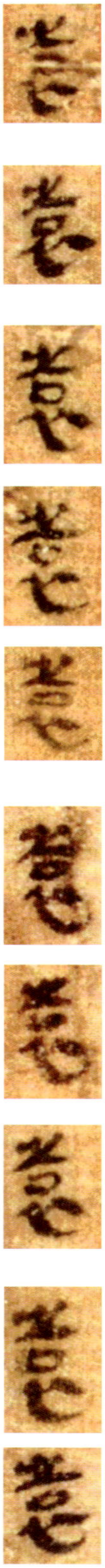

五 16.12
五 20.19
五 25.10
五 25.12
五 56.27
五 70.4
五 70.7
五 97.20
五 97.23
九 21.10

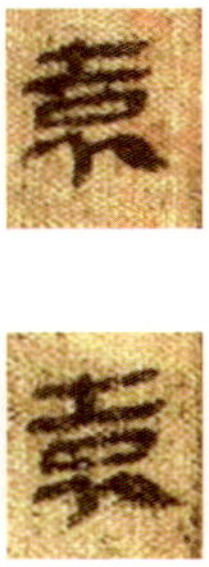

相 36.9
相 36.23

襦

方 185.7
明 28.24
遣三 220.4
遣三 224.4
遣三 226.4
遣三 342.3
遣三 343.4
遣三 344.4
遣三 345.5
遣三 346.5

遣三 407.21
遣三 407.43
遣三 407.57
周 22.2
周 22.16
周 22.27
周 22.45
周 22.54
周 26.48
經 58.62

經 64.60
十 13.11
十 40.45

襌

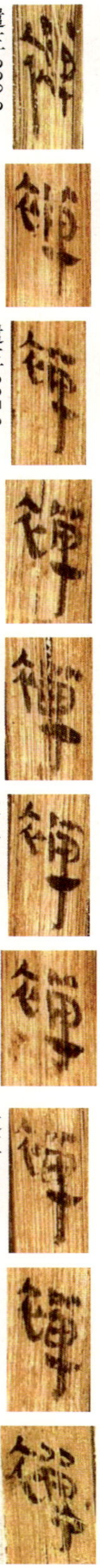

遣三 229.2
遣三 326.2
遣三 327.3
遣三 328.3
遣三 329.3
遣三 330.3
遣三 331.2
遣三 332.2
遣三 333.3
遣三 335.3

遣三 343.2
遣三 344.2
遣三 407.3
遣三 407.8
遣三 407.13
遣三 407.31
遣三 407.65
遣三 407.69

襄

方 208.13
方 208.19
方 392.17
養·殘 3.6
春 20.16
春 21.4
戰 32.35
戰 39.5
戰 185.8
戰 185.18
戰 205.24
戰 249.26
戰 250.5
老甲 72.20
五 140.12
五 140.21
問 99.22
遣一 154.1
相 1.62
相 21.42
相 75.43
相 75.50

被

陽甲 32.1
方 281.9
陽乙 14.3
老甲 26.12
老甲 75.8
問 20.17
問 40.13
二 17.22
老乙 12.35
老乙 36.18
星 47.9
星 47.43

衺

衾
稱 11.17

衷

方 26.10
方 174.7
方 207.5
木 1.11
衷 51.25
相 58.64

雜

五 37.14
五 160.13

裝　袤　補　裂　裕

襍

足 23.7 
方 481.4 
合 9.16 
談 36.12 
遣三 74.3 
遣三 115.2 
一 28.41 
繫 46.13 
衷 43.26 

衷 48.59 
稱 6.60 

衷 46.24 
十 2.22 

養 192.19 

方 136.3 
射 10.21 
老甲 86.21 
問 39.19 
繫 5.27 

⿴衣卯

候 3.9 

房 51.29 

⿴衣⿰丬夕

五 25.14 

蓑

養115.3

裏

方28.27
方30.24
方31.18
方178.10
方222.7
方224.14
方271.15
方325.5
方406.2
方406.5

方462.21
養19.5
養45.30
養49.7
養64.17
養123.16
養150.24
養172.4
養179.18
養·殘56.3

房18.24
房21.11
胎33.24
氣9.203
氣10.5
氣10.101
氣10.113
繫37.6
稱14.43

褐

方323.4
老甲75.9
周63.27
十21.58
老乙36.19

衰

陽甲21.18
養50.24
戰190.2
戰191.24
談16.12
喪3.7
喪5.12
要20.16
經9.42
經18.20

經41.51
十33.12
相31.42

卒

方30.27
方347.11
養54.11
養67.12
養80.4
養88.18
養164.15
養183.5
春20.4
春58.7

(續上頁)

春 70.20
戰 301.30
戰 302.9
戰 304.10
戰 305.21
戰 306.13
戰 320.19
合 30.17
竹二 1.2
遣三 16.1

遣三 17.1
遣三 18.1
遣三 21.41
周 59.2
周 59.32
周 59.60
周 60.7
二 28.60
昭 6.15
經 45.67

經 72.40
經 72.47
十 26.26
十 59.61
相 4.4
相 49.35

褚

問 47.11
遣三 366.6

⿴衣者

明 42.16

製

問 54.21
問 55.7
繫 23.50

裞

牌三 37.1

初*

「初」字訛體，卷四刀部重見。

⿰衤𢀖*

老乙 38.7

⿱敝衣*

老乙 63.68

⿱⿰米攵衣

戰 66.26

所从「㡀」旁省作「米」形。

囊*

方 224.16

⿱求衣 裘

明 21.4

太 7.3

求

方 453.19

胎 28.2

胎 28.7

戰 45.39

戰 77.19

戰 138.8

戰 166.1

戰 186.28

戰 259.22

老甲 83.12

五 151.5

五 171.2

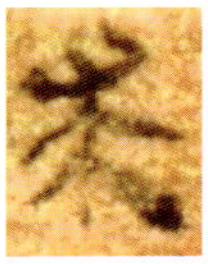
五 171.7

九 16.18

九 16.22

德 13.16

陰乙大游 2.70

木 29.13

木 30.13

木 39.12

周 15.7

周 21.27

周 28.6

周 66.42

二 32.58

衷 27.20

要 11.61

要 12.16

要 18.22

老

要 18.43　要 18.54　要 23.61　要 23.69　繆 24.22　繆 25.56　繆 25.61　繆 28.22　繆 28.27　繆 28.35

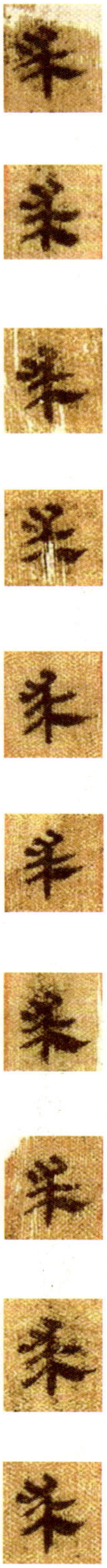
繆 28.49　繆 28.54　繆 30.10　繆 30.15　繆 34.22　繆 44.24　繆 44.48　繆 45.33　繆 45.47　繆 46.18

繆 46.30　繆 48.3　繆 49.25　繆 49.35　繆 49.45　繆 60.63　十 15.28　十 17.13　十 52.12　十 61.49

老乙 39.50　刑乙 43.9　相 13.44

《說文》古文。

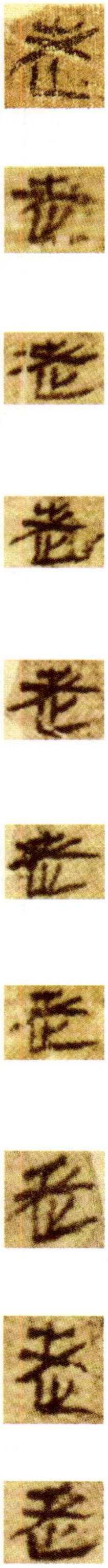
養目 1.1　戰 187.35　戰 188.29　戰 189.9　戰 189.26　戰 190.10　戰 190.34　戰 191.13　戰 193.18　戰 197.5

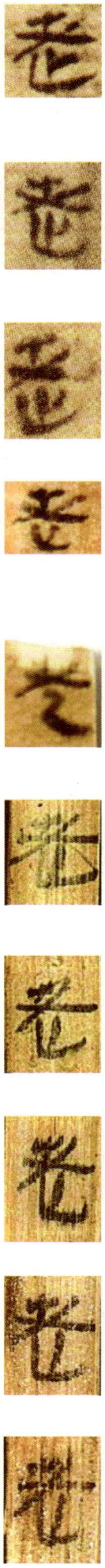
戰 199.13　老甲 38.2　老甲 154.15　明 27.3　陰乙三合 5.9　問 11.12　問 17.13　問 31.7　問 60.8　問 61.7

問 61.21　問 96.12　談 16.6　周 68.27　周 68.58　二 25.56　二 25.58　要 12.52　要 13.46　老乙 17.58

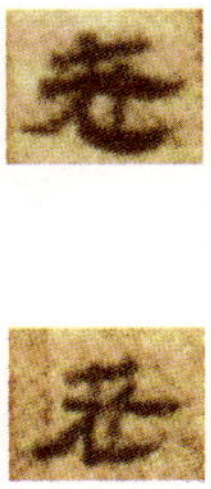
老乙 31.40　老乙 71.43

耆

足 15.11
足 17.21
足 20.8
陽甲 31.12
方 26.18
陽乙 13.17
戰 190.28
二 29.51
繆 46.13
稱 14.21

相 16.12
相 51.19

耇

問 60.7
問 61.6
問 64.27

壽

方 244.7
養 147.4
養 151.11
養 153.23
射 23.8
胎 16.29
春 64.7
春 65.6
戰 281.23
老甲 162.20

陰乙上朔 32.5
陰乙上朔 35.20
問 24.10
問 25.2
問 28.7
問 31.11
問 33.13
問 38.1
問 41.14
問 56.4

問 95.10
問 101.9
談 28.7
遣一 255.3
遣一 257.3
遣一 264.3
二 13.19
衷 36.37
十 38.8
十 49.18

老乙 75.23

孝

戰 49.11
戰 50.19
戰 249.16
遣一 97.1
竹一 11.1
老乙 59.41
老乙 60.2
星 112.8
刑乙大游 1.91

毛

陰甲天一7.13　陰甲室5.14　方8.5　方58.16　方250.11　方316.13　方316.16　方320.7　養61.37　養61.50

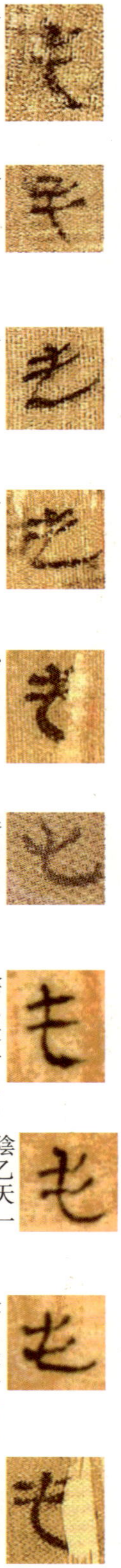
養77.12　養94.22　房5.7　房24.9　胎12.2　春79.25　陰乙天一20.3　陰乙天一20.13　陰乙天一23.3　出26.30

出26.34　問6.4　談49.28　相8.34　相23.39　相30.4　相30.6　相32.65　相38.26　相51.63

相54.48　相63.30

尸

五15.3　氣1.87　陰乙文武16.11　出23.30

屎

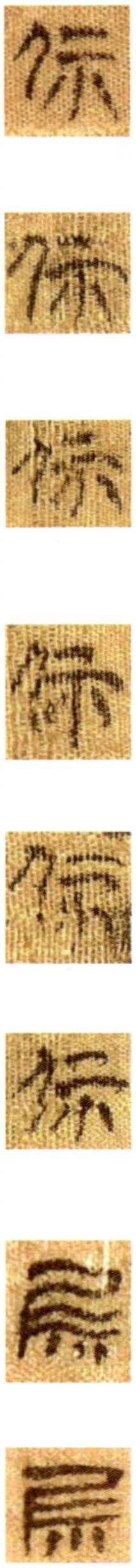
陰甲堪表8.11　陰甲祭三4.22　陰甲祭三4.30　陰甲祭三4.34　陰甲祭三5.14　陰甲祭三5.26　周50.35　周50.63

从尸从示，「尸」字異體。

佘

春60.13

「尸」旁訛作「人」形。

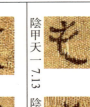

居

陰甲天一 3.22
陰甲上朔 3.6
陰甲上朔 5.7
陰甲祭一 A09L.19
陰甲室 3.48
陰甲室 3.50
陰甲室 5.35
陰甲室 6.1
陰甲室 8.1
陰甲築一 1.9

陰甲築一 2.8
陰甲堪法 9.44
陰甲堪法 9.49
陰甲祭二 12L.7
方 45.11
方 82.11
方 84.3
方 96.8
方 96.13
方 126.16

方 130.25
方 201.11
方 257.4
方 259.5
方 274.22
方 281.23
方 306.22
方 328.32
方 426.20
方 461.8

養 5.22
胎 10.1
春 58.20
戰 290.29
戰 303.4
老甲 4.18
老甲 4.26
老甲 63.8
老甲 63.15
老甲 65.14

老甲 76.12
老甲 85.22
老甲 85.29
老甲 97.17
老甲 105.21
老甲 136.1
老甲 142.15
老甲 153.2
老甲 154.6
老甲 155.14

老甲 157.27
老甲 157.32
老甲 158.6
五 151.9
九 22.24
明 7.5
氣 3.98
刑甲 28.20
刑甲 61.18
刑甲 62.6

刑甲 63.4
刑甲 63.11
刑甲 64.6
刑甲 65.4
刑甲 65.11
刑甲 66.6
刑甲 67.4
刑甲 73.4
刑甲 75.4
刑甲 77.4

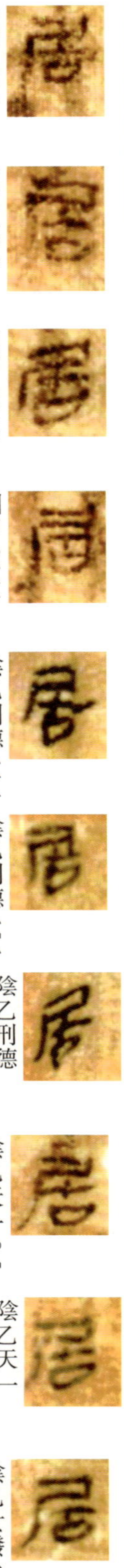

刑甲 77.9
刑甲 78.6
刑甲 85.17
刑甲 86.14
陰乙刑德 14.4
陰乙刑德 15.1
陰乙刑德 18.13
陰乙天一 8.5
陰乙天一 36.13
陰乙女發 2.47

陰乙女發 2.58
陰乙女發 3.49
陰乙女發 4.5
出 26.3
木 13.4
木 13.10
木 14.20
木 15.2
木 17.8
木 17.12

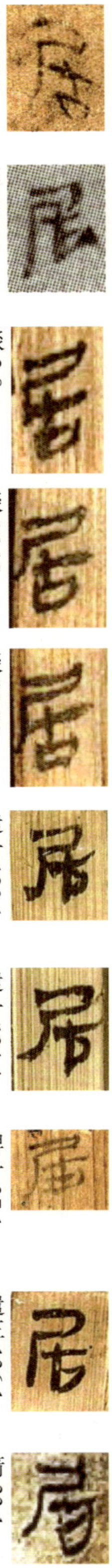

木 17.16
問 43.17
談 2.8
談 16.15
談 31.30
遣一 120.1
遣一 124.4
牌一 37.1
遣三 136.1
箭 33.1

周 27.20
周 61.22
周 66.45
周 90.62
繫 4.13
繫 4.31
繫 12.68
繫 14.24
繫 36.48
衷 30.32

衷 34.13
衷 35.14
衷 46.32
衷 47.42
要 12.56
繆 63.17
十 34.15
十 34.51
十 35.29
十 49.13

十 57.17
十 57.21
稱 3.26
稱 4.44
稱 11.9
稱 11.11
稱 13.44
老乙 2.36
老乙 2.48
老乙 30.9

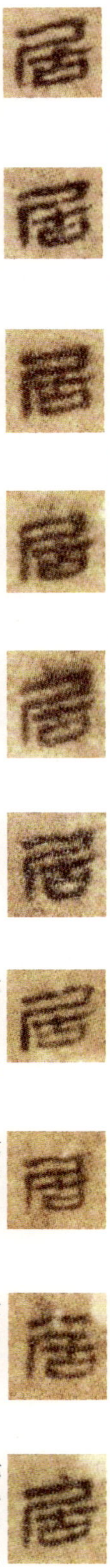

老乙 30.16
老乙 31.29
老乙 36.64
老乙 40.50
老乙 40.54
老乙 41.53
老乙 45.47
老乙 46.5
老乙 46.10
老乙 49.55

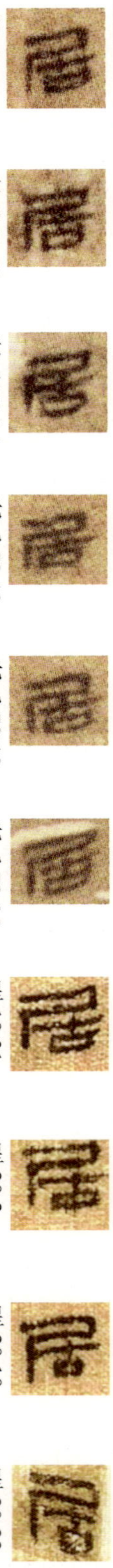

老乙 49.66
老乙 63.58
老乙 71.34
老乙 73.13
老乙 73.19
老乙 73.25
星 19.31
星 20.2
星 20.10
星 20.22

居（續）

星 21.13
星 24.48
刑乙 3.24
刑乙 9.8
刑乙 9.22
刑乙 12.8
刑乙 68.1
刑乙 79.65
相 6.71
相 7.24

相 7.44
相 10.34
相 15.23
相 15.44
相 18.46
相 36.28
相 39.11
相 39.16
相 42.44
相 45.56

相 63.14
相 65.39
相 65.60
相 66.16

屑 屑

方 72.2
方 186.14

尻

陽甲 4.7
方 164.4
方 193.21
陽乙 2.33
問 21.8
合 12.23
合 31.7
談 9.9
談 22.12
談 22.24

屍

脽

足 3.12

《說文》或體。《說文》卷四肉部：「脽，屍也。从肉、隹聲。」「脽」與「脽」乃一字重出。

尼

方 447.14

屖

談 55.13

屋

陰甲神上 2.10
陰甲室 1.31
陰甲室 7.29
方 51.26
方 219.9
戰 55.12
九 52.17
刑甲 48.10
刑甲 95.9
刑丙地 3.14
木 33.13
周 42.13
周 59.37
二 9.7
二 9.72
二 10.48
繆 43.12
刑乙 92.11

屢

衷 19.16

屨

二 1.8

屎*

方 51.18
陰乙玄戈 10.9
遣一 163.1
遣三 211.1
遣三 369.3

尺

方 73.5
方 189.7
方 191.5
方 191.23
方 228.7
方 240.4
方 267.27
方 267.30
方 483.20
養 48.28
養 82.5
養 85.21
養 127.19
養 149.23
房 11.15
胎 29.19
戰 112.16
老甲 72.14
陰乙五禁 13.9
木 11.16
問 9.18
禁 1.14
禁 2.9
禁 3.6
禁 4.2
禁 4.11
禁 5.8
談 31.14
遣一 188.7
遣一 189.7

尾

遣一205.6
遣一206.7
遣一207.7
遣一208.8
遣一208.12
遣一209.8
遣一209.12
遣一210.9
遣一210.13
遣一217.10
遣一217.13
遣一237.1
遣一244.7
遣一251.16
遣一251.19
遣一287.7
遣三263.7
遣三264.7
遣三265.7
遣三266.6
遣三267.5
遣三269.5
遣三273.6
遣三278.4
遣三280.9
遣三280.12
遣三281.7
遣三281.10
遣三282.7
遣三282.12
遣三305.7
遣三305.10
遣三366.15
遣三366.18
遣三367.7
遣三380.7
府5.13
府5.25
府6.6
府6.29
府7.1
府10.10
府13.16
府14.2
府17.5
府18.10
府20.9
府20.15
府23.10
府23.20
草1.5
草3.4
草4.5
草5.1
草6.4
經5.21
老乙35.1
星12.16
星49.7
星61.19
刑乙64.17
相3.46
相5.51
相20.13
相52.47
相52.66
相73.50
陰甲祭一A08L.8
陰甲祭一A13L.3
陰甲祭一A15L.7
陰甲祭一B05L.7
陰甲神上15.22
陰甲堪法5.25
陰甲堪表9L.5
方48.8
方114.7
刑丙地13.1

屬

禁 7.5
周 3.11
周 4.4
周 4.55
周 26.20
周 77.11
周 77.19
二 36.49
星 113.2

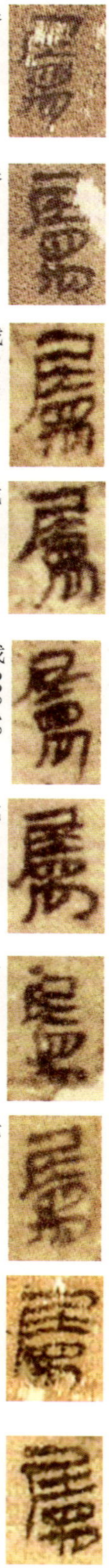

春 12.13
春 95.13
戰 34.11
戰 181.15
戰 229.18
戰 232.31
老甲 24.20
老甲 127.28
氣 7.159
氣 9.84

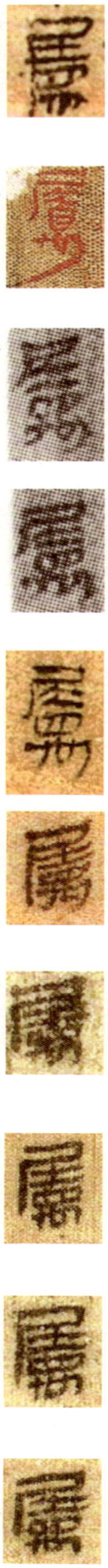

氣 10.122
刑丙傳 22.3
談 54.13
談 54.19
喪 1.4
周 9.26
昭 4.27
經 5.46
經 28.19
稱 10.6

老乙 60.26

屈

方 423.14
問 24.16
經 10.53

屈

春 47.12
戰 241.4
戰 242.20
出 6.1
出 6.27
二 16.20
繫 47.32
繆 40.21
繆 46.26

十 15.38
十 15.46
十 29.26
稱 23.22

履

陽甲 32.6
方 390.29
陽乙 14.6
養 197.5
禁 6.8
遺一 259.2
遺一 260.2
遺一 261.3
遺一 263.4
遺三 13.10

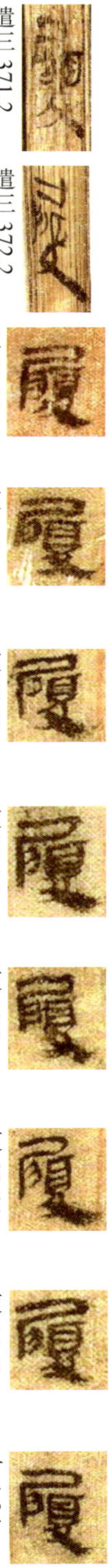
遺三 371.2
遺三 372.2
二 18.20
衷 4.4
衷 27.23
衷 37.49
衷 45.2
衷 45.66
衷 46.42
十 1.34

舟

陰甲雜四 4.5
陰甲諸日 7.9
戰 169.36

俞

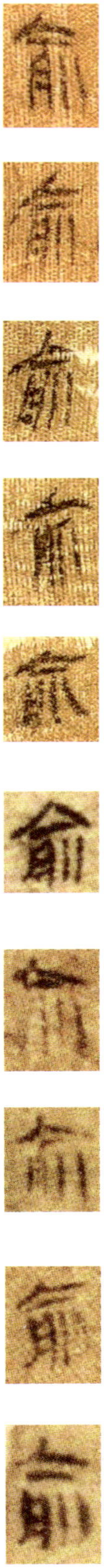
方 122.2
方 126.22
方 176.26
方 344.28
養 215.7
戰 96.6
戰 319.26
戰 322.17
老甲 102.17
老甲 159.18

遺三 114.2
周 5.74
二 6.13
二 6.15
十 64.22
老乙 32.10
老乙 32.18
老乙 48.21
老乙 74.8
相 31.41

𦨶（朕）

繫 31.10
衷 5.23
衷 25.17
衷 28.42
衷 31.24
繆 46.28
昭 2.11
經 10.38
經 10.46
經 16.11

經 20.55
經 32.25
經 62.30
經 62.61
經 62.67
經 63.6
十 63.49
十 63.57
稱 6.22
稱 20.19

稱 20.22
老乙 8.21
老乙 23.4
老乙 33.60
老乙 34.21
老乙 35.39
老乙 37.60
老乙 40.42
老乙 42.14
老乙 42.19

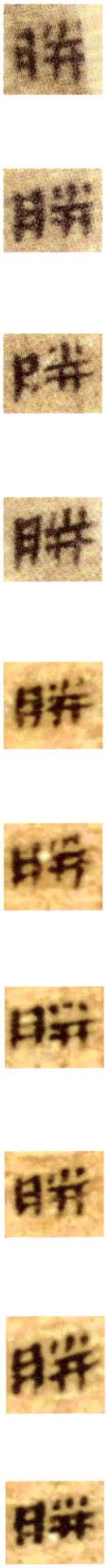
老乙 73.32
老乙 74.57
老乙 74.64
老乙 77.42
刑乙 3.17
刑乙 6.28
刑乙 17.2
刑乙 19.7
刑乙 20.19
刑乙 23.6

刑乙 23.24 刑乙 24.5 刑乙 24.24 刑乙 25.16 刑乙 29.10 刑乙 39.26 刑乙 62.43 刑乙 67.26 刑乙 68.8 刑乙 68.26

刑乙 68.40 刑乙 68.48 刑乙 68.56 刑乙 70.56 刑乙 76.33 刑乙 79.12 刑乙 79.29 刑乙 79.45 相 6.18 相 26.50

相 26.53 相 26.56 相 26.60 相 26.64 相 27.2 相 40.53 相 41.43 相 53.40 相 53.44 相 54.34

相 54.37 相 72.21

般

方 14.5 方 274.19 方 328.2 方 330.4 方 330.24 五 40.17 遣一 188.4 遣一 189.4 遣一 191.6 遣一 202.4

遣一 204.10 遣一 205.4 遣一 206.4 遣一 207.4 遣一 211.5 遣三 263.4 遣三 264.4 遣三 265.4 遣三 266.4 遣三 267.2

服 䑺

周 6.10

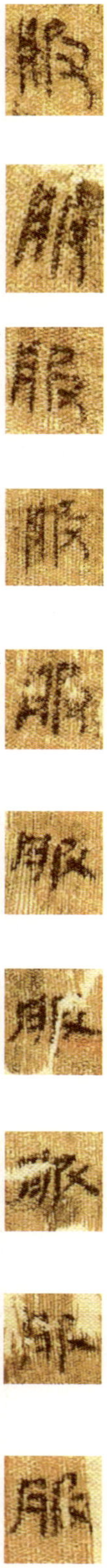

方 251.10 方 251.19 方 299.9 方 346.9 養 162.2 房 46.11 房 46.18 房 47.6 房·殘 25.1 射 7.11

射 9.3
戰 125.3
戰 219.17
戰 233.19
老甲 32.20
老甲 65.8
氣 6.392
刑甲 55.9
刑甲 55.15
木 34.14

問 12.14
問 13.20
談 17.33
談 29.25
遣三 5.9
遣三 6.7
遣三 28.9
遣三 28.14
喪 1.5
周 7.35

二 12.27
繆 43.10
繆 66.31
昭 4.48
昭 10.60
昭 10.63
經 57.58
經 58.3
經 58.18
經 58.29

經 60.28
經 62.46
十 48.8
十 49.52
道 4.62
道 5.14
道 5.34
老乙 15.26
老乙 21.32
老乙 31.23

刑乙 96.9
刑乙 96.15

方

陰甲雜三 4.23
陰甲雜三 4.25
陰甲衍 4.40
陰甲室 4.15
陰甲室 5.4
陰甲室 5.8
陰甲堪法 6.27
陰甲堪法 7.18
陰甲堪表 2.5
陰甲堪表 2.8

陰甲堪表 2.12
陰甲堪表 3.5
陰甲堪表 3.8
陰甲堪表 3.12
陰甲堪表 3.16
陰甲堪表 4.5
陰甲堪表 9.24
陰甲祭三 4.33
陰甲祭三 5.10
陰甲祭三 5.29

方 16.6
方 23.7
方 48.5
方 64.11
方 66.17
方 106.12
方 115.2
方 134.3
方 171.8
方 191.4

方 228.6
方 257.17
方 259.17
方 261.25
方 263.20
方 266.11
方 267.14
方 272.7
方 316.4
方 369.3

方 372.3
方 386.8
方 418.3
方 456.5
方·殘 2.15
養 3.6
養 65.6
養 173.4
養 176.11
胎 22.5

胎 29.16
春 88.19
戰 59.26
戰 66.2
戰 77.36
戰 78.17
戰 123.8
戰 143.26
戰 144.18
戰 177.12

戰 285.26
戰 310.13
老甲 112.9
五 36.10
五 36.15
五 36.20
五 36.25
五 56.14
五 131.9
五 131.14

氣 1.92
氣 1.207
氣 2.42
氣 6.167
氣 7.68
氣 7.82
氣 7.137
氣 8.27
氣 9.123
氣 10.259

刑甲 14.20
刑甲 26.6
刑甲 26.13
刑甲 36.16
刑甲 36.18
刑甲 114.11
刑丙地 3.8
刑丙地 5.18
刑丙地 17.12
刑丙天 10.6

刑丙天 12.7
陰乙上朔 30.16
陰乙天地 1.2
陰乙女發 2.49
陰乙女發 2.60
陰乙女發 3.42
陰乙女發 3.51
木 12.2
木 12.9
木 12.14

木 12.19
木 35.5
問 7.3
問 9.25
問 21.11
合 1.8
合 12.25
禁 2.7
禁 3.4
禁 3.14

禁4.9	禁5.6	談12.9	遣一10.3	遣一18.3	遣一22.3	遣一26.3	遣一29.3	遣一33.3	遣一37.3
遣一46.3	遣一50.3	遣一55.3	遣一60.3	遣一68.3	遣一80.3	遣一84.3	遣一88.3	遣一102.3	遣一107.3
遣一112.3	遣一119.3	遣一124.3	遣一127.3	遣一132.3	遣一137.3	遣一141.3	遣一147.3	遣一153.3	遣一157.3
遣一160.3	遣一167.3	遣一171.3	遣一175.3	遣一178.3	遣一183.3	遣一187.3	遣一191.3	遣一194.3	遣一197.3
遣一200.3	遣一204.3	遣一211.3	遣一213.3	遣一215.3	遣一219.3	遣一224.3	遣一228.3	遣一235.3	遣一245.3
遣一258.3	遣一263.3	遣一283.3	遣一285.3	遣一291.3	遣一298.3	遣一304.3	遣一312.3	遣三21.2	遣三39.2
遣三53.2	遣三87.2	遣三216.2	遣三297.2	遣三396.3	遣三397.3	遣三398.2	遣三398.5	遣三399.2	周23.13
周44.44	周62.40	周77.47	二4.32	二19.21	二19.38	二31.51	繫7.19	繫7.64	繫22.3

衷 1.37
衷 3.1
衷 25.34
衷 25.56
衷 27.32
衷 28.61
衷 38.66
衷 48.24
要 13.59
繆 26.15

繆 56.14
繆 56.24
繆 57.3
繆 63.64
繆 72.38
經 13.24
十 52.49
稱 6.13
稱 7.2
老乙 21.2

星 2.8
星 3.16
星 4.22
星 4.43
星 5.16
星 5.24
星 23.2
星 23.40
星 24.4
星 25.45

星 25.53
星 26.4
星 26.13
星 28.13
星 32.2
星 35.48
星 36.41
星 37.39
星 37.41
星 39.2

星 40.12
星 40.21
星 40.44
星 41.3
星 42.18
星 43.17
星 43.25
星 44.48
星 57.3
星 57.29

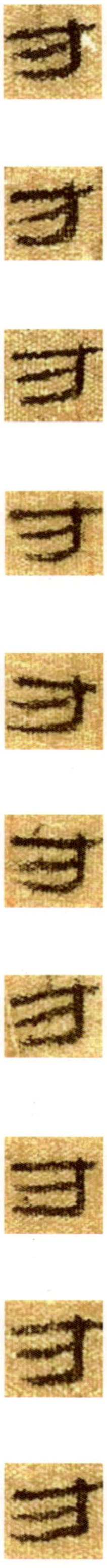

星 58.15
星 58.32
星 74.51
星 76.8
星 77.7
星 78.6
星 79.6
星 81.6
星 82.6
星 83.6

星 84.6
星 85.6
星 86.6
星 87.7
星 88.44
星 90.7
星 91.7
星 92.7
星 93.5
星 94.6

星 95.6
星 97.6
星 98.7
星 99.6
星 100.7
星 102.7
星 103.6
星 104.7
星 105.6
星 106.6

兒

方目1.11	相72.54	相13.26	星144.10	星135.14	星127.13	星117.7	星107.6
方目1.15	相72.68	相17.48	星144.36	星136.9	星128.9	星118.6	星108.6
方45.2	相73.10	相19.35	刑乙58.9	星136.24	星129.17	星119.6	星109.6
方48.2		相52.1	刑乙70.7	星137.18	星130.9	星120.45	星110.6
方48.20		相55.17	刑乙77.61	星138.10	星131.14	星123.15	星111.6
方51.3		相56.45	刑乙78.4	星138.25	星132.7	星124.6	星112.5
方54.2		相57.15	刑乙84.23	星139.16	星132.21	星124.20	星113.6
方347.5		相63.34	刑乙84.25	星141.16	星133.17	星125.14	星114.6
房42.22		相63.41	相2.64	星143.4	星134.10	星126.9	星115.6
胎29.35		相72.44	相5.8	星143.19	星134.24	星126.23	星116.7

胎31.23 老甲108.5 老甲148.21 刑甲25.6 禁4.13 老乙51.6 老乙61.22 刑乙77.18

允

周34.37 周55.17 周71.45 老乙50.29

兊

方152.6 方278.14 戰92.24 戰105.20 氣7.47 刑丙天12.6 老乙47.31 相5.10 相17.60 相28.53

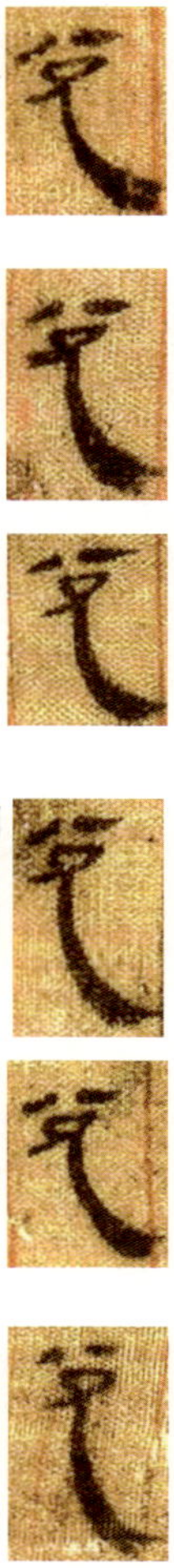

相52.3 相52.9 相52.46 相57.17 相57.23 相68.66

充

明14.26 問34.28 問38.22 問40.19 談16.29 談18.16 十27.61 相55.31

衮

明12.26

「充」字或訛作與「哀」字異體同形，卷二口部重見。

衰

周5.7

「充」字訛體，「克」字或訛作與之同形，卷七克部重見。

兄

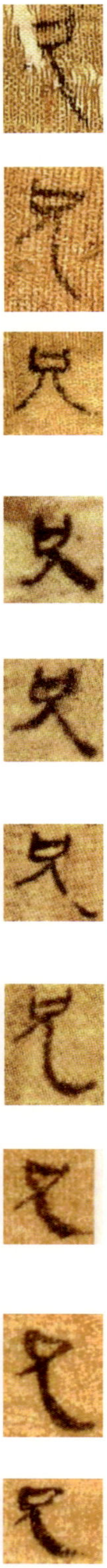

陰甲衍5.2 方82.5 射12.27 戰86.30 戰150.5 戰201.16 戰267.20 五81.18 五81.23 五82.2

五 82.9

五 82.26

五 83.24

五 156.27

五 172.25

五 173.11

九 49.27
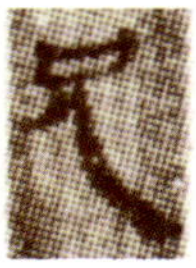
談 55.26

繆 47.28

昭 13.31

經 65.11

十 2.65

稱 13.70

稱 23.37

老乙 65.13

倪

繫 13.12

繫 13.30

繆 71.54

昭 4.69

从人从兄，應即「兄弟」之「兄」的專字。

兢 競

老乙 40.46

壳*

十 4.17

此字爲「競/兢」字所从，故暫附於此。

先

簪

刑甲 35.26

遣一 222.2

遣三 84.2

《說文》俗體。

貌 皃

貇

五 107.21

繆 40.22

秦漢文字中「皃」旁多寫作「艮」形，此即「貌」字。與《說文》本作「貇」後寫作「貇」者同形。

㒵

㝵

陰甲堪法 13.3

陰甲堪法 14.15

先

弁

方21.13
方319.24
方320.5
方362.12
方364.8
方365.14
方421.18
養79.11

《説文》或體。

陰甲衍6.25
陰甲刑日3.5
候3.2
候3.12
候3.24
候4.1
方27.13
方33.3
方40.3
方105.25

方112.3
方116.3
方176.18
方190.12
方204.12
方229.11
方234.3
方251.3
方259.18
方267.15

方273.9
方368.4
方370.13
方371.13
方406.14
方419.6
方438.4
方467.4
方·殘2.10
養160.4

養166.3
養190.11
養193.6
胎29.7
春6.17
春7.30
戰61.12
戰62.5
戰63.15
戰94.1

戰101.13
戰106.7
戰107.11
戰107.31
戰111.5
戰125.15
戰126.2
戰129.14
戰145.5
戰159.16

戰176.6
戰217.26
戰309.14
老甲52.17
老甲69.9
老甲69.28
老甲96.17
老甲101.13
九17.33
明10.24

明11.16
明11.27
明21.15
明24.23
明43.1
明43.18
氣1.180
氣3.128
刑甲9.12
刑丙天5.10

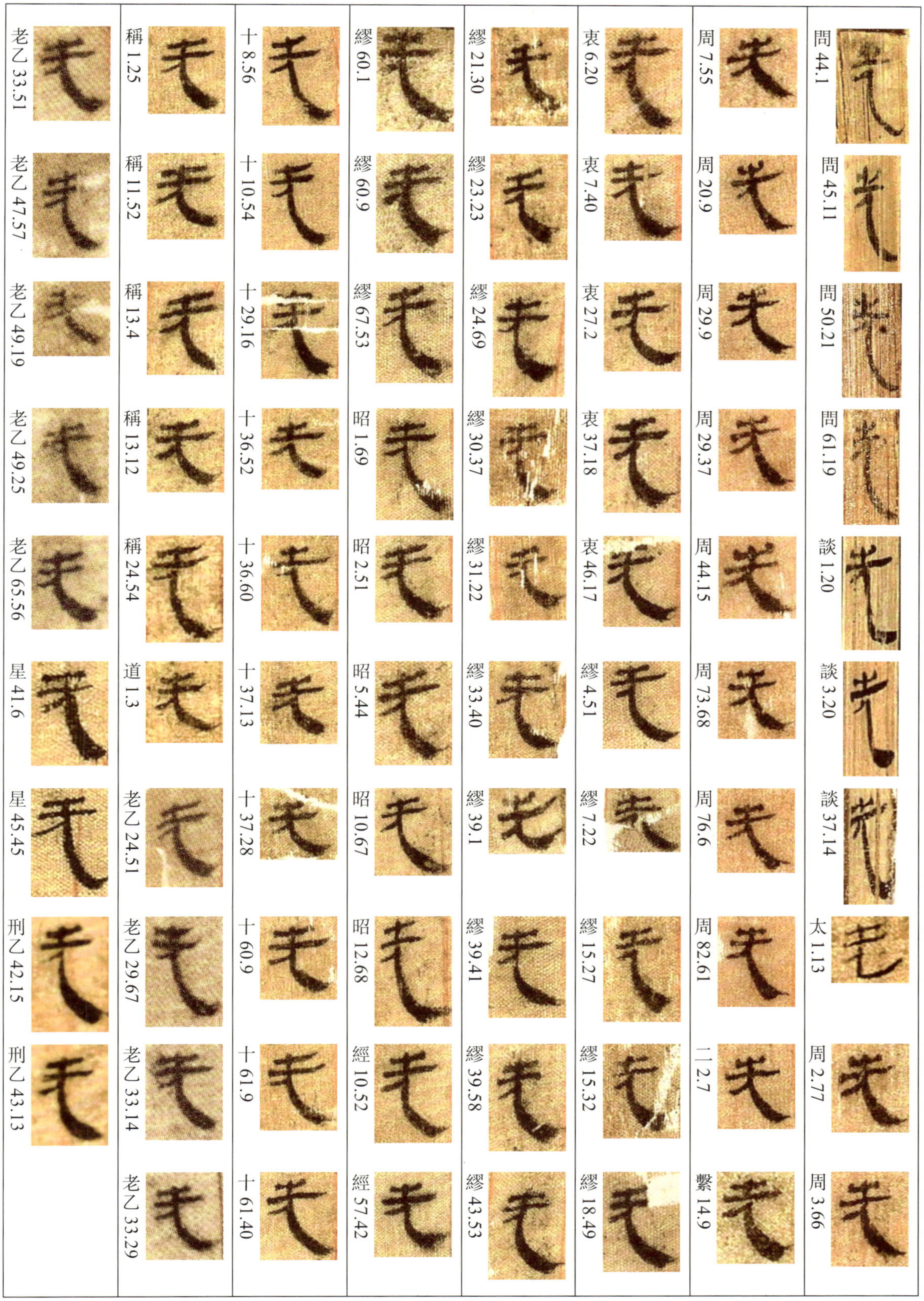
問44.1
問45.11
問50.21
問61.19
談1.20
談3.20
談37.14
太1.13
周2.77
周3.66
周7.55
周20.9
周29.9
周29.37
周44.15
周73.68
周76.6
周82.61
二2.7
繫14.9
衷6.20
衷7.40
衷27.2
衷37.18
衷46.17
繆4.51
繆7.22
繆15.27
繆15.32
繆18.49
繆21.30
繆23.23
繆24.69
繆30.37
繆31.22
繆33.40
繆39.1
繆39.41
繆39.58
繆43.53
繆60.1
繆60.9
繆67.53
昭1.69
昭2.51
昭5.44
昭10.67
昭12.68
經10.52
經57.42
十8.56
十10.54
十29.16
十36.52
十36.60
十37.13
十37.28
十60.9
十61.9
十61.40
稱1.25
稱11.52
稱13.4
稱13.12
稱24.54
道1.3
老乙24.51
老乙29.67
老乙33.14
老乙33.29
老乙33.51
老乙47.57
老乙49.19
老乙49.25
老乙65.56
星41.6
星45.45
刑乙42.15
刑乙43.13

積

- 方 209.14
- 方 209.23
- 方 213.2
- 方 213.29
- 方 219.7
- 方 219.26
- 方 219.32
- 方 220.24
- 方 221.17
- 方 222.10
- 方 223.3
- 方 224.2
- 方 233.4
- 方 236.3
- 方 238.2

積

- 方 230.18
- 方·殘 5.3

見

- 陽甲 29.13
- 脈 11.14
- 方 32.25
- 方 329.11
- 養 74.14
- 養 123.10
- 養 182.2
- 養 193.21
- 養 206.33
- 養 207.11
- 養·殘 5.4
- 房 42.17
- 射 9.4
- 春 50.4
- 春 50.9
- 春 62.13
- 春 75.5
- 戰 20.8
- 戰 48.30
- 戰 73.28
- 戰 90.9
- 戰 130.35
- 戰 175.2
- 戰 188.12
- 戰 189.3
- 戰 189.22
- 戰 274.14
- 戰 276.3
- 戰 282.8
- 戰 283.15
- 戰 297.30
- 戰 309.16
- 戰 325.16
- 老甲 116.1
- 老甲 127.29
- 老甲 135.1
- 老甲 137.6
- 老甲 150.21
- 老甲 166.3
- 五 9.25
- 五 10.9
- 五 10.18
- 五 11.21
- 五 12.3
- 五 26.26
- 五 27.21
- 五 28.7
- 五 47.9
- 五 91.10
- 五 103.2

五 103.11
五 104.33
五 105.12
五 106.16
五 106.23
五 107.12
五 107.16
五 113.2
五 113.31
五 120.2
五 120.8
五 120.16
五 120.20
五 165.28
九 2.7
九 26.19
九 27.3
九 27.27
九 43.14
九 46.21
九 52.4
明 41.21
氣 1.232
氣 1.243
氣 2.61
氣 2.411
氣 6.36
氣 6.126
氣 6.174
氣 6.360
氣 6.363
氣 6.366
氣 6.398
氣 7.66
氣 8.121
氣 9.156
氣 10.303
刑甲 11.20
刑甲 13.2
刑甲 28.17
刑甲 28.33
刑甲 39.20
刑甲 39.29
刑甲 45.21
刑甲 46.4
刑甲 47.12
刑甲 94.20
刑甲 115.20
陰乙大游 2.55
陰乙大游 2.85
陰乙三合 3.11
陰乙文武 12.35
出 28.35
出 28.49
出 30.51
木 57.1
問 18.9
問 74.4
問 94.4
談 2.13
談 7.12
周 1.17
周 1.22
周 1.57
周 1.70
周 5.13
周 9.20
周 20.61
周 24.11
周 24.52
周 41.34
周 41.51
周 41.67
周 55.6
周 59.8
周 62.65
周 75.17
周 75.39
周 75.81
二 7.29

二 8.38
二 15.27
二 15.32
二 15.68
二 17.5
二 17.36
二 17.42
二 18.11
二 34.7
繫 8.16

繫 8.23
繫 11.28
繫 11.51
繫 13.47
繫 25.38
繫 25.63
繫 26.75
繫 27.58
繫 27.65
繫 27.75

繫 28.58
繫 29.6
繫 31.70
繫 32.1
繫 32.8
繫 40.31
繫 41.24
繫 43.46
衷 3.15
衷 5.17

衷 26.1
衷 26.37
衷 32.18
衷 32.38
衷 32.42
衷 32.60
衷 32.65
衷 33.3
衷 33.68
衷 34.28

衷 34.63
衷 36.61
衷 38.11
衷 42.66
要 10.42
繆 16.9
繆 17.45
繆 17.64
繆 17.66
繆 18.9

繆 18.34
繆 20.36
繆 28.67
繆 36.11
繆 36.14
繆 59.41
繆 67.44
昭 3.7
昭 3.63
昭 7.33

經 1.41
經 3.20
經 52.57
經 70.21
經 70.37
經 70.61
經 71.28
經 71.44
經 71.61
經 75.16

經 75.34
經 76.31
十 3.49
十 3.53
十 50.30
十 63.29
稱 6.2
稱 7.19
道 2.49
老乙 14.41

視

老乙 37.13
老乙 41.60
老乙 46.34
老乙 54.53
老乙 55.62
老乙 55.68
老乙 60.27
老乙 63.26
老乙 64.22
老乙 76.58

星 23.24
星 35.30
星 36.2
星 36.43
星 43.36
星 43.51
星 44.10
星 67.20
星 88.29
星 120.34

刑乙 42.9
刑乙 45.14
刑乙 57.22
刑乙 60.8
刑乙 68.14
刑乙 69.16
刑乙 77.56
刑乙 79.62
刑乙 80.17
刑乙 82.10

刑乙 90.9
刑乙 90.19
相 1.52
相 7.54
相 9.37
相 10.67
相 12.18
相 12.26
相 16.24
相 17.14

相 19.53
相 19.57
相 19.63
相 20.5
相 24.3
相 24.11
相 38.6
相 38.15
相 50.19
相 53.12

相 55.67
相 59.64
相 59.66
相 61.37
相 61.43
相 61.50
相 61.68
相 61.73
相 64.5
相 73.18

相 73.20
相 73.22
相 73.24
相 73.26
相 73.44

陰甲祭一 B11L.12
候 3.8
方·殘 2.23
去 1.45
房 40.21
戰 11.23
戰 76.26
老甲 115.34
老甲 134.30
老甲 137.1

觀

老甲 168.10
五 150.20
明 39.27
問 59.20
合 3.15
周 4.33
周 4.70
周 32.8
周 37.26
繫 31.40

經 56.39
十 3.47
十 4.16
十 18.17
十 19.16
十 22.15
十 29.21
十 29.54
十 31.61
十 62.8

老乙 21.75
老乙 54.49
老乙 64.17
老乙 76.54
星 6.28
星 46.6
星 50.20
星 63.39
相 3.1
相 7.26

相 7.46

春 86.26
戰 59.7
戰 98.13
戰 324.25
老甲 35.6
老甲 35.10
老甲 94.6
老甲 94.15
老甲 122.16
刑甲 94.5

合 10.5
談 42.29
遣三 47.9
遣三 324.1
地 3.1
周 85.2
周 85.15
周 85.26
周 85.33
周 85.41

周 85.52
周 85.62
繫 3.15
繫 4.33
繫 4.42
繫 6.29
繫 6.35
繫 11.57
繫 29.12
繫 31.18

繫 31.32
繫 32.59
繫 32.65
繫 32.69
衷 7.42
衷 41.24
衷 50.15
要 17.18
要 20.58
要 24.17

繆64.63　繆68.12　繆72.51　經3.53　經22.56　經22.59　經22.61　經23.2　經23.19　經27.21

經53.14　經53.53　經54.3　經68.49　經68.56　十3.38　十19.12　十26.21　道7.7　老乙16.32

老乙16.41　刑乙49.7

矔

陰甲祭一B10L.11　胎5.2　胎5.25　問9.17　談37.3　星54.37　星67.7

覓

稱21.15　稱22.1　稱22.22

从見从雚省聲。

覺

氣6.90　問37.8　問71.16

嚳

方469.8

靚

老甲18.18　老甲48.27

親

陰甲衍6.20 春57.8 春90.21 春94.22 春95.24 戰135.31 戰148.21 戰200.34 戰207.31 戰250.7

戰288.5 老甲16.11 老甲39.12 老甲92.8 老甲124.13 老甲126.3 五19.30 五22.24 五65.3 五65.9

五65.13 五65.17 五66.10 五66.16 五83.3 五84.15 五84.29 五91.20 五93.25 五165.19

明47.7 談55.23 繫2.36 繫2.43 衷31.35 衷48.13 繆54.29 昭4.5 昭8.37 昭8.43

昭12.27 經22.51 經55.39 經55.44 經72.30 十2.33 十2.44 十3.20 稱14.5 稱15.22

稱18.31 稱18.37 老乙18.32 老乙59.36 星43.49

⿰圭見*

「窺」字異體，卷七穴部重見。

⿰角見*

養202.13

从見角聲，帛書中用爲「角」。

欽

周 61.2

周 61.12

周 61.18

周 61.27

周 61.52

周 61.60

繫 19.42

繫 46.49

吹

「吹」字《說文》卷二口部重出，字形詳見卷二口部。

欨

呴

合 5.9

合 5.25

歕

方 169.10

方 390.4

方 392.2

歇

房 10.6

房 14.24

老甲 6.27

合 9.2

欣

問 38.17

款

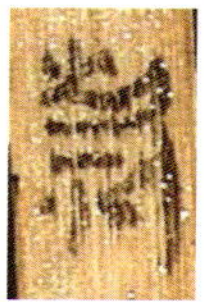
問 68.18

問 98.3

欲

陽甲 11.9

陽甲 21.9

陽甲 30.2

陽甲 37.4

方 70.5

方 124.4

方 289.26

方 407.3

陽乙 5.34

陽乙 10.38

陽乙 12.28
陽乙 18.25
養 4.14
養 34.13
養 34.18
養 61.35
養 98.3
養 119.4
養 193.4
養 195.10

養 196.2
養 209.3
養 219.2
房 7.2
胎 1.8
胎 18.10
胎 20.23
春 28.5
春 58.13
春 63.16

春 63.20
春 64.1
戰 2.10
戰 6.25
戰 15.13
戰 17.10
戰 23.30
戰 39.25
戰 47.32
戰 48.2

戰 48.13
戰 58.2
戰 58.25
戰 58.33
戰 59.17
戰 61.5
戰 61.9
戰 64.16
戰 67.25
戰 68.10

戰 77.25
戰 78.22
戰 87.9
戰 89.32
戰 90.1
戰 104.21
戰 107.28
戰 122.31
戰 123.13
戰 125.13

戰 125.28
戰 125.39
戰 126.7
戰 138.24
戰 144.28
戰 144.34
戰 152.12
戰 158.17
戰 190.16
戰 203.16

戰 246.9
戰 250.28
戰 252.14
戰 256.18
戰 258.23
戰 294.31
戰 296.3
老甲 19.17
老甲 50.6
老甲 50.15

老甲 94.3
老甲 94.12
老甲 132.4
老甲 135.30
老甲 155.8
老甲 163.19
老甲 166.19
老甲 166.27
老甲 167.4
老甲 167.13

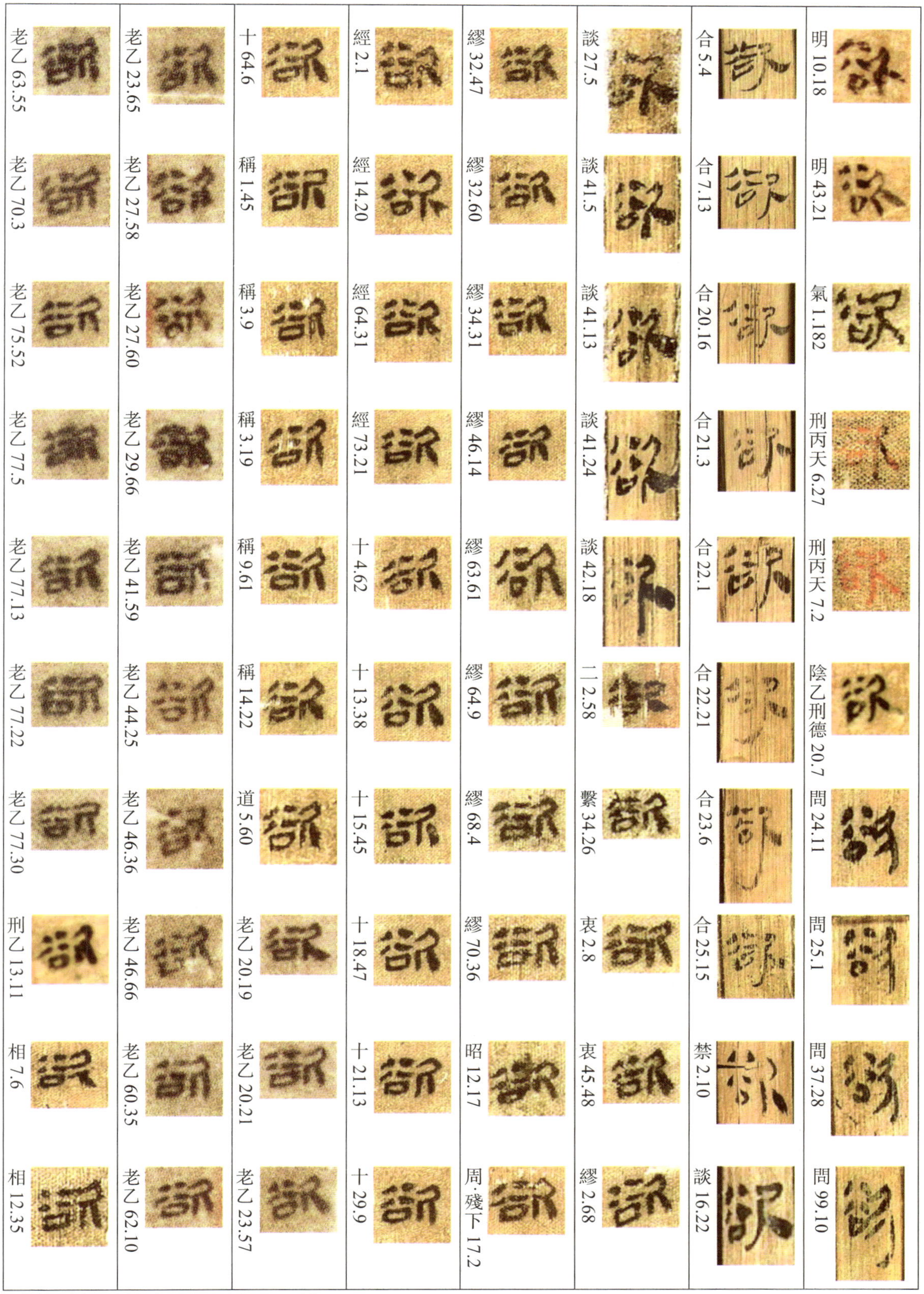

明10.18　明43.21　氣1.182　刑丙天6.27　刑丙天7.2　陰乙刑德20.7　問24.11　問25.1　問37.28　問99.10

合5.4　合7.13　合20.16　合21.3　合22.1　合22.21　合23.6　合25.15　禁2.10　談16.22

談27.5　談41.5　談41.13　談41.24　談42.18　二2.58　繫34.26　衷2.8　衷45.48　繆2.68

繆32.47　繆32.60　繆34.31　繆46.14　繆63.61　繆64.9　繆68.4　繆70.36　昭12.17　周·殘下17.2

經2.1　經14.20　經64.31　經73.21　十4.62　十13.38　十15.45　十18.47　十21.13　十29.9

十64.6　稱1.45　稱3.9　稱3.19　稱9.61　稱14.22　道5.60　老乙20.19　老乙20.21　老乙23.57

老乙23.65　老乙27.58　老乙27.60　老乙29.66　老乙41.59　老乙44.25　老乙46.36　老乙46.66　老乙60.35　老乙62.10

老乙63.55　老乙70.3　老乙75.52　老乙77.5　老乙77.13　老乙77.22　老乙77.30　刑乙13.11　相7.6　相12.35

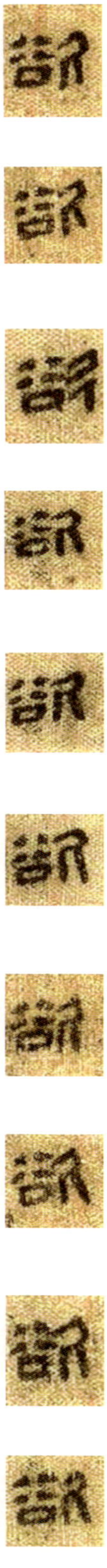

相 14.15
相 16.2
相 16.10
相 17.62
相 18.41
相 22.17
相 23.2
相 23.4
相 23.8
相 23.11

相 23.15
相 27.37
相 27.40
相 27.42
相 30.5
相 30.9
相 33.26
相 33.30
相 33.32
相 35.58

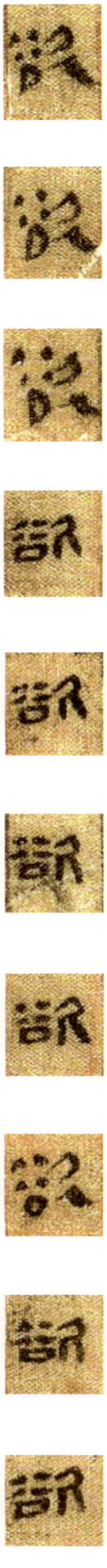

相 35.60
相 35.62
相 35.64
相 42.47
相 44.32
相 44.43
相 44.56
相 44.66
相 45.14
相 45.26

相 45.41
相 46.54
相 47.1
相 47.16
相 47.32
相 48.22
相 49.8
相 50.42
相 50.57
相 50.64

相 51.8
相 51.15
相 51.32
相 51.45
相 52.5
相 52.16
相 52.28
相 52.43
相 53.11
相 54.42

相 54.56
相 55.6
相 55.28
相 55.64
相 56.15
相 56.27
相 56.47
相 56.64
相 57.19
相 57.35

相 57.52
相 58.2
相 58.21
相 58.56
相 58.76
相 59.18
相 60.9
相 60.44
相 60.58
相 61.7

相 62.60
相 63.9
相 63.24
相 64.17
相 65.6
相 65.11
相 66.6
相 66.19
相 66.68
相 67.11

歌

相67.28　相67.59　相68.11　相69.16　相69.23　相69.37　相69.62　相70.14　相70.30　相70.41

相70.54　相71.13　相71.26　相71.46　相71.63　相72.50　相73.8　相73.29　相73.36　相74.2

相74.29　相74.43　相75.31　相75.45　相75.58　相76.25　相76.37　相76.49

陽乙6.2　戰154.20　出9.17　遣三31.2　周69.37　周88.45

歍

周73.62　相4.32　相31.53

歐

陽甲21.10　陽乙10.39　刑甲32.4

欲

方38.10　合3.9　老乙11.28

欸

足15.14　陽甲30.9　陽甲31.14　陽乙12.35　陽乙13.19

次

足7.7
陽甲18.5
方4.14
方27.17
方33.7
方118.7
方124.13
方173.3
方176.21
養110.28
養124.5
養·殘18.3
養·殘108.4
春22.17
春38.5
春67.27
戰24.10
戰29.20
戰43.28
戰199.39
戰214.29
老甲124.12
老甲124.17
刑甲115.2
木13.18
木13.22
木13.26
合5.13
合11.6
談16.21
周50.42
周73.24
繫36.18
衷47.64
繆18.14
昭1.18
昭2.35
昭2.45
昭2.57
昭2.62
昭2.72
昭5.38
昭7.3
經9.24
經14.33
十11.9
十11.50
稱19.59
星7.8
星8.11
刑乙59.11
相55.15

欺

春·殘53.2
戰138.35
戰184.25

欷

稱2.71

⿰尗欠*

周 60.23

欮

《說文》「瘚」字或體，詳見卷七疒部。

歃*

「唾」字異體，卷二口部重見。

歈

足 20.9　陽甲 37.5　方 2.7　方 2.11　方 9.1　方 24.18　方 26.16　方 26.23　方 27.3　方 27.10

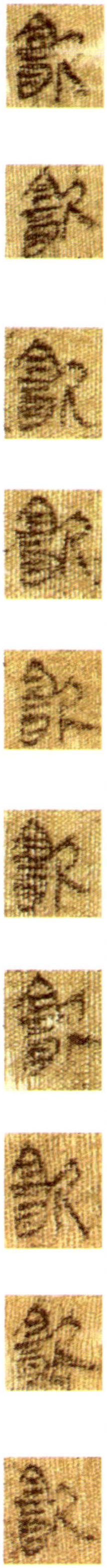
方 34.24　方 34.27　方 35.9　方 36.3　方 42.23　方 58.4　方 58.8　方 71.6　方 71.17　方 72.14

方 73.18　方 75.4　方 87.7　方 90.15　方 95.14　方 98.1　方 114.20　方 116.5　方 116.17　方 124.10

方 140.6　方 148.8　方 149.9　方 150.15　方 170.2　方 172.20　方 176.16　方 176.24　方 183.5　方 188.1

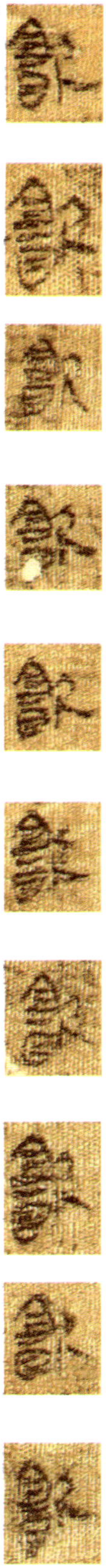
方 190.9　方 190.17　方 195.15　方 197.10　方 198.12　方 199.12　方 200.17　方 201.9　方 202.11　方 215.7

方216.21
方229.13
方236.28
方239.5
方249.16
方250.32
方251.5
方263.11
方263.15
方264.12

方285.23
方289.24
方297.15
方301.18
方302.1
方302.7
方420.25
方446.7
方449.27
方451.23

方469.3
方479.12
養16.16
養19.10
養20.8
養32.16
養33.31
養35.13
養35.15
養35.18

養35.23
養35.30
養76.18
養114.8
養117.17
養182.4
養223.6
養·殘11.3
房43.23
房44.1

房44.4
房44.11
房44.23
房44.29
房53.5
射21.6
胎2.31
胎22.15
胎28.19
胎31.31

春7.16
戰189.34
五87.17
陰乙上朔28.2
出9.15
問5.7
問6.21
問11.4
問29.10
問44.6

問46.7
問51.9
問64.4
問72.25
問89.16
問96.4
問99.2
禁7.9
禁8.9
禁11.8

談2.3
談16.19
談22.21
周77.75
二30.19
繆62.45
經31.43

歠

⿰⿱叕口欠

方 93.13

方 283.28

射 20.2

⿰叕欠

方 184.5

方 214.12

養 15.8

養 15.15

養 16.15

羨

居 1.1

盜

老甲 127.9

明 8.9

氣 9.213

木 58.21

繫 17.40

繫 17.49

繫 17.56

繫 18.4

經 18.33

稱 14.38

稱 14.44

老乙 19.52

老乙 46.32

老乙 60.8

⿰旡京

⿰京旡

養 222.4

氣 4.89

卷九

頭

脈 2.5 
方 31.10 
方 46.17 
方 49.13 
方 112.15 
方 185.10 
方 253.12 
方 360.23 
陽乙 1.35 
陽乙 2.21 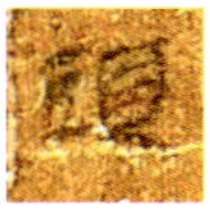

陽乙 4.1 
養·殘 47.4 
房 26.5 
木 44.5 
問 84.6 
禁 8.6 

顔

顔

足 2.5 
足 4.1 
足 12.6 
陽甲 12.13 
陽乙 1.23 
陽乙 5.16 
陽乙 6.16 
養·殘 6.2 
五 21.28 

五 80.3 
五 146.3 
要 10.34 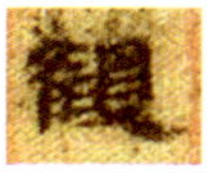

頌

繆 13.30 

⿱頁隹

問 8.13 

所从之「隹」應爲「産」之訛。

頌

問 54.5

顯

養·殘 144.8
戰 8.22
戰 13.38
戰 27.1
戰 47.21
戰 48.32
戰 49.4
戰 54.2
戰 58.8
戰 64.26
戰 69.33
戰 91.5
戰 96.21
戰 110.15
戰 117.16
戰 119.9
戰 120.6
戰 124.5
戰 125.21
戰 127.13
戰 138.15
戰 139.7
戰 143.35
戰 165.20
戰 175.9
戰 188.11
戰 189.20
戰 191.29
戰 209.3
戰 220.13
戰 220.23
戰 236.12
戰 237.6
戰 265.12
戰 281.24
戰 292.23
戰 299.5
繫 22.28
繆 1.67
繆 2.6
繆 5.1
繆 12.4
繆 23.22
繆 31.21

顛

方 88.7
方 112.1
方 220.10
方 222.13
周 18.18
周 18.44

瞋

相 60.32

題

問 46.13 

頯

足 11.21 

周 57.51 

相 58.22 

頰

陽甲 18.21 

方 461.17 

陽乙 9.19 

木 48.1 

相 2.43 

頸

方 34.4 

方 41.7 

方 42.9 

方 50.12 

方 185.8 

陽乙 4.2 

木 44.11 

相 4.66 

相 51.13 

踁

春 83.24 

領

方 273.6 

木 44.9 

合 2.3 

相 4.67 

聆

五 58.7 

項

足 3.22 

足 6.8 

方 112.19 

陽乙 2.25 

導 3.16 

領

領

陽甲 15.15

陽乙 6.20

顧

陽甲 14.29

方 103.24

方 107.9

胎 34.19

春 25.5

戰 148.20

戰 289.21

陰乙大游 3.55

太 1.43

繆 20.28

周·殘下 57.5

順

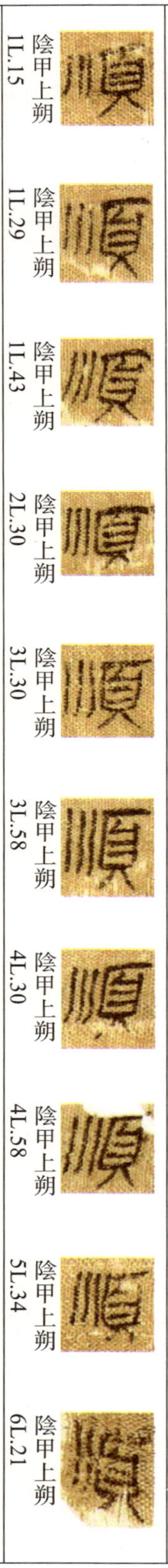

陰甲上朔 1L.15

陰甲上朔 1L.29

陰甲上朔 1L.43

陰甲上朔 2L.30

陰甲上朔 3L.30

陰甲上朔 3L.58

陰甲上朔 4L.30

陰甲上朔 4L.58

陰甲上朔 5L.34

陰甲上朔 6L.21

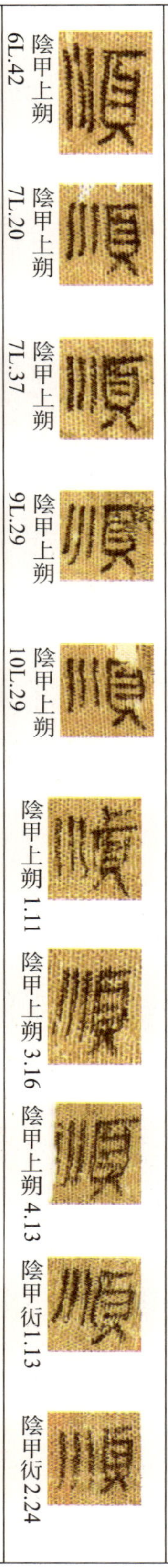

陰甲上朔 6L.42

陰甲上朔 7L.20

陰甲上朔 7L.37

陰甲上朔 9L.29

陰甲上朔 10L.29

陰甲上朔 1.11

陰甲上朔 3.16

陰甲上朔 4.13

陰甲衍 1.13

陰甲衍 2.24

陰甲衍 3.32

陰甲衍 4.14

陰甲築一 2.5

方 242.7

養 181.4

戰 271.19

老甲 134.10

刑丙天 8.11

刑丙天 11.29

陰乙上朔 19.3

陰乙上朔 23.9

問 25.4

談 12.29

二 12.64

二 19.7

繫 6.18

繫 26.27

繫 45.7

繫 46.7

衷 26.62

袁36.24 袁38.15 袁39.38 要21.36 要23.54 繆25.25 繆37.29 繆51.31 昭1.64 經27.25

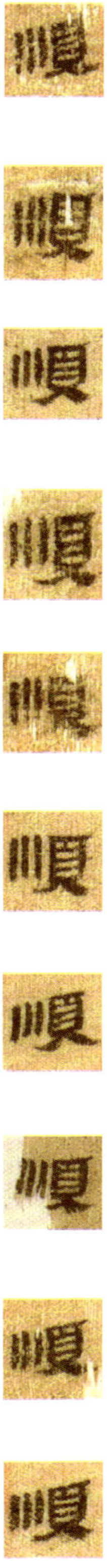

經29.55 經38.50 經39.14 經39.52 經41.62 經42.7 經44.29 經47.6 經47.41 經53.12

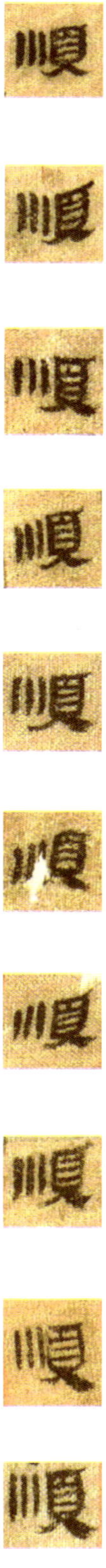

經56.11 經56.24 經66.56 經67.24 經67.48 經69.2 十4.44 十5.1 十10.58 十25.48

十30.60 十32.20 十52.64 十63.72 十64.3 稱13.48 稱13.68 老乙29.28 老乙63.2 星37.50

頓

戰164.24

頮

⿰亻⿱艹㒳

導3.13

《說文》:「頮，低頭也。俛，頮或从人、免。」「俛」字異體或从「⿱艹㒳」作。

⿰⿱艹㒳頁

繫6.33

頡

養95.4

頔

胐

陽甲 19.6

陽乙 9.31

陽乙 9.44

从肉出聲，「頔」字異體。隸楷階段「肉」、「月」二旁混同，與《說文》月部訓爲「月未盛之明」的「胐」字同形。

頼 顡

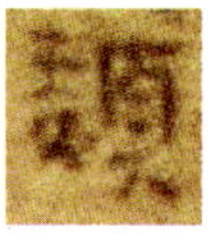
戰 321.9

戰 325.14

頄

疣

方 459.5

方 460.1

《說文》或體。

煩

足 14.22

足 21.8

足 22.15

足 25.26

陽甲 27.4

方 230.20

陽乙 16.4

春 87.32

春 88.4

春 89.25

木 60.24

談 27.3

周 28.30

相 3.45

頪

《說文》：「頪，難曉也。从頁、米。一曰鮮白皃。从粉省。」馬王堆簡帛中「頪」是「糗」字異體，字形詳見卷七米部。

顯

戰 45.30

周 23.61

衷 43.46

繆 5.4

繆 34.25

繆 35.21

繆 59.8

道 3.15

䙴*

問 46.14

疑爲「頜」字異體。

頤

《說文》「𦣞」字篆文，詳見卷十二𦣞部。

頷*

繫 12.49　繆 30.48　繆 33.15

顛*

方 412.8

面

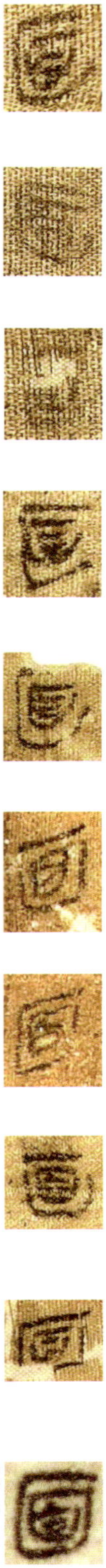

陽甲 26.9　陽甲 30.4　候 3.4　方 385.8　方 465.13　陽乙 12.30　陽乙 15.35　養 50.10　房 46.24　戰 68.27

戰 188.5　戰 272.29　戰 279.5　合 5.22　談 43.4　衷 32.29　經 29.42　經 31.2　經 32.4　十 48.58

相 15.48　相 66.41

靤*

「皰」字異體，卷三皮部重見。

首

陰甲上朔 5.36　方 223.6　方 378.3　去 1.35　去 4.6　養 92.22　養 116.8　胎 20.10　春 3.13　戰 66.6

縣 䭫

老甲 4.11
明 17.12
氣 1.195
氣 7.133
氣 7.143
刑丙地 12.6
刑丙天 9.46
木 11.7
木 26.3
木 27.3

木 31.3
木 32.3
木 33.3
木 38.3
木 39.3
木 41.3
木 42.3
木 43.3
遣一 1.2
遣一 195.17

遣一 214.15
遣三 66.2
遣三 233.5
遣三 399.4
周 1.74
周 23.80
周 26.81
周 51.59
周 69.78
二 14.53

二 18.5
衷 3.19
衷 26.52
衷 30.17
衷 34.17
衷 35.3
衷 35.17
繆 23.68
經 59.2
經 65.19

十 30.10
十 31.20
十 59.58
十 62.54
稱 2.17
老乙 2.17
老乙 2.29
老乙 56.2
相 3.13
相 21.65

相 48.20
相 64.3

剸

戰 48.14
戰 209.6
衷 34.55
稱 2.50

《說文》或體。

縣

陽甲 29.16
脈 11.3
方 120.6
方 276.17
養 193.17
春 36.21
戰 101.32
戰 126.10
戰 136.7

戰 141.12
戰 162.5
戰 168.33
戰 172.36
戰 257.7
戰 259.5
戰 286.16
戰 286.20
刑甲 57.3
遣三 204.2

府 17.11
相 14.36
相 17.35
相 18.50
相 64.39
相 70.50

縣

方 129.7
養 77.20
刑乙 96.54
相 68.31

「縣」字異體，帛書中或用來表示「縣」。馬王堆簡帛中「縣」、「縣」二字或共用字形，二者尚未徹底分化。卷十二系部重見。

須

陰甲祭一 A16L.29
陰甲祭一 B03L.2
陰甲祭一 B11L.3
陰甲祭一 B12L.2
方 167.9
方 233.3
方 242.10
養 61.18
養 74.19
養 208.3

戰 132.30
刑丙天 5.32
經 20.6
十 25.31
星 41.43

弱

足 20.7
方目 2.37
方目 2.41
方 71.9
方 90.14
方 102.9
方 108.13
方 174.11
方 186.3
方 196.9

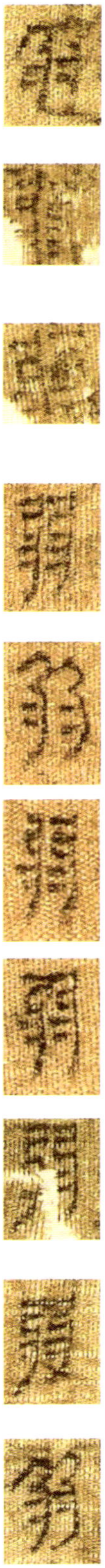

方 205.10
方 261.27
方 277.4
方 347.6
方 361.5
方 363.15
胎 22.27
戰 71.5
戰 125.1
戰 151.13

戰 178.22
戰 270.17
戰 316.10
老甲 12.5
老甲 84.2
老甲 85.3
老甲 85.26
老甲 166.28
老甲 167.25
明 1.26

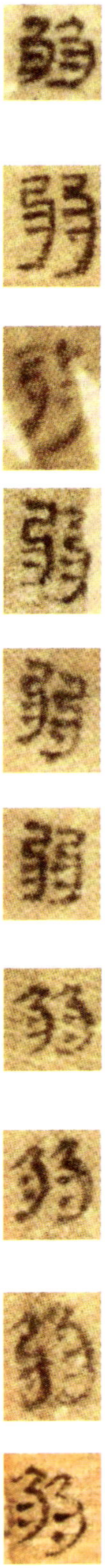

文

明 27.4
明 41.13
明 44.1
問 61.23
衷 24.30
繆 55.39
經 42.15
經 45.21
經 45.34
經 54.26

經 59.31
十 62.16
稱 12.27
稱 14.49
道 4.8
老乙 17.11
老乙 40.3
老乙 40.32
老乙 40.53
老乙 42.17

老乙 46.54
老乙 77.14
老乙 77.41
星 67.23
刑乙 42.22
相 4.72
相 16.6

陰甲祭一 A06L.10
陰甲·殘 211.8
春 92.12
春 92.22
戰 275.18
戰 278.5
老甲 127.19
五 119.4
五 163.9
五 163.22

五 176.17
五 176.30
陰乙文武 12.1
問 75.23
問 77.15
問 83.15
問 89.26
遣一 292.2
牌一 48.1
二 6.53

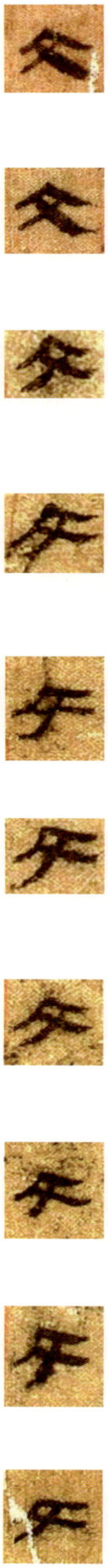

二 7.30
二 7.46
繫 6.32
繫 32.73
衷 24.66
衷 25.14
衷 25.43
衷 26.53
衷 26.63
衷 28.5

衷 28.39
衷 29.42
衷 34.45
衷 36.51
衷 37.12
衷 38.48
衷 39.5
衷 39.30
衷 42.10
衷 42.28

衷 42.62
衷 43.9
衷 43.11
衷 44.23
要 15.65
要 16.15
繆 6.3
繆 18.21
繆 60.16
繆 61.25

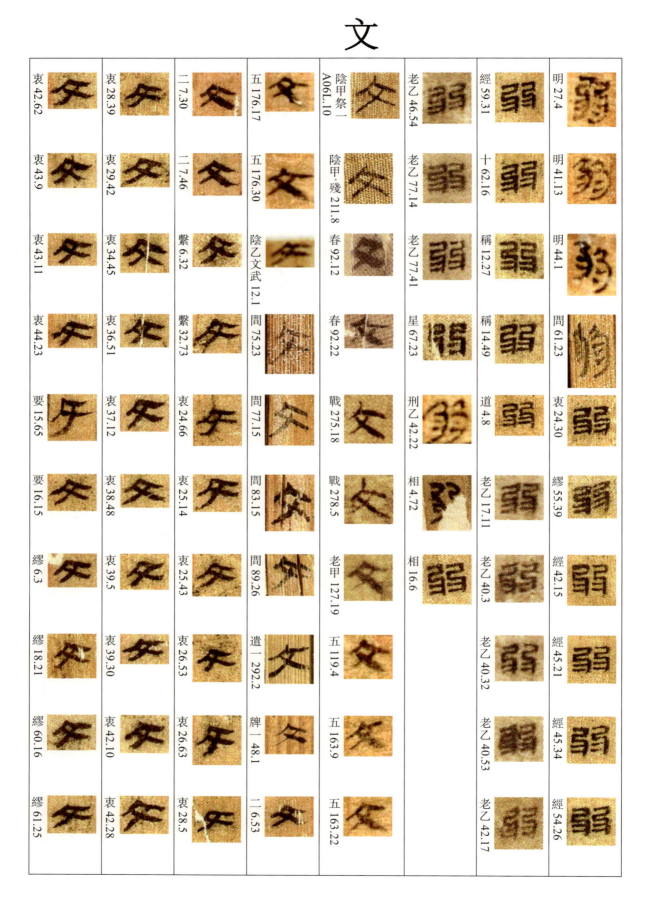

契*

昭 6.3　經 19.23　經 22.26　經 30.20　經 37.30　經 38.12　經 44.58　經 44.69　老乙 15.27　老乙 60.18

「契」字訛體，卷十大部重見。

髮

⿰長犮

陽甲 32.2　方 8.8　方 11.7　遣三 393.1　周·殘上 10.2

⿰長犬

養 137.2　陽乙 14.4　問 6.2　十 27.50

鬊

⿰長差

繆 62.20

从「差」省聲。

⿰長左

五 16.4　五 16.25　五 57.6　五 57.18　五 87.22　五 138.29　五 140.6　問 50.2　周 59.62

周 69.42　周 69.66　稱 18.17　稱 18.42

鬄

⿰長易

周 71.6

鬀

⿰镸弟

木 59.6

鬐

⿰镸耆

方 338.20
方 352.6

后

陰甲堪法 6.25
方 422.12
養 174.1
春 53.27
春 57.17
春 82.9
戰 125.11
戰 145.17
戰 149.7
戰 186.20

戰 186.36
戰 187.12
戰 187.20
戰 188.14
戰 191.3
戰 192.10
戰 193.27
戰 194.26
戰 195.35
戰 199.34

戰 199.36
戰 324.13
老甲 3.2
老甲 3.7
五 15.23
九 9.28
九 10.35
九 24.10
九 25.27
九 26.30

九 34.19
九 41.12
九 44.5
九 48.11
九 51.6
九 51.29
明 38.6
明 38.13
德 12.13
氣 7.108

刑甲 5.18
問 73.3
問 77.19
合 9.9
衷 25.13
衷 25.25
衷 48.29
要 11.55
要 11.60
要 16.23

繆 30.1
昭 5.51
昭 7.32
經 1.40
經 9.10
經 17.35
經 53.43
十 13.57
十 14.27
十 15.17

十 15.35　十 15.39　十 16.8　十 16.44　十 35.7　道 4.42　道 6.68　老乙 1.65　星 29.10　星 119.11

星 129.25　刑乙 64.35　刑乙 69.55　相 13.40

司

陰甲上朔 5.25　陰甲上朔 5.31　陰甲祭一 A03L.10　陰甲雜三 1.15　陰甲雜三 4.27　陰甲堪表 7.3　胎 13.1　春 78.19　春 86.14　戰 119.21

老甲 81.7　老甲 81.12　老甲 92.2　刑甲 16.30　刑甲 17.14　刑甲 19.24　刑甲 20.42　刑甲 23.33　刑甲 30.1　刑甲 31.20

刑甲 98.4　刑甲 98.8　刑甲 98.12　刑甲 109.21　刑甲 110.7　刑甲 133.10　刑丙天 1.12　刑丙天 10.37　木 26.14　談 17.34

箭 7.1　箭 8.1　繆 57.25　十 14.59　十 23.26　老乙 38.56　老乙 38.61　老乙 43.27　星 1.23　星 12.25

星 13.14　星 14.14　星 30.21　星 37.46　星 39.19　星 75.3　刑乙 21.5　刑乙 21.9　刑乙 21.13　刑乙 30.20

卮

刑乙 49.3
刑乙 71.31
刑乙 71.56
刑乙 73.21
刑乙 74.21
刑乙 76.34
刑乙 82.6
刑乙小游 1.140

遣一 179.4
遣一 180.5
遣一 181.4
遣一 182.5
遣一 183.6
遣三 252.5
遣三 253.5
遣三 254.4
遣三 255.4
相 16.44

相 67.24

令

方 3.4
方 12.2
方 14.2
方 23.2
方 25.2
方 25.13
方 29.12
方 30.19
方 47.8
方 55.19

方 58.9
方 64.5
方 64.13
方 64.18
方 80.7
方 93.8
方 95.9
方 103.2
方 103.7
方 105.30

方 116.21
方 128.16
方 131.5
方 147.5
方 172.22
方 180.4
方 187.22
方 188.12
方 190.20
方 191.17

方 193.9
方 207.21
方 209.12
方 209.18
方 211.2
方 213.28
方 216.5
方 219.6
方 219.14
方 221.13

方 222.14
方 223.2
方 228.22
方 230.6
方 230.17
方 235.13
方 237.9
方 245.9
方 260.24
方 265.12

方 266.28
方 267.21
方 271.10
方 279.17
方 279.27
方 280.19
方 281.20
方 281.25
方 282.2
方 295.1
方 296.6
方 302.15
方 307.3
方 307.19
方 317.12
方 319.14
方 330.25
方 348.13
方 354.20
方 368.13
方 377.2
方 393.12
方 401.7
方 409.16
方 411.16
方 412.21
方 419.18
方 420.7
方 426.28
方 428.8
方 440.4
方 448.28
方 449.8
方 451.17
方 457.9
方 460.12
方 474.2
方 478.8
方 480.19
養 36.4
養 48.5
養 49.10
養 50.7
養 61.13
養 66.26
養 75.10
養 76.5
養 78.5
養 78.13
養 80.11
養 86.14
養 87.19
養 90.22
養 91.21
養 112.22
養 118.7
養 123.9
養 126.5
養 128.5
養 129.23
養 145.11
養 152.18
養 153.21
養 156.13
養 162.7
養·殘 33.2
養·殘 101.6
養·殘 165.2
房 10.5
房 12.13
房 14.23
房 41.20
房 42.6
射 5.3
射 11.11
胎 16.5
胎 20.11
胎 20.24
胎 34.2
春 20.23

春 21.17
春 24.9
春 25.8
春 28.17
春 39.5
春 67.15
戰 3.11
戰 47.28
戰 59.32
戰 61.21

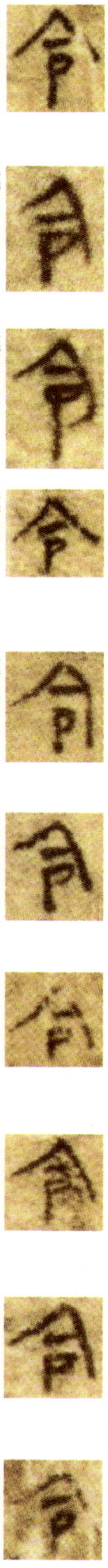

戰 64.36
戰 66.11
戰 84.10
戰 97.18
戰 104.20
戰 105.30
戰 105.36
戰 112.10
戰 115.24
戰 122.1

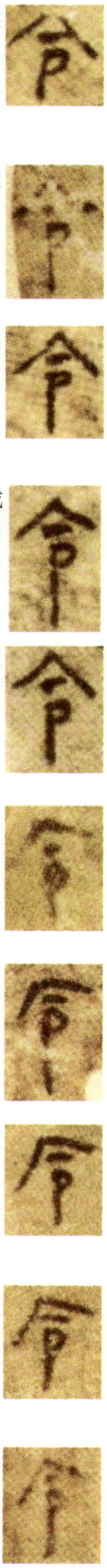

戰 187.29
戰 191.30
戰 198.34
戰 218.27
戰 233.17
戰 243.11
戰 246.14
戰 252.24
戰 278.16
戰 287.13

戰 287.21
戰 288.12
戰 315.3
戰 318.30
戰 319.19
老甲 127.24
九 4.19
九 40.6
明 12.14
明 18.3

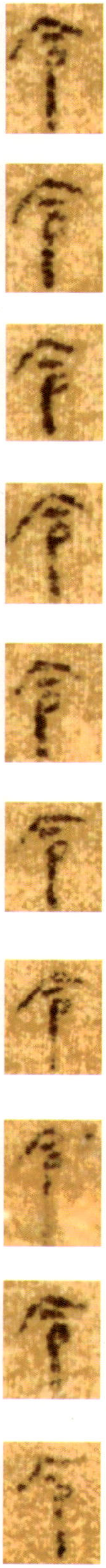

刑甲 50.13
刑甲 50.20
刑甲 51.1
刑甲 51.8
刑甲 51.15
刑甲 51.19
刑甲 52.18
刑甲 52.29
刑甲 53.11
刑甲 53.22

刑甲 54.4
陰乙大游 2.11
合 16.13
談 15.18
談 24.1
要 23.58
繆 15.42
繆 16.61
繆 32.6
繆 47.5

繆 68.19
昭 6.6
經 15.1
經 15.39
經 16.36
經 17.16
經 17.42
經 20.36
經 22.36
經 22.44

經 24.20
經 32.27
經 34.27
經 34.56
經 52.69
經 58.10
經 63.27
經 63.34
十 24.8
十 47.51

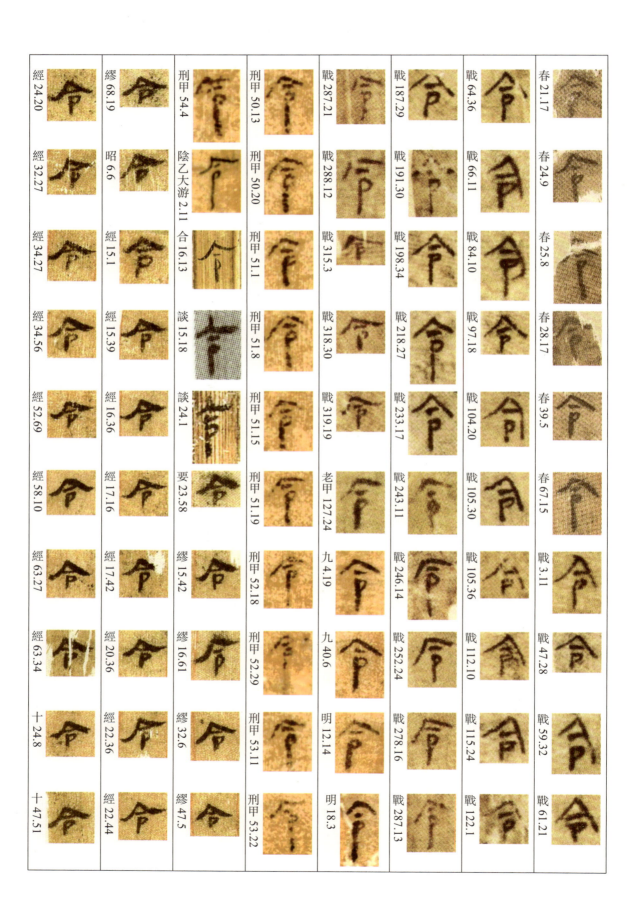

十 49.33
稱 3.49
稱 12.26
稱 17.42
老乙 60.22
老乙 74.11
刑乙 39.14
刑乙 93.14
刑乙 93.28
刑乙 93.42

刑乙 93.46
刑乙 94.11
刑乙 94.21
刑乙 94.31
刑乙 94.42
刑乙 94.53
相 18.57
相 22.9
相 67.38
相 70.66

相 75.3

厀

足 5.16
足 7.15
足 16.21
陽甲 13.6
方 352.4
陽乙 4.13
養 149.11

卷

候 3.29
方 283.6
方 360.30
養 77.6
春 50.18
明 15.22
明 16.5
明 28.10
遣一 161.2
牌一 45.2

遣三 131.2
遣三 172.2
牌三 2.2
繆 29.61
相 5.35

卻

足 1.16
陽乙 1.7
春 82.7
刑甲 17.7
問 11.11
問 96.11
稱 15.57
刑乙 71.49

⿰月谷

陽乙 2.35
足 3.10
陽甲 4.10
陽甲 28.13
脈 3.24

䐣

足 13.15

印

陽甲 26.4
方 88.4
老甲 86.5
刑甲 36.6
談 22.15
談 24.19
遣一 225.6
遣一 251.4
遣一 278.3
繫 32.57
老乙 40.65
刑乙 84.16
相 21.37

色

陽乙 12.34
養 36.8
養 206.22
養·殘 8.3
養·殘 77.5
房 42.27
春 75.7
戰 191.5
老甲 111.20
五 13.6
五 21.29
五 80.4
五 102.16
五 103.15
五 104.18
五 105.17
五 110.14
五 113.12
五 148.20
五 150.11
五 154.8
五 164.2
五 171.5
五 173.19
明 39.25
刑甲 6.15
問 8.14
問 9.12
問 10.16
問 101.6
談 29.35
二 22.15
繆 13.31
老乙 52.42
星 52.41
星 54.39
星 60.35
星 61.21
星 67.9
刑乙 65.3
刑乙 80.10
相 3.3
相 7.28
相 21.31
相 48.10
相 75.29

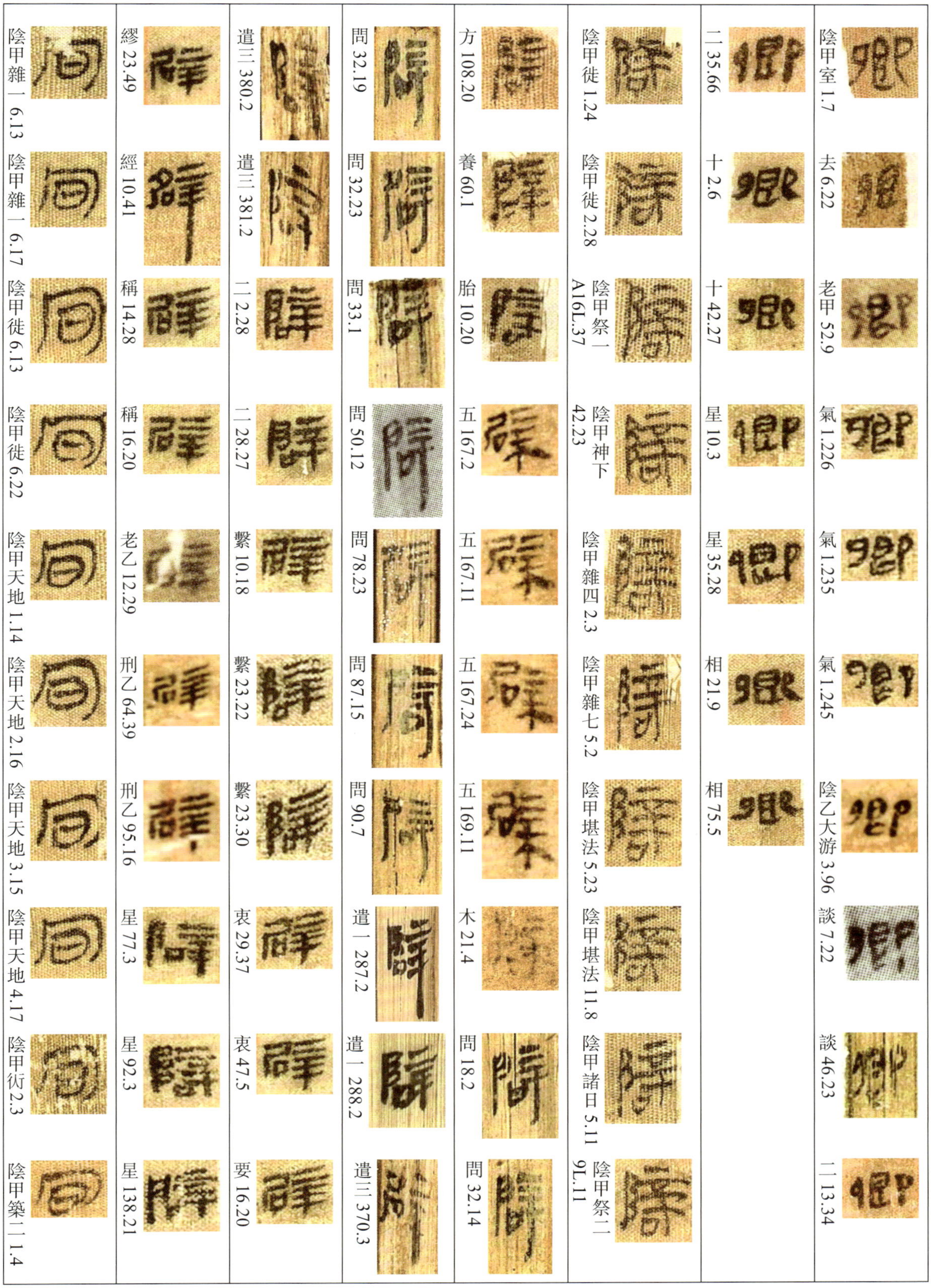

卿

陰甲室1.7
去6.22
老甲52.9
氣1.226
氣1.235
氣1.245
陰乙大游3.96
談7.22
談46.23
二13.34
二35.66
十2.6
十42.27
星10.3
星35.28
相21.9
相75.5

辟

陰甲徙1.24
陰甲徙2.28
陰甲祭一A16L.37
陰甲神下42.23
陰甲雜四2.3
陰甲雜七5.2
陰甲堪法5.23
陰甲堪法11.8
陰甲諸日5.11
陰甲祭二9L.11
方108.20
養60.1
胎10.20
五167.2
五167.11
五167.24
五169.11
木21.4
問18.2
問32.14
問32.19
問32.23
問33.1
問50.12
問78.23
問87.15
問90.7
遣一287.2
遣一288.2
遣三370.3
遣三380.2
遣三381.2
二2.28
二28.27
繫10.18
繫23.22
繫23.30
衷29.37
衷47.5
要16.20
繆23.49
經10.41
稱14.28
稱16.20
老乙12.29
刑乙64.39
刑乙95.16
星77.3
星92.3
星138.21

旬

陰甲雜一6.13
陰甲雜一6.17
陰甲徙6.13
陰甲徙6.22
陰甲天地1.14
陰甲天地2.16
陰甲天地3.15
陰甲天地4.17
陰甲衍2.3
陰甲築二1.4

陰甲築二 2.4　陰甲築二 3.4　陰甲築二 4.19　陰甲築二 5.4　陰甲築二 7.4　陰甲築二 7.20　陰甲築二 8.4　陰甲築二 8.18　陰甲築二 9.16　陰甲築二 9.24

陰甲築二 10.14　陰甲堪法 13.14　陰甲祭三 4.3　陰甲祭三 4.27　陰甲祭三 5.23　陰甲祭三 6.12　陰甲祭三 6.18　陰甲·殘 184.5　陰甲·殘 282.12　陰甲·殘 332.10

陰甲·殘 334.2　方 232.17　去 1.16　養 66.6　養 114.15　戰 239.12　氣 4.128　刑甲 5.26　刑甲 16.15　刑甲 23.5

刑甲 24.36　刑甲 25.39　刑甲 26.8　刑甲 31.13　刑甲 31.17　刑甲 36.29　刑甲 37.5　刑甲 37.10　刑甲 37.15　刑甲 37.20

刑甲 43.20　刑甲 43.29　刑甲 44.4　刑甲 44.13　刑甲 50.11　刑甲 50.18　刑甲 50.25　刑甲 51.6　刑甲 51.13　刑甲 52.22

刑甲 53.4　刑甲 53.15　刑甲 53.26　刑甲 54.7　刑甲 96.10　刑甲 96.20　刑甲 99.12　刑甲 99.14　刑甲 112.9　刑甲 112.22

刑甲 113.1　刑甲 114.17　陰乙大游 3.22　陰乙大游 3.114　陰乙大游 3.119　陰乙上朔 16.4　陰乙天地 1.4　出 3.22　出 23.2　出 23.9

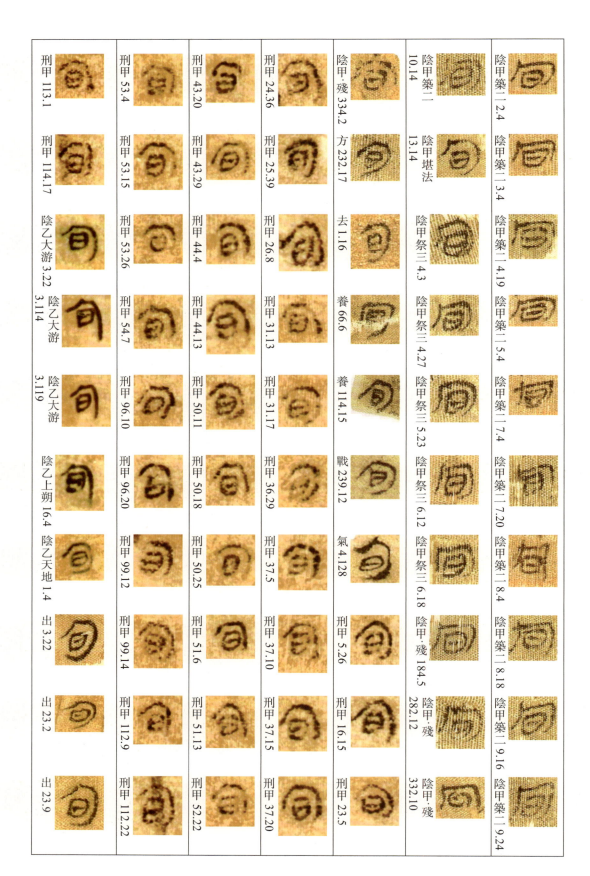

旬

出25.31
周41.20
星45.19
星45.23
星69.5
星69.11
刑乙52.8
刑乙55.11
刑乙55.24
刑乙56.11

刑乙56.23
刑乙58.15
刑乙64.43
刑乙71.16
刑乙76.6
刑乙77.8
刑乙77.47
刑乙77.55
刑乙77.63
刑乙82.3

刑乙89.9
刑乙93.12
刑乙93.19
刑乙93.26
刑乙94.15
刑乙94.25
刑乙94.57

匈

匑

養144.7

脳

陽甲35.6

《說文》或體。

胸

陽乙17.28

冢

刑甲110.14
刑乙31.17

包

房40.4
房40.8
房40.26
房41.17
胎17.5
胎19.5
胎33.20
戰230.16
氣8.97
太1.16

敬

鬼

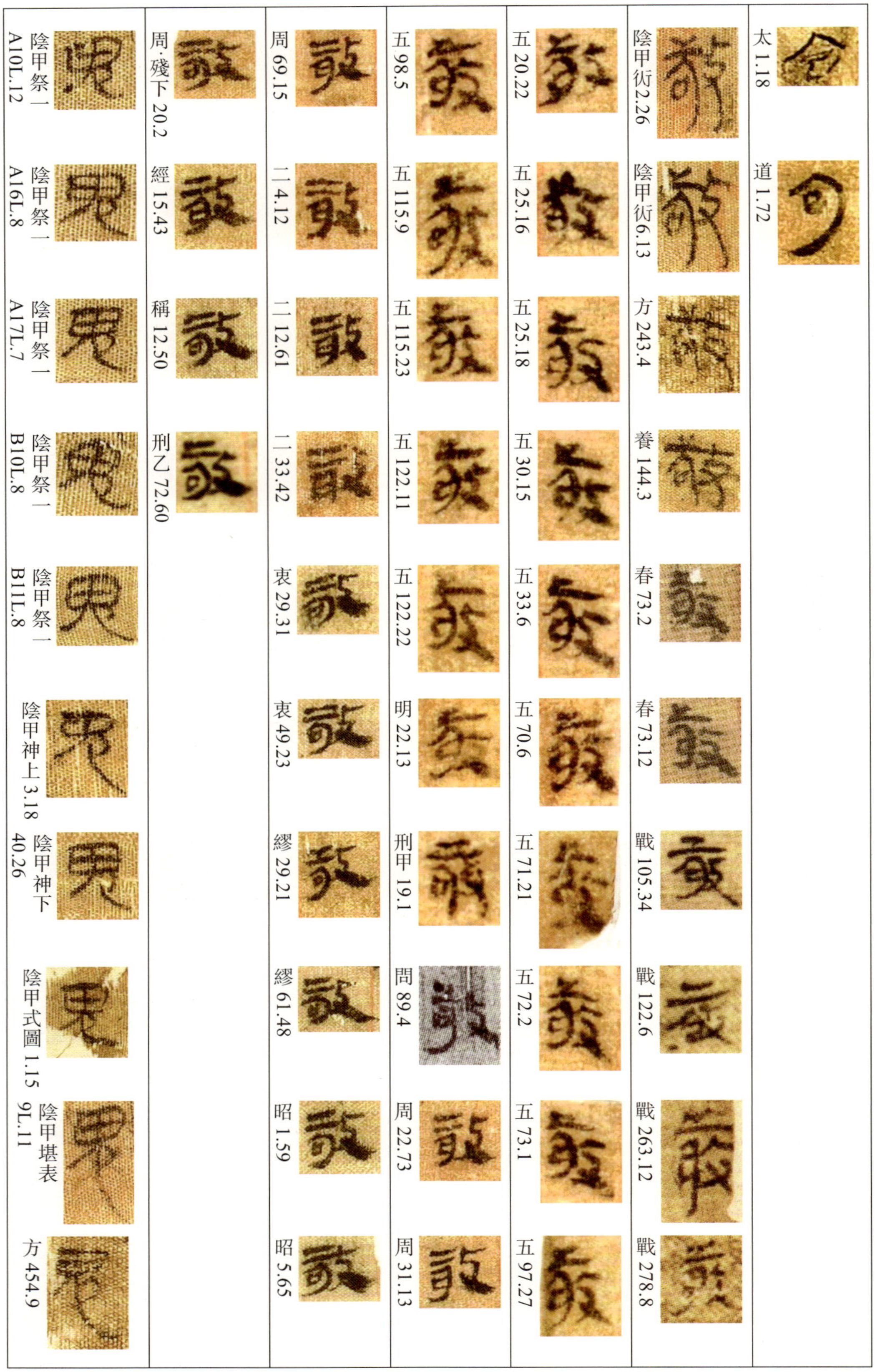
太 1.18
道 1.72
陰甲術2.26
陰甲術6.13
方 243.4
養 144.3
春 73.2
春 73.12
戰 105.34
戰 122.6
戰 263.12
戰 278.8
五 20.22
五 25.16
五 25.18
五 30.15
五 33.6
五 70.6
五 71.21
五 72.2
五 73.1
五 97.27
五 98.5
五 115.9
五 115.23
五 122.11
五 122.22
明 22.13
刑甲 19.1
問 89.4
周 22.73
周 31.13
周 69.15
二 4.12
二 12.61
二 33.42
衷 29.31
衷 49.23
繆 29.21
繆 61.48
昭 1.59
昭 5.65
周·殘下 20.2
經 15.43
稱 12.50
刑乙 72.60
陰甲祭一A10L.12
陰甲祭一A16L.8
陰甲祭一A17L.7
陰甲祭一B10L.8
陰甲祭一B11L.8
陰甲神上3.18
陰甲神下40.26
陰甲式圖1.15
陰甲堪表9L.11
方 454.9

老甲 47.6

老甲 47.11

刑甲 58.14

刑丙傳 16.8

刑丙傳勝圖 1.14

陰乙傳勝圖 1.42

出 28.36

周 26.38

周 76.3

二 26.60

繫 6.66

繫 45.52

繆 47.21

繆 67.45

繆 67.50

十 52.69

十 57.13

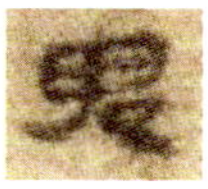
老乙 22.15

星 137.14

星 138.6

刑乙 97.33

魂

繫 6.61

魄

袥

老乙 58.1

祔

老乙 50.63

魁

方 453.6

方 453.8

方 455.9

魃

方目 4.4

「魃」字訛體，「支」旁訛作「攴」形。

醜

戰 132.16

魋

繫 31.44　繫 45.1

聭*

戰 34.4　戰 205.21

从鬼耳聲，帛書中「聭」皆用爲「恥」。

畏

春 32.14　春 33.15　春 58.9　春 67.24　春 95.21　戰 124.11　戰 168.21　戰 184.16　老甲 81.2　老甲 124.18

五 24.2　五 68.21　五 173.14　刑甲 9.22　刑甲 15.7　二 6.16　繫 42.32　衷 3.39　衷 6.18　衷 6.34

經 15.42　十 2.29　十 2.41　老乙 15.8　老乙 36.52　老乙 38.32　老乙 38.51　老乙 60.59　老乙 60.65　刑乙 66.37

禺

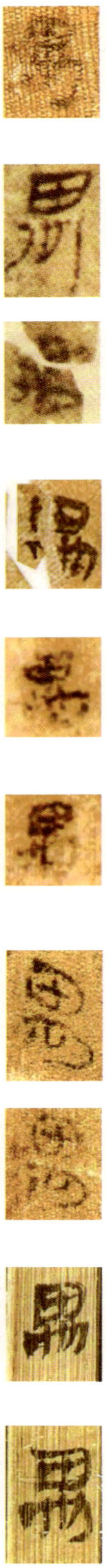

方 76.2　戰 204.5　老甲 130.11　氣 3.21　刑甲 103.15　刑甲 104.3　木 51.10　木 70.4　遣一 17.3　遣一 21.2

竹一 4.3　遣三 60.3　遣三 64.3　遣三 196.2　周 41.15　周 41.69　十 17.59　十 27.25　老乙 5.39　星 61.14

厶

老乙60.32

羑

誘

九14.1　衷4.6　衷8.17　衷9.10

《說文》或體。

巍

魏

春29.4　戰132.23　戰132.38　戰133.3　戰135.34　戰139.5　戰141.7　戰143.25　戰144.16

戰145.3　戰146.2　戰147.25　戰151.22　戰157.6　戰160.32　戰167.5　戰167.35　戰168.18　戰168.20

戰168.22　戰168.28　戰168.31　戰168.35　戰179.25　戰180.17　戰180.21　戰185.13　戰218.32　戰219.22

戰226.14　戰227.21　戰229.9　戰233.28　戰236.30　戰238.6　戰239.14　戰240.15　戰241.20　戰245.18

戰247.13　戰252.7　戰252.9　戰252.25　戰253.5　戰253.13　戰254.21　戰323.13　五165.4　刑甲56.27

刑甲57.7　繆59.31　刑乙96.45　刑乙96.51　刑乙97.3　星73.43

巍

氣1.22

崣

春29.19

山

方82.9
方379.10
陽乙15.18
養190.6
戰9.18
戰121.15
戰134.37
戰135.18
戰160.12
戰161.32

戰161.34
戰163.1
戰176.13
戰199.1
戰228.12
戰230.33
戰231.15
五167.28
五168.2
氣1.10

刑丙傳勝圖1.16
陰乙刑德34.9
陰乙上朔30.4
陰乙傳勝圖1.44
木32.15
問67.2
合3.1
遣三112.1
箭29.2
箭30.2

箭31.2
箭32.3
箭35.3
箭36.2
周67.8
二14.75
二30.36
衷21.52
要16.67
繆65.45

十17.6
十19.48
十24.52
十27.6
稱12.71
稱13.28
刑乙17.16
相14.47
相15.3
相17.31

相57.2
相61.29
相64.49
相65.22
相68.27

華嶨

戰132.18

《說文》：「崋，山。在弘農華陰。从山、華省聲。」此即「華山」之「華」的專字。

岡

衷47.51　衷51.22　要15.43　相17.36　相34.19　相35.42　相45.12　相68.32

岑

岑

星15.2

巒

十22.5　相16.65　相68.7

密

房42.1　胎11.17　問88.19　談16.26　牌一33.1　遣三147.1　遣三167.2　周36.10　周84.5　衷23.34

經8.48　經56.30　相16.40　相60.56　相67.20

宻

遣一114.1　遣一117.2

改「必」聲爲「米」聲。

崩

崩

氣2.296　氣2.315　氣2.327　衷27.15　衷27.19　衷38.24　衷38.28

崇

⿱高示

春 65.5 
五 75.14 

从高宗省聲，「崇」字異體。

⿱亠⿱口⿱冖示

明 19.4 
繫 10.60 
繫 10.67 
繫 11.1 
繆 40.56 

崔

⿱山唯

五 57.26 

从山唯聲，「崔」字異體，帛書中用爲「衰絰」之「衰」。

岐

《說文》「郊」字或體，詳見卷六邑部。

⿱委山*

「巍」字異體，本卷嵬部重見。

崖

相 9.21 
相 16.20 
相 57.11 
相 57.59 

府

問 32.8 
問 37.20 
合 27.14 
繫 32.63 
要 23.20 

廱

方 377.3 
養 61.6 
養 61.11 
五 71.14 
陰乙·殘 1.1 
問 12.25 
問 92.21 
經 64.2 
經 64.13 

庭

二 34.5

㾡

陰甲室 5.26

廡

陰甲室 1.15

方 223.10

庫

氣 2.283

十 49.62

廏

經 17.19

經 30.22

經 74.36

經 75.10

稱 12.19

序

方 217.24

二 34.18

二 35.17

衷 37.15

繆 57.50

繆 58.19

序

周 10.66

「序」字訛體，「予」旁訛作「矛」形。

廣

方 171.15

方 279.18

老甲 69.3

五 75.18

明 19.10

明 43.22

明 44.24

明 45.23

明 47.2

刑丙天 7.8

問 3.8
遺一 208.11
遺一 209.11
遺一 210.6
遺一 251.17
遺一 287.5
遺三 278.3
遺三 281.5
遺三 282.5
遺三 366.16

遺三 380.5
物 3.38
府 5.2
府 6.2
府 13.2
府 18.30
二 6.43
二 6.68
二 7.16
繫 9.36

繫 10.21
繫 10.24
繫 10.63
衷 36.14
繆 36.58
昭 13.28
經 30.11
十 2.21
十 58.36
十 58.47

十 62.44
稱 5.62
道 3.21
道 6.28
老乙 5.25
老乙 33.23
老乙 33.46
相 5.27
相 52.36
相 57.31

庚

明 28.22

廁

養 202.9
五 171.27
五 172.12
五 172.28
五 173.4
談 38.30
談 41.20
星 35.5
星 35.10
星 47.31

塵

陰甲衍 4.38

廉

陽甲 9.9
陽甲 10.1
陽甲 18.14
陽甲 20.25
陽甲 36.18
陽乙 3.9
陽乙 5.7
陽乙 9.12
陽乙 10.13
陽乙 10.16

龐　底　庢　庳

陽乙10.22

陽乙11.40

陽乙14.31

陽乙15.3

陽乙16.34

養173.2

戰51.1

戰202.33

刑丙天12.1

相23.16

相23.40

相23.43

相25.54

相26.19

相26.59

相26.62

相27.20

𤸷

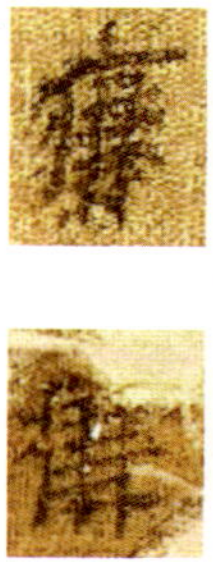

方259.7

陽乙4.35

龐

老甲156.13

底

昭4.43

庢

箭88.1

庳

陰甲室10.5

陰甲堪表9.5

陰甲堪表4L.2

陰甲堪表4L.10

陰甲堪表4L.14

陰甲堪表4L.18

房25.15

春49.10

春51.22

繫1.5

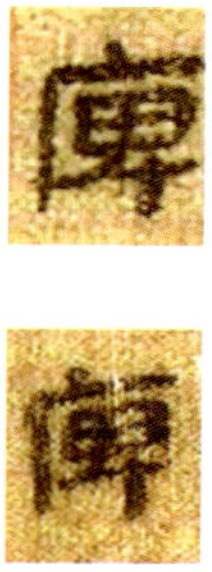

繫1.10

相28.5

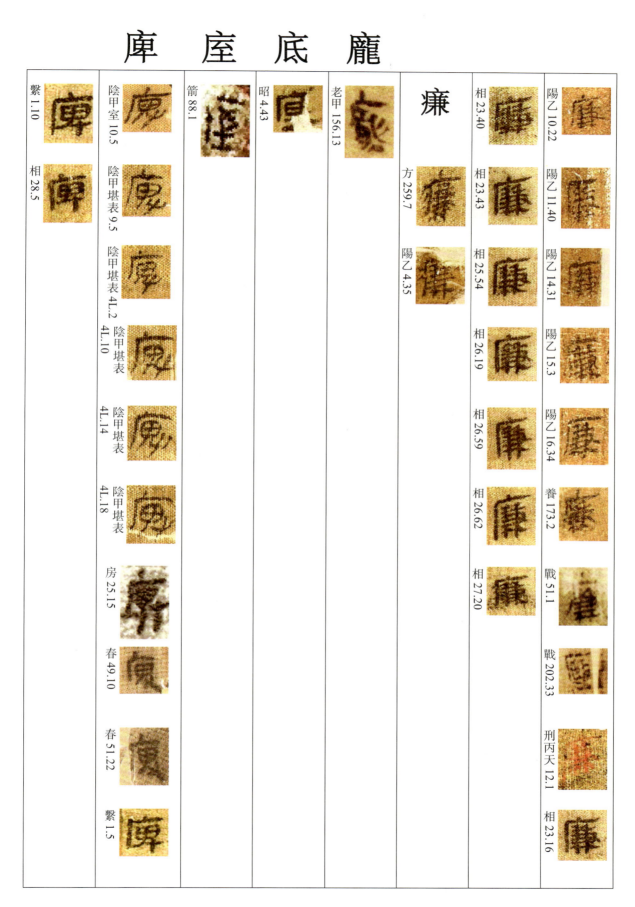

庶

陰甲·殘 10.10　方 360.13　周 71.9　二 13.24　稱 6.42

炻

方 379.25

庤

方 266.3

庢

庳

戰 34.8　戰 38.34

秦漢文字「隹」旁多作「隼」形，「庳」應即「庢」字異體，帛書中用爲人名。

廢

足 3.7　足 7.8　足 11.7　足 17.7　戰 233.16　老甲 125.21　刑甲 88.10　刑甲 93.11　問 53.1　問 69.11

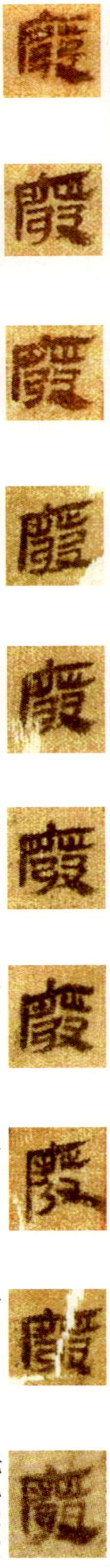

周 15.24　衷 31.17　要 19.12　經 1.33　經 12.45　經 39.23　經 58.9　經 75.63　十 51.10　老乙 59.24

廟

戰 259.19　問 75.2　周 59.6　周 90.7　經 11.16

斥 庍

合 15.14　相 4.1　相 4.5　相 10.33　相 10.40　相 10.46　相 30.68　相 31.43　相 31.64　相 36.45

相 49.32

相 49.42

相 49.44

相 59.29

廖

陰乙刑日 4.5

⿸广丙*

「病」字異體，卷七疒部重見。

庮*

「痏」字訛體，卷七疒部重見。

⿸广夅*

「⿸疒夅」字異體，卷七疒部重見。

⿸广甬*

「痛」字異體，卷七疒部重見。

⿸广昔*

「厝」字異體，本卷厂部重見。

⿸广虐*

「瘧」字異體，卷七疒部重見。

⿸广欮*

「厥」字異體，本卷厂部重見。

⿸广真*

「瘨」字異體，卷七疒部重見。

⿸广能*

「厭」字訛體，本卷厂部重見。

⿸广敢*

「⿸厂敢」字異體，本卷厂部重見。

⿸广萬*

「厲」字異體，本卷厂部重見。

⿸广猒*

「厭」字異體，本卷厂部重見。

廩

《說文》「㐭」字或體，詳見卷五㐭部。

⿸厂敢

⿸广敢

五72.7

二28.48

厥 厲 厝 厭

厥

方184.17 陽乙2.10 陽乙15.38 陽乙17.15 氣7.12 問30.12 十38.5 十39.1

厲

養113.13 戰115.12 氣6.232 木24.15 周1.37 周3.12 周4.66 周5.58 周20.29

周26.82 周33.33 周35.73 周57.10 周71.56 周72.16 周75.62 周79.54 二10.8 二16.71

衷26.20 衷33.18 繆53.7 昭8.63

癘

老乙16.64

《說文》或體作「蠆」。

厝

衷21.65

厭

方12.14 方123.20 養12.7 養·殘63.9 射19.24 戰136.21 衷46.15 刑乙71.46 相15.30

相15.37 相17.3 相19.22 相19.26 相19.30 相19.34 相62.66 相65.46 相65.53 相66.8

危　丸

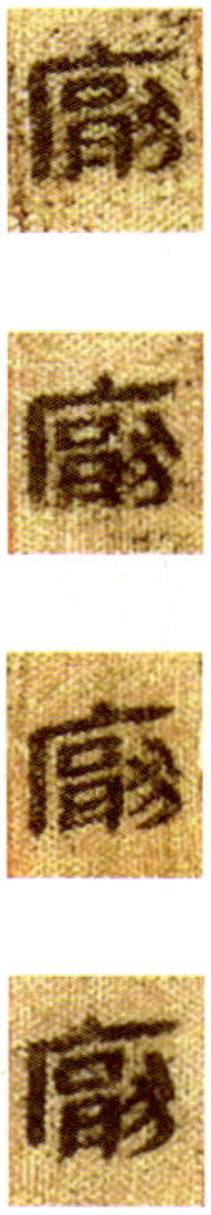

相72.31　相72.35　相72.39　相72.43

⿸广⿰丬犬

五98.16

⿸广能

相62.51

「厭」字訛體，「猒」旁訛作「能」形。

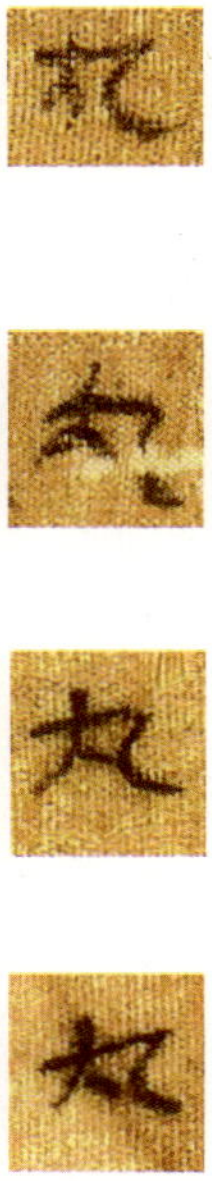

方421.23　養45.25　房9.20　房20.32

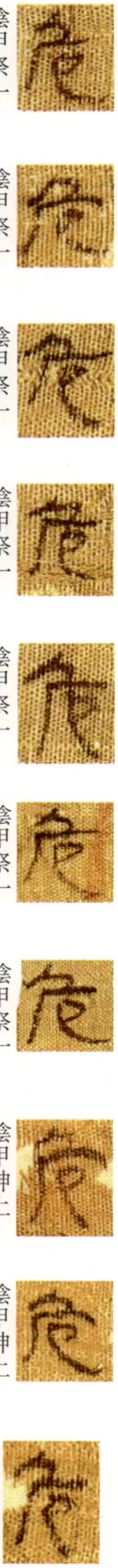

陰甲祭一A08L.6　陰甲祭一A13L.1　陰甲祭一A14L.5　陰甲祭一A15L.5　陰甲祭一A16L.32　陰甲祭一B05L.2　陰甲祭一B13L.5　陰甲神上12.13　陰甲神上16.10　陰甲神上17.6

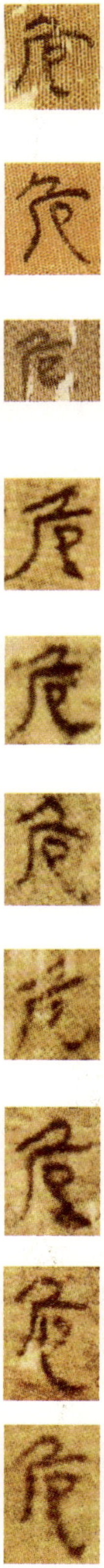

陰甲室2.3　陰甲室10.10　春33.21　戰34.27　戰157.33　戰159.14　戰222.3　戰222.13　戰248.17　戰285.9

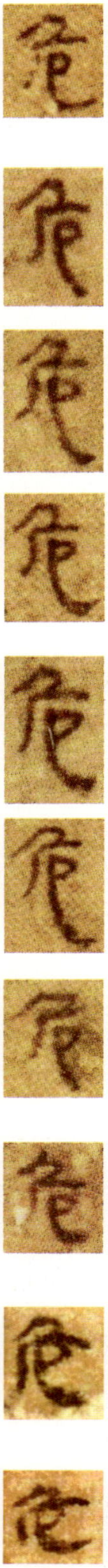

戰289.22　戰290.9　戰291.4　戰291.20　戰292.9　戰293.19　戰310.6　戰316.6　九3.6　九34.23

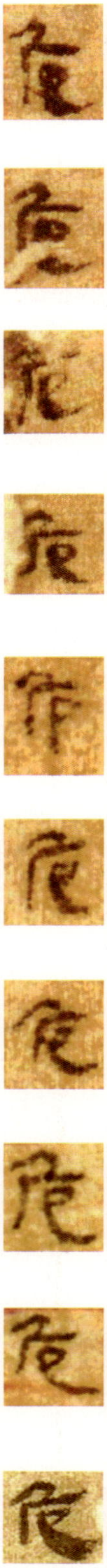

九45.12　九45.16　九46.4　明9.20　刑甲41.3　刑甲45.11　刑甲56.6　陰乙玄戈8.14　陰乙玄戈10.5　繫41.12

石

繫41.16　衷19.6　衷49.55　衷51.21　要9.25　要12.5　昭6.50　經11.36　經12.1　經14.24

經25.30　經25.61　經35.15　經39.4　經39.8　經53.18　經57.60　經61.23　經61.29　經61.51

經62.28　經77.40　經77.53　十57.65　稱3.4　稱4.39　稱17.68　稱18.1　稱18.9　稱18.13

稱20.12　星119.2　刑乙87.9　刑乙95.7　相19.18　相23.9　相23.28　相23.31　相24.25　相72.27

卫

陰甲堪法4.14

楚文字寫法的「危」字。

陰甲神上22.21　方22.3　方56.7　方177.8　方198.2　方198.7　方199.5　方260.9　方283.3　方283.22

方340.14　方480.9　去1.6　養141.4　養146.12　養146.16　養173.7　養176.8　養203.4　養221.15

房16.6　房18.11　房22.8　房24.6　房·殘5.1　刑甲111.25　刑丙地4.6　陰乙上朔34.25　遺一142.4　遺一143.4

磿　礫　礐

遺一144.5
遺一145.6
遺一146.3
遺一147.6
遺一147.10
遺一151.4
遺一152.8
遺一161.4
竹一15.6
遺三131.4

遺三173.6
遺三174.6
遺三175.4
遺三176.4
遺三177.4
遺三178.3
遺三179.3
遺三180.4
遺三184.9
遺三184.12

遺三390.1
地26.1
箭99.1
箭99.8
周12.57
周24.49
周34.19
周62.55
繫43.58
衷38.34

經5.18
經43.10
刑乙54.21
相57.12

方60.7
方357.16
方360.3
方423.11

刑甲111.24
刑乙54.20

磨

方351.4
刑丙地4.5

磿

十2.9
十35.9

「磿」或訛作「磨」形。

磬　破　　　　　　礳　砭

殸

十63.69
《說文》籀文。

破

方215.2　春79.4　戰56.28　戰103.33　戰109.21　戰122.18　戰129.31　戰169.28　戰171.26　戰178.17

戰215.3　戰216.14　戰305.1　九6.7　九30.10　九48.29　九50.4　九50.13　九圖2.4　氣6.386

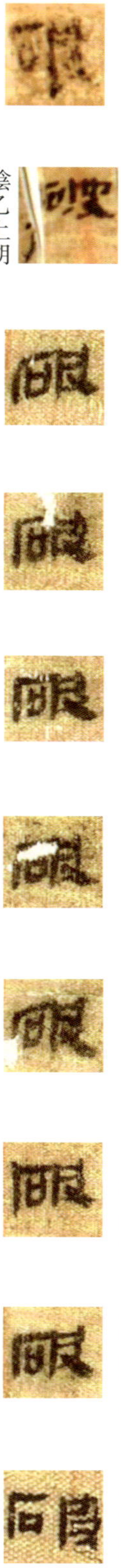
刑甲13.1　陰乙上朔33.20　經11.37　經25.9　經25.38　經26.26　經27.11　經39.9　經54.23　星49.41

星50.16　星50.26　刑乙39.22　刑乙69.15　相1.3　相30.12　相32.33

磨
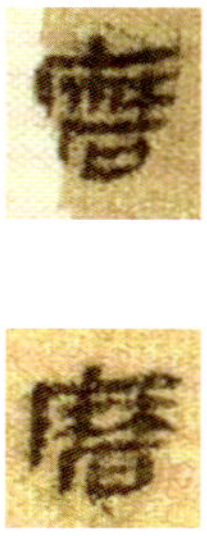
十2.9　十35.9
漢隸「麻」、「厤」二旁多形近訛混，此二例「磨」字皆是「磿」之訛，本卷「磿」字下重見。

⿰石巳

方234.11

⿱乏石

脈6.5　脈6.9

硌*

老乙 4.35

碰*

老乙 70.37

磐*

問 60.3

長

陰甲雜七 2.3
方 17.12
方 68.7
方 73.4
方 189.6
方 228.14
養 3.10
養 65.13
養 122.10
養 174.12
養 180.6
養 191.2
春 49.3
春 67.22
春 70.26
春 72.2
春 72.17
春 73.15
春 93.29
戰 105.27
戰 132.39
戰 161.17
戰 182.31
戰 187.3
戰 187.30
戰 193.29
戰 194.3
戰 195.24
戰 198.14
戰 199.4
戰 199.18
戰 200.9
戰 202.12
戰 214.31
戰 300.6
老甲 28.22
老甲 29.9
老甲 46.12
老甲 69.15
老甲 95.32
老甲 103.27
老甲 135.14
老甲 137.21
老甲 150.6
五 8.17
五 9.19
五 13.17
五 93.23
五 100.14
五 151.14

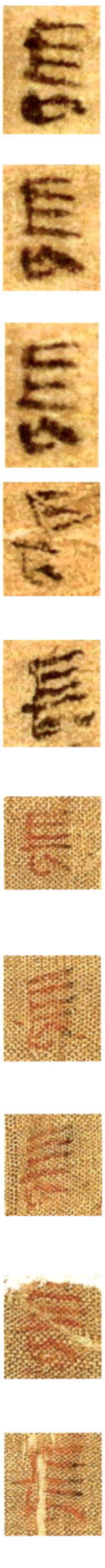
九 12.12
九 28.20
九 28.26
氣 6.38
氣 10.240
刑丙傳 6.9
刑丙傳 8.16
刑丙傳 9.16
刑丙傳 14.9
刑丙傳 15.12

刑丙傳 16.18
刑丙傳 18.10
刑丙傳 18.13
刑丙傳 19.1
刑丙傳 19.5
刑丙傳 19.12
陰乙天一 24.6
陰乙天一 25.1
陰乙女發 1.43
木 3.8

木 5.15
木 11.15
問 1.20
問 17.17
問 19.4
問 22.10
問 25.18
問 27.22
問 28.8
問 35.4

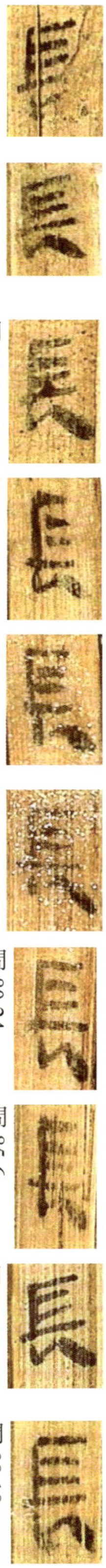
問 36.10
問 37.1
問 37.24
問 55.20
問 56.2
問 62.5
問 80.24
問 85.6
問 95.12
問 98.18

問 100.8
談 28.11
遺一 208.6
遺一 209.6
遺一 210.10
遺一 217.8
遺一 244.4
遺一 255.2
遺一 257.2
遺一 264.2

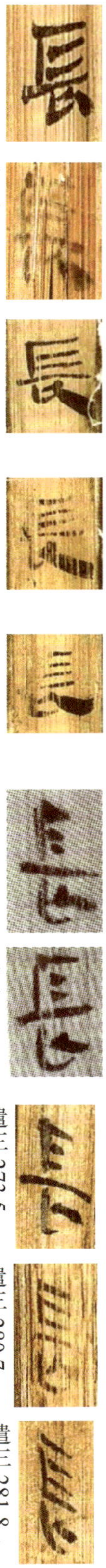
遺一 287.8
竹二 1.5
遺三 11.2
遺三 16.4
遺三 17.5
遺三 220.3
遺三 224.3
遺三 273.5
遺三 280.7
遺三 281.8

遺三 282.10
遺三 305.5
遺三 342.2
遺三 367.4
遺三 380.8
遺三 407.20
遺三 407.42
二 33.73
二 35.74
衷 2.9

衷 30.2
衷 46.23
要 7.8
要 19.58
繆 5.56
繆 19.38
繆 22.29
繆 45.50
繆 47.3
繆 65.16

繆 65.32
昭 2.4
經 7.39
經 42.61
經 44.14
經 45.51
經 73.3
十 8.26
十 45.21
十 45.36

十 53.20
稱 14.48
稱 23.41
老乙 16.14
老乙 21.72
老乙 33.35
老乙 45.18
老乙 48.61
老乙 48.70
老乙 49.8

老乙 50.33
老乙 51.51
老乙 64.36
老乙 69.80
星 12.13
星 14.6
星 15.14
星 37.28
相 2.40
相 5.19

相 7.7
相 12.40
相 13.2
相 13.21
相 16.48
相 16.62
相 17.42
相 18.8
相 18.32
相 20.12

相 21.54
相 23.3
相 23.18
相 26.17
相 26.33
相 26.52
相 27.36
相 27.49
相 30.22
相 32.47

相 41.68
相 50.45
相 52.22
相 52.29
相 52.44
相 62.52
相 63.6
相 67.36
相 68.46
相 68.51

相 69.38
相 69.52
相 70.10
相 71.59
相 72.1
相 76.50

勿

陰甲·殘 10.12
陽甲 27.6
方 31.30
方 103.23
方 107.8
方 117.15
方 353.1
方 388.23
方 397.12
方 406.9

方430.10 方457.8 方·殘1.5 陽乙16.7 養14.13 養49.9 養50.6 養123.8 養166.26 養167.11

養·殘51.1 養·殘144.9 房10.4 房14.22 房43.13 胎3.24 胎29.30 胎34.18 戰120.4 戰125.24

戰127.16 戰137.11 戰195.18 老甲13.23 老甲153.25 老甲156.16 陰乙刑德20.12 陰乙刑德20.14 陰乙大游2.97 出23.57

問1.10 問2.10 問19.23 問20.6 問20.15 問20.23 問21.6 問21.15 問21.24 問22.5

問22.13 問36.14 問46.25 問47.3 問51.26 問55.17 合5.5 合7.23 談9.35 談10.1

談10.3 談23.25 周1.12 周3.13 周8.63 周18.36 周26.30 周26.44 周27.7 周30.18

周34.42 周36.3 周41.7 周50.80 周55.9 周59.40 周71.64 周75.13 周91.57 周93.11

周93.31 二4.73 二5.53 二35.39 繫19.3 繫25.10 衷25.64 衷31.4 衷31.10 要12.42

昜

要22.53　繆40.65　繆41.11　繆62.6　昭13.47　經10.8　經10.42　經57.13　十16.11　十16.17

十23.1　十24.16　十24.57　十25.14　十25.51　十26.13　十30.35　十59.16　十59.25　老乙30.55

老乙71.25　老乙72.38　刑乙45.23　相11.14　相13.48　相13.52　相16.35　相22.8　相61.48　相63.57

相63.65

陰甲堪法4.15　陰甲堪法6.3　方235.2　戰142.4　戰153.10　戰·殘6.3　木9.1　問26.2　問31.1　星16.4

冄

冉

十13.35　十17.18

而

陰甲天一6.22　陰甲天一6.30　陰甲天一7.31　陰甲天一9.21　陰甲天地3.27　陰甲天地3.39　陰甲天地4.35　陰甲女發1.43　陰甲女發2.27　陰甲衍4.22

陰甲雜四4.6　陰甲室3.20　陰甲室3.49　陰甲室6.7　陰甲室7.3　陰甲室7.16　陰甲室7.30　陰甲室10.3　足23.26　足25.27

陽甲 9.12　陽甲 11.14　陽甲 27.2　陽甲 29.6　陽甲 32.7　陽甲 34.18　脈 2.6　脈 3.6　脈 3.17　脈 6.20

脈 11.5　候 2.12　候 3.19　方 4.2　方 23.12　方 23.18　方 24.17　方 24.28　方 30.11　方 34.3

方 34.15　方 41.6　方 45.18　方 46.6　方 46.23　方 50.9　方 50.15　方 51.22　方 51.32　方 54.5

方 54.19　方 55.16　方 61.25　方 62.13　方 64.17　方 64.28　方 66.6　方 66.29　方 68.21　方 68.28

方 69.2　方 77.6　方 82.10　方 82.16　方 82.18　方 83.6　方 84.17　方 92.11　方 93.12　方 94.13

方 112.25　方 113.11　方 113.19　方 116.18　方 121.7　方 122.3　方 123.21　方 124.2　方 127.1　方 128.20

方 132.9　方 135.15　方 141.7　方 170.4　方 172.8　方 181.27　方 183.4　方 185.15　方 188.9　方 190.10

方 192.13　方 194.14　方 195.14　方 197.9　方 198.11　方 200.11　方 202.10　方 213.11　方 220.1　方 220.12

方 222.16	方 227.20	方 231.6	方 232.9	方 233.6	方 235.5	方 236.8	方 240.11	方 241.6	方 252.29
方 253.19	方 256.3	方 258.19	方 261.16	方 263.4	方 264.16	方 265.5	方 266.6	方 266.25	方 272.20
方 274.21	方 275.32	方 276.15	方 279.30	方 280.8	方 280.13	方 281.13	方 282.17	方 298.10	方 310.13
方 319.11	方 330.10	方 331.8	方 335.7	方 339.16	方 345.17	方 345.26	方 346.6	方 349.9	方 358.7
方 359.11	方 360.31	方 366.26	方 367.11	方 367.18	方 368.9	方 371.9	方 378.10	方 380.13	方 387.14
方 389.5	方 400.16	方 402.12	方 404.2	方 404.19	方 405.3	方 405.11	方 405.19	方 419.21	方 422.16
方 425.28	方 426.12	方 426.16	方 444.3	方 444.9	方 444.15	方 447.3	方 447.11	方 449.5	方 449.26
方 451.20	方 452.17	方 454.7	方 458.8	方 461.4	方 462.9	方 463.1	方 466.6	方 477.2	方 488.2

方·殘 1.9
去 1.18
去 1.27
去 2.13
陽乙 4.38
陽乙 6.5
陽乙 12.2
陽乙 14.7
陽乙 17.10
養 5.8

養 5.25
養 6.6
養 14.2
養 30.13
養 33.16
養 49.23
養 54.10
養 58.3
養 61.8
養 62.13

養 63.6
養 75.14
養 76.2
養 77.18
養 79.5
養 79.13
養 90.14
養 93.16
養 109.27
養 110.11

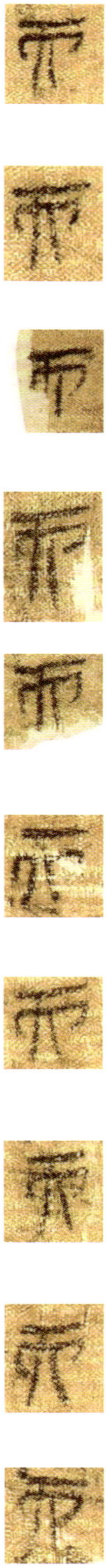

養 110.19
養 111.7
養 129.11
養 132.7
養 167.28
養 178.4
養 199.2
養 200.6
養 207.10
養 216.4

養 217.4
養·殘 4.4
養·殘 57.7
養·殘 139.7
養·殘 176.2
房 6.14
房 19.1
房 21.16
房 23.3
房 45.5

房 52.20
射 13.7
射 14.1
射 14.8
射 19.20
射 21.12
胎 1.15
胎 7.3
胎 11.6
胎 16.10

胎 18.3
胎 18.9
胎 23.11
胎 28.12
春 7.15
春 7.18
春 8.12
春 16.10
春 17.1
春 20.20

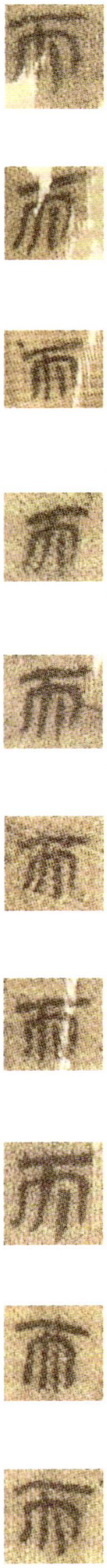

春 25.16
春 33.4
春 38.16
春 42.20
春 45.18
春 46.5
春 50.17
春 55.17
春 56.8
春 58.4

春 59.2
春 60.12
春 70.3
春 75.13
春 75.20
春 75.24
春 75.31
春 78.26
春 83.3
春 83.25

春 86.7
春 93.20
春 97.4
戰 2.9
戰 10.8
戰 13.22
戰 26.20
戰 26.27
戰 27.6
戰 27.14

戰 27.27
戰 32.8
戰 32.20
戰 32.28
戰 36.32
戰 37.26
戰 38.26
戰 39.21
戰 40.26
戰 41.11

戰 44.26
戰 45.2
戰 45.25
戰 45.29
戰 48.1
戰 48.17
戰 54.4
戰 54.28
戰 56.32
戰 57.4

戰 57.43
戰 58.14
戰 59.9
戰 63.27
戰 64.3
戰 66.27
戰 67.2
戰 68.28
戰 68.36
戰 70.34

戰 72.27
戰 74.40
戰 76.32
戰 78.30
戰 87.5
戰 87.13
戰 87.17
戰 90.7
戰 93.18
戰 93.29

戰 95.21
戰 98.36
戰 102.16
戰 104.35
戰 106.9
戰 107.10
戰 107.17
戰 108.16
戰 109.13
戰 109.24

戰 109.39
戰 111.7
戰 115.35
戰 120.1
戰 120.33
戰 120.38
戰 121.9
戰 121.28
戰 122.32
戰 125.37

戰127.4
戰127.27
戰128.1
戰128.28
戰129.8
戰129.22
戰130.19
戰130.32
戰131.41
戰133.24
戰134.19
戰135.3
戰135.15
戰136.13
戰137.19
戰137.24
戰138.29
戰142.24
戰143.7
戰143.32
戰144.20
戰145.15
戰146.17
戰146.26
戰146.32
戰147.7
戰149.10
戰149.22
戰150.4
戰150.18
戰152.16
戰155.16
戰158.8
戰158.39
戰160.19
戰161.11
戰163.2
戰163.8
戰163.27
戰165.10
戰166.13
戰167.6
戰169.37
戰170.2
戰170.34
戰174.4
戰174.11
戰182.22
戰185.36
戰188.17
戰188.21
戰188.25
戰189.30
戰192.32
戰197.36
戰198.2
戰198.5
戰198.18
戰198.30
戰201.8
戰205.38
戰207.26
戰208.19
戰209.11
戰210.5
戰210.17
戰210.33
戰211.23
戰213.36
戰214.3
戰214.12
戰214.19
戰216.34
戰221.7
戰221.19
戰230.15
戰230.34
戰233.20
戰236.21
戰239.26

戰 245.11
戰 255.5
戰 256.27
戰 258.14
戰 259.21
戰 268.26
戰 272.7
戰 272.30
戰 273.13
戰 274.22
戰 279.6
戰 290.17
戰 291.12
戰 292.1
戰 294.21
戰 295.2
戰 295.25
戰 301.18
戰 303.19
戰 311.15
戰 321.15
戰 323.15
老甲 2.19
老甲 3.6
老甲 4.8
老甲 7.15
老甲 13.16
老甲 14.10
老甲 25.7
老甲 27.31
老甲 28.11
老甲 29.5
老甲 29.10
老甲 37.9
老甲 39.17
老甲 39.23
老甲 39.29
老甲 40.7
老甲 42.7
老甲 42.14
老甲 52.23
老甲 58.21
老甲 63.10
老甲 63.26
老甲 64.19
老甲 72.5
老甲 72.12
老甲 74.2
老甲 74.9
老甲 75.10
老甲 79.5
老甲 79.11
老甲 79.15
老甲 80.14
老甲 80.20
老甲 91.22
老甲 102.12
老甲 102.16
老甲 104.22
老甲 104.29
老甲 106.29
老甲 107.22
老甲 116.8
老甲 129.11
老甲 132.9
老甲 139.10
老甲 142.13
老甲 145.19
老甲 146.3
老甲 146.17
老甲 150.17
老甲 153.10
老甲 153.19
老甲 153.24
老甲 154.2
老甲 154.9
老甲 154.14
老甲 156.9
老甲 163.3
老甲 163.12

老甲 165.3　五 18.9　五 19.13　五 23.16　五 24.8　五 24.20　五 25.13　五 25.19　五 25.24　五 26.1

五 26.7　五 27.9　五 27.24　五 28.8　五 28.14　五 29.14　五 29.22　五 29.25　五 30.2　五 30.8

五 30.14　五 32.12　五 32.18　五 33.5　五 34.12　五 34.20　五 35.5　五 35.19　五 36.4　五 38.2

五 38.10　五 39.13　五 44.19　五 44.27　五 45.6　五 45.13　五 48.32　五 49.23　五 50.15　五 54.30

五 58.8　五 60.16　五 62.7　五 62.22　五 64.15　五 64.24　五 65.6　五 65.18　五 66.3　五 67.19

五 72.20　五 73.5　五 76.5　五 76.13　五 77.9　五 78.8　五 82.4　五 83.12　五 84.11　五 84.18

五 85.1　五 85.19　五 85.26　五 87.6　五 87.23　五 88.14　五 92.8　五 92.19　五 95.15　五 96.30

五 97.24　五 103.27　五 104.16　五 104.20　五 105.2　五 105.15　五 106.17　五 111.1　五 111.31　五 112.10

明 10.11	九 38.21	五 167.3	五 156.17	五 141.15	五 130.20	五 120.23	五 112.20
明 10.23	九 40.18	五 168.16	五 159.3	五 142.1	五 130.33	五 121.1	五 114.4
明 15.5	九 43.6	五 174.3	五 160.28	五 142.11	五 132.20	五 121.20	五 114.14
明 17.19	九 47.12	五 174.22	五 161.11	五 144.19	五 136.6	五 121.29	五 114.22
明 17.24	明 2.16	五 179.16	五 162.31	五 145.15	五 136.13	五 124.21	五 115.8
明 20.18	明 4.6	五 179.29	五 163.29	五 145.27	五 137.6	五 127.19	五 115.17
明 21.22	明 5.8	五 180.11	五 164.10	五 146.21	五 139.27	五 127.25	五 115.22
明 29.19	明 6.15	五 180.26	五 164.23	五 149.24	五 140.10	五 128.32	五 118.7
明 29.27	明 9.2	五 181.11	五 165.15	五 151.10	五 140.24	五 129.8	五 118.13
明 32.5	明 9.28	五 182.2	五 165.21	五 156.12	五 141.7	五 129.18	五 120.3

明 32.9	明 48.15	氣 5.189	刑甲 15.6	刑甲 24.31	刑甲 36.21	刑甲 49.13	刑丙傳 8.10
明 34.19	德 2.32	氣 6.96	刑甲 16.23	刑甲 24.37	刑甲 38.6	刑甲 51.18	刑丙傳 10.7
明 34.26	德 3.17	氣 6.313	刑甲 17.1	刑甲 25.25	刑甲 38.14	刑甲 51.23	刑丙傳 11.2
明 36.9	德 5.16	氣 7.80	刑甲 19.22	刑甲 27.30	刑甲 39.1	刑甲 54.10	刑丙傳 14.5
明 36.23	德 5.22	氣 8.14	刑甲 20.12	刑甲 28.4	刑甲 40.15	刑甲 84.17	刑丙傳 16.12
明 39.26	氣 1.5	氣 9.234	刑甲 20.16	刑甲 28.12	刑甲 40.23	刑甲 106.26	刑丙傳 21.6
明 40.8	氣 1.242	氣 10.295	刑甲 20.24	刑甲 28.28	刑甲 40.28	刑甲 112.12	刑丙地 12.9
明 42.11	氣 3.118	刑甲 11.9	刑甲 21.3	刑甲 30.8	刑甲 45.16	刑甲 113.17	刑丙地 13.4
明 42.19	氣 4.110	刑甲 11.17	刑甲 22.7	刑甲 33.16	刑甲 46.11	刑甲 113.26	刑丙地 14.13
明 44.8	氣 4.218	刑甲 13.22	刑甲 23.6	刑甲 35.8	刑甲 46.19	刑丙傳 6.3	刑丙地 16.1

刑丙地 18.17	刑丙天 4.6	刑丙天 5.40	刑丙天 7.21	刑丙天 7.36	刑丙天 7.46	刑丙天 8.10	陰乙刑德 5.9	陰乙刑德 6.12	陰乙刑德 7.6
陰乙刑德 7.12	陰乙刑德 8.7	陰乙刑德 8.13	陰乙刑德 8.19	陰乙刑德 9.9	陰乙刑德 11.11	陰乙大游 3.10	陰乙大游 3.23	陰乙大游 3.30	陰乙上朔 16.5
陰乙上朔 16.16	陰乙天一 19.4	陰乙·殘 4.1	出 27.13	木 2.2	木 51.5	木 58.11	木 59.13	木 63.2	木 63.13
問 1.13	問 1.19	問 1.26	問 2.13	問 2.19	問 3.5	問 3.9	問 3.21	問 3.26	問 4.3
問 5.25	問 8.12	問 8.19	問 8.24	問 15.16	問 16.1	問 16.11	問 23.16	問 23.24	問 26.8
問 26.18	問 30.24	問 32.5	問 34.15	問 43.21	問 44.17	問 45.1	問 45.24	問 46.4	問 46.8
問 46.17	問 46.24	問 61.18	問 71.18	問 75.20	問 86.14	問 89.17	問 91.7	問 91.15	問 91.20

問 95.21　問 97.7　合 3.16　合 6.12　合 7.22　合 8.10　合 9.3　合 11.26　合 12.5　合 12.10

合 12.22　合 13.3　合 13.9　合 13.16　合 13.22　合 13.28　合 24.18　合 27.17　合 28.8　合 28.14

合 28.21　合 29.1　合 29.5　合 29.9　合 29.13　合 29.17　合 29.21　合 30.3　合 31.12　談 1.18

談 2.11　談 3.9　談 3.18　談 4.13　談 4.22　談 4.33　談 23.10　談 46.14　談 46.18　談 46.22

談 46.26　談 46.33　喪 2.3　喪 3.9　喪 5.14　物 1.21　物 1.30　周 5.41　周 17.6　周 69.36

周 85.4　二 1.46　二 1.59　二 2.60　二 4.18　二 4.39　二 5.9　二 5.15　二 5.28　二 5.44

二 5.70　二 5.75　二 6.45　二 7.18　二 8.30　二 8.40　二 9.24　二 10.30　二 11.55　二 12.60

二 14.5　二 16.18　二 16.64　二 19.13　二 23.31　二 25.1　二 25.32　二 26.20　二 26.51　二 26.57

二26.68	二27.38	二27.61	二28.66	二29.37	二31.53	二34.41	二35.48	二36.60	繫3.5
繫3.28	繫4.14	繫4.23	繫4.36	繫7.44	繫7.50	繫7.59	繫8.51	繫9.53	繫10.62
繫11.32	繫11.56	繫12.16	繫12.27	繫12.32	繫12.37	繫13.20	繫14.12	繫14.59	繫15.12
繫15.37	繫15.42	繫16.9	繫16.26	繫17.34	繫19.43	繫21.41	繫21.66	繫22.51	繫25.52
繫27.24	繫28.11	繫28.18	繫28.25	繫28.63	繫29.11	繫29.52	繫29.59	繫29.66	繫30.3
繫30.7	繫30.23	繫30.42	繫33.33	繫34.20	繫34.51	繫35.13	繫35.29	繫36.49	繫38.23
繫41.7	繫41.55	繫42.6	繫42.12	繫42.20	繫42.37	繫43.32	繫43.48	繫46.50	衷1.13
衷2.11	衷2.17	衷3.10	衷4.26	衷4.39	衷5.6	衷5.32	衷5.49	衷5.59	衷6.11

衷6.16	衷6.22	衷6.32	衷7.22	衷7.31	衷7.46	衷8.24	衷17.20	衷19.41	衷20.5
衷20.13	衷20.22	衷20.31	衷20.46	衷21.31	衷21.44	衷22.32	衷23.21	衷23.56	衷24.1
衷24.63	衷25.3	衷25.9	衷25.15	衷25.20	衷25.24	衷25.27	衷26.46	衷26.54	衷27.58
衷28.19	衷28.28	衷28.36	衷28.40	衷28.49	衷28.58	衷29.2	衷30.33	衷33.44	衷34.14
衷34.46	衷35.19	衷35.30	衷35.34	衷36.16	衷36.23	衷36.27	衷38.16	衷39.44	衷40.45
衷40.69	衷41.23	衷41.53	衷41.60	衷43.4	衷43.15	衷43.27	衷43.50	衷43.61	衷44.27
衷44.32	衷44.62	衷45.68	衷46.3	衷46.7	衷46.13	衷46.19	衷46.25	衷46.29	衷46.38
衷47.21	衷47.40	衷48.12	衷48.39	衷49.3	衷49.12	衷49.28	衷50.19	要8.25	要10.8

要 11.48	要 11.54	要 11.59	要 12.15	要 12.53	要 13.47	要 13.63	要 13.68	要 14.59	要 15.7
要 15.18	要 15.56	要 15.62	要 16.19	要 16.61	要 17.5	要 17.26	要 17.32	要 17.39	要 17.45
要 17.56	要 18.2	要 18.7	要 18.25	要 18.33	要 18.48	要 18.59	要 19.14	要 20.30	要 20.63
要 21.31	要 21.52	要 24.3	繆 1.55	繆 2.40	繆 2.56	繆 3.17	繆 4.3	繆 4.19	繆 8.16
繆 13.36	繆 17.18	繆 17.43	繆 18.7	繆 19.67	繆 20.17	繆 20.26	繆 20.40	繆 20.63	繆 23.16
繆 24.18	繆 26.30	繆 26.46	繆 27.65	繆 28.70	繆 29.17	繆 29.28	繆 29.68	繆 32.46	繆 32.59
繆 34.1	繆 34.8	繆 37.3	繆 37.9	繆 37.24	繆 37.58	繆 40.60	繆 41.6	繆 41.23	繆 41.32
繆 42.26	繆 42.41	繆 42.48	繆 42.57	繆 46.23	繆 47.16	繆 47.64	繆 49.23	繆 55.43	繆 59.38

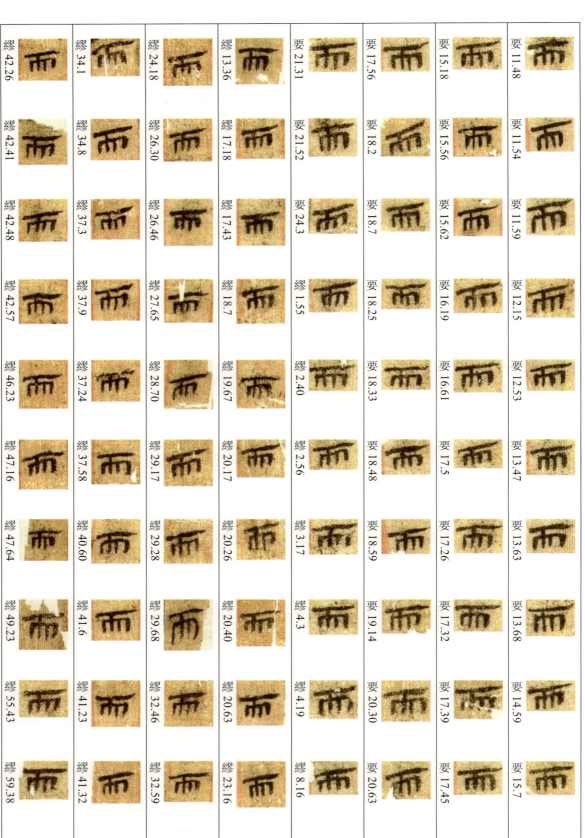

繆 59.51
繆 60.3
繆 60.11
繆 60.47
繆 60.56
繆 61.8
繆 61.37
繆 61.41
繆 61.50
繆 62.54

繆 63.6
繆 63.60
繆 64.8
繆 64.52
繆 64.61
繆 67.2
繆 71.23
昭 1.39
昭 2.1
昭 2.6

昭 3.9
昭 4.30
昭 5.42
昭 5.55
昭 5.64
昭 5.73
昭 6.38
昭 7.31
昭 7.40
昭 8.57

昭 9.56
昭 10.58
昭 11.28
昭 14.3
周·殘下 12.1
周·殘下 30.16
周·殘下 39.8
周·殘下 58.2
周·殘下 60.13
周·殘下 131.2

經 1.11
經 1.23
經 1.30
經 2.17
經 5.39
經 5.44
經 5.48
經 5.56
經 6.22
經 7.47

經 7.62
經 8.40
經 8.57
經 10.7
經 10.60
經 11.61
經 14.47
經 14.53
經 16.6
經 17.20

經 18.46
經 20.8
經 20.41
經 20.66
經 21.1
經 21.14
經 24.8
經 27.42
經 29.5
經 29.43

經 30.3
經 30.35
經 30.59
經 31.8
經 32.26
經 32.40
經 33.5
經 33.11
經 33.53
經 34.2

經 34.7
經 34.14
經 34.19
經 34.26
經 34.42
經 34.50
經 35.2
經 38.56
經 39.21
經 41.50

經 44.17
經 44.56
經 45.25
經 45.29
經 47.27
經 48.4
經 49.41
經 50.19
經 50.48
經 53.39

經 54.62
經 55.4
經 55.11
經 57.57
經 58.2
經 58.17
經 58.47
經 58.55
經 59.17
經 59.26

經 59.62
經 60.10
經 60.19
經 60.61
經 61.13
經 64.55
經 65.2
經 66.48
經 67.8
經 68.11

經 69.61
經 70.20
經 70.35
經 70.44
經 70.56
經 71.6
經 71.13
經 71.15
經 71.19
經 71.39

經 71.54
經 72.27
經 72.34
經 72.39
經 73.20
經 76.55
經 77.3
十 2.55
十 2.62
十 3.22

十 4.40
十 5.21
十 6.25
十 7.27
十 8.41
十 9.4
十 9.33
十 10.44
十 11.44
十 12.9

十 12.14
十 14.30
十 18.2
十 18.49
十 18.53
十 19.20
十 20.3
十 20.60
十 21.1
十 21.15

十21.19
十21.59
十22.4
十23.32
十23.43
十23.52
十23.56
十24.3
十24.11
十24.27
十24.40
十25.9
十26.7
十26.27
十26.36
十26.53
十27.29
十27.51
十28.60
十29.17
十32.25
十32.30
十32.35
十32.44
十36.15
十36.32
十36.61
十40.20
十43.61
十44.27
十45.15
十45.34
十47.11
十48.49
十48.56
十50.45
十52.9
十53.51
十56.42
十56.54
十56.60
十58.5
十58.41
十58.48
十58.56
十59.15
十59.24
十60.46
十61.21
十62.18
十62.26
十63.38
十64.56
稱1.5
稱2.11
稱2.15
稱2.24
稱2.31
稱2.38
稱5.42
稱7.65
稱8.25
稱9.7
稱10.46
稱10.49
稱11.58
稱11.67
稱12.10
稱12.13
稱12.21
稱12.34
稱12.39
稱12.48
稱13.2
稱13.10
稱13.18
稱13.23
稱14.63
稱14.66
稱15.5

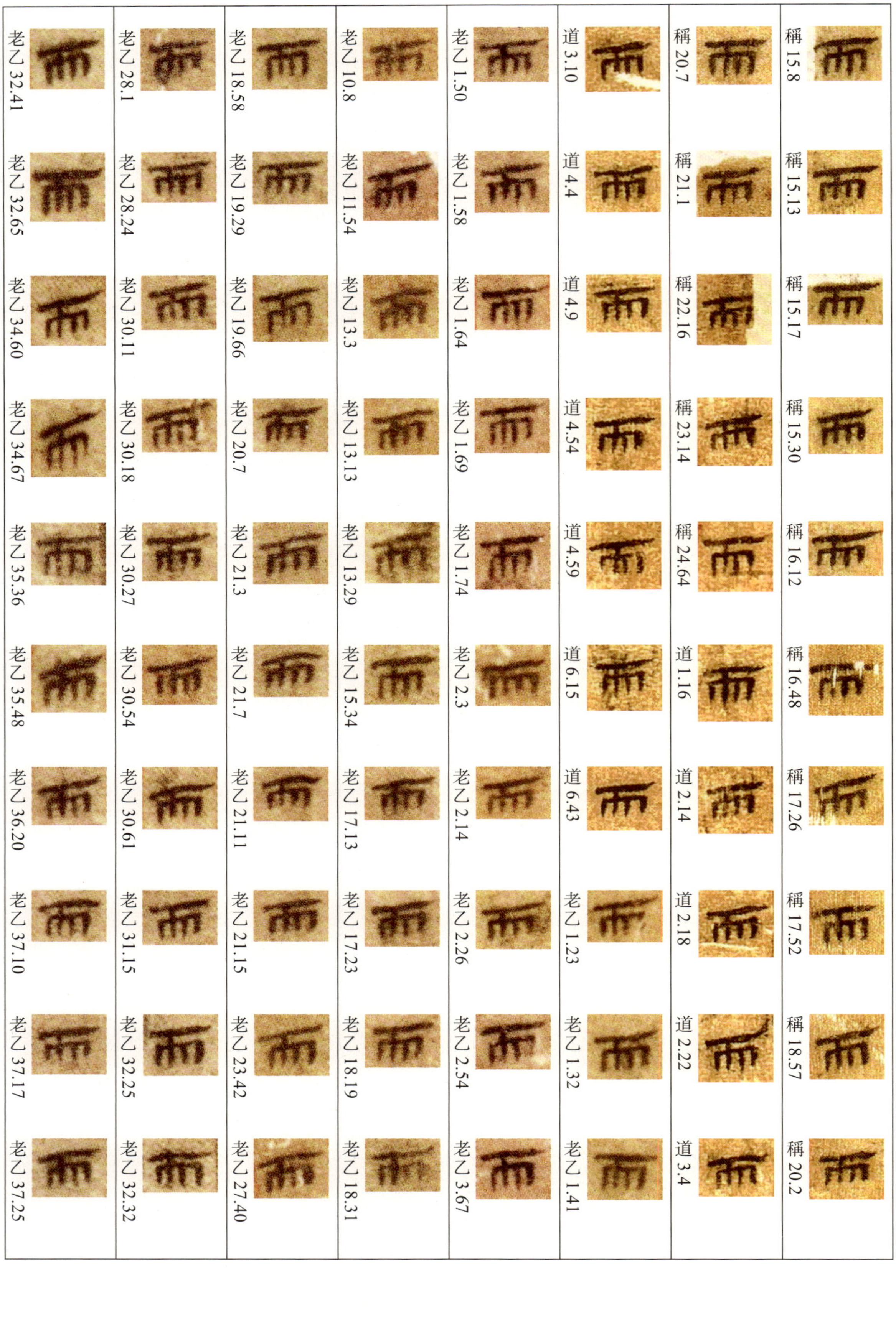
稱15.8
稱15.13
稱15.17
稱15.30
稱16.12
稱16.48
稱17.26
稱17.52
稱18.57
稱20.2
稱20.7
稱21.1
稱22.16
稱23.14
稱24.64
道1.16
道2.14
道2.18
道2.22
道3.4
道3.10
道4.4
道4.9
道4.54
道4.59
道6.15
道6.43
老乙1.23
老乙1.32
老乙1.41
老乙1.50
老乙1.58
老乙1.64
老乙1.69
老乙1.74
老乙2.3
老乙2.14
老乙2.26
老乙2.54
老乙3.67
老乙10.8
老乙11.54
老乙13.3
老乙13.13
老乙13.29
老乙15.34
老乙17.13
老乙17.23
老乙18.19
老乙18.31
老乙18.58
老乙19.29
老乙19.66
老乙20.7
老乙21.3
老乙21.7
老乙21.11
老乙21.15
老乙23.42
老乙27.40
老乙28.1
老乙28.24
老乙30.11
老乙30.18
老乙30.27
老乙30.54
老乙30.61
老乙31.15
老乙32.25
老乙32.32
老乙32.41
老乙32.65
老乙34.60
老乙34.67
老乙35.36
老乙35.48
老乙36.20
老乙37.10
老乙37.17
老乙37.25

老乙 37.58	老乙 37.63	老乙 37.68	老乙 38.2	老乙 38.10	老乙 38.34	老乙 38.39	老乙 41.12	老乙 41.22	老乙 41.46
老乙 41.51	老乙 45.60	老乙 46.3	老乙 47.6	老乙 47.15	老乙 48.16	老乙 48.20	老乙 49.17	老乙 49.23	老乙 49.29
老乙 49.52	老乙 50.20	老乙 50.28	老乙 50.47	老乙 51.48	老乙 51.52	老乙 52.6	老乙 53.16	老乙 53.23	老乙 54.51
老乙 54.59	老乙 55.5	老乙 55.20	老乙 55.66	老乙 60.33	老乙 61.11	老乙 62.15	老乙 65.8	老乙 65.20	老乙 65.66
老乙 66.46	老乙 67.25	老乙 67.66	老乙 68.22	老乙 71.11	老乙 71.20	老乙 71.24	老乙 71.30	老乙 71.38	老乙 71.42
老乙 72.31	老乙 73.15	老乙 73.33	老乙 73.46	老乙 74.12	老乙 75.19	老乙 75.45	老乙 75.62	老乙 76.30	老乙 78.10
星 5.12	星 5.20	星 9.30	星 11.3	星 16.3	星 18.5	星 21.6	星 25.9	星 25.22	星 34.20
星 35.6	星 35.11	星 35.43	星 36.3	星 36.20	星 36.37	星 41.38	星 41.48	星 44.8	星 47.11

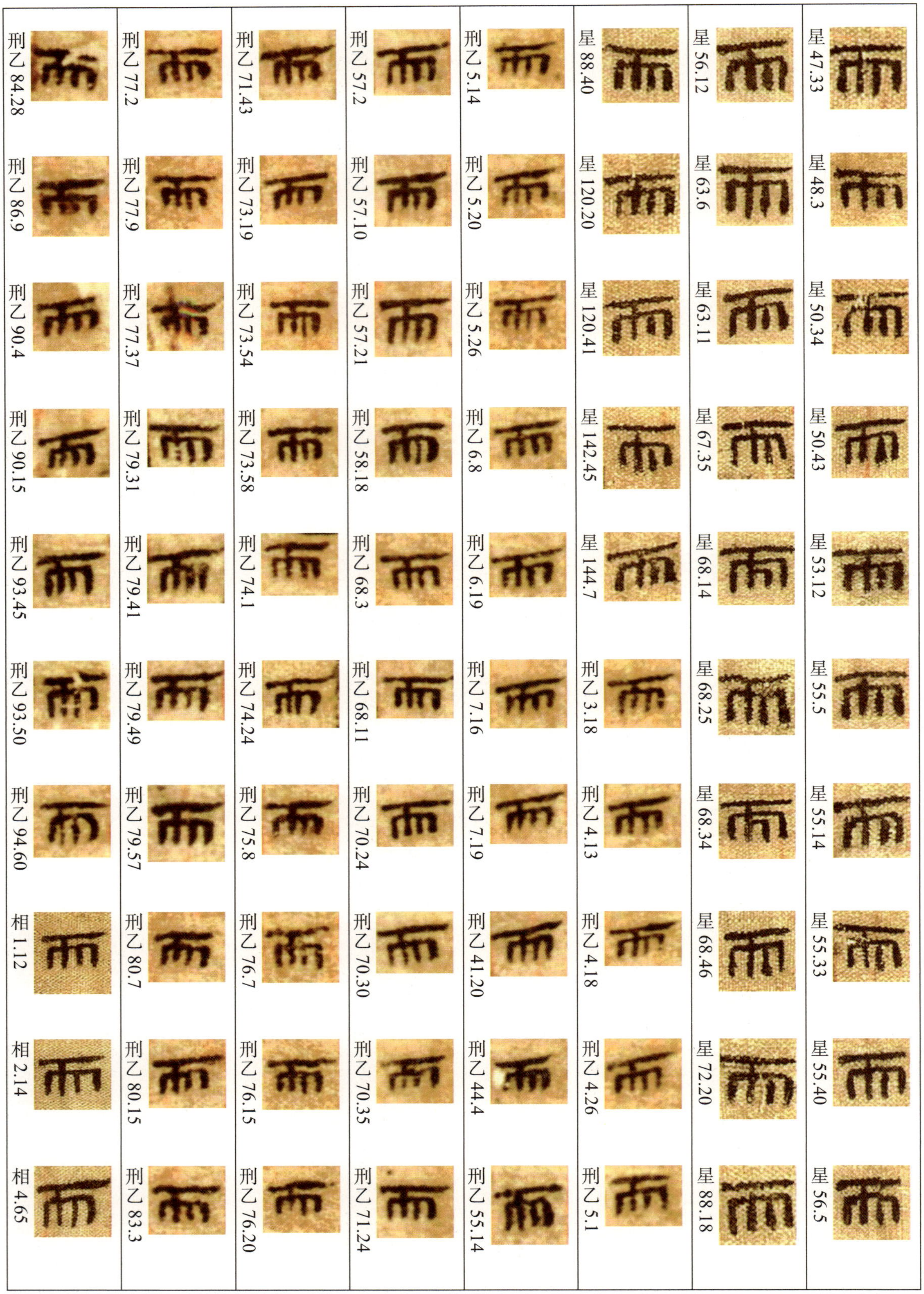

星 47.33	星 48.3	星 50.34	星 50.43	星 53.12	星 55.5	星 55.14	星 55.33	星 55.40	星 56.5
星 56.12	星 63.6	星 63.11	星 67.35	星 68.14	星 68.25	星 68.34	星 68.46	星 72.20	星 88.18
星 88.40	星 120.20	星 120.41	星 142.45	星 144.7	刑乙 3.18	刑乙 4.13	刑乙 4.18	刑乙 4.26	刑乙 5.1
刑乙 5.14	刑乙 5.20	刑乙 5.26	刑乙 6.8	刑乙 6.19	刑乙 7.16	刑乙 7.19	刑乙 41.20	刑乙 44.4	刑乙 55.14
刑乙 57.2	刑乙 57.10	刑乙 57.21	刑乙 58.18	刑乙 68.3	刑乙 68.11	刑乙 70.24	刑乙 70.30	刑乙 70.35	刑乙 71.24
刑乙 71.43	刑乙 73.19	刑乙 73.54	刑乙 73.58	刑乙 74.1	刑乙 74.24	刑乙 75.8	刑乙 76.7	刑乙 76.15	刑乙 76.20
刑乙 77.2	刑乙 77.9	刑乙 77.37	刑乙 79.31	刑乙 79.41	刑乙 79.49	刑乙 79.57	刑乙 80.7	刑乙 80.15	刑乙 83.3
刑乙 84.28	刑乙 86.9	刑乙 90.4	刑乙 90.15	刑乙 93.45	刑乙 93.50	刑乙 94.60	相 1.12	相 2.14	相 4.65

相5.11　相6.56　相10.48　相14.28　相18.24　相18.27　相18.30　相18.33　相18.48　相18.51

相18.61　相18.64　相18.67　相19.11　相20.57　相21.41　相21.45　相22.2　相22.25　相25.52

相27.11　相27.18　相27.26　相28.13　相31.32　相33.16　相33.51　相36.22　相37.10　相37.18

相37.49　相37.61　相38.18　相38.33　相39.3　相39.18　相39.33　相39.48　相40.10　相40.33

相40.44　相40.58　相41.23　相42.50　相42.57　相42.63　相42.69　相43.5　相43.23　相43.43

相44.28　相45.48　相46.47　相47.20　相49.10　相52.45　相53.43　相54.17　相57.70　相59.39

相64.4　相64.30　相66.24　相67.66　相70.8　相70.11　相70.24　相70.51　相71.4　相71.10

相71.23　相71.34　相71.51　相72.11　相72.18　相72.55　相74.39　相74.53　相75.42　相75.55

耏

耐

五 82.13

《說文》或體。

豕

陰甲雜一 8.2

陰甲雜四 14.5

陰甲·殘 238.8

陰甲·殘 298.2

方 390.26

射 11.7

繆 67.46

昭 1.26

昭 5.11

昭 7.15

昭 7.20

豬

方 48.13

方 338.27

方 369.8

方 425.30

方 454.27

方 464.25

養 118.2

豯

養 51.9

豶

方 366.13

昭 1.25

昭 5.10

昭 7.14

豨

周 9.23

周 11.58

周 75.82

豪

方 16.9

方 17.26

方 67.6

方 71.3

方 89.5

方 272.11

方 357.13

方 360.6

方 363.4

方 364.4

豙*

方 376.7 
養 71.3 
養 122.19 
養 125.13 
養 125.27 
養 148.10 
養 149.25 
養 155.13 
養 176.2 
養 179.2 

方 192.7 
方 413.1 

此字與帛書中用爲「烏喙」之「喙」的「豙」字在字形和用法上皆有不同，音義待考。

豪 稾

稾

胎 12.1 
經 22.12 

《説文》籀文。

毚

方 27.24 
方 37.22 

毚

方 23.15 
方 44.11 
方 251.25 
方 326.7 
方 327.8 
方 385.1 
方 462.2 

毚

方 14.7 

麠

方 348.6 
方 365.10 
方 370.10 
養 202.12 

彖

遣一 4.1 
遣一 25.1 
遣一 43.1 
遣一 46.8 
遣一 65.1 
遣一 66.1 
遣一 68.8 
遣一 301.2 
牌一 12.1 
遣三 68.1 

𧱓

遣三 79.1 
遣三 140.1 
遣三 151.1 
遣三 194.1 
遣三 285.2 
牌三 26.1 
牌三 38.1 

豚

方 89.4 
方 243.6 

《說文》篆文。

𧰼

明 4.3 
周 88.4 

[illegible]

遣一 5.1 
遣一 53.2 
遣一 55.8 
遣一 69.2 
牌一 14.2 
遣三 69.1 
遣三 116.2 
遣三 141.2 
牌三 45.2 

豹

方 354.6 
遣三 235.9 
遣三 318.5 
遣三 348.2 

貍

方 100.3 
方 262.24 
養 47.27 
養 180.19 
房 40.3 
房 40.7 
房 40.25 
房 42.11 
胎 17.4 
胎 19.6 

問 54.4 

貍

問 8.16 

狐*

「狐」字異體，卷十犬部重見。

貇*

「貇」字異體，卷八兒部重見。

舄

老乙12.30　老乙12.38

易

方64.9　陽乙5.31　陽乙12.21　養32.19　胎20.20　老甲54.14　老甲73.26　老甲73.30　老甲95.27　刑甲35.22

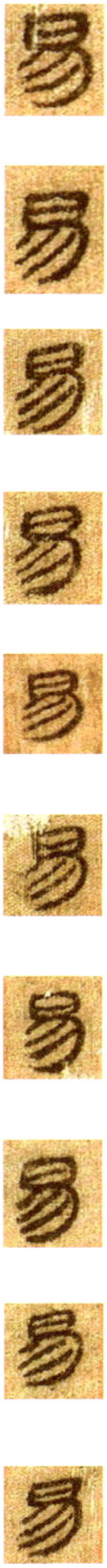

周33.65　二1.7　二4.69　二5.56　二6.25　二8.52　二8.83　二10.67　二11.63　二13.47

二15.45　二15.50　二36.59　繫2.19　繫2.24　繫2.30　繫4.17　繫6.5　繫6.14　繫7.65

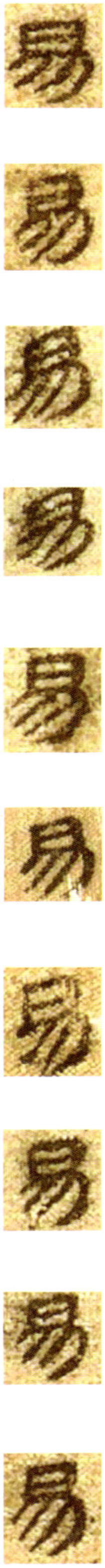

繫9.35　繫10.41　繫10.50　繫10.55　繫11.11　繫17.10　繫17.60　繫20.14　繫21.29　繫22.10

繫23.70　繫25.57　繫26.6　繫27.47　繫27.59　繫27.61　繫31.42　繫34.19　繫34.58　繫36.56

繫 37.26	繫 37.45	繫 38.57	繫 42.45	繫 43.37	繫 44.51	繫 46.55	衷 1.4	衷 2.20	衷 2.55
衷 3.13	衷 17.23	衷 21.41	衷 22.9	衷 25.31	衷 25.47	衷 28.23	衷 29.14	衷 29.56	衷 30.62
衷 32.2	衷 32.37	衷 33.7	衷 33.48	衷 34.21	衷 35.54	衷 37.16	衷 37.47	衷 38.19	衷 38.63
衷 39.17	衷 39.48	衷 40.26	衷 40.52	衷 41.25	衷 41.64	衷 42.31	衷 43.32	衷 44.48	衷 46.21
衷 47.27	衷 47.54	衷 48.42	衷 48.46	衷 49.5	衷 49.14	衷 50.24	衷 50.44	要 7.13	要 8.15
要 9.41	要 10.14	要 10.58	要 11.24	要 11.51	要 12.32	要 12.55	要 14.15	要 15.29	要 15.42
要 16.24	要 17.10	要 18.19	要 19.2	要 21.44	要 22.64	要 23.12	繆 1.11	繆 1.57	繆 4.27
繆 5.8	繆 7.3	繆 8.23	繆 18.27	繆 18.52	繆 19.4	繆 19.49	繆 21.11	繆 21.59	繆 25.50

易（續）

繆 27.55　繆 30.38　繆 33.12　繆 34.60　繆 39.16　繆 50.11　繆 59.3　繆 67.39　繆 72.4　昭 1.5

昭 2.58　昭 4.50　昭 7.12　昭 7.62　昭 10.6　昭 12.48　昭 13.33　周·殘下 30.22　周·殘下 39.12　經 35.50

經 70.47　十 34.41　稱 14.8　老乙 35.42　老乙 35.45　老乙 42.9　相 32.12

象

胎 6.11　老甲 101.10　老甲 133.4　刑丙天 10.2　木 14.11　木 15.9　木 20.25　遣一 234.1　遣一 238.1　遣一 292.5

牌一 48.4　遣三 231.1　遣三 233.3　遣三 234.1　遣三 235.5　遣三 236.5　遣三 237.5　遣三 238.5　遣三 239.1　遣三 240.1

遣三 300.1　遣三 301.1　遣三 302.1　遣三 303.1　遣三 304.1　遣三 369.5　遣三 389.1　遣三 392.1　十 1.13　十 3.48

老乙 5.49　老乙 47.54　老乙 62.40　老乙 76.25　星 51.13　星 51.24

豫

談 36.8　衷 27.28　稱 2.53

卷十

馬

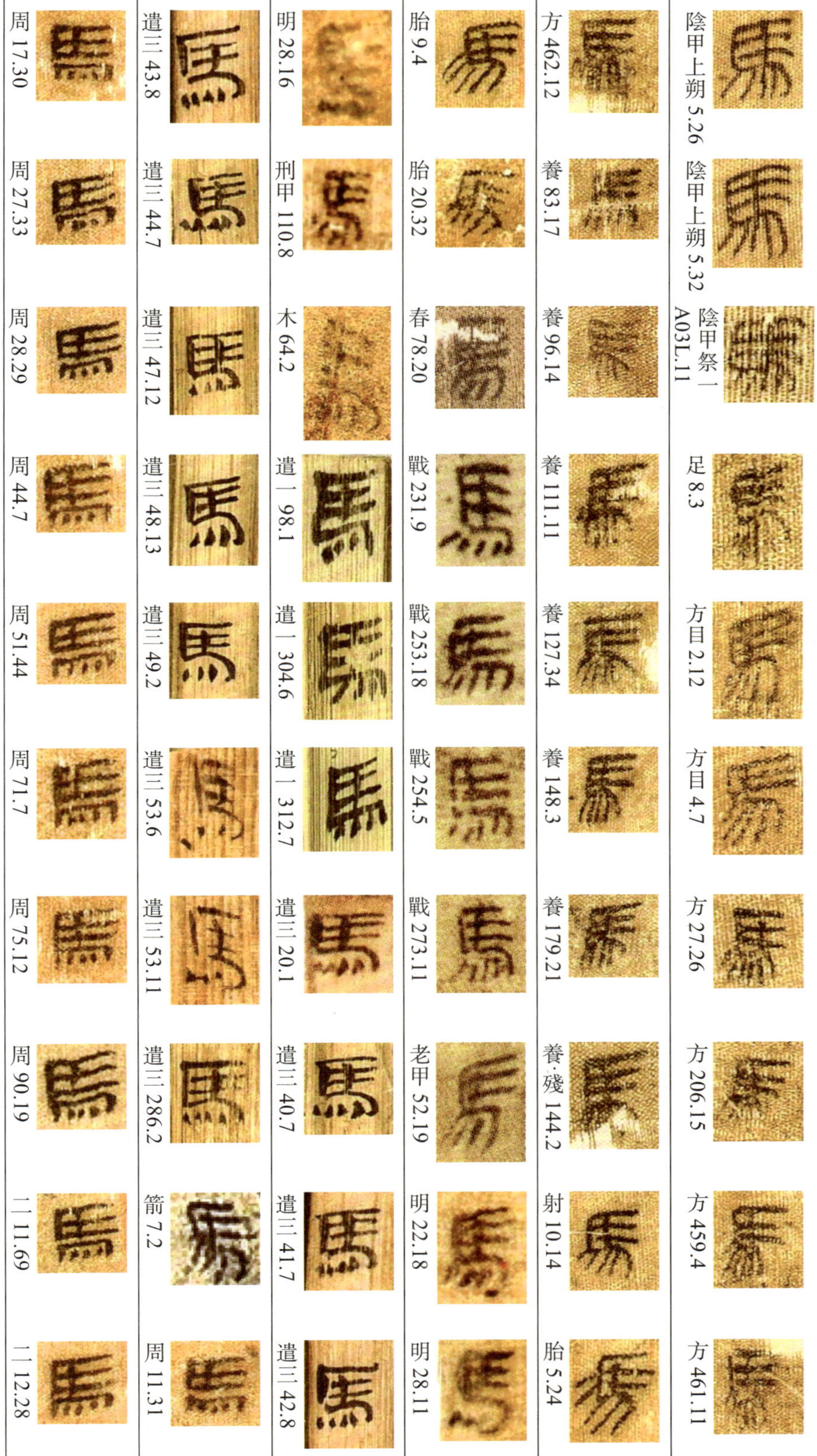
陰甲上朔 5.26
陰甲上朔 5.32
陰甲祭一 A03L.11
足 8.3
方目 2.12
方目 4.7
方 27.26
方 206.15
方 459.4
方 461.11
方 462.12
養 83.17
養 96.14
養 111.11
養 127.34
養 148.3
養 179.21
養·殘 144.2
射 10.14
胎 5.24
胎 9.4
胎 20.32
春 78.20
戰 231.9
戰 253.18
戰 254.5
戰 273.11
老甲 52.19
明 22.18
明 28.11
明 28.16
刑甲 110.8
木 64.2
遺一 98.1
遺一 304.6
遺一 312.7
遺三 20.1
遺三 40.7
遺三 41.7
遺三 42.8
遺三 43.8
遺三 44.7
遺三 47.12
遺三 48.13
遺三 49.2
遺三 53.6
遺三 53.11
遺三 286.2
箭 7.2
周 11.31
周 17.30
周 27.33
周 28.29
周 44.7
周 51.44
周 71.7
周 75.12
周 90.19
二 11.69
二 12.28

二12.36　二12.49　繫3.16　繫3.41　繫3.50　繫3.60　繫3.69　繫4.35　繫4.64　繫9.6

繫9.8　繫11.39　繫11.46　繫23.45　繫24.9　繫24.27　繫24.41　繫25.37　繫25.44　繫25.60

繫27.7　繫28.53　繫28.71　繫29.1　繫30.17　繫31.56　繫31.64　繫35.49　繫37.69　繫38.1

繫45.34　繫45.45　繫46.3　衷23.30　衷35.65　衷36.11　繆27.26　繆27.33　稱10.44　老乙24.53

刑乙31.12　刑乙71.32　相1.60　相2.31　相3.26　相5.67　相7.69　相11.26　相17.19　相20.2

相20.9　相23.64　相24.6　相24.50　相24.57　相25.20　相26.30　相28.22　相31.14　相32.4

相32.50　相35.14　相35.21　相35.29　相41.19　相41.36　相41.57　相41.61　相42.32　相53.15

相55.12　相70.15　相75.4

鷺

養 67.10

驪

繆 6.27

騢

周 46.18

駱

方 270.1

驁

驁

養 94.3

駿

相 5.65

相 8.63

相 41.6

驕

戰 127.11

戰 128.38

五 26.3

談 12.24

二 5.71

二 26.50

二 26.56

二 26.67

二 27.3

繆 41.26

昭 6.31

經 72.55

十 35.28

十 57.53

老乙 50.48

老乙 71.22

驕

老甲 107.23

老甲 153.21

驩

問 38.16

繆 32.57

繆 32.63

騅

繆 37.5

驗

經 5.8

十 35.37

騎

遣三 48.2

遣三 50.1

遣三 53.14

駕

去 1.13

刑甲 96.2

刑甲 97.3

陰乙文武 13.37

遣三 40.5

遣三 41.5

遣三 42.6

遣三 43.6

遣三 44.5

遣三 46.6

二 12.31

星 14.19

星 21.46

刑乙 52.1

刑乙 52.11

駢

養 146.15

繆 13.28

驂

刑甲 55.3

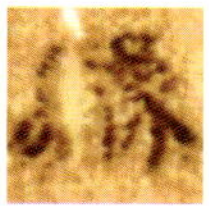
刑甲 55.20

刑乙 95.3

刑乙 96.3

刑乙 96.20

駟

戰 105.28

明 29.4

馮

周 46.15

十 44.22

驅

周 23.66

二 16.44

經 31.36

馳

駝

戰 169.38

明 22.19

二 16.43

老乙 52.47

相 15.33

相 19.38

相 65.49

相 73.1

「馳」字本从「它」作，與「駱駝」之「駝」字同形。

騖

合 16.9

相 1.34

相 45.24

騁

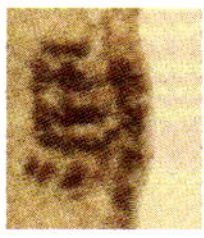
老甲 111.27

老乙 52.48

驚

陽甲 11.6

方 50.11

陽乙 5.33

養 83.19

老甲 113.9

老甲 113.21

老甲 113.29

老甲 114.2

老甲 114.9

出 32.47

十 25.52

老乙 53.29

老乙 53.40

老乙 53.49

老乙 53.53

老乙 53.59

馴

厂馬

陰乙刑德 6.8

刑乙 4.9

騷

方 104.15

方 104.26

方 424.20

胎 17.10

駘

方 372.10

養 32.5

問 12.3

騶

繆 64.50

騰 騰

衷 5.22

駃

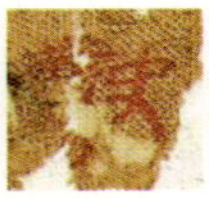
刑丙地 18.6

駷* ⿰五馬* ⿰馬樂* 薦 灋

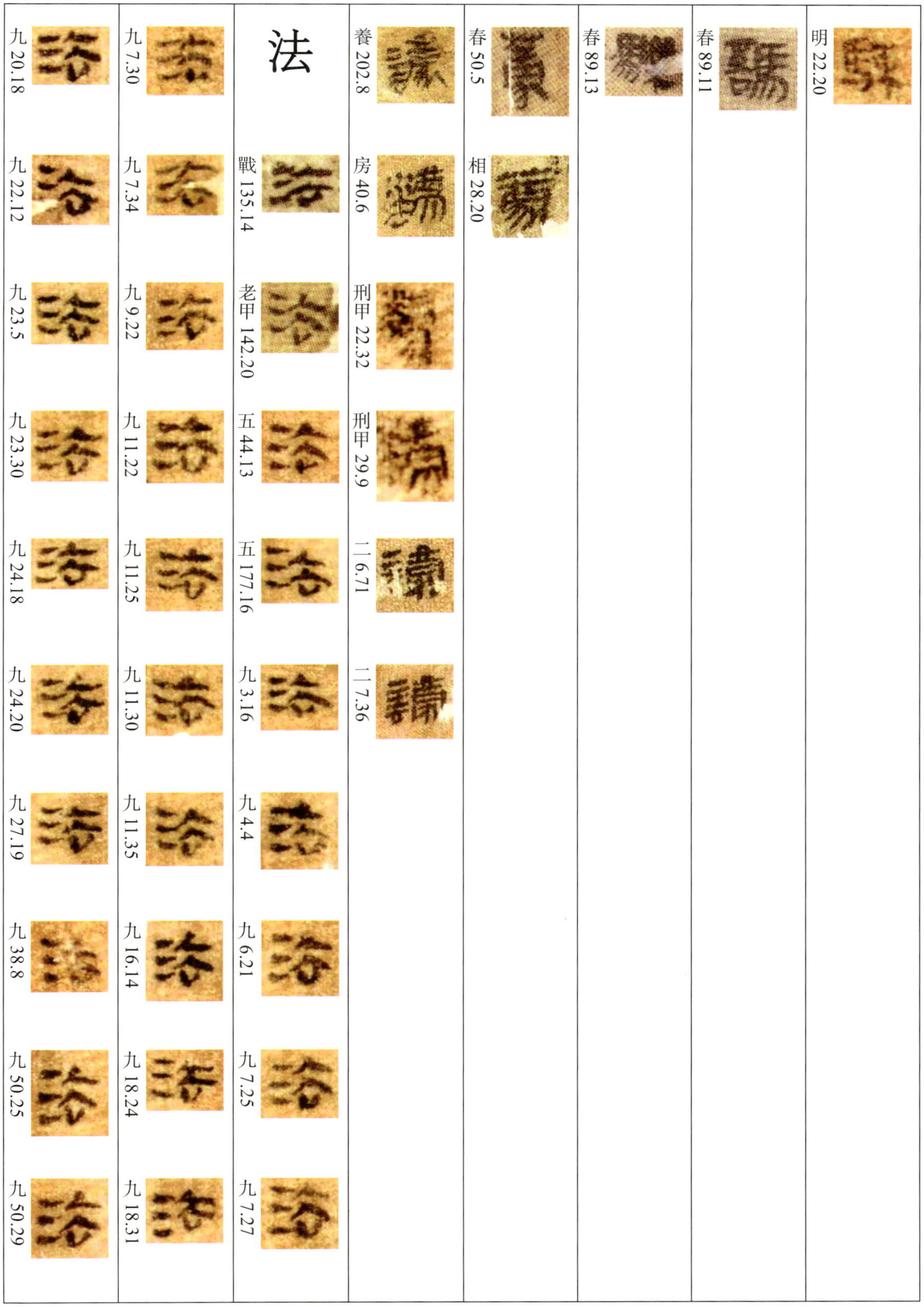

駷*：明22.20

⿰五馬*：春89.11

⿰馬樂*：春89.13

薦：春50.5　相28.20

灋：養202.8　房40.6　刑甲22.32　刑甲29.9　二6.71　二7.36

法：戰135.14　老甲142.20　五44.13　五177.16　九3.16　九4.4　九6.21　九7.25　九7.27　九7.30　九7.34　九9.22　九11.22　九11.25　九11.30　九11.35　九16.14　九18.24　九18.31　九20.18　九22.12　九23.5　九23.30　九24.18　九24.20　九27.19　九38.8　九50.25　九50.29

繫9.13 繫11.5 繫23.56 繫24.26 繫32.66 要23.51 繆22.54 經1.22 經1.28 經9.19

經20.59 經20.68 經51.19 經55.3 經74.54 經74.62 經77.58 十6.24 十6.31 十18.25

十21.43 十32.43 十34.18 十34.54 十39.37 十39.44 十42.61 十43.13 十43.54 十47.36

稱1.47 稱2.37 稱7.64 稱24.28 稱24.43 老乙66.52 老乙66.55 老乙66.58 老乙66.61 刑乙75.32

刑乙80.28 相14.6 相36.57 相38.60 相40.69 相41.3

《說文》今文。

佱

陰甲天一6.15 九9.5 九9.31 九10.6 九10.32 九11.8 明5.14 明13.33 刑甲135.15

陰乙上朔33.43

《說文》古文。

鹿

方90.11 養53.5 戰161.9 戰228.25 氣7.158 問8.15 遣一3.1 遣一12.1 遣一13.1 遣一14.3

遣一 32.1

遣一 35.1

遣一 44.1

遣一 46.9

遣一 58.1

牌一 7.1

牌一 9.1

牌一 13.1

遣三 54.1

遣三 55.1

遣三 56.4

遣三 81.1

遣三 130.1

遣三 137.1

遣三 138.1

遣三 201.1

牌三 9.1

牌三 10.1

周 27.52

繆 27.30

相 4.22

麛

庳

戰 318.26

戰 325.20

「麛」字省體。

麋

方 56.17

方 76.7

方 272.3

養 216.17

戰 161.8

戰 228.32

禁 11.4

經 27.3

稱 5.56

道 5.46

相 4.26

相 23.53

麿

麿

遣三 202.1

麃

方 223.21

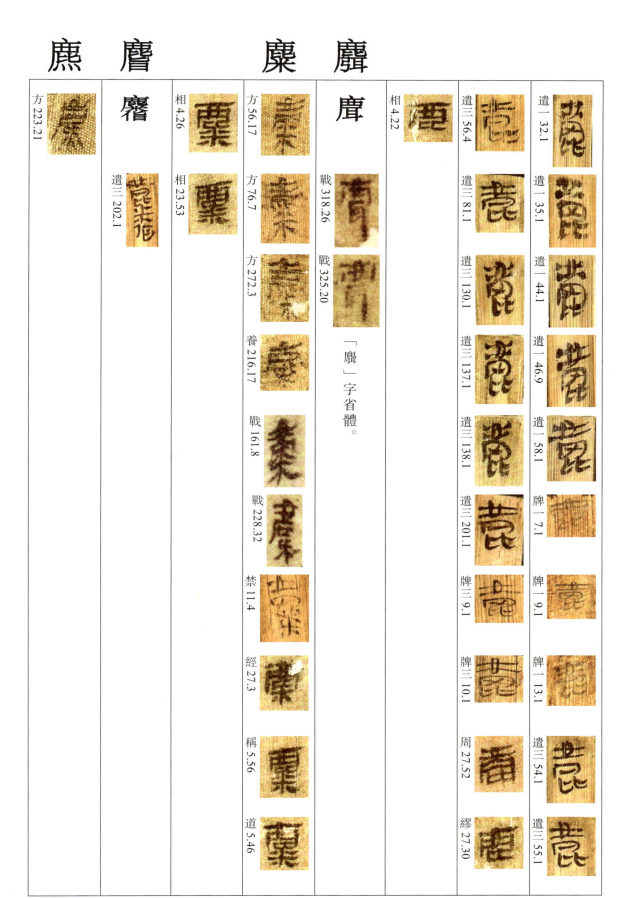

麗	麋*	麌*	麤	塵 𪋻		毚	
養79.2 養·殘100.3 氣2.169	問57.17 从鹿从木，疑爲「麋」字異體。	「㲋」字異體，卷九彑部重見。	麤 方186.13 養49.11 遣一262.2 遣一263.7 遣三373.2 从三「鹿」頭作。	塵 老乙18.15 老乙47.40	鬒 老甲38.26	方187.23 方319.8 方383.8 方425.20 養77.4 養96.15 養·殘56.13 春33.29 氣6.157 氣7.83	氣9.83 要8.26 十44.53 相10.22 相59.13

兔

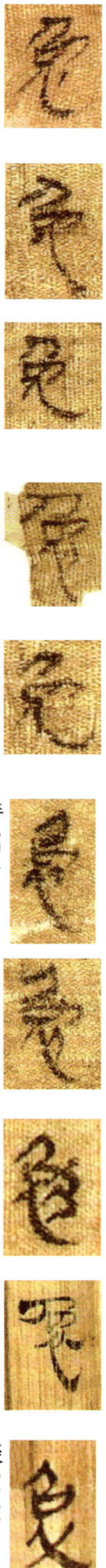

方94.30
方258.10
方320.6
方411.10
方442.3
養37.4
養204.9
胎5.11
合16.8
談31.39

遣一70.2
遣一83.2
遣一84.8
牌一18.2
遣三80.1
遣三125.2
遣三154.2
牌三20.2
牌三43.2
相50.50

冤

冤

養106.5

犬

方目1.18
方目1.21
方41.12
方56.2
方56.21
方60.3
方62.8
方64.2
方112.7
方113.5

方114.6
方316.12
方336.12
養67.11
養170.22
房12.6
房22.3
胎9.3
禁8.5
遣一41.1

遣一42.1
遣一46.6
遣一63.1
遣一64.1
遣一68.6
遣一302.2
遣三26.2
遣三190.1
遣三193.1
稱19.25

老乙31.35

狗

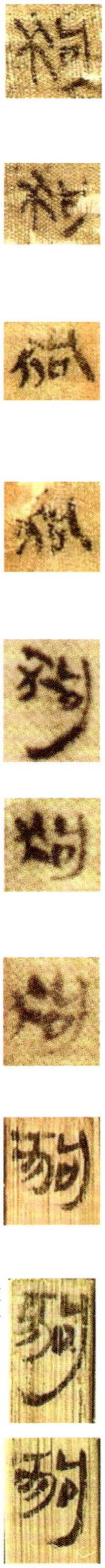

方275.7
養·殘52.7
胎20.9
胎23.8
戰231.11
老甲65.20
老甲101.24
遣一6.1
遣一19.1
遣一28.1

	狀		狎	犯		猛	倏
遺三 63.1	方 252.10	衷 30.15	⿰亻甲	春 89.18	稱 4.46	老甲 36.16	方 289.10
遺三 70.1	方 261.7	老乙 55.48	老乙 36.61	戰 142.19	稱 4.67		
遺三 76.1	方 279.1	老乙 55.50		出 15.26	星 56.8		
周 9.70	養 83.25	刑乙 58.3		出 20.6	星 63.42		
老乙 47.67	養 95.13	相 3.7		出 20.25	星 64.15		
	養 206.20	相 48.14		繫 7.38	星 66.46		
	老甲 117.28	相 64.34		經 1.26	星 70.3		
	老甲 117.30			經 20.49	刑乙 82.20		
	刑甲 114.5			經 57.47			
	二 8.80			經 61.42			

犮

周2.19
周46.2

戾

戰135.25
戰148.4
周30.9

獨

陽甲11.10
方17.10
方37.15
方209.1
方212.36
陽乙5.35
胎20.12
胎26.8
戰102.17
戰109.40
戰124.15
戰131.11
戰196.35
老甲130.8
老甲131.8
老甲132.5
五17.7
五60.17
五102.14
五103.13
五110.13
五113.11
五163.1
明5.9
明6.18
談1.19
談3.19
太5.9
周53.52
周57.58
二8.74
二10.31
二14.35
周·殘下30.18
稱20.3
稱20.8
道3.27
老乙61.50
老乙61.59
老乙62.4
老乙62.11
老乙65.64
星51.19
星67.18
相21.28
相66.30
相75.27

獵

明22.22
經31.39

臭

方 451.19 
養 1.1 
合 28.15 
繫 14.42 

獲

周 51.73 
二 33.34 

獲

養 50.8 

獲

九 44.22 
九 45.3 
周 39.28 
周 66.52 
周 82.45 

獾

繫 42.14 

貛

周 40.14 
周 69.79 

「獲」字或訛作與「貛」字異體「獾」同形。

獻

陰甲堪表 6.7 
春 28.3 
春 52.19 
戰 277.22 
昭 6.52 
星 75.5 
相 21.66 

獻

戰 9.19 
戰 14.21 
戰 28.5 
戰 41.8 
戰 55.33 
戰 87.27 
戰 97.10 
戰 110.37 
戰 223.33 

獻

星 4.8 

「獻」字所从「鬲」旁或變形音化作「果」。

狂

方 56.1 

方 57.2 

方 60.2 

太 1.28 

經 45.9 

老乙 52.55 

類

方 177.7 

方 261.8 

方 278.36 

方 317.13 

繫 33.25 

衷 30.27 

衷 30.61 

衷 36.6 

衷 36.13 

衷 44.15 

要 22.70 

繆 23.11 

繆 34.4 

十 2.24 

十 25.50 

老乙 5.16 

星 12.8 

星 13.11 

星 15.8 

相 3.8 

相 48.15 

狄

氣 2.378 

相 38.47 

猶

戰 73.33 

猷

五 35.16 

猶

戰 94.40
戰 184.11
戰 212.2
老甲 102.7
五 48.23
五 55.25
五 72.6
五 129.29
五 130.29
五 144.24
五 146.2
明 34.16
星 61.2

猷

方 126.8
春 15.13
戰 179.14
戰 200.36
五 117.6
二 5.36
二 7.43
二 14.13
二 14.61
二 14.74
二 16.42
二 28.56
繆 6.56
繆 7.28
繆 20.5
繆 51.26
昭 11.4
十 44.9
老乙 48.11
老乙 56.52
老乙 74.40
刑乙 60.18
方 399.4
導 1.8
稱 13.36
方 217.30
方 223.28

狐

周 39.30
周 77.6
相 4.43
相 50.52
相 50.66

昦*

陰甲·殘211.6

从犬从冃。

㬎*

周42.20

从犬从明，疑爲「昦」字異體，王弼本異文作「閔」。

獸*

「獸」字異體，卷十四嘼部重見。

獸*

「獸」字異體，卷十四嘼部重見。

頪*

方10.5

从犬頃聲，帛書中用爲「燔」。

狖

陰甲衍3.11

獄

陰甲上朔3.12

陰甲神上3.10

氣10.289

陰乙三合4.16

陰乙上朔34.8

陰乙傳勝圖1.32

出33.54

出34.17

出34.37

出35.17

周79.4

衷9.3

繆61.44

星21.38

鼠

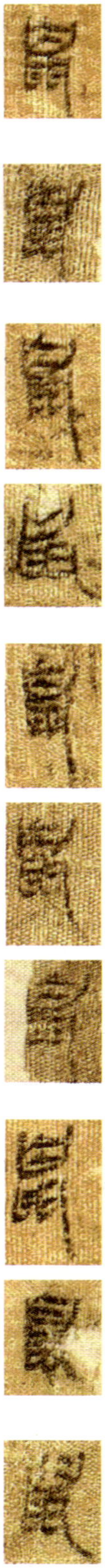

方 24.1
方 226.7
方 252.8
方 277.9
方 359.4
方 392.16
方 393.5
方 409.15
養 37.28
養 89.4

養圖 1.2
談 48.16
周 71.54

鼣

陰甲雜五 4.17

「鼠」字異體，加注「女」旁爲聲符。

鼢

方 23.9

能

方 30.13
方 32.11
方 35.8
方 121.16
方 259.22
方 281.6
方 392.7
養 77.5
養 215.2
房 42.9

胎 16.8
春 8.10
春 22.13
春 37.22
春 46.11
春 70.15
戰 8.15
戰 59.21
戰 61.30
戰 64.9

戰 64.22
戰 76.35
戰 84.8
戰 85.15
戰 86.32
戰 94.28
戰 114.20
戰 119.2
戰 134.27
戰 174.32

戰 175.5
戰 177.31
戰 188.35
戰 191.1
戰 200.38
戰 203.32
戰 212.4
戰 239.1
戰 261.16
戰 262.13

戰 279.27
戰 292.11
戰 292.15
戰 294.9
戰 295.27
戰 301.14
戰 306.9
老甲 16.3
老甲 54.32
老甲 59.22

老甲 62.2
老甲 62.15
老甲 69.2
老甲 69.11
老甲 74.6
老甲 74.12
老甲 87.8
老甲 104.11
老甲 105.4
老甲 106.15

老甲 108.12
老甲 137.20
老甲 164.12
老甲 164.23
五 9.12
五 9.18
五 11.14
五 15.19
五 15.24
五 16.24

五 37.17
五 37.24
五 38.5
五 38.13
五 53.15
五 53.20
五 53.24
五 53.29
五 54.8
五 57.5

五 57.12
五 57.33
五 62.17
五 64.17
五 64.26
五 65.20
五 66.5
五 67.21
五 70.20
五 76.14

五 79.13
五 79.18
五 82.5
五 84.13
五 85.3
五 101.19
五 137.9
五 137.16
五 137.23
五 137.27

五 139.7
五 141.9
五 141.22
五 141.28
五 142.5
五 142.18
五 142.24
五 179.4
五 180.2
五 181.3

九 1.35
九 24.27
九 24.32
九 28.9
九 35.4
九 35.15
九 35.18
九 47.13
九 48.6
明 1.22

明1.28 明5.13 明24.17 明30.1 德8.10 刑丙天5.26 刑丙天5.31 刑丙天5.38 陰乙傳勝圖1.15 問3.14

問12.13 問13.19 問16.17 問19.3 問21.10 問25.17 問27.7 問35.2 問41.13 問49.12

問56.26 問57.2 問57.21 問57.25 合3.13 合27.8 談55.16 談55.32 周4.32 周4.35

周33.76 周33.79 周37.17 周37.25 周80.28 二1.49 二1.62 二2.45 二2.66 二9.27

二31.61 二33.56 二33.62 二33.64 繫2.23 繫6.20 繫7.36 繫19.30 繫22.39 繫45.20

繫45.49 繫45.57 衷7.47 衷22.23 衷23.23 衷23.58 衷25.16 衷25.28 衷25.55 衷28.7

衷28.20 衷29.3 衷29.53 衷32.30 衷32.32 衷34.58 衷39.13 衷41.9 衷43.6 要8.13

要23.65 繆2.58 繆3.19 繆4.38 繆6.42 繆14.45 繆16.60 繆17.14 繆19.31 繆20.35

繆23.18	繆38.53	經11.47	經61.15	十16.52	十64.46	稱13.56	道4.31
繆26.31	繆38.60	經21.48	經69.54	十33.59	十64.49	稱17.13	道4.35
繆26.63	繆40.30	經22.8	經71.60	十45.41	十64.53	道1.52	道4.43
繆28.32	繆40.47	經23.4	經75.39	十46.53	十65.5	道1.56	道4.68
繆28.44	繆64.48	經23.8	經75.43	十46.62	稱1.59	道2.8	道5.3
繆29.49	昭3.10	經23.11	經76.25	十51.42	稱3.48	道3.18	道5.11
繆36.4	經7.34	經33.8	十1.38	十51.63	稱8.7	道3.24	道5.19
繆36.7	經8.33	經44.9	十3.19	十62.6	稱8.17	道3.35	道5.58
繆37.51	經8.62	經54.22	十16.9	十62.14	稱8.51	道4.18	老乙4.42
繆38.7	經11.43	經54.42	十16.45	十64.43	稱13.46	道4.25	老乙28.17

熊

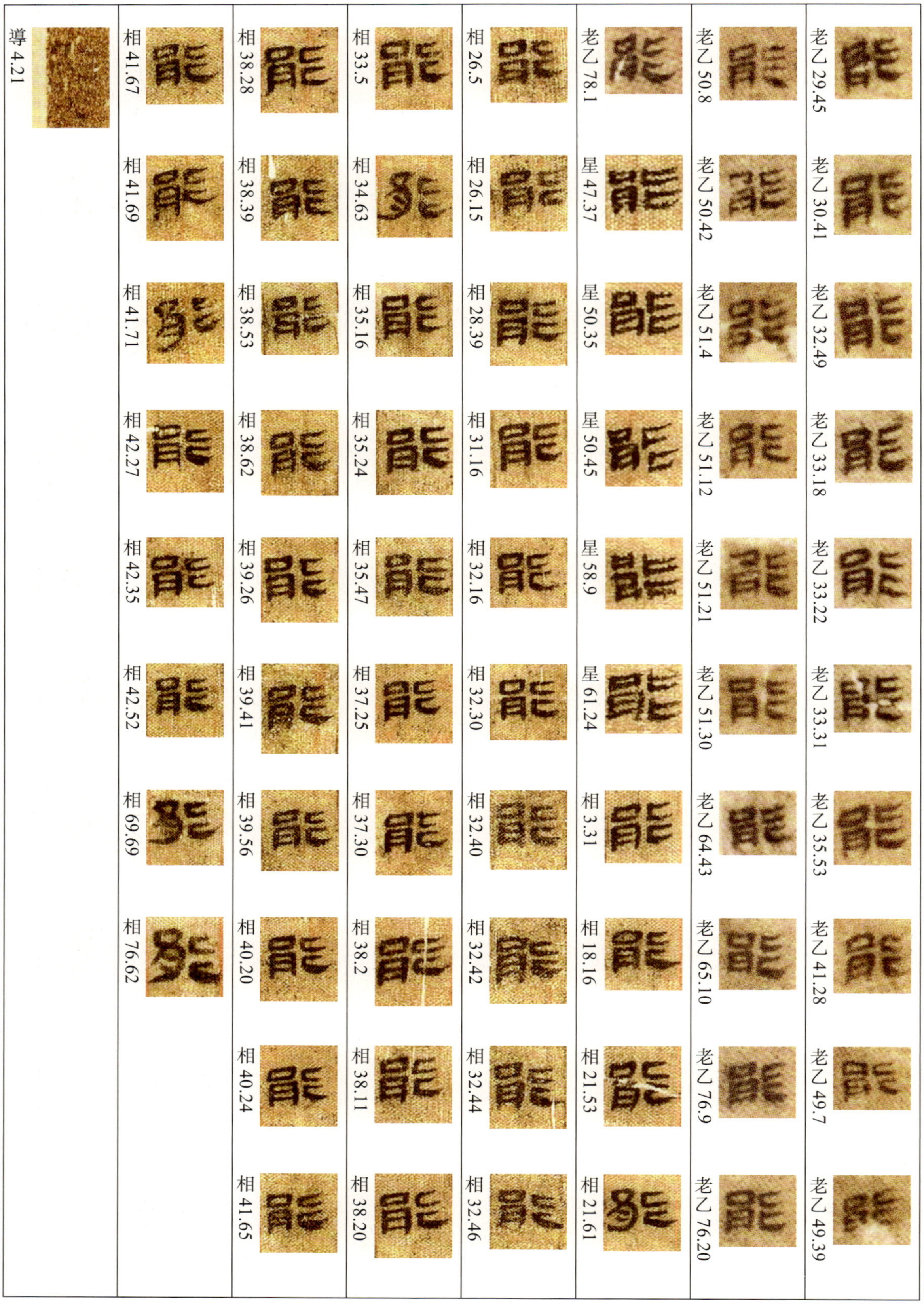

老乙29.45
老乙30.41
老乙32.49
老乙33.18
老乙33.22
老乙33.31
老乙35.53
老乙41.28
老乙49.7
老乙49.39
老乙50.8
老乙50.42
老乙51.4
老乙51.12
老乙51.21
老乙51.30
老乙64.43
老乙65.10
老乙76.9
老乙76.20
老乙78.1
星47.37
星50.35
星50.45
星58.9
星61.24
相3.31
相18.16
相21.53
相21.61
相26.5
相26.15
相28.39
相31.16
相32.16
相32.30
相32.40
相32.42
相32.44
相32.46
相33.5
相34.63
相35.16
相35.24
相35.47
相37.25
相37.30
相38.2
相38.11
相38.20
相38.28
相38.39
相38.53
相38.62
相39.26
相39.41
相39.56
相40.20
相40.24
相41.65
相41.67
相41.69
相41.71
相42.27
相42.35
相42.52
相69.69
相76.62
導4.21

火

陰甲上朔8L.1
陰甲衍3.26
陰甲祭三5.19
陰甲·殘60.4
方93.11
方128.14
方172.1
方175.6
方193.13
方269.3

方344.9
陽乙5.26
養4.7
養48.14
養139.2
胎7.10
氣1.50
刑甲88.17
刑甲91.22
刑甲101.8

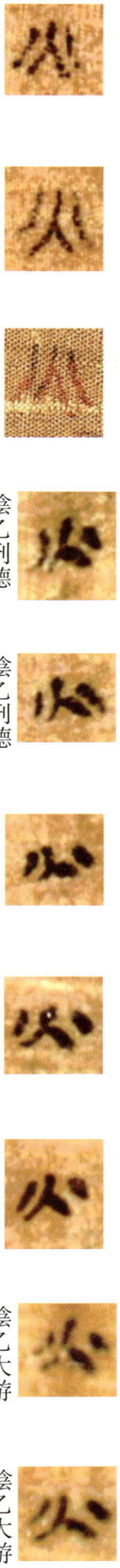

刑甲108.13
刑甲小游1.49
刑丙傳6.21
陰乙刑德29.12
陰乙刑德29.15
陰乙大游1.17
陰乙大游1.36
陰乙大游1.89
陰乙大游1.141
陰乙大游1.164

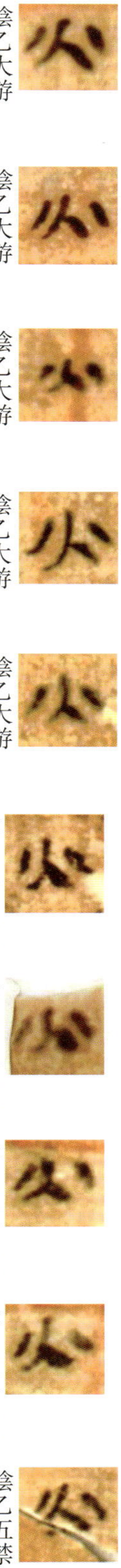

陰乙大游1.187
陰乙大游1.205
陰乙大游1.226
陰乙大游1.256
陰乙大游1.284
陰乙大游3.50
陰乙三合2.1
陰乙三合4.5
陰乙三合5.4
陰乙五禁11.34

陰乙五禁11.38
問87.20
問96.22
周73.18
衷21.54
衷24.22
要22.6
繆57.18
繆57.22
星23.3

星65.11
星65.27
刑乙17.6
刑乙17.9
刑乙19.23
刑乙45.4
刑乙小游1.142
相30.18

然

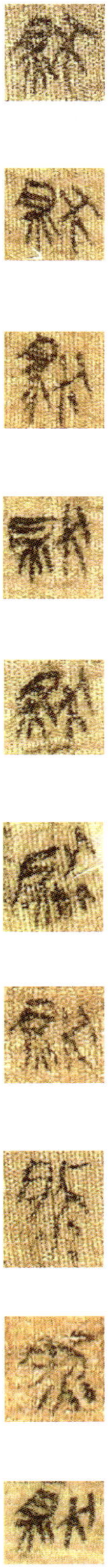

陽甲11.5
方51.11
方51.17
方261.14
方278.16
方278.35
方401.10
方482.6
陽乙5.32
養14.1

春 82.8	戰 126.27	戰 284.16	五 55.15	五 105.18	五 128.24	九 37.13	竹一 6.2
戰 51.29	戰 138.33	戰 320.20	五 57.10	五 110.15	五 137.8	九 44.4	周 69.14
戰 60.19	戰 141.4	戰 321.10	五 57.31	五 112.12	五 154.19	明 21.21	繫 26.66
戰 73.25	戰 183.27	戰 322.34	五 62.15	五 113.13	五 154.23	明 23.6	繫 31.39
戰 74.6	戰 185.16	戰 324.12	五 77.25	五 115.1	五 154.27	明 35.21	繫 31.45
戰 75.39	戰 201.15	戰 325.15	五 92.18	五 115.21	五 157.22	明 40.11	繫 45.2
戰 93.17	戰 212.17	老甲 138.12	五 97.13	五 121.3	五 165.5	德 3.13	衷 25.12
戰 102.6	戰 215.33	五 15.22	五 101.21	五 121.22	五 165.27	氣 10.177	衷 25.23
戰 122.21	戰 217.5	五 19.8	五 102.17	五 122.10	五 174.19	陰乙上朔 23.11	衷 36.64
戰 125.36	戰 253.30	五 55.1	五 104.19	五 128.16	九 34.6	遣一 95.2	要 13.29

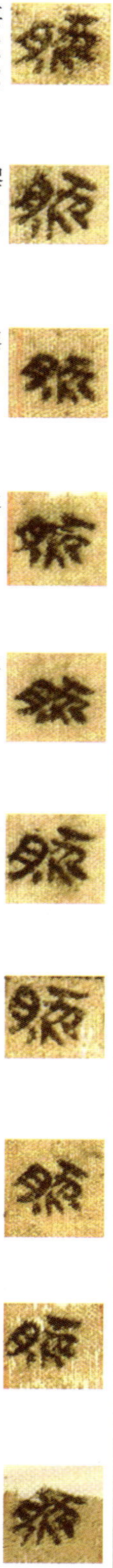

要16.22　繆1.63　繆16.49　繆23.45　繆26.49　繆26.62　繆28.1　繆32.58　繆35.33　繆36.47

繆37.6　繆41.55　繆45.58　昭4.66　經1.39　經9.9　經30.34　經48.31　經53.42　十10.25

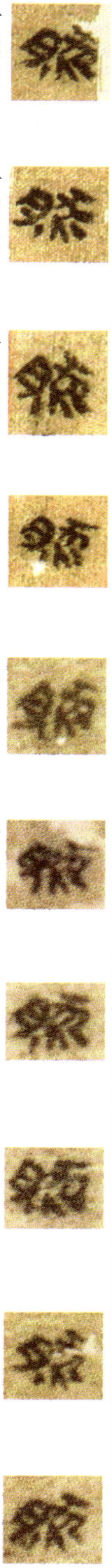

十23.14　十30.40　十43.22　十44.16　老乙13.32　老乙16.50　老乙19.20　老乙28.23　老乙59.20　老乙63.12

老乙64.64　老乙66.63　星57.27　相6.12　相53.38　相54.32　相60.66

⿱肰火

老甲125.16　五53.18

⿱⿰目犬火

問82.15

⿱肰示

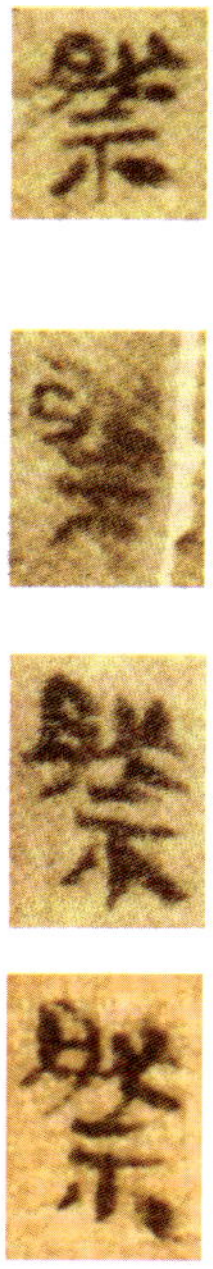

老甲28.14　老甲87.2　老甲134.21　五91.19

「然」字訛體，「祭」字或訛作與之同形，卷一示部重見。

⿱朋火

遺三93.1

「然」字誤寫。

燔

方8.2
方11.6
方23.17
方51.30
方90.10
方93.7
方100.2
方102.13
方132.4
方148.1
方150.11
方171.18
方192.16
方193.3
方250.13
方253.9
方260.6
方266.16
方279.23
方280.9
方283.10
方322.2
方323.2
方338.22
方351.25
方359.2
方360.2
方365.6
方367.10
方369.12
方408.2
方409.6
方444.6
方445.4
方446.2
方447.6
養172.1
養·殘76.2
養·殘149.1
房22.5
胎31.6
合28.17
禁7.6
禁8.7
經46.17
經72.45

燒

方191.12
方·殘11.6
氣1.52

烝

方46.7
方47.2
方224.9
方325.2
方441.2
方447.12
養·殘40.2
房8.14
射21.9
射22.11
射23.9
射24.9
五114.12
遣一125.1
遣一127.4
遣三143.3
遣三205.1
遣三206.1

炥

烝

養 72.1

炥

房 52.27

問 6.16

燋

方 449.2

炭

方 268.15

方 383.7

五 130.1

五 141.8

五 141.16

灰
灸

方 57.22

方 100.6

方 191.19

方 319.16

方 322.7

方 333.7

方 338.25

方 352.7

方 369.18

方 439.12

方 447.20

養 172.6

炊

方 36.2

方 85.17

方 94.26

方 175.3

方 175.10

方 242.4

方 254.17

方 275.17

方 343.4

方 344.4

方 386.17

方 398.5

方 426.7

方 448.26

方 457.6

方 480.17

去 1.43

去 2.1

去 2.14

養 5.3

煎

養22.7
養48.9
養109.18
養109.22
老甲134.25
遣三33.6
遣三34.7
老乙63.16

方16.13
方44.16
方48.14
方317.11
養62.1
遣一126.1
遣一127.6
遣三145.1
牌三11.1

熬

方61.23
方228.19
方300.14
方326.6
方327.7
方351.9
方429.11
問15.7
禁9.15
牌一18.1

牌一19.1
牌一20.1
牌一21.1
牌一22.1
牌一24.1
牌一26.1
遣三116.1
遣三117.1
遣三118.1
遣三119.1

遣三120.1
遣三121.1
遣三122.1
遣三123.1
遣三154.1
遣三155.1
遣三189.1
牌三1.1
牌三6.1
牌三43.1

熬

遣一69.1
遣一70.1
遣一71.1
遣一72.1
遣一73.1
遣一74.1
遣一75.1
遣一76.1
遣一77.1

遣一78.1
遣一79.1
遣一80.4
牌三3.1
牌三4.1
牌三5.1
牌三15.1
牌三18.1
牌三21.1
牌三45.1

牌三52.1

尉　爤　穮　炮

䵅

方 307.7

《說文》或體。

⿰火囂

方 25.12

方 31.25

炮

方 271.18

遣三 215.1

煏

方 5.11

方 6.1

方 383.5

方 383.14

爤

方 298.2

尉

刑甲 132.5

衷 42.2

方 31.9

方 32.4

方 33.2

方 46.25

方 260.14

方 277.12

方 413.7

方 444.25

射 23.10

射 24.11

方 32.15

方 32.19

方 46.10

方 47.3

方 62.5

方 287.12

方 325.7

方 360.29

方 376.24

方441.6 
遺一268.5 

灸

談17.28 

煉

候2.10 

燭

遺一239.2 
遺三375.2 
相8.52 

炧

炨

陽乙12.33 

[illegible]

陽甲30.7 

焠

方172.3 

焚 燓

炃

戰161.4 

爒（燎）

氣 10.55

爑

焦

方 25.14

方 150.8

房 46.26

道 2.3

星 12.12

星 14.12

相 8.28

相 27.44

相 27.63

相 55.62

《說文》或體。

烖

材

經 74.48

經 75.62

煙

方 268.25

方 281.5

方 282.3

燿

養 203.11

煇

陽甲 17.1

陽乙 8.28

光

去 3.34

去 8.20

老甲 31.8

老甲 38.23

氣 2.203

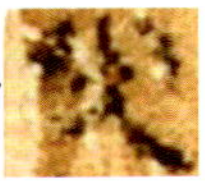
氣 10.137

刑甲 12.7

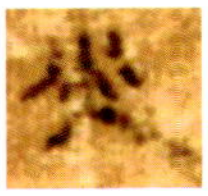
刑甲 12.15

刑丙天 3.23

刑丙天 8.1

熱

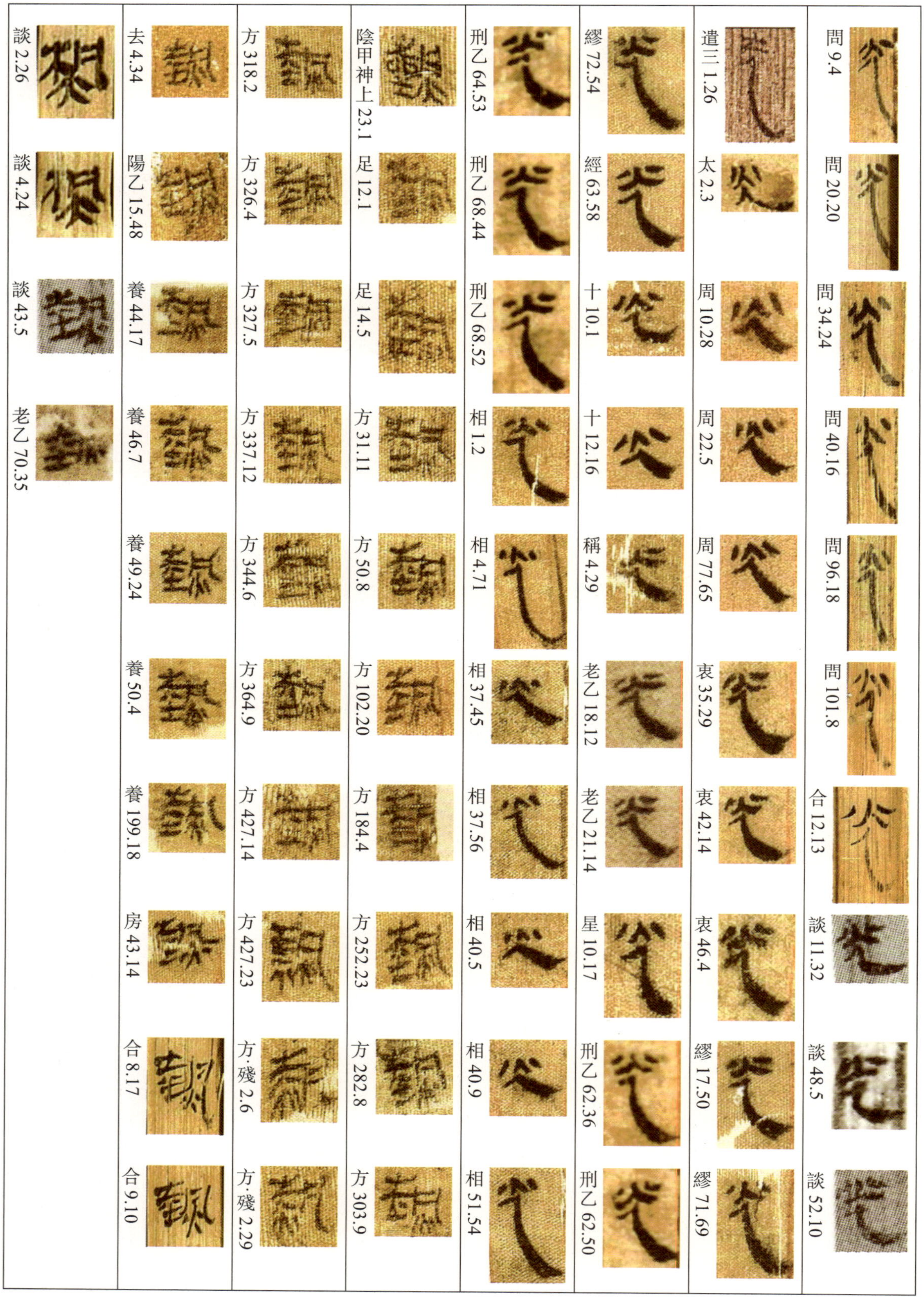

問9.4 問20.20 問34.24 問40.16 問96.18 問101.8 合12.13 談11.32 談48.5 談52.10

遣三1.26 太2.3 周10.28 周22.5 周77.65 衷35.29 衷42.14 衷46.4 繆17.50 繆71.69

繆72.54 經63.58 十10.1 十12.16 稱4.29 老乙18.12 老乙21.14 星10.17 刑乙62.36 刑乙62.50

刑乙64.53 刑乙68.44 刑乙68.52 相1.2 相4.71 相37.45 相37.56 相40.5 相40.9 相51.54

陰甲神上23.1 足12.1 足14.5 方31.11 方50.8 方102.20 方184.4 方252.23 方282.8 方303.9

方318.2 方326.4 方327.5 方337.12 方344.6 方364.9 方427.14 方427.23 方·殘2.6 方·殘2.29

去4.34 陽乙15.48 養44.17 養46.7 養49.24 養50.4 養199.18 房43.14 合8.17 合9.10

談2.26 談4.24 談43.5 老乙70.35

煖　炅　炕　燥　烕

炅

老甲 18.16

老甲 151.23

从火日聲，「熱」字異體。與《說文》本卷訓爲「見也」的「炅」字同形。

炅

導 4.7

「炅」字訛體，「火」旁訛作「大」形。

脈 2.7

《說文》：「炅，見也。从火、日。」馬王堆簡帛中「炅」是「熱」字異體，字形詳見本卷「熱」字下。

衷 22.66

衷 30.49

衷 31.47

衷 32.4

方 29.9

方 120.8

方 129.10

胎 10.2

十 33.56

方 268.26

春 8.14

九 6.13

九 41.2

九圖 1.1

氣 10.141

經 26.57

經 27.19

經 40.51

經 55.10

經 57.62

經 73.52

經 76.61

相 6.24

相 20.56

相 53.50

相 72.10

爍

太·殘1.1 

⿺幾火

周91.32 

⿰火内*

老甲18.10 

炻*

「庶」字異體，卷九广部重見。

⿰火世*

方281.7 

⿱去火*

从火从去，音義待考。

⿱自火*

「爨」字異體，卷三爨部重見。

煮

《説文》「䰞」字或體，詳見卷三䰜部。

⿰火罙*

方 482.4

⿰火㐭*

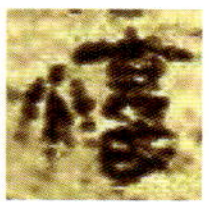
方 437.7

勲*

周 58.15

爂*

「爨」字異體，卷三爨部重見。

炎

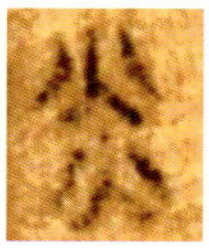
刑甲小游 1.117

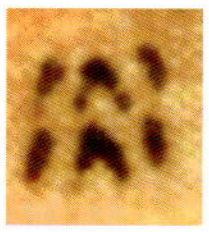
刑乙小游 1.90

相 30.20

相 30.62

黑

陰甲雜四 13.5

候 3.5

方 25.15

方 174.19

方 272.25

方 454.26

去 4.17

去 8.25

陽乙 5.17

養 65.24

養 67.9

養 137.1

射 10.9

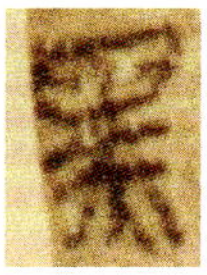
戰 191.33

老甲 149.5

氣 6.393

氣 7.142

氣 9.42

氣 9.208

氣 9.267

氣 10.89

氣 10.99

氣 10.105

氣 10.225

刑甲 28.11

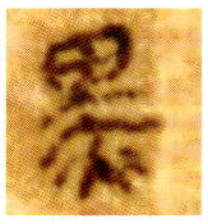
刑甲 45.26

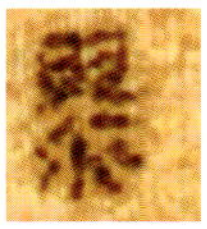
刑甲 46.10

問 8.18

遺三 320.1

衷 42.25

繆 70.41
繆 70.61
經 3.43
十 3.28
十 3.46
十 3.50
十 3.52
十 4.27
十 8.40
十 19.52

十 22.24
十 24.20
十 30.4
十 30.30
十 42.42
十 43.20
十 44.14
十 45.24
十 60.24
十 60.61

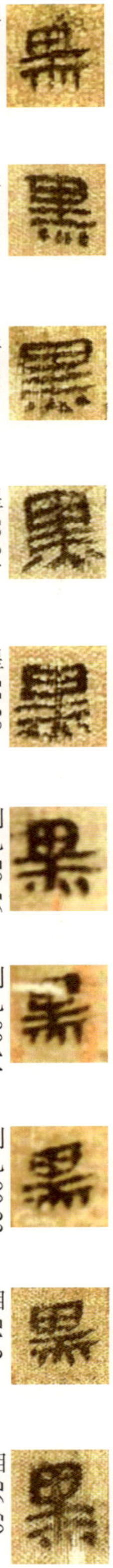

稱 24.19
星 19.6
星 26.1
星 52.24
星 55.28
刑乙 79.56
刑乙 90.14
刑乙 90.23
相 71.2
相 76.59

黔

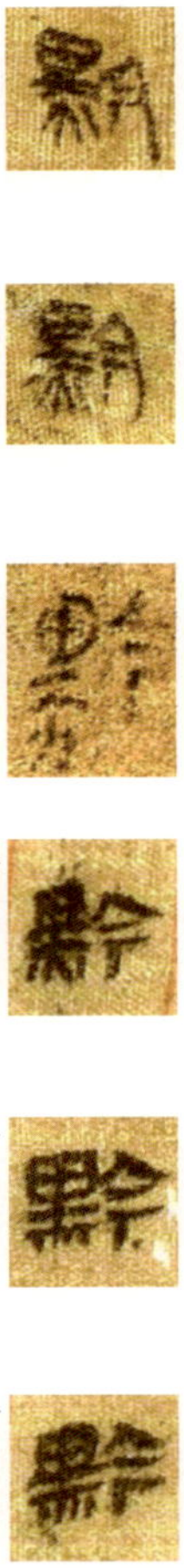

方 44.4
方 275.31
木 34.13
繆 23.67
十 30.9
十 31.19

黨

春 63.30
春 64.14
春 65.4
戰 89.3
戰 112.29
戰 167.20
戰 168.5
戰 183.18
戰 229.12
九 15.23

九 23.18
九 28.25
九 44.12
繆 22.33
繆 23.54
繆 24.15
經 13.25

黭

陽甲 30.5
陽乙 12.31

黟

問 91.16

恖

五 14.23

五 26.22

五 29.11

德 11.5

二 13.15

⿱凶心

陰甲室 1.18

⿱凶立

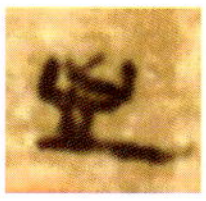
陰乙文武 13.41

「恖」字訛體。

熒

陰甲祭一 A14L.6

陰甲祭一 A15L.3

陰甲祭一 B05L.3

陰甲祭一 B13L.6

陰甲神上 12.14

陰甲神上 16.11

陰甲神上 21.4

陰甲神上 22.14

陰甲堪法 5.8

陰甲堪法 5.20

陰甲祭二 9L.8

戰 98.28

氣 7.6

荧

氣 6.105

炙

方 71.5

方 122.21

方 123.25

方 123.28

方 145.2

方 164.3

方 193.14

方 216.2

方 245.7

方 295.3

赤

方 298.23
方 315.2
方 349.12
方 352.19
方 354.9
方 356.10
方 360.27
方 364.5
方 368.10
方 387.15

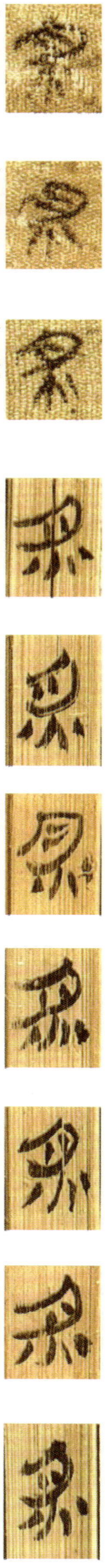

方 424.6
方 426.13
方·殘 1.10
遣一 38.2
遣一 39.3
遣一 40.3
遣一 41.4
遣一 42.3
遣一 43.2
遣一 44.2

遣一 45.1
遣一 46.12
遣一 76.2
牌一 11.2
牌一 12.2
牌一 24.2
遣三 127.1
遣三 137.2
遣三 143.1
遣三 150.2

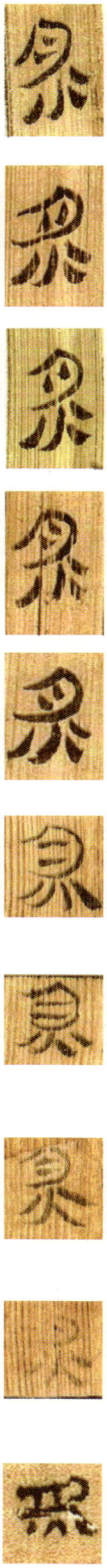

遣三 151.2
遣三 186.3
遣三 187.3
遣三 188.4
遣三 189.2
牌三 5.2
牌三 13.1
牌三 26.2
牌三 39.1
周 71.53

彔

方 55.4

「灸」字訛體，「火」旁訛作「水」形。

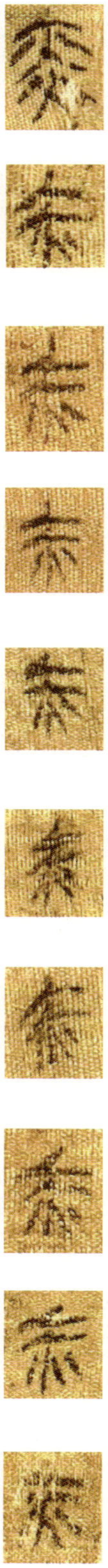

陰甲雜二 1.7
方 3.10
方 71.13
方 131.6
方 179.6
方 336.8
方 350.3
方 448.15
方 465.15
養 81.8

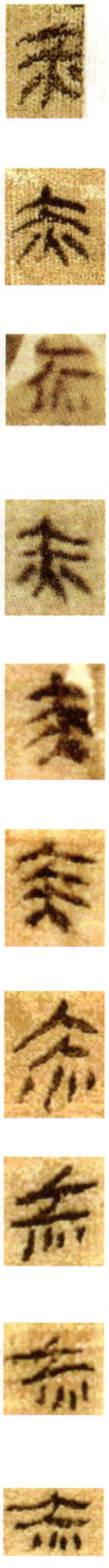

養圖 1.8
射 10.5
戰 317.18
老甲 36.6
五 107.18
五 108.18
氣 6.8
氣 6.115
氣 6.185
氣 8.4

氣 8.11
氣 8.40
氣 9.34
氣 9.46
氣 9.128
氣 9.136
氣 9.206
氣 9.217
氣 9.265
氣 10.66

赨

氣10.73　氣10.79　氣10.118　氣10.208　氣10.266　氣10.305　刑甲4.34　刑甲6.26　刑甲6.38　刑甲11.40

刑甲28.3　刑甲30.25　刑甲30.34　刑甲33.18　刑甲33.26　刑甲38.16　刑丙刑21.2　遣一240.5　遣一252.11　遣一257.9

遣一264.7　遣一265.6　遣一268.8　遣一276.8　遣一281.7　遣三305.1　遣三344.6　遣三347.1　遣三349.8　遣三361.1

遣三363.1　遣三387.5　太1.15　周63.12　老乙16.61　星23.6　星25.8　星25.42　星53.11　星55.13

星56.4　刑乙62.6　刑乙62.13　刑乙62.23　刑乙62.37　刑乙64.13　刑乙65.14　刑乙65.28　刑乙79.48　刑乙81.18

刑乙81.26　刑乙83.5　刑乙83.13　相16.49　相45.49　相74.31

《說文》：「赨，赤色也。从赤、蟲省聲。」帛書中「赨」是「螫」字異體，字形詳見卷十三「螫」字下。

⿰赤余

胎14.8　胎15.7

大　赫

赫

房41.15

春15.2
木57.6
木57.15
老乙17.2

大

陰甲雜一5.12
陰甲天一6.1
陰甲天一7.12
陰甲天一8.1
陰甲天一13.25
陰甲天地2.35
陰甲天地3.34
陰甲上朔1.5
陰甲上朔1.37
陰甲上朔5.2

陰甲祭一A04L.14
陰甲祭一A07L.18
陰甲祭一A09L.14
陰甲祭一A10L.20
陰甲祭一B11L.14
陰甲神上2.9
陰甲雜三2.6
陰甲雜三2.9
陰甲雜三5.3
陰甲雜三9.2

陰甲衍2.25
陰甲衍5.6
陰甲雜四16.32
陰甲室3.31
陰甲室3.40
陰甲室3.52
陰甲室6.29
陰甲室7.5
陰甲室7.25
陰甲室7.33

陰甲室8.10
陰甲室8.14
陰甲室8.30
陰甲室9.15
陰甲室10.13
陰甲雜五3.8
陰甲雜五4.11
陰甲雜六5.4
陰甲堪法9.17
陰甲堪法10.23

陰甲堪表4.14
陰甲刑日3.9
陰甲諸日1.13
陰甲祭三2.23
陰甲祭三4.23
陰甲祭三6.25
陰甲·殘113.1
陰甲·殘149.2
陰甲·殘295.2
足17.5

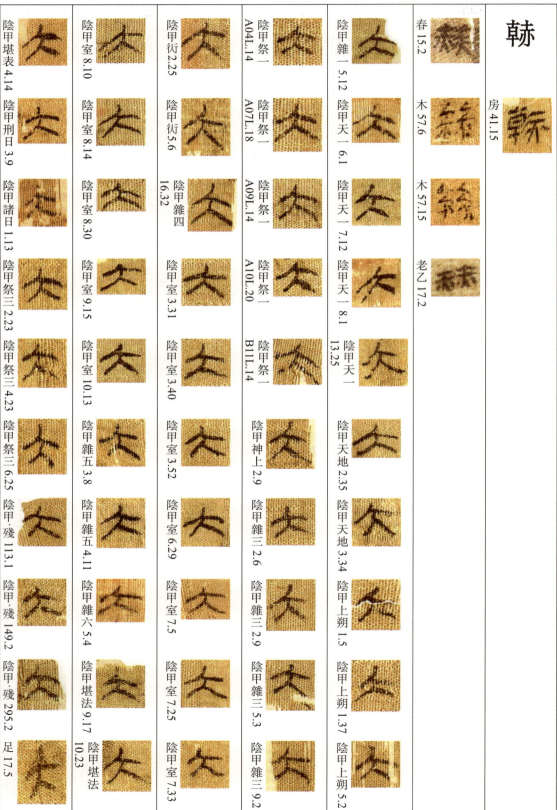

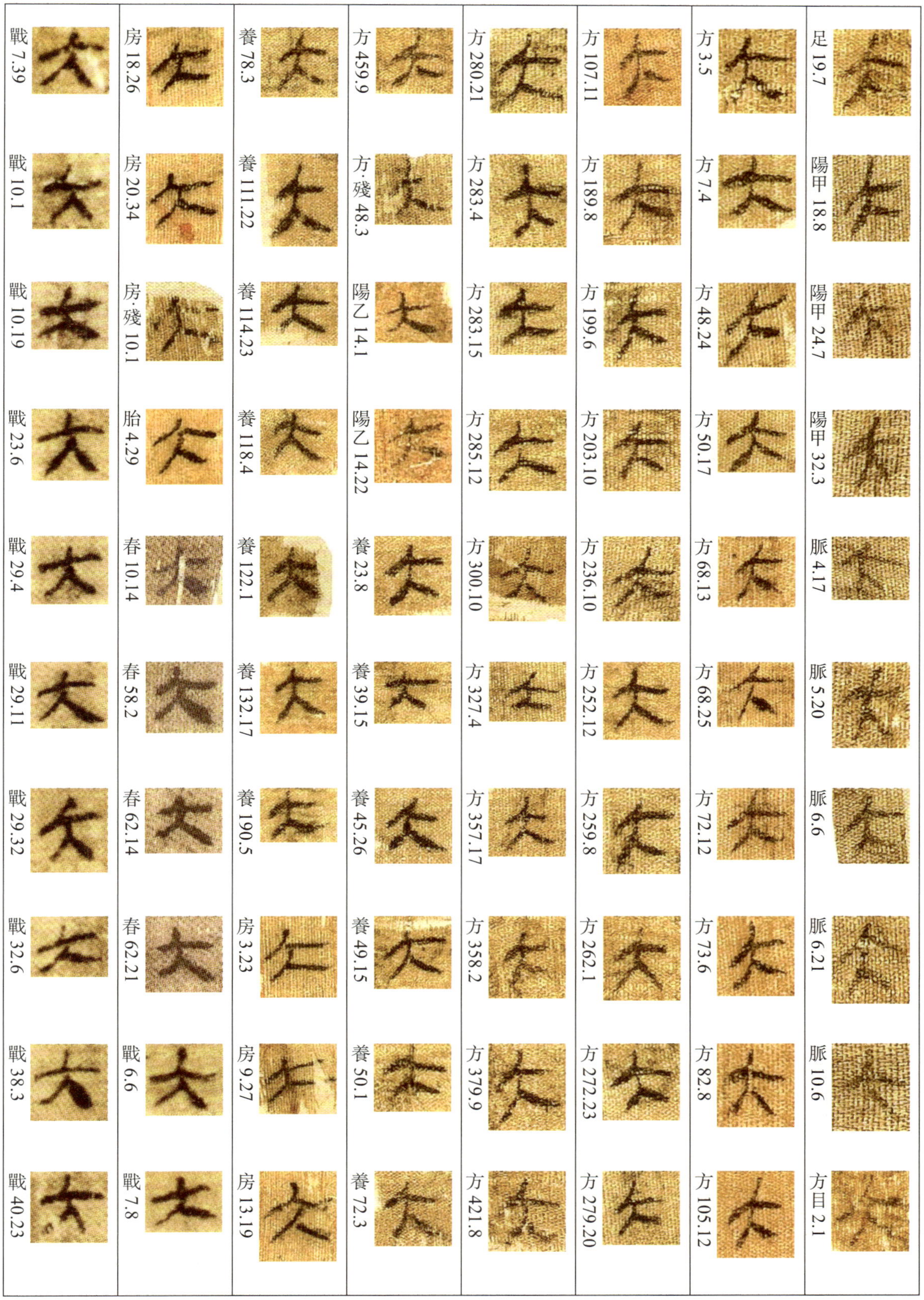

足19.7 陽甲18.8 陽甲24.7 陽甲32.3 脈4.17 脈5.20 脈6.6 脈6.21 脈10.6 方目2.1

方3.5 方7.4 方48.24 方50.17 方68.13 方68.25 方72.12 方73.6 方82.8 方105.12

方107.11 方189.8 方199.6 方203.10 方236.10 方252.12 方259.8 方262.1 方272.23 方279.20

方280.21 方283.4 方283.15 方285.12 方300.10 方327.4 方357.17 方358.2 方379.9 方421.8

方459.9 方·殘48.3 陽乙14.1 陽乙14.22 養23.8 養39.15 養45.26 養49.15 養50.1 養72.3

養78.3 養111.22 養114.23 養118.4 養122.1 養132.17 養190.5 房3.23 房9.27 房13.19

房18.26 房20.34 房·殘10.1 胎4.29 春10.14 春58.2 春62.14 春62.21 戰6.6 戰7.8

戰7.39 戰10.1 戰10.19 戰23.6 戰29.4 戰29.11 戰29.32 戰32.6 戰38.3 戰40.23

戰 41.19	戰 43.21	戰 54.13	戰 72.1	戰 79.18	戰 99.18	戰 132.28	戰 134.16	戰 141.19	戰 149.6
戰 151.17	戰 152.3	戰 156.3	戰 157.44	戰 158.6	戰 162.4	戰 167.14	戰 169.8	戰 173.3	戰 184.18
戰 186.19	戰 186.35	戰 187.11	戰 187.15	戰 187.19	戰 188.13	戰 189.23	戰 191.2	戰 192.9	戰 195.34
戰 199.35	戰 205.4	戰 206.3	戰 209.21	戰 212.15	戰 214.24	戰 250.17	戰 251.6	戰 254.13	戰 258.9
戰 262.9	戰 262.21	戰 265.13	戰 269.20	戰 270.9	戰 279.1	戰 286.15	戰 288.1	戰 290.3	戰 290.8
戰 296.11	戰 300.4	戰 304.3	戰 307.13	老甲 4.15	老甲 17.31	老甲 19.14	老甲 19.20	老甲 48.8	老甲 49.5
老甲 49.23	老甲 53.24	老甲 54.18	老甲 54.30	老甲 81.18	老甲 81.24	老甲 85.21	老甲 91.5	老甲 113.11	老甲 114.13
老甲 114.22	老甲 124.5	老甲 125.19	老甲 129.8	老甲 142.2	老甲 142.4	老甲 142.7	老甲 142.12	老甲 147.23	老甲 152.13

箭 44.1	周 1.23	周 1.58	周 2.12	周 2.37	周 2.61	周 4.48	周 5.14	周 5.20	周 7.9
周 7.60	周 10.53	周 19.2	周 20.7	周 20.51	周 22.11	周 24.12	周 24.40	周 24.53	周 28.22
周 34.39	周 35.12	周 44.45	周 48.14	周 49.48	周 50.69	周 51.58	周 54.1	周 55.7	周 55.19
周 59.9	周 59.15	周 59.75	周 62.5	周 77.37	周 88.9	周 90.10	周 90.58	周 91.48	周 92.9
周 92.17	二 1.22	二 2.37	二 4.28	二 5.23	二 6.40	二 6.69	二 7.13	二 7.63	二 10.60
二 11.9	二 11.23	二 11.60	二 15.33	二 15.69	二 17.6	二 17.37	二 19.22	二 20.1	二 23.25
二 24.20	二 24.27	二 24.42	二 32.11	二 32.30	二 35.36	二 36.18	二 36.27	二 36.33	繫 2.11
繫 2.51	繫 5.40	繫 5.71	繫 8.60	繫 8.69	繫 9.38	繫 10.6	繫 10.25	繫 24.29	繫 24.36

陰乙傳勝圖 1.43	陰乙傳勝圖 1.66	陰乙傳勝圖 1.68	陰乙天一 17.1	陰乙天一 20.12	陰乙天一 23.2	陰乙天一 23.7	陰乙天一 31.2	陰乙天一 33.2	陰乙天一 34.4
陰乙·殘 4.4	出 9.18	出 20.10	出 24.50	出 25.10	出 25.16	出 26.21	出 26.29	出 26.43	出 27.26
出 33.14	出 33.41	出 33.47	出 34.14	出 34.30	出 35.14	木 1.1	木 1.35	木 2.16	木 4.23
木 7.11	木 7.18	木 10.11	木 10.19	木 25.10	木 27.7	木 31.13	木 32.14	木 34.5	木 34.17
木 34.23	木 62.14	問 8.6	問 9.5	問 12.21	問 13.27	問 53.8	問 57.7	問 64.17	問 67.15
合 9.6	合 30.15	談 4.6	談 4.12	談 41.31	談 45.5	談 45.11	遣一 184.3	遣一 189.3	遣一 191.8
遣一 218.4	遣一 241.1	遣一 264.9	遣一 279.1	遣一 281.2	遣一 296.4	遣三 19.1	遣三 22.1	遣三 41.1	遣三 44.1
遣三 263.3	遣三 268.3	遣三 368.3	遣三 375.1	遣三 377.4	遣三 385.1	遣三 387.2	喪 6.2	宅 3.8	大 4.1

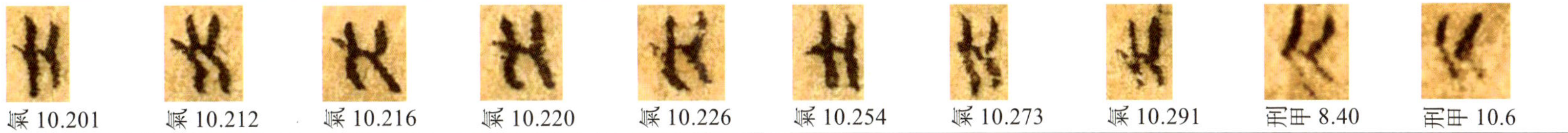

氣 10.201	氣 10.212	氣 10.216	氣 10.220	氣 10.226	氣 10.254	氣 10.273	氣 10.291	刑甲 8.40	刑甲 10.6

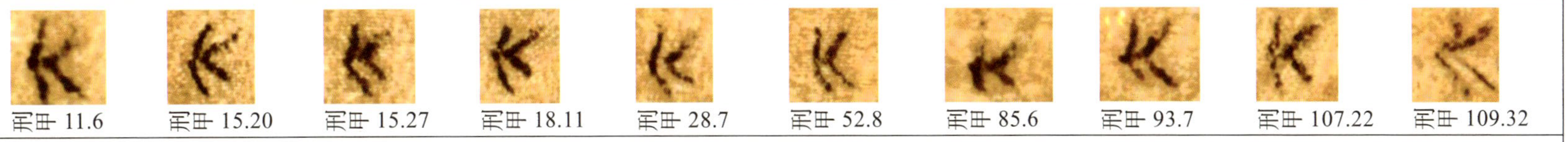

刑甲 11.6	刑甲 15.20	刑甲 15.27	刑甲 18.11	刑甲 28.7	刑甲 52.8	刑甲 85.6	刑甲 93.7	刑甲 107.22	刑甲 109.32

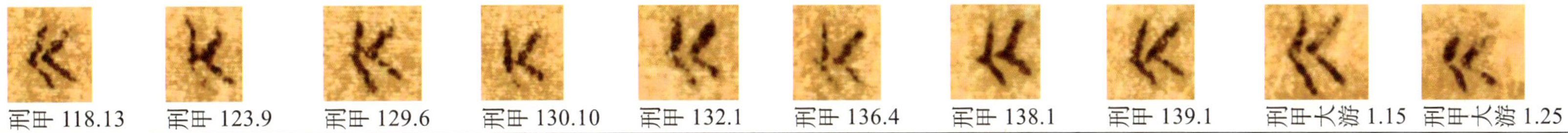

刑甲 118.13	刑甲 123.9	刑甲 129.6	刑甲 130.10	刑甲 132.1	刑甲 136.4	刑甲 138.1	刑甲 139.1	刑甲大游 1.15	刑甲大游 1.25

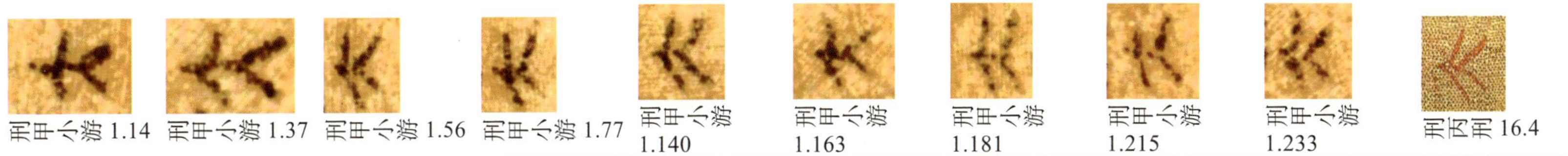

刑甲小游 1.14	刑甲小游 1.37	刑甲小游 1.56	刑甲小游 1.77	刑甲小游 1.140	刑甲小游 1.163	刑甲小游 1.181	刑甲小游 1.215	刑甲小游 1.233	刑丙刑 16.4

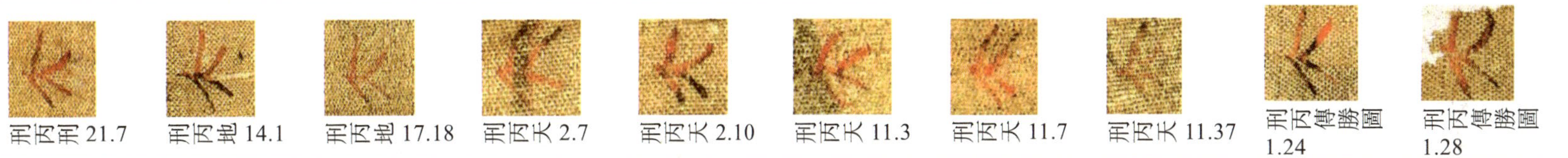

刑丙刑 21.7	刑丙地 14.1	刑丙地 17.18	刑丙天 2.7	刑丙天 2.10	刑丙天 11.3	刑丙天 11.7	刑丙天 11.37	刑丙傳勝圖 1.24	刑丙傳勝圖 1.28

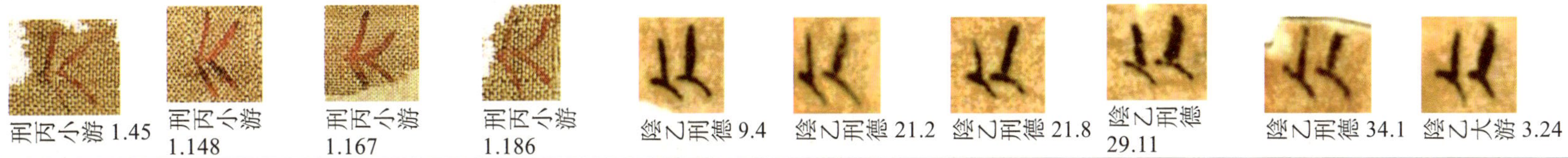

刑丙小游 1.45	刑丙小游 1.148	刑丙小游 1.167	刑丙小游 1.186	陰乙刑德 9.4	陰乙刑德 21.2	陰乙刑德 21.8	陰乙刑德 29.11	陰乙刑德 34.1	陰乙大游 3.24

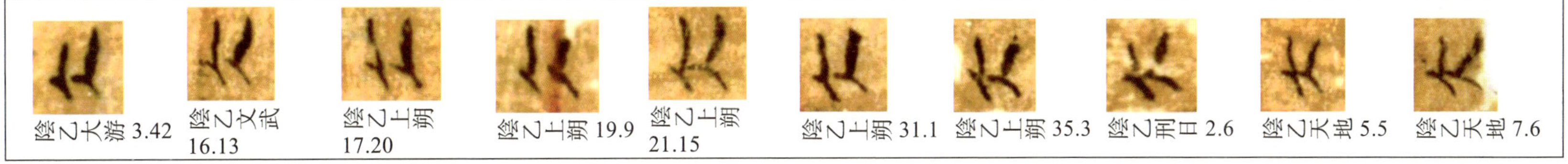

陰乙大游 3.42	陰乙文武 16.13	陰乙上朔 17.20	陰乙上朔 19.9	陰乙上朔 21.15	陰乙上朔 31.1	陰乙上朔 35.3	陰乙刑日 2.6	陰乙天地 5.5	陰乙天地 7.6

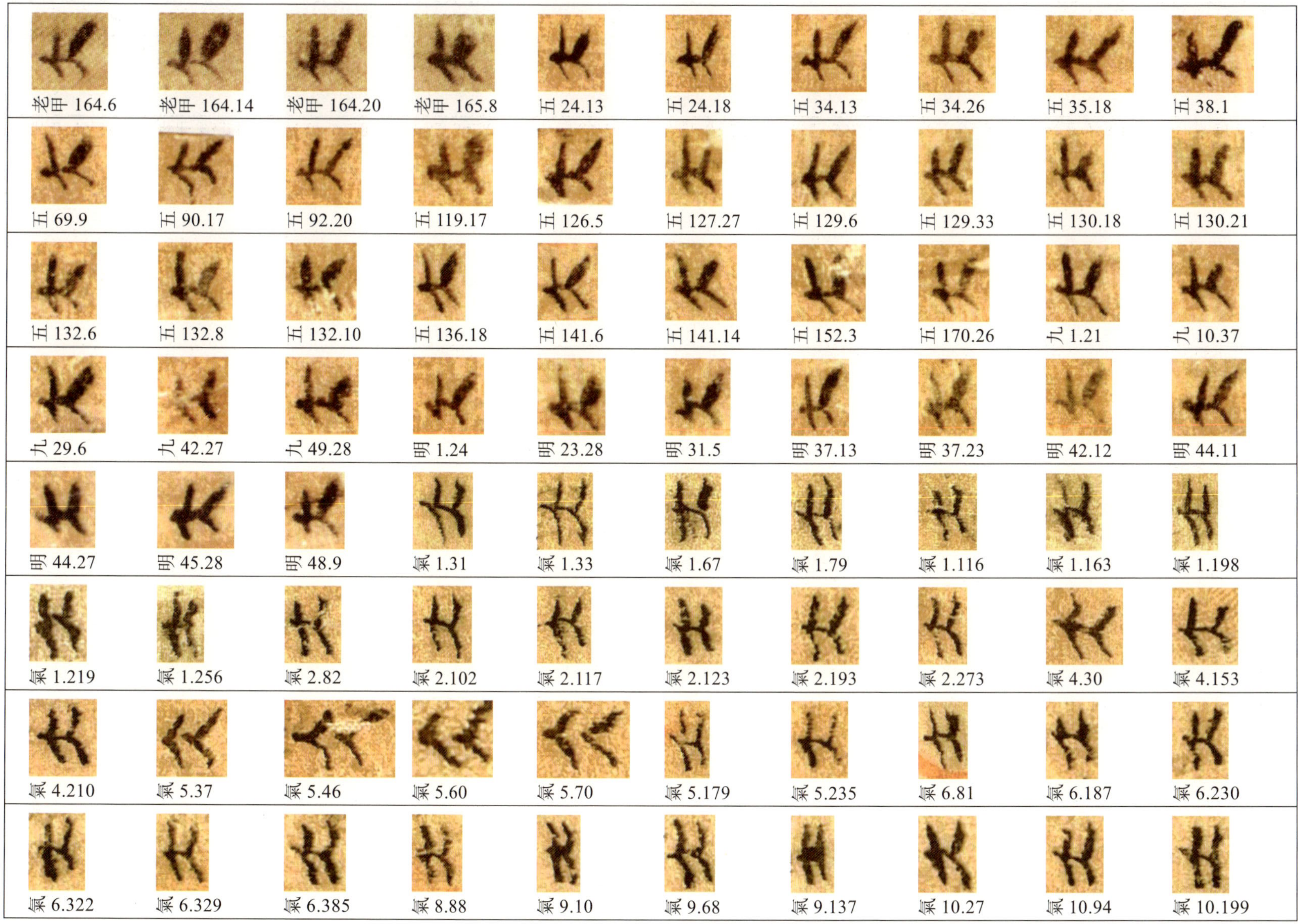
老甲 164.6 老甲 164.14 老甲 164.20 老甲 165.8 五 24.13 五 24.18 五 34.13 五 34.26 五 35.18 五 38.1
五 69.9 五 90.17 五 92.20 五 119.17 五 126.5 五 127.27 五 129.6 五 129.33 五 130.18 五 130.21
五 132.6 五 132.8 五 132.10 五 136.18 五 141.6 五 141.14 五 152.3 五 170.26 九 1.21 九 10.37
九 29.6 九 42.27 九 49.28 明 1.24 明 23.28 明 31.5 明 37.13 明 37.23 明 42.12 明 44.11
明 44.27 明 45.28 明 48.9 氣 1.31 氣 1.33 氣 1.67 氣 1.79 氣 1.116 氣 1.163 氣 1.198
氣 1.219 氣 1.256 氣 2.82 氣 2.102 氣 2.117 氣 2.123 氣 2.193 氣 2.273 氣 4.30 氣 4.153
氣 4.210 氣 5.37 氣 5.46 氣 5.60 氣 5.70 氣 5.179 氣 5.235 氣 6.81 氣 6.187 氣 6.230
氣 6.322 氣 6.329 氣 6.385 氣 8.88 氣 9.10 氣 9.68 氣 9.137 氣 10.27 氣 10.94 氣 10.199

繫24.45	繫24.51	繫24.68	繫32.14	繫32.21	繫36.72	繫37.34	繫37.61	繫42.38	繫43.31
繫44.36	衷1.30	衷5.38	衷5.45	衷9.38	衷25.35	衷27.33	衷30.10	衷32.8	衷32.43
衷34.29	衷38.67	衷39.37	衷49.38	繆14.13	繆16.23	繆16.32	繆16.50	繆18.64	繆20.7
繆21.19	繆23.12	繆34.20	繆35.7	繆36.59	繆37.15	繆38.2	繆48.28	繆48.52	繆49.19
繆56.15	繆57.4	繆62.24	繆62.57	繆63.11	繆66.10	繆70.52	繆70.67	昭6.42	昭8.56
周·殘上14.3	經8.8	經24.57	經26.21	經26.41	經26.54	經27.2	經28.49	經41.25	經42.59
經60.26	經61.35	經61.59	經67.17	經71.47	經74.11	十2.26	十16.3	十27.5	十37.53
十48.33	十49.12	十50.50	十50.54	十60.26	十60.63	稱11.44	稱16.7	稱19.34	稱22.47

稱22.65	道1.8	道1.62	道1.65	道3.22	道4.44	道6.29	道6.66	道7.9	老乙2.33
老乙4.57	老乙5.21	老乙5.40	老乙5.44	老乙8.16	老乙15.3	老乙15.9	老乙22.3	老乙23.16	老乙23.29
老乙23.34	老乙23.67	老乙29.27	老乙32.39	老乙38.67	老乙39.3	老乙40.49	老乙53.31	老乙54.7	老乙59.22
老乙66.22	老乙66.33	老乙66.35	老乙66.37	老乙66.45	老乙68.60	老乙69.82	老乙70.49	老乙76.3	老乙76.11
老乙76.17	老乙76.22	老乙76.24	老乙76.35	星1.6	星9.2	星18.8	星18.34	星19.14	星19.29
星20.8	星20.33	星21.11	星24.41	星32.48	星34.10	星34.36	星34.40	星34.51	星35.17
星39.16	星41.4	星42.12	星42.59	星43.37	星44.43	星47.47	星48.18	星48.26	星48.34
星49.15	星49.31	星49.37	星50.5	星50.12	星51.4	星51.17	星51.26	星53.5	星53.30

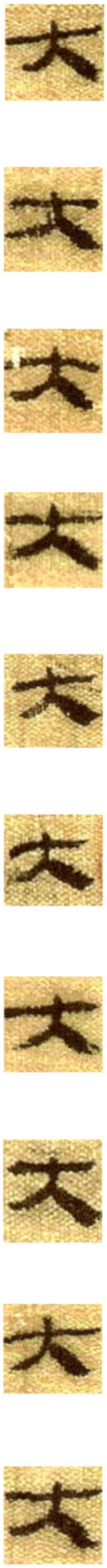
星53.43 星59.11 星60.13 星65.4 星65.36 星65.40 星66.8 星66.42 星68.15 星68.18

星69.22 星69.51 星71.28 星72.13 星74.22 星88.55 星121.7 刑乙1.6 刑乙6.3 刑乙17.5

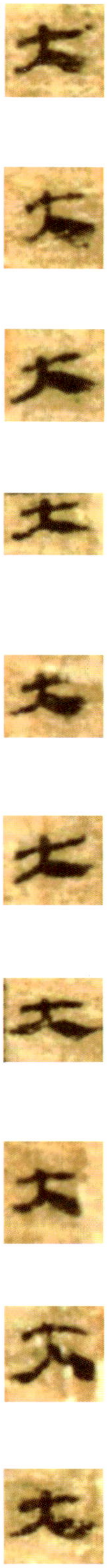
刑乙25.9 刑乙27.26 刑乙28.19 刑乙29.2 刑乙37.13 刑乙41.15 刑乙62.47 刑乙67.29 刑乙67.65 刑乙68.36

刑乙70.48 刑乙70.55 刑乙79.52 刑乙94.2 刑乙小游1.31 刑乙小游1.52 刑乙小游1.77 刑乙小游1.92 刑乙小游1.128 刑乙小游1.145

刑乙小游1.147 刑乙小游1.169 刑乙小游1.254 相1.1 相6.31 相6.65 相7.39 相9.9 相15.66 相16.25

相17.29 相17.49 相17.57 相18.15 相19.3 相23.27 相25.51 相36.60 相36.62 相37.26

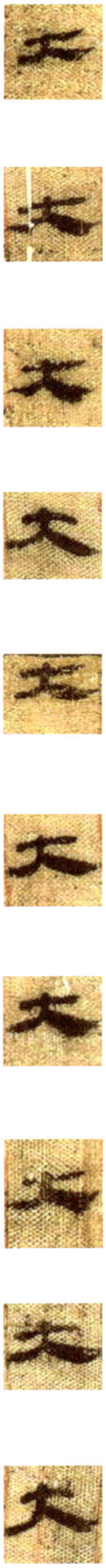
相37.35 相41.22 相51.33 相53.57 相55.1 相57.33 相57.38 相66.63 相68.55 相68.63

相 69.60

相 71.56

相 73.32

相 73.60

相 74.4

奎

方 238.4

夾

足 3.18

足 10.15

足 10.25

陽甲 18.27

陽甲 28.25

陽乙 1.15

陽乙 1.24

陽乙 9.23

明 24.26

氣 2.246

刑甲 6.5

星 47.16

星 47.24

刑乙 64.62

奄

養 81.23

夸

方 230.21

方 386.13

經 2.55

戴

戴

養 62.15

契

契

繫 37.49

「契」字訛體，「大」旁訛作「文」形。

夷

方23.25
方337.4
方351.7
方362.4
方366.6
戰49.22
戰51.4
老甲116.24
遣三113.2
遣三132.2
遣三133.2
遣三164.2
牌三12.2
牌三23.2
周41.71
周51.3
周51.11
周51.37
周51.51
周51.75
周52.9
周63.34
繆16.13
繆17.67
繆18.38
繆35.56
繆37.21
繆70.25
老乙5.13
老乙15.12

炅*

老乙55.11

「炅」字訛體，本卷火部重見。

亦

陰甲堪法13.10
脈1.8
方8.16
方228.29
養75.21
養91.23
養121.7
養222.12
房39.11
胎18.27
胎32.3
春36.10
春66.27
戰9.39
戰57.13
戰57.22
戰73.27
戰76.16
戰76.21
戰77.3
戰77.27
戰93.7
戰93.14
戰93.21
戰102.5
戰110.27
戰120.35
戰121.3
戰121.16
戰131.16

戰167.11
戰193.1
戰195.2
戰203.37
老甲40.3
老甲47.30
老甲61.8
老甲140.10
老甲142.6
五10.16

五10.20
五66.18
五141.1
五154.18
五154.22
五154.26
五168.13
五172.29
五173.5
九45.2

刑丙刑2.9
陰乙刑德10.6
陰乙上朔23.10
木40.16
問51.17
問54.10
周29.19
二5.35
二7.42
二21.2

二21.8
二23.22
二28.23
二31.30
二34.58
二35.56
衷41.45
衷48.43
要16.51
要16.71

繆1.66
繆6.55
繆14.6
繆14.25
繆20.56
繆24.34
繆38.16
繆42.17
繆47.68
繆52.28

經40.28
十3.28
十17.34
十30.55
十37.14
十37.18
十37.33
十45.19
十50.52
稱16.54

老乙11.15
老乙29.4
老乙60.60
老乙65.41
老乙65.49
老乙74.21
老乙74.25
星9.14
星36.6
星36.47

星57.26
刑乙6.23
相6.26
相24.20
相53.52

吳　夭　喬　㚔（幸）

䏡

足 6.5

《說文》：「亦，人之臂亦也。从大，象兩亦之形。凡亦之屬皆从亦。」「䏡」即「亦」的後起本字。

吳

春 65.15

春 85.1

春 86.22

戰 206.20

戰 206.27

戰 206.36

戰 213.14

氣 4.53

繆 30.34

繆 31.15

繆 62.17

繆 63.57

繆 64.19

繆 64.25

繆 64.57

繆 65.25

繆 65.41

繆 65.63

繆 66.3

繆 66.50

繆 66.56

繆 67.3

繆 67.15

夭

陰甲天一 13.26

五 176.36

五 177.30

氣 10.205

問 24.8

問 28.11

問 54.3

星 9.24

星 39.25

星 41.19

星 47.4

喬

喬

五 100.7

㚔（幸）

方 379.13

射 12.4

春 86.20

戰 139.25

戰 140.17

戰 140.35

刑甲 51.26

刑甲 52.5

遣一 185.5

遣一 186.5

交 奔

遣一 187.8
遣一 192.3
遣一 193.3
遣一 194.6
遣三 256.3
遣三 257.5
繆 34.49
經 15.52
十 41.45
十 41.53

十 54.26
刑乙 93.58

氣 10.256

陰甲·殘 34.10
足 19.19
陽甲 34.15
陽乙 17.7
戰 18.16
戰 28.24
戰 29.27
戰 30.13
戰 30.27
戰 35.7

戰 36.27
戰 59.28
戰 84.23
戰 85.21
戰 110.22
戰 120.22
戰 176.20
戰 182.30
戰 223.14
戰 223.23

戰 234.16
戰 239.24
戰 273.21
戰 278.23
五 26.9
五 80.18
五 96.8
五 97.19
五 172.7
五 172.23

氣 9.269
氣 10.304
刑甲 6.21
刑甲 8.31
刑甲 9.26
刑甲 40.19
合 3.6
合 4.1
合 4.7
合 22.11

談 23.2
談 38.22
談 41.27
周 66.19
周 70.9
周 70.52
周 75.60
繫 34.18
衷 4.15
繆 32.65

絞　壺　壹

經77.47
十10.38
十13.63
十24.60
老乙22.65
刑乙65.9
刑乙65.25
刑乙87.12
相74.46

二25.52

方230.5
方231.3
明25.22
遣一168.3
遣一169.3
遣一170.3
遣一171.6
遣三248.3
周76.13
繆67.60

方176.23
方207.7
方238.25
方403.9
方449.30
房8.22
房52.26
戰30.28
戰30.30
戰31.4

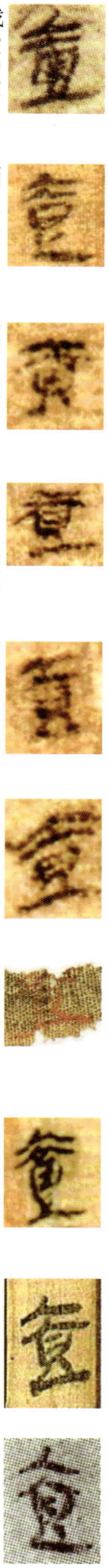
戰215.31
明42.15
刑甲11.3
刑甲22.21
刑甲26.3
刑甲26.10
刑丙殘4.1
陰乙刑德6.13
問19.21
問62.14

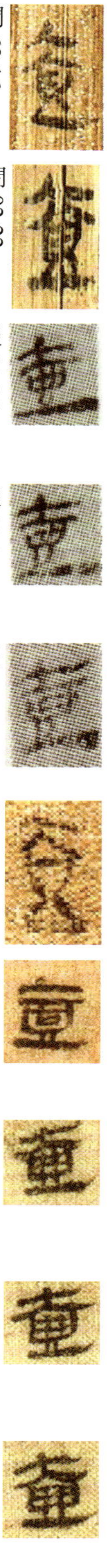
問62.16
問92.22
談11.15
談11.17
談45.33
府18.11
二15.7
繆5.49
繆5.51
繆5.53

繆5.55
繆5.57
繆5.59
經17.23
經49.57
經50.1
十26.39
十26.41
十53.41
十59.10

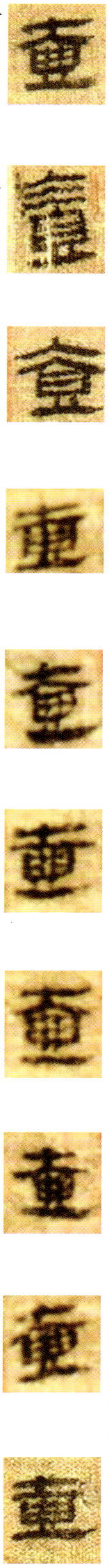
十59.13
星37.12
星63.7
刑乙4.14
刑乙67.62
刑乙75.21
刑乙77.5
刑乙77.58
刑乙78.1
相15.29

睪

執

相15.31 相24.46 相36.27 相65.45 相65.47

睪：方379.7 戰98.31 刑甲小游1.55 刑甲小游1.169 刑丙天4.17 刑乙小游1.30 刑乙小游1.146 木19.1 禁1.4

執：方338.5 老甲72.23 老甲118.7 老甲136.30 老甲151.13 老甲164.27 五91.21 五156.7 五165.13 九19.1

九20.20 陰乙三合3.4 陰乙三合4.6 陰乙三合5.7 陰乙三合4.11 出7.28 木51.7 問75.24 問77.16 問81.2

問83.16 問85.11 問90.1 遣三11.1 遣三12.1 遣三13.1 遣三14.1 遣三15.1 周50.52 周61.30

經1.18 經3.49 經3.59 經8.31 經28.36 經39.44 經48.21 經52.43 經52.65 經68.45

經75.25 經76.22 十2.37 十2.49 十11.18 十11.59 十14.37 十14.40 十28.6 十61.46

道6.74 老乙12.23 老乙27.20 老乙35.11 老乙56.3 老乙64.8 老乙70.23 老乙76.23 星2.12

圂　圂

五 24.4

報　報

春 16.11　春 43.14　戰 9.27　戰 45.36　戰 59.11　戰 205.17　戰 208.31　老甲 53.28　明 27.17　刑甲 19.16

刑甲 19.20　繆 42.11　繆 49.27　繆 49.37　繆 50.3　昭 2.38　十 63.51　稱 8.57　星 6.5　刑乙 73.13

刑乙 73.17

皷

戰 47.19

「報」字訛體，「㞋」旁訛作「皮」形。

籒　籒

鞫

遣一 146.1　遣一 147.8　問 88.14　周 11.51　十 28.3

奢

繆 36.56

亢

陰甲堪表 9L.2　方 213.3　方 219.27　星 32.29　星 84.2　星 109.2

暴 曓

春 90.32
戰 136.3
戰 139.34
問 62.10
繫 17.48
繫 17.54
衷 37.38
經 26.36
經 36.19
十 51.7

老乙 64.70

《説文》：「暴，疾有所趣也。从日、出，夲廾之。」此爲「疾暴」之「暴」，隸楷階段與卷七日部「㬥」字混同。

奏

足 25.11
足 27.16
足 31.15
足 33.17
方 130.9
問 8.25
問 38.5
問 52.5
合 13.17
談 16.24

遣三 1.29

奚

方 97.7
方 98.13
戰 146.35
戰 292.18
戰 315.7
戰 317.31
明 1.16
明 2.14
談 9.25
周 21.72

耎

問 86.8
談 23.11
經 48.47

夫

陰甲天一 2.15
陰甲雜三 5.14
陰甲雜三 7.6
陰甲宜忌 2.12
陰甲·殘 46.7
陰甲·殘 179.1
陽甲 25.18
方 96.19
方 201.7
方 451.9

陽乙 15.15
胎 28.13
春 42.7
春 42.11
春 43.1
春 49.11
春 51.13
春 54.15
春 67.10
春 89.8

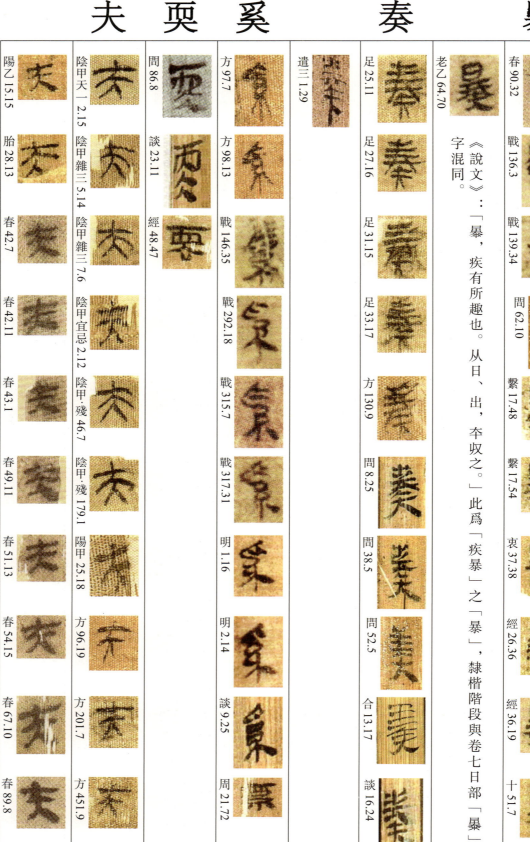

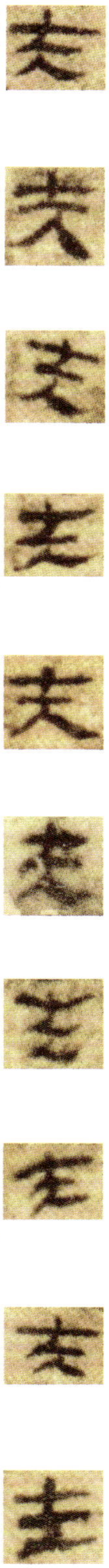

戰41.20
戰136.18
戰139.31
戰140.15
戰142.7
戰153.26
戰159.19
戰159.29
戰210.20
戰211.32

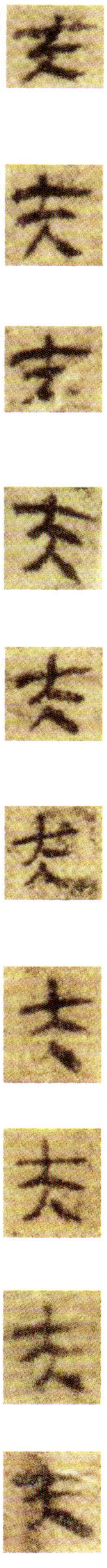

戰220.15
戰222.7
戰223.10
戰234.7
戰254.18
戰258.20
戰266.12
戰268.21
戰325.13
老甲4.17

老甲7.28
老甲28.7
老甲41.3
老甲50.20
老甲68.1
老甲69.33
老甲76.18
老甲80.24
老甲81.10
老甲81.22

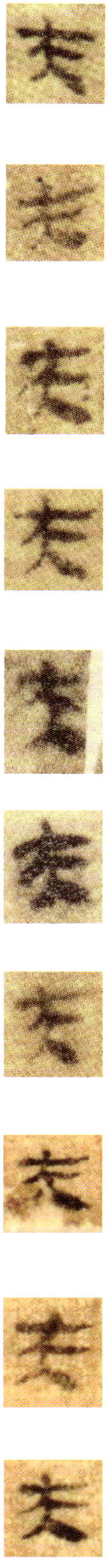

老甲83.21
老甲97.15
老甲106.20
老甲137.23
老甲150.7
老甲154.25
老甲156.27
五54.10
五54.28
五55.7

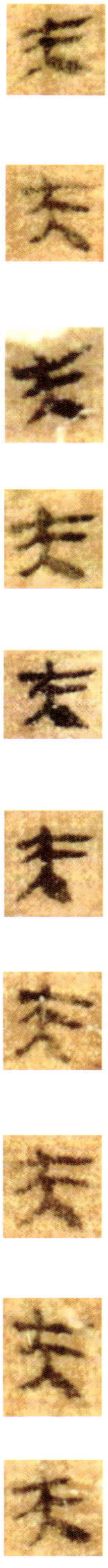

五58.2
五124.18
五178.1
五182.4
九18.8
九41.19
明8.15
明11.26
明13.4
明24.21

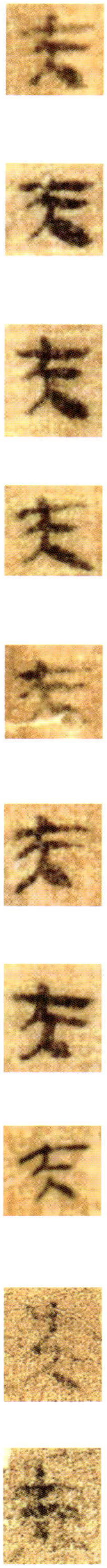

明26.26
明34.5
明34.11
明35.10
明38.22
明42.30
明45.18
陰乙天一34.8
木19.5
木35.3

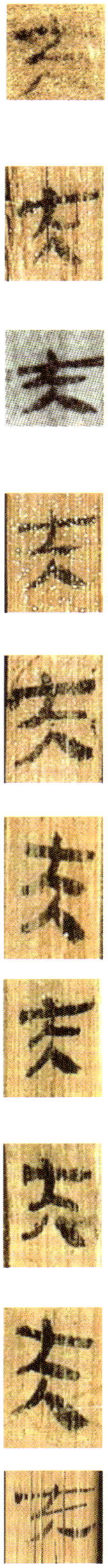

木35.7
問43.2
問61.13
問64.5
問82.22
問85.14
問87.2
問91.10
問99.3
合20.12

禁1.16
禁8.10
周23.16
周43.55
周66.30
周66.36
周68.28
周68.63
周75.59
周84.34

二4.25	繫21.28	要13.51	繆17.32	繆27.14	繆44.64	昭13.59	十24.31
二6.52	繫23.14	要14.54	繆19.3	繆27.37	繆45.13	昭14.6	十33.49
二8.12	繫28.52	要14.67	繆19.60	繆27.70	繆46.49	經35.26	十34.29
二16.25	繫31.36	要15.41	繆20.12	繆32.28	繆47.11	十9.38	十35.42
二27.21	繫44.55	要16.49	繆20.34	繆35.18	繆48.2	十10.47	十35.57
二27.66	衷30.29	要19.24	繆22.14	繆36.41	繆56.48	十17.27	十36.12
繫9.34	衷37.9	要22.30	繆24.2	繆37.19	繆62.19	十19.25	十44.50
繫9.64	要7.16	繆2.37	繆25.1	繆37.62	昭6.8	十19.45	十45.68
繫15.2	要10.3	繆3.60	繆26.11	繆40.16	昭11.16	十20.56	十46.10
繫20.13	要12.50	繆5.61	繆26.51	繆41.66	昭12.33	十23.4	十46.27

（夫）

十46.47
十53.5
十53.29
十56.8
十56.14
老乙2.6
老乙2.35
老乙4.2
老乙5.57
老乙13.24
老乙19.23
老乙21.25
老乙26.1
老乙28.39
老乙32.44
老乙32.58
老乙33.15
老乙33.55
老乙35.61
老乙35.68
老乙36.70
老乙38.42
老乙38.59
老乙39.1
老乙39.59
老乙41.26
老乙46.7
老乙50.12
老乙64.37
老乙69.81
老乙70.7
老乙71.53
老乙74.24
老乙78.29
相4.60
相51.28

規

戰186.21
老甲20.13
十7.44
十14.38
十14.65
十30.45
道2.10
道3.48
相16.36

立

陰甲雜一7.5
陰甲神上22.20
陰甲築一4.33
陰甲諸日7.16
陰甲·殘282.7
方221.6
春37.24
春38.24
春49.12
春66.8
春88.6
春88.15
春89.27
戰51.26
戰52.40
戰69.9
戰69.12
戰173.30
戰174.3
戰174.12
戰218.23
戰220.6
戰237.32
老甲52.4
老甲134.28
老甲158.15
氣2.371
氣4.3
氣4.44
氣5.5

氣 5.11
氣 5.18
氣 5.215
氣 6.382
氣 6.402
氣 10.162
刑甲 6.2
刑甲 6.9
刑甲 13.31
刑丙傳 6.10

刑丙傳 7.13
刑丙傳 8.17
刑丙傳 9.17
刑丙傳 14.10
刑丙傳 16.19
陰乙上朔 17.2
陰乙傳勝圖 1.60
出 25.4
木 10.8
木 14.25

木 15.24
周 60.9
周 93.29
二 6.7
二 11.44
二 12.54
二 35.64
繫 1.16
繫 3.7
繫 5.38

繫 11.10
繫 15.73
繫 16.11
繫 30.65
繫 32.24
繫 32.29
衷 20.23
衷 31.66
要 9.14
要 10.9

要 12.14
要 12.40
繆 16.42
繆 19.63
繆 23.46
繆 26.64
繆 35.63
繆 39.48
繆 44.72
繆 45.62

繆 55.42
昭 3.5
經 1.29
經 3.41
經 4.18
經 7.21
經 7.48
經 7.61
經 10.24
經 23.41

經 23.58
經 24.12
經 25.17
經 25.41
經 27.30
經 29.44
經 35.51
經 36.2
經 37.10
經 37.18

經 38.15
經 41.24
經 44.2
經 44.18
經 45.12
經 47.15
經 50.18
經 54.61
經 62.60
經 62.66

竕*	竣	竭	端	端			
「仞」字異體，卷八人部重見。	竣	方13.10	十56.44	陰甲·殘10.17	星31.14	十48.24	經69.4
	問48.25		十61.34	方340.24	星37.37	十61.67	經69.55
	問48.27		稱7.21	方·殘2.26	星74.48	稱6.27	經76.1
	問49.7		星32.6	養45.29	刑乙63.7	稱6.46	十1.33
	問49.20			養222.1	刑乙64.66	稱7.38	十1.49
	問51.4			五137.25	刑乙69.45	道3.28	十1.65
	問51.8			九26.20	相13.39	老乙22.11	十2.1
	問51.14			刑甲33.22	相19.28	老乙63.19	十2.46
				周13.27	相72.37	老乙65.65	十25.35
				周13.69		星28.9	十33.61

⿰立晉*

老甲 19.27

並 竝

戰 220.5
氣 2.186
氣 2.229
周 29.65
經 19.36
經 36.1
經 38.14
十 10.48
十 33.60
十 54.10

思

養 83.23
養 220.4
戰 195.9
戰 248.16
五 8.11
五 8.15
五 8.20
五 9.10
五 9.16
五 12.12

五 13.15
五 14.10
五 46.4
五 46.7
五 46.10
五 46.26
五 46.32
五 47.21
五 171.4
五 171.13

談 31.10
談 31.31
談 32.6
周 61.48
周 90.51
繫 17.41
繫 17.50
繫 17.57
繫 26.39
繫 32.15

繫 38.65
繆 19.15
繆 19.19
繆 19.23
繆 19.27
繆 19.32
繆 25.7
繆 26.16

慮

戰 27.5
戰 62.8
戰 83.28
戰 97.31
戰 101.11
戰 102.25
戰 139.12
戰 140.11
戰 170.37
戰 171.17

戰 175.14
戰 182.9
戰 183.11
戰 184.7
戰 209.15
戰 236.23
戰 248.20
戰 249.9
戰 307.14
問 44.11

心

箭 96.4
二 34.63
繫 45.25
衷 37.11
要 16.10
繆 25.8
稱 18.56

陰甲祭一 A08L.9
陰甲祭一 A11L.10
陰甲祭一 A12L.5
陰甲祭一 A13L.4
陰甲祭一 A15L.8
陰甲祭一 B05L.6
陰甲祭一 B13L.3
陰甲神上 12.7
陰甲神上 15.21
陰甲·殘 311.8

足 14.23
足 17.25
足 21.9
足 22.16
足 22.26
足 25.19
足 25.23
足 25.25
陽甲 11.7
陽甲 22.6

陽甲 27.3
陽甲 29.14
陽甲 29.24
陽甲 34.5
方 83.7
方 84.18
方 276.25
陽乙 3.21
陽乙 10.30
陽乙 11.3

陽乙 12.10
陽乙 12.20
陽乙 16.5
陽乙 16.49
陽乙 17.32
陽乙 18.15
陽乙 18.21
養 66.4
養 67.18
養 144.6

房 42.24
胎 11.9
春 33.11
春 57.2
春 69.6
春 69.20
春 75.15
戰 10.7
戰 117.36
戰 130.18

戰 170.23
戰 182.17
戰 215.22
戰 222.26
戰 256.17
戰 307.20
戰 308.8
戰 325.12
老甲 24.16
老甲 37.28

老甲 106.1
五 5.7
五 5.17
五 6.3
五 6.11
五 6.22
五 9.29
五 10.13
五 23.13
五 25.6

五 40.15　五 43.12　五 48.7　五 53.13　五 54.33　五 55.12　五 60.19　五 67.12　五 68.26　五 70.8

五 79.24　五 81.11　五 82.20　五 87.3　五 87.27　五 96.5　五 96.12　五 96.17　五 96.21　五 96.28

五 97.7　五 97.18　五 124.11　五 124.27　五 128.26　五 131.22　五 139.26　五 140.8　五 140.30　五 149.28

五 150.2　五 152.14　五 153.6　五 153.21　五 153.29　五 154.29　五 157.26　五 158.4　五 158.15　五 175.2

五 175.15　九 21.23　德 1.5　德 1.18　德 9.5　陰乙玄戈 10.11　木 14.15　木 54.3　木 68.10　木 70.10

問 4.25　問 19.12　問 55.6　問 88.18　問 97.20　問 98.7　談 39.29　談 42.13　遣一 52.5　遣三 197.7

物 1.7　周 10.41　周 10.51　周 21.7　周 29.58　周 51.77　周 93.10　周 93.30　繫 14.32　繫 22.18

繫 45.19　衷 32.15　要 11.53　要 12.41　要 21.41　繆 24.9　繆 25.15　繆 33.72　繆 34.16　繆 35.24

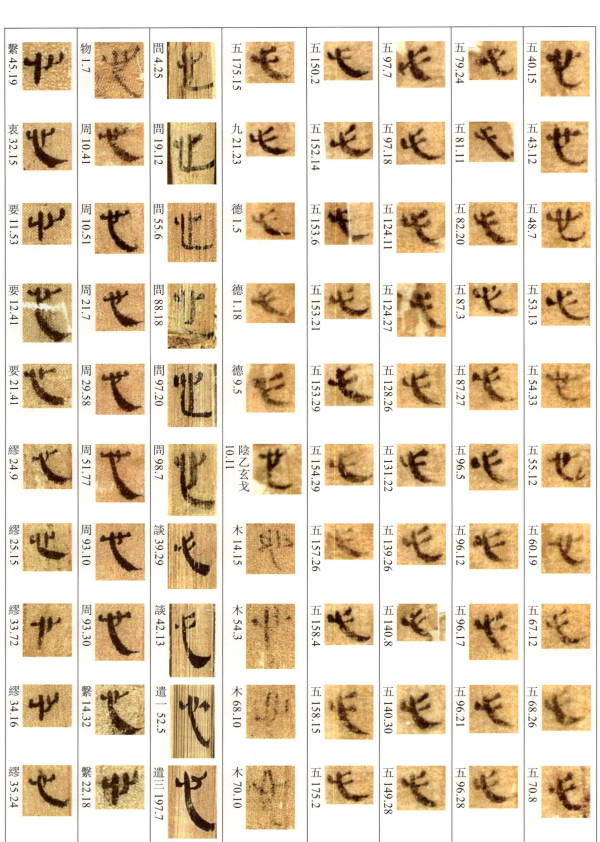

息

繆 62.5	經 38.11	老乙 10.56	星 132.17	陽甲 32.11	問 33.16	談 29.13	衷 33.25
繆 70.27	經 64.30	老乙 11.1	星 135.10	方 51.14	問 35.6	談 31.25	經 10.21
繆 71.52	十 1.19	老乙 11.3	星 136.5	去 2.12	問 36.5	談 39.7	經 48.44
昭 4.22	十 29.8	老乙 17.50	刑乙 41.14	陽乙 14.11	問 37.6	談 39.11	相 19.62
經 14.19	十 51.46	老乙 46.50	相 5.12	戰 85.1	問 38.7	談 52.14	相 20.35
經 16.18	十 51.59	老乙 49.69		戰 121.6	問 51.6	周 55.58	相 44.3
經 17.26	十 59.31	老乙 52.53		戰 127.32	問 99.15	二 23.4	
經 18.42	十 59.36	星 3.44		戰 191.16	合 24.2	繫 28.6	
經 22.40	十 59.42	星 33.35		木 37.14	合 24.8	衷 24.3	
經 31.11	稱 3.6	星 85.2		問 30.21	談 26.37	衷 26.23	

情

憙

老甲 121.6
老甲 122.7
老甲 169.15

志

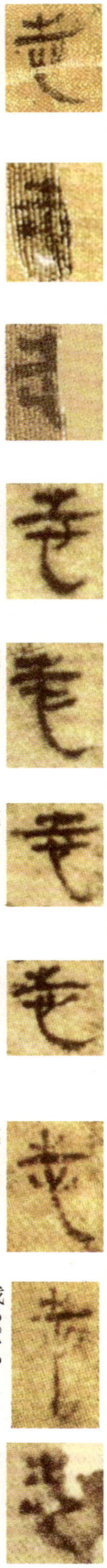

養 64.6
胎 11.11
春 69.24
戰 76.39
戰 88.14
戰 142.25
戰 209.7
戰 280.22
戰 281.3
老甲 119.4

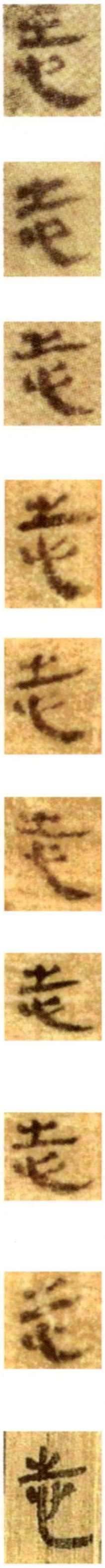

老甲 119.9
老甲 157.4
老甲 162.7
五 7.18
五 49.21
五 50.13
九 8.5
九 25.16
明 40.26
問 33.18

問 35.8
問 36.7
問 40.6
問 69.27
談 12.23
二 32.57
繫 21.54
要 16.6
要 23.63
繆 1.65

繆 20.71
繆 26.65
繆 45.66
繆 69.55
繆 70.58
經 24.56
經 62.2
十 10.41
十 59.60
十 60.43

稱 3.11
稱 3.14
稱 3.16
老乙 46.56
老乙 72.57
老乙 75.9

意

足 17.24
足 25.28
陽乙 10.35
戰 46.5
戰 182.10
戰 265.16
戰 297.24
老甲 96.11
明 25.7
明 34.31

木 16.3
周 31.38
周 31.73
繫 26.65
繫 26.71
繫 27.10
稱 10.14

悳

五 78.11
五 105.7
五 112.22
五 118.2
五 118.11
五 119.18
五 181.14
五 182.19
德 1.17
德 1.23
德 2.20
德 2.24
德 5.19

癋

方 103.15
戰 108.17
戰 263.9
戰 320.9
戰 320.22
老甲 79.7
氣 1.184
遣三 16.6
遣三 17.7
物 1.22
繫 13.10
繆 32.10
經 47.17
經 53.34
經 55.20
經 57.3
經 57.10
經 73.10
十 65.6
稱 1.7
老乙 1.53
老乙 37.65
相 10.39

應

物 1.1

慎

戰 66.8
老甲 58.26
五 15.30
五 17.5
五 54.18
五 54.31
問 17.23
問 55.15
二 28.53
繫 14.70
繫 15.16
衷 8.43
衷 41.22
衷 41.52
經 10.40
經 68.34
十 16.10
十 36.39
十 49.32
十 63.9

忠

老乙 27.45

脈 11.11

春 4.6

春 93.16

戰 38.24

戰 40.2

戰 151.3

戰 278.3

朿 8.37

繆 32.50

繆 45.16

繆 46.59

繆 47.12

昭 1.66

經 27.47

老乙 2.9

愨

慤

十 29.37

⿱貌心

懇

五 154.7

秦漢文字中「貌」多寫作「貇」，此字與《說文》本作「⿱豤心」後寫作「懇」者同形。

快

戰 10.5

老甲 125.28

周 37.68

周 73.45

念

戰 194.34

憲

刑丙地 2.2

十 48.61

愿

戰72.24

戰128.13

戰128.23

相57.55

相67.3

相75.49

慧

刑甲31.21

老乙59.30

星13.12

[illegible]

問97.6

恢

老甲79.20

恕

𢖻

陰甲　1.7

陰甲　2.8

陰甲　3.8

陰甲　4.6

《説文》古文。帛書中「𢖻」皆用爲「怒」。

慶

方356.3

方357.3

春87.19

春88.9

戰9.26

戰10.23

戰14.20

戰34.21

戰47.27

明4.19

明7.33

周42.5

繆16.44

繆23.58

繆39.54

十42.24

刑乙44.3

懷

養193.19

胎20.2

胎24.18

惀

明 10.3 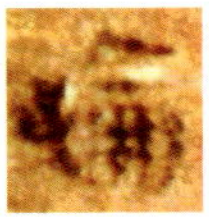

⿱侖心

老甲·殘 5.4 

懼

戰 38.33 

戰 45.18 

戰 118.30 

周 32.9 

二 28.51 

星 56.3 

愳

陰甲堪法 7.22 

陰甲堪法 8.9 

春 65.2 

春 65.8 

老甲 80.5 

《說文》古文。

⿱瞿心

九 38.20 

九 44.3 

恃

戰 44.29 

戰 56.17 

戰 99.24 

戰 284.25 

戰 284.29 

戰 285.2 

戰 285.16 

㤅

⿱既心

老甲 29.29 

《說文》古文。

⿰忄曳

⿰忄申

老甲 146.28 

「⿰忄曳」字訛體，漢隸「曳」、「申」二旁形近易混。

急

方 300.17
養 87.15
戰 56.36
戰 64.32
戰 186.25
戰 255.30
戰 312.8
五 133.15
五 133.22
五 171.17

刑甲 12.25
刑甲 115.10
合 24.5
星 45.42
星 48.22
星 62.28
星 62.43
刑乙 59.19
刑乙 68.62
刑乙 77.42

相 1.27
相 31.35
相 33.27
相 33.35
相 34.2
相 34.12
相 45.18
相 70.18

悒

陽甲 29.1

愚

春 93.23
戰 270.22
老甲 4.9
老甲 60.17
周 35.39
周 35.46
周 57.60
周 75.30
周 75.57
周 76.19

周 79.27
要 15.53
繆 4.61
繆 38.36
周·殘下 30.26
老乙 2.27

悍

戰 72.20
問 51.22

怠

春 89.4
稱 20.20

惰 憜

忩

老甲 124.4

⿺辶自

陰甲·殘 40.2

⿰忄左

物 3.28

忽

繆 43.11

物

老甲 117.11

老甲 131.12

老甲 133.8

老乙 55.32

忘

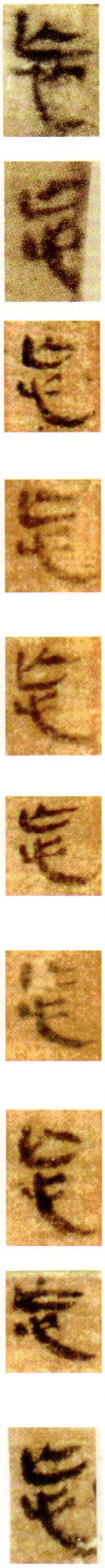

戰 80.13

老甲 162.18

五 14.20

五 47.29

五 47.33

五 48.11

五 56.32

五 77.26

五 78.1

九 16.30

九 17.22

德 11.3

問 69.12

談 9.36

物 1.31

周 46.21

二 27.67

二 27.72

衷 34.6

衷 34.10

衷 42.46

要 9.24

要 9.28

要 15.58

繆 7.40

繆 31.30

昭 9.12

老乙 75.21

相 22.10

憧

繆 36.16

悝

老甲 132.2

惑

戰 150.24

老甲 136.24

氣 6.110

問 88.24

要 14.65

繆 15.57

經 31.10

經 45.10

經 52.39

經 53.41

經 63.31

經 74.12

經 75.19

稱 17.51

老乙 64.3

惐

道 5.47

惷

老甲 130.16

忌

戰 274.16

戰 279.31

五 72.22

五 136.4

五 136.11

九 21.22

明 8.1

出 20.11

周 9.58

二 11.40

衷 31.30

稱 8.68

老乙 19.27

忿

周 82.28
十 50.23
十 51.57
十 51.61
稱 14.16

恚

陰甲堪法 11.9
陰甲堪表 9L.18

怨

戰 25.9
戰 40.14
戰 106.34
戰 110.4
戰 116.25
戰 117.9
戰 180.16
戰 206.15
戰 224.29
戰 262.25

老甲 53.29
老甲 91.6
老甲 91.10
昭 6.23
經 18.10
經 46.24
經 59.4
經 65.26
稱 16.6

怒

陽甲 29.23
陽乙 12.19
養 199.1
春 12.5
春 40.4
春 42.19
春 43.15
春 69.22
春 95.17
戰 12.2

戰 12.26
戰 32.19
戰 60.9
戰 85.7
戰 137.23
戰 251.9
戰 262.22
戰 269.21
戰 279.20
戰 282.21

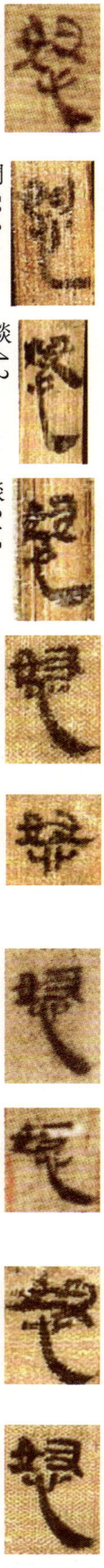

老甲 70.27
問 53.3
談 4.2
談 24.5
繆 70.53
十 52.1
老乙 17.25
老乙 34.19
星 61.25
相 3.9

相 24.56
相 24.62
相 25.9
相 38.46
相 40.18
相 42.26
相 48.16
相 61.3
相 61.28

惡

陰甲雜二2.8
陰甲堪法3.12
方328.10
養144.9
春12.8
春25.14
春54.28
春59.16
春95.5
春95.22

戰1.11
戰2.4
戰5.5
戰6.7
戰7.9
戰9.37
戰13.9
戰22.24
戰25.2
戰26.7

戰26.15
戰28.14
戰29.23
戰31.1
戰36.23
戰49.25
戰84.21
戰93.27
戰95.1
戰158.9

戰158.34
戰224.16
戰252.11
老甲13.10
老甲95.8
老甲105.25
老甲128.12
老甲135.26
老甲155.3
五161.8

氣4.225
氣9.18
氣10.84
木3.23
木40.12
木60.5
問24.4
問29.19
禁2.3
禁3.9

星60.29
星63.25

悔

戰110.43
戰208.9
戰269.7
氣9.153
木12.6
木21.10
二27.53
繆4.42
十24.14

⿱毋心

春91.5
周1.66
周10.67
周20.49
周25.50
周33.46
周33.67
周34.30
周34.33

周43.25 周53.32 周53.60 周56.18 周58.5 周60.17 周61.39 周61.56 周63.33 周63.36

周71.23 周71.46 周71.60 周75.9 周75.67 周77.44 周77.60 周82.42 周82.53 周90.21

周90.29 周91.13 周91.34 二6.23 繫5.13 繫5.55 繫16.5 繫16.28 繫30.52 繫38.24

繫46.43 繫46.69 衷26.44 衷31.50 衷32.7

⿰忄毋

二5.61

閔

老甲30.23 老甲38.18

閺

老甲126.13 老甲131.9 老乙59.45 老乙61.52

悲

老甲158.13 木41.16 問54.12

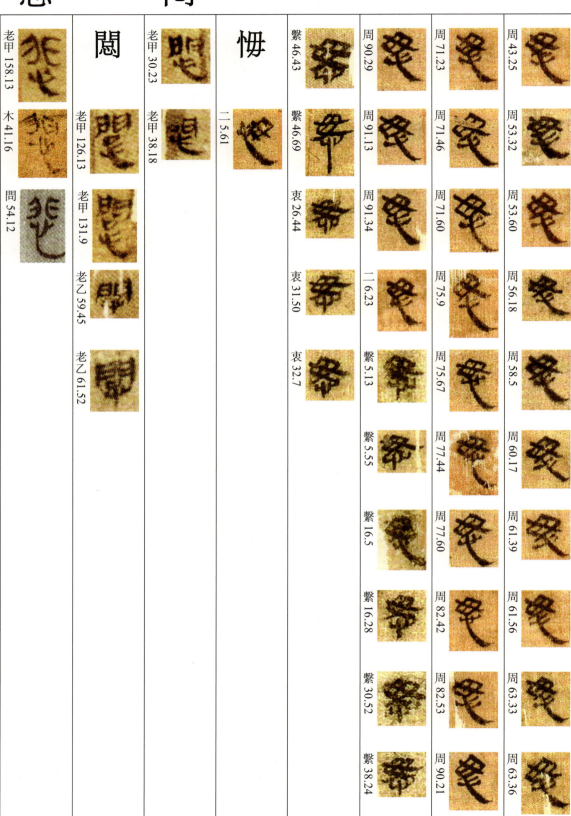

恙　惴　愓　慽　悳　患

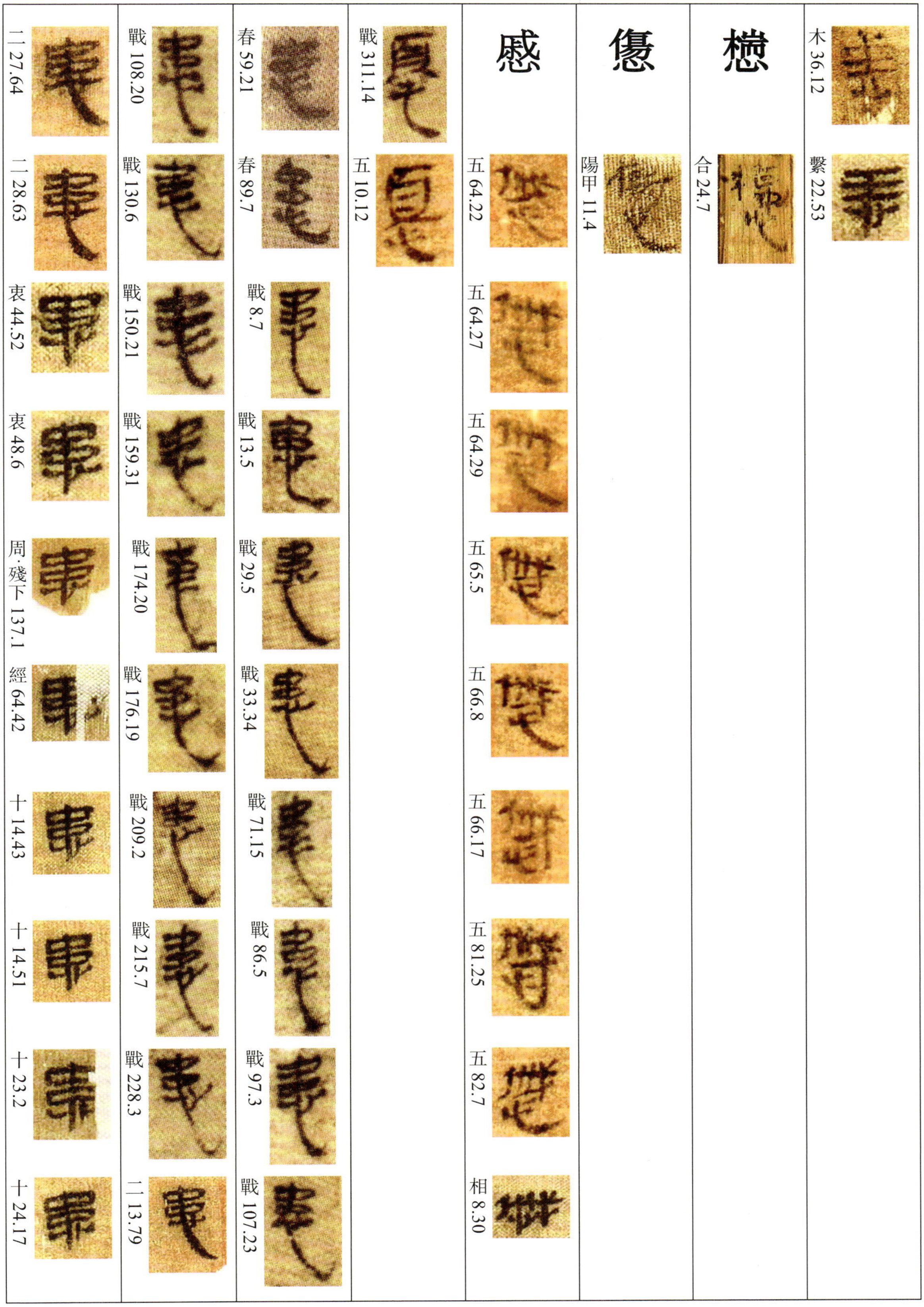
恙
木 36.12
繫 22.53
惴
⿰木惴
合 24.7
愓
⿱傷心
陽甲 11.4
慽
慼
五 64.22
五 64.27
五 64.29
五 65.5
五 66.8
五 66.17
五 81.25
五 82.7
相 8.30
悳
戰 311.14
五 10.12
患
春 59.21
春 89.7
戰 8.7
戰 13.5
戰 29.5
戰 33.34
戰 71.15
戰 86.5
戰 97.3
戰 107.23
戰 108.20
戰 130.6
戰 150.21
戰 159.31
戰 174.20
戰 176.19
戰 209.2
戰 215.7
戰 228.3
二 13.79
二 27.64
二 28.63
衷 44.52
衷 48.6
周·殘下 137.1
經 64.42
十 14.43
十 14.51
十 23.2
十 24.17

恐

十 30.23
十 30.36
稱 19.66
老乙 53.32
老乙 53.64
老乙 54.8
老乙 54.21
相 3.29

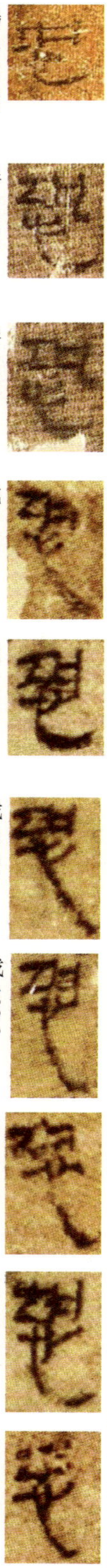

陽乙 12.22
春 16.20
春 17.7
戰 1.13
戰 13.20
戰 61.23
戰 102.9
戰 114.29
戰 189.11
戰 226.15

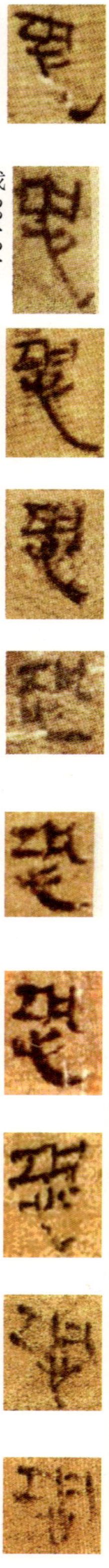

戰 232.3
戰 234.24
戰 258.10
戰 274.7
老甲 7.3
九 38.19
九 44.2
氣 6.311
木 45.6
木 58.18

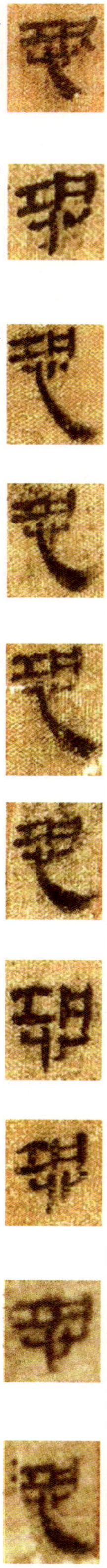

二 28.50
衷 29.27
繆 1.53
繆 2.49
繆 51.27
繆 64.7
繆 64.60
十 42.64
老乙 3.26
老乙 3.33

相 24.63

惕

問 98.10

恥

⿱耳心

春 75.23

憐

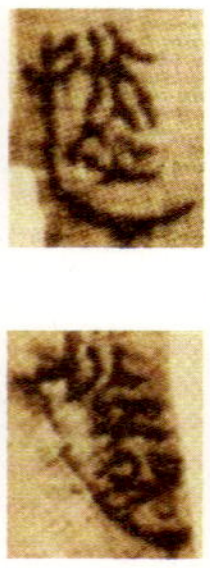

戰 191.27
戰 193.3

悎*	⿱扨心*	⿱米心*	怢*	⿱此心*	懌	懇 懇	忍
經 9.5 	周 75.41 	从心从米，字形詳見卷二采部「悉」字下和辵部「迷」字下。	陽甲 21.16 	戰 214.32  戰 214.36 	⿱睪心 陰甲衍3.14 	恳 導 4.24  「懇/懇」字省體。	戰 134.28 

怺*

老甲 146.15

老乙 68.20

⿱鬼心

《說文》「媿」字或體，字形詳見卷十二女部。

憨*

養 176.5

⿰忄翁*

翁

老甲 24.9

⿱禍心*

「禍」字異體，卷一示部重見。

⿱㬎心*

老甲 168.27

愽*

老乙 16.29

⿰車悳*

問 78.25

⿰忄龍*

老乙 72.35

⿱雔心*

九 39.9